Marion Woodman

Leben aus der Kraft der Götti

Marion Woodman

Leben aus der Kraft der Göttin

Eine psychologische Studie
über die Neugeburt des Weiblichen

Ansata-Verlag
Paul A. Zemp
Rosenstraße 24
CH-3800 Interlaken
Schweiz
1988

Aus dem Englischen von Marion Zerbst
Lektorat: Elisabeth Hämmerling

Titel der Originalausgabe:
THE PREGNANT VIRGIN
A Process of Psychological Transformation
Erschienen bei Inner City Books, Toronto

Deutsche Ausgabe:

Schutzumschlag: Robert Wicki
Satz: Jung SatzCentrum, Lahnau
Druck: May + Co., Darmstadt

ISBN 3-7157-0111-0

Inhalt

Flora, Detail aus La Primavera, von Botticelli

Einführung: Grammatik eines Froschs

Gefühl ist das erste.
Darum wird einer,
der sein Augenmerk heftet
auf den Satzbau des Lebens,
sich deinem Kuß nicht hingeben können.
Du aber lache, schmiege dich in meine Arme!
Denn Leben ist kein Paragraph
und Tod nicht Klammer auf und Klammer zu!

E. E. Cummings

Dies Buch «Leben aus der Kraft der Göttin»* ist eine Untersuchung, die eigentlich immer noch im Wachsen begriffen ist. Ursprünglich wollte ich dieses Buch *Kokon* nennen. Doch als das Kind geboren war, stellte ich fest, daß es über seinen ursprünglich geplanten Namen hinausgewachsen war. Sein Gerüst – der Prozeß der Verwandlung von der Raupe über die Puppe zum Schmetterling – war zwar durchaus intakt und vollkommen. Doch das Ganze ist bekanntlich mehr als eine bloße Summe seiner Teile. Die einzelnen Teile dieses Buches beschreiben die verschiedenen Entwicklungsstadien der Puppe – einen Zeitraum, in dem wir unser bisheriges Leben hinter uns gelassen haben. Wir sind nicht mehr, was wir einmal waren, und wissen nicht, wozu wir uns entwickeln werden. Wir empfin-

---

* Der englische Originaltitel des Buches lautet «The Pregnant Virgin» – «Die schwangere Jungfrau». Dieser Titel ist im Deutschen mit anderen Assoziationen verbunden, als Marion Woodman es beabsichtigt: der sexuell unberührten «Jungfrau» Maria, «die von keinem Manne weiß» (Luthers Bibelübersetzung). Ihr Verständnis der Jungfrau folgt dem von Esther Harding in ihrem Buch «Frauenmysterien einst und jetzt» schon 1935 formulierten Ansatz. E. Harding und M. Woodman (und viele andere Autoren) erkennen in der Jungfrau eine archetypische Gestalt, die immer mehr an Bedeutung gewinnt. Sie beschreiben das Wesen der Jungfrau und des Jungfräulichen als das Eins-mit-sich-selbst-Sein eines Menschen, Mann oder Frau, der in seinem innersten Kern von Gott und der Göttin berührt, «geschwängert» ist. Dieser Mensch wagt es, seine innere Wahrheit zu leben, wach, liebevoll, verletzlich und empfänglich zu sein und hält sich bereit, etwas Neues auszutragen – auch dann, wenn die gesellschaftlichen Normen ihn nicht unterstützen. Vgl. M. Woodmans erstes im Ansata-Verlag 1986 erschienenes Buch «Heilung und Erfüllung durch die Große Mutter». (Anm. d. Lekt.)

den uns als eine ungeformte lebende Masse, die sich davor fürchtet, den Geburtskanal zu durchwandern. Das hängt mit dem Prozeß der psychischen Schwangerschaft zusammen, der inneren Jungfrau, die stets jungfräulich bleibt und gleichzeitig stets etwas Neues austrägt, also für alle Möglichkeiten offen ist.

Diese Analogie zwischen der schwangeren Jungfrau und der Puppe, aus der sich ein Schmetterling entwickelt, stammt nicht von mir. Bei den alten Griechen wurde die Seele *(psyche)* häufig als Schmetterling dargestellt. Die Entstehung des Schmetterlings aus der Puppe entsprach der Geburt der Seele aus der Materie – einer Geburt, die allgemein als Befreiung empfunden wurde und daher ein Symbol der Unsterblichkeit war. Der geflügelte Schmetterling, der in der Puppe entsteht und sich von der Existenzform der auf dem Boden kriechenden Raupe befreit, ist ein natürliches Symbol für das göttliche Kind, den Erlöser, den Sohn des Heiligen Geistes, der im Schoß der Jungfrau Gestalt annimmt. Ich mache in diesem Buch jedoch nicht den traditionellen Unterschied zwischen Körper und Geist, Raupe und Schmetterling, sterblichem und unsterblichem Leben, sondern suche das eine im anderen zu entdecken: Meiner These nach ist die Unsterblichkeit ein Teil der Sterblichkeit und – zumindest in diesem Leben – abhängig von ihr. *Die schwangere Jungfrau* untersucht also, welche Möglichkeiten es gibt, die Einheit von Körper und Seele wiederherzustellen.

In Flora, einer der Figuren des Gemäldes *Der Frühling,* hat Botticelli jenes Paradox – die äußere Gelassenheit und das innere Entflammtwerden dieser Schwangerschaft – hervorragend eingefangen. Flora verkörpert die vergängliche Schönheit des jungen Mädchens, das im Begriff ist, zur Frau zu erblühen. Wie die scheue Erdnymphe Chloris hat sie sich dem Atem Zephirs hingegeben und wird nun zu der ruhevollen, üppigen Flora erweckt. Wie Maria, die vom Heiligen Geist empfangen hat, steht sie strahlend und anmutig da, in stolzer, zarter Weiblichkeit, und blickt dem Betrachter gerade ins Auge.

Ich habe neun Monate lang an diesem Buch gearbeitet – eine Schwangerschaft, während der das Werk Eigenleben gewann, sein ursprünglich geplantes Konzept abschüttelte und sich in ganz anderen Bahnen weiterentwickelte. Im vergangenen August – als ich gerade im «zweiten Monat» war – hatte ich große Beschwerden. Schon der Anblick einer weißen Papierfläche verursachte mir Übelkeit. Doch wie es häufig geschieht, wenn ich mir eines Problems bewußt genug bin, um die richtige Frage zu stellen, erhielt ich die Antwort im Traum:

Ich sitze auf einer Treppe in der Nähe der Georgian Bay und versuche ein großes Seerosenblatt zu einem Zylinder zusammenzurollen – aber es will nicht so, wie ich will. Es rollt sich immer wieder auseinander. Hinter mir steht ein altes Hotel. Auf dem Balkon kämpfen zwei Männer miteinander. Ich fühle ihre Fausthiebe in meinen Knochen, als träfen sie mich selbst, und denke, daß ich eigentlich versuchen sollte, die Kämpfenden auseinanderzureißen; doch eine Stimme sagt: «Forme deine Flöte.»

Ich quäle mich wieder mit dem Seerosenblatt ab; und plötzlich wirft der eine Mann den anderen vom Balkon. Er stürzt direkt über meinen Kopf hinweg zu Boden. Nun muß ich wirklich etwas unternehmen. Doch als ich aufstehen will, befiehlt die Stimme wieder: «Forme deine Flöte.»

Jetzt verstehe ich, was gemeint ist – ich bin dabei, ein Musikinstrument zu schaffen. Ich blicke um mich; und hinter mir sitzt ein großes, lächelndes Froschweibchen inmitten einer riesigen Menge grüner Froscheier. Es ist ungeheuer stolz auf sich und wartet darauf, daß ich meine Piccoloflöte fertigstelle, damit ich die Eier hineinblasen und in sinnvolle Töne verwandeln kann.

Als ich aufwachte, wußte ich, worin das Problem bestand. Statt mich voll und ganz auf die Herstellung der «Flöte» zu konzentrieren, verschwendete ich meine Energie, indem ich mich von den Fausthieben der Männer auf dem Balkon ablenken ließ. Was sie mir sagen wollten, wußte ich nur zu gut: «Vergiß dein Buch. Lebe weiter so wie bisher. Schreiben kannst du sowieso nicht.» Aber es gab auch noch eine andere Stimme, eine unterdrückte weibliche Stimme, die hartnäckig und stolz das Gegenteil forderte: «Ich möchte schreiben – aber keine Essays. Ich möchte auf meine eigene Art und Weise schreiben.» Ich war in einer Sackgasse.

Ich ging durch das Gebüsch zur Iris Bay und dachte über die Seerose nach, deren Blüte ähnlich symbolträchtig ist wie die der Rose. Ihre Wurzeln reichen tief in den lebenspendenden Schlamm hinab, entziehen ihm Nährstoffe und senden sie durch den kräftigen Stengel zu den Blättern und Blüten empor. Ganz gelassen und in der Einfachheit ihrer weichen weißen Farbe öffnen sich die Blüten Blatt für Blatt zur Sonne hin, ein Symbol der Göttin – Prajnaparamita, Tara, Sophia: die Schöpfung, die sich dem Bewußtsein öffnet. Sie ist die Blüte in unserem Herzen, die Erkenntnis, die Morgendämmerung Gottes in der Seele. Ihre göttliche Weisheit befreit uns von der Leidenschaft und dem Schmerz der Ich-Begierde.

Ich pflückte ein Seerosenblatt ab, erinnerte mich an den grinsenden Frosch, der mir im Traum erschienen war, und konzentrierte mich darauf, das Blatt zu einer Flöte zusammenzurollen. Sicherlich war dieses Seerosenblatt genau das geeignete Instrument, um die Eier des Froschweibchens in Töne zu verwandeln. Aber wie? Wie vermittelt man psychologische Konzepte durch ein Seerosenblatt? Welcher Grammatik bedient sich ein Frosch? Sicherlich verbindet er seine Sätze nicht mit Wörtern wie «und», «aber» und «weil». Um mich ihm anzugleichen, müßte ich, meiner Phantasie und Intuition folgend, von Seerosenblatt zu Seerosenblatt springen oder durch das Wasser schwimmen. Ich müßte mich meinen Froschinstinkten und den Seerosenblättern anvertrauen und wüßte, daß die anderen Frösche mich verstehen würden. Eigentlich ist das gar nicht so abwegig, denn es entspricht meiner Denkweise. Mein Tagebuch sieht aus wie eine Beethoven-Partitur – blaue, rote, gelbe und grüne Tinte, Kleckse, Löcher, die eine zornige Feder ins Papier gerissen hat, tränenverschmierte Seiten, freudig hüpfende Ausrufezeichen und Gedankenstriche, die mehr sagen als die Wörter dazwischen. Mein Tagebuch pulsiert im Herzschlag eines lebendigen Entwicklungsprozesses. Wie kann man diese Botschaft ehrlich und getreu vermitteln und dennoch als professionelle Autorin ernst genommen werden? Wie kann eine Frau aus der Mitte und Wahrheit ihrer Empfindungen heraus schreiben, ohne als «theatralisch» oder «hysterisch» abgetan zu werden? – Mein Froschweibchen schien die Antwort nicht zu wissen. Es verschwand mit einem lauten Platscher im Wasser, und dann hörte ich lange Zeit nichts von ihm.

Doch schließlich begann es aus dem Schlamm heraus zu mir zu sprechen.

«Warum schreibst du nicht einfach so, wie du fühlst? Sei eine Jungfrau. Vertraue dich dem Wirbelwind an und warte ab, was geschieht.»

«Unmöglich!» rief ich. «Ich habe nicht die Absicht, mich zum Narren zu machen und von den Kritikern gnadenlos abschießen zu lassen. Ich kenne ihre Geschütze nur allzu gut.»

Nach diesem Gespräch verpuppte meine Raupe sich in ihrem Kokon. Ich suchte wochenlang nach einer Ausdrucksform, die sowohl den leidenschaftlichen Empfindungen meines Herzens als auch der analytischen, distanzierten Haltung meines Geistes entsprach.

Dann wurde ich durch das Bildnis einer indischen Göttin ermutigt, das ich zufällig sah und das einen Ausweg aus meinem Seerosenblatt-Dilemma andeutete. Die Göttin scheint mit ihren sehr feinen, beweglichen Fingern eine Perle oder Blüte zu umschließen – eine Geste, die unter der Bezeichnung «Wachstums-Verbindung» bekannt ist (was soviel bedeutet wie «Heirat» oder «Krönung»).[1] Die Spitzen ihrer beiden Mittelfinger, die einander zart berühren, symbolisieren das Zusammentreffen zweier Gegensätze. Sie scheinen eine zarte, feste, androgyne Gestalt anzudeuten.

Weitere Erleuchtung brachte mir Nietzsches Essay «Über Wahrheit und Lüge im außermoralischen Sinne», in dem es heißt, daß wir uns wohl doch nicht ganz von Gott befreit haben, weil wir immer noch auf die Grammatik vertrauen.[2] Ja, ich fühlte mich tatsächlich noch immer jenem kriegerischen Gott verantwortlich – Jehova, oder wie auch immer man ihn nennen mag –, der furchterregend auf uns herabstarrt und uns mit seinen in Stein gehauenen Geboten einzuschüchtern versucht: eine dämonische Parodie auf die schöpferische Phantasie. Ihm sind die intuitiven Froschsprünge fremd; bei ihm muß alles konkret und prosaisch sein.

Und dann las ich Carolyn Heilbruns Rezension über Lyndall Gordons Virginia Woolf-Biographie. Carolyn Heilbrun weist darauf hin, daß Virginia Woolf – wie alle Frauen – zum Schweigen erzogen worden war, daß «die Frau, die die Sprache beherrschte und Wirkungen damit zu erzielen vermochte, stets als unliebenswert galt. Sie wurde als Klatschtante, Xanthippe und böse Hexe karikiert». Frauen «wurden unter Druck gesetzt und gezwungen, auf die Sprache zu verzichten; ‹nette, anständige Frauen› hatten den Mund zu halten».[3] Sie kommt zu der Schlußfolgerung, daß «gerade bei weiblichen Autoren, die durch eine jahrhundertelange Erziehung zum Schweigen verurteilt worden waren, stets das Sprachvermögen versagte, wenn sie versuchten, ihr Leben und ihre Gedanken aufzuzeichnen».[4]

Das gilt nicht nur für die Künstlerin, sondern für jede Frau, die versucht, sich in ihrer eigenen Sprache auszudrücken. Und es gilt auch für den Mann, der das Wagnis unternimmt, die Vorgänge in seiner Seele in Worte zu fassen. Das Wort «weiblich», wie ich es verstehe, hat nur wenig mit dem Geschlecht eines Menschen zu tun; und ich betrachte das Weibliche auch keineswegs als Privileg der Frauen. Der Mann sucht ebenso nach seiner schwangeren Jungfrau wie die Frau. Die schwangere Jungfrau ist jener Teil unseres Selbst, der ausgestoßen wurde, der uns nur dadurch zum Bewußtsein kommen kann, daß er ins Dunkel untertaucht. Diese Jungfrau schürft in unserer bleiernen Dunkelheit, bis das Blei sich in Silber verwandelt.

Jeder, der versucht, sich schöpferisch zu betätigen, macht diese Erfahrung. Als ich Studenten Schauspielunterricht gab, arbeiteten wir vor der Aufführung monatelang ohne Drehbuch. Jene Studenten, die darauf gedrillt waren, «gut zu spielen», fanden diese Vorgehensweise unerträglich. Ihre Steifheit, ihre Angst davor, schlecht zu sein und alles zu verderben, blockierte ihre Kreativität. Sie warteten darauf, daß man ihnen genau vorschrieb, was sie zu sagen, wie sie sich zu bewegen und welche Haltungen sie einzunehmen hatten. Aber den ruhigen, introvertierten

Studenten, die es gewohnt waren, sich in sich selbst zu versenken, fiel es nicht schwer, sich zu konzentrieren und zu warten, bis die Bilder, die aus ihrem Inneren aufstiegen, Leben gewannen. Ihnen machte es Freude, frei zu sein, zu spielen. Sie nahmen die Herausforderung, noch tiefer ins Dunkel einzutauchen und alles geschehen zu lassen, begeistert an.

Und es geschah tatsächlich vieles. Das Theater erwachte zum Leben. Die neugierigen Besucher, die sich hereinwagten, schüttelten den Kopf und flüchteten vor dem Chaos: verzweifelte Schreie, Tränen, Gelächter, Bewegungen von ergreifender Schönheit und beißender Ironie. Doch für uns, die Beteiligten, hatte dieses Chaos eine innere Ordnung. Wir hatten uns mittlerweile an die Intensität gewöhnt. Zwei Monate vor der Aufführung beschlossen die Studenten, der Choreograph, der Musikleiter und ich, mit welchen Bewegungen, welchen Gedichten und welcher Musik wir uns eingehender befassen wollten.[5] Bis zuletzt feilten wir an dem Gerüst unserer Aufführung, fügten Neues hinzu oder ließen einzelne Passagen weg.

Alle Beteiligten – Schauspieler, Regisseur und Bühnenarbeiter – waren mit verantwortlich. In dem Maße, in dem unser Selbstvertrauen wuchs, nahm auch unsere Energie zu, und unser Inspizient mußte nach neuen Möglichkeiten suchen, Disziplin zu halten, ohne die Flamme der Inspiration zu ersticken. Damals hatte ich noch kein Konzept, in das ich diese Vorgänge einordnen konnte. Rückblickend jedoch sehe ich unser Theater als den Schoß der Großen Mutter, aus dem die jungfräulichen Seelen der Studenten geboren wurden und zu einer höheren Ebene psychischen Bewußtseins emporstiegen – selbstbewußt und flexibel genug, um sich vom Wind des Geistes durchdringen zu lassen. Ein Teil ihres Entwicklungsprozesses bestand darin, daß sie – bei sich selbst ebenso wie bei ihren Mitspielern – zu erkennen lernten, ob ihr Gedicht oder Tanz ein Eigenleben hatte oder durch das fälschliche Streben nach einer «guten Aufführung» verdorben wurde.

Uns interessierten der individuelle Entwicklungsprozeß der einzelnen Schauspieler, der Entwicklungsprozeß der Gruppe als Ganzes und schließlich der Kommunikationsprozeß zwischen dem Publikum und den Schauspielern. Die Stühle des Publikums waren rund um die Bühne angeordnet, und die Studenten plazierten ihre Eltern so, daß sie ihnen an einem bestimmten Punkt der Aufführung einen halben Meter entfernt gegenüberknieten und ihnen direkt ins Gesicht blickten. Für viele Eltern war diese plötzliche Konfrontation mit ihrem erwachsenen Kind eine überwältigende Erfahrung, die für sie völlig überraschend kam, und sie konnten nur mit Mühe ihre Tränen zurückhalten.

Das Endergebnis – der äußere Eindruck, den unsere Aufführung machte – interessierte uns nicht. Es gab keine Abschlußprüfung, kein vorgegebenes Ziel und daher auch keine Mißerfolge. Nur eine Unterdrückung oder Verstümmelung unseres Entwicklungsprozesses hätten wir als Mißerfolg empfunden. In anderen Studienfächern mögen wir uns zerstückeln und zersplittern lassen – zum Beispiel mag der Student X in Raum 13, ein angehender Historiker, in der Turnhalle ein schlechter Sportler, im Musikunterricht dagegen ein ausgezeichneter Flötenspieler sein. Im täglichen Leben mögen wir in ähnlicher Weise auseinandergenommen werden: Im Schuhgeschäft mögen wir nur aus Füßen mit Schweißgeruch bestehen, den Optiker mögen nur unsere kurzsichtigen Augen interessieren, den Hautarzt nur unsere Pickel und den Drogisten, der uns ein Deospray verkauft, nur unsere Achselhöhlen. Doch während des Schauspielunterrichts entzog unser Körper sich dieser Zivilisation, die nichts Besseres mit ihm anzufangen wußte, als ihn in seine einzelnen Bestandteile zu zerlegen. Hier konnten wir etwas Ganzes sein. Dadurch, daß wir uns zu unserer Verwundbarkeit bekannten, nahmen wir nicht nur unsere Wunden, sondern auch unsere Stärke wahr.

Auch dieses Buch ist ein Bekenntnis zur Verwundbarkeit. In dieses Buch sind die Empfindungen und Erfahrungen aller meiner Patientinnen eingegangen. Wir haben gemeinsam Tod und Wiedergeburt erlebt und Hunderte von Träumen analysiert. Viele der Motive, die ich in meinen beiden ersten Büchern eingeführt habe, werden hier weiterbehandelt und -entwickelt. Viele meiner Patientinnen leiden unter Eßstörungen und müssen mit irgendeiner Form der Nahrungsmittelsucht kämpfen. In ihrer psychischen Verfassung haben sie vielerlei Gemeinsamkeiten mit Menschen, die unter anderen Suchterscheinungen leiden – zum Beispiel der Sucht nach Arbeit, Alkohol, Drogen, Schlaf, gescheiterten Partnerbeziehungen und ähnlichem. Meine Patientinnen haben mir großzügigerweise gestattet, ihre Berichte hier zu veröffentlichen, weil sie hoffen, dadurch etwas Licht auf das neu entstehende weibliche Bewußtsein zu werfen. Das Gefühl, daß andere Frauen sich auf der gleichen beschwerlichen Reise befinden wie sie, scheint ihnen ihre Probleme zu erleichtern.

Auch ich bin auf der Reise. Der Entwicklungsprozeß in der Küche, den ich in Kapitel 1 beschreibe, ist identisch mit dem Entwicklungsprozeß in Indien in Kapitel 7 – mit einem entscheidenden Unterschied: Der Schmetterling an der Gardine (S. 17f) entwickelt sich nach den Gesetzen der Natur; der Schmetterling an der Decke dagegen (S. 237ff) verwandelt sich aufgrund einer bewußten Entscheidung. Und auch dieses Buch ist das Resultat eines längeren Entwicklungsprozesses. Zwei der Kapitel waren ursprünglich als Vorlesungen konzipiert, zwei habe ich für Zeitschriften geschrieben, und die anderen stellen Versuche dar, der Dunkelheit das Licht zu entringen. Jedes Kapitel ist ein Prisma, durch das man die Schwierigkeiten des Werdens und Seins aus verschiedenen Winkeln betrachten kann.

Zwar habe ich das Problem der Froschgrammatik noch nicht lösen können; aber mein Froschweibchen legt immer noch Eier. Ich glaube, es freut sich auf die Geburt meiner neuen Grammatik. Doch dieses Vorwort soll keine Fabel über eine Kaulquappe sein, sondern eine Aufforderung an mich und meine Leser, mit dem Herzen zu lauschen und auf die Sprache zu hören, die gleichermaßen im Schweigen und im Worte lebt.

Ich bin kein Mechanismus, keine Ansammlung verschiedener Teile;
Und wenn ich krank bin und leide, so liegt es nicht daran, daß der Mechanismus nicht funktioniert.
Ich bin krank, weil meine Seele, mein fühlendes Ich tief innen verwundet ist;
und die Wunden der Seele heilen sehr, sehr langsam. Nur die Zeit kann helfen
und Geduld und die Last der Reue,
eine lange, schwere Zeit der Reue. Man muß den Fehler im Leben erkennen und sich befreien
von der endlosen Wiederholung dieses Fehlers –
gegen die ganze Menschheit, die dieser Wiederholung huldigt.

– D. H. Lawrence, *«Heilung»*

Kein Vogel fliegt zu hoch, wenn er sich von seinen eigenen Flügeln tragen läßt.
Gefängnisse werden aus den Steinen des Gesetzes gebaut, Bordelle aus den Ziegeln der Religion.
Freuden befruchten; und der Kummer bringt die Frucht zur Welt.
Wenn du stets sagst, was du denkst, werden niedrige Menschen dich meiden.
Am meisten Zeit verschwendete der Adler, als er sich dazu herabließ, von der Krähe zu lernen.
Von stehenden Gewässern sollte man nichts anderes erwarten als Gift.
Verfluche alles, was dich einengt; segne alles, was dich befreit und entspannt.

Wenn die Pforten seiner Wahrnehmung gereinigt würden, erschienen dem Menschen alle Dinge so, wie sie sind: unendlich.
Denn der Mensch hat sich selbst eingesperrt und nimmt alles nur noch durch die schmalen Ritzen seiner Höhle wahr.

Wer seine Meinung niemals ändert, ist wie ein stehendes Gewässer; und sein Geist wird nichts anderes hervorbringen als Gewürm.

William Blake, aus *The Marriage of Heaven and Hell*

Die philosophische Imagination, die heilige Kraft der Intuition kann nur erlangen, wer in sich selbst die symbolische Bedeutung der Tatsache begreift, daß sich in der Haut der Raupe die Flügel des Schmetterlings bilden; wer in seinem Geiste den gleichen Instinkt fühlt, der die Puppe des Falters dazu veranlaßt, in seiner Hülle Platz für die später entstehenden Fühler zu lassen. Solche Menschen wissen und fühlen, daß ein Potential in ihnen wirkt, wie auch Tatsachen auf sie wirken.

– Samuel Taylor Coleridge, *Biographia Literaria*

I
Im Zustand der Verpuppung: Gibt es mich noch?

Dann ging die Sonne auf und küßte meinen Kokon –
Und ich erhob mich – und lebte –

– Emily Dickinson.

Die wichtigste psychologische Entdeckung meines Lebens machte ich, als ich drei Jahre alt war. Ich entdeckte, daß ein Lebewesen, seinen eigenen inneren Gesetzen gehorchend, verschiedene Wachstumszyklen durchläuft, stirbt und als neues Geschöpf wiedergeboren wird.

Ich half meinem Vater bei der Gartenarbeit. Das tat ich immer gern, denn er kannte sich in Käfern und Blumen aus, wußte, aus welcher Richtung der Wind kam, und hatte mir stets etwas Interessantes zu zeigen und zu erzählen. Plötzlich entdeckte ich einen merkwürdigen Klumpen, der an einem Zweig klebte, und Vater erklärte mir, das sei eine Raupe, die sich verpuppt habe. Wir nahmen sie mit ins Haus und befestigten sie mit einer Nadel am Küchenvorhang. Eines Tages, sagte Vater, würde aus diesem unförmigen Klumpen ein Schmetterling entstehen.

Ich hatte im Garten meines Vaters zwar schon viele wundersame Dinge beobachtet; aber das hier überstieg selbst meine Vorstellungskraft. Vorsichtig befestigten wir den Kokon am Vorhang; und von da an kam ich jeden Morgen erwartungsvoll in die Küche gerannt, um gemeinsam mit meiner Puppe den Schmetterling zu bewundern. Aber immer wurde ich enttäuscht. Der Kokon hing immer noch an dem Vorhang, reglos und unförmig wie an dem Tag, an dem wir ihn gefunden hatten. Mein Vater tröstete mich und meinte, ich müsse Geduld haben. «Der Kokon sieht nur so aus, als sei er tot», erklärte er. «In Wirklichkeit sind innen erstaunliche Veränderungen im Gange. Das Leben einer Raupe ist ganz anders als das eines Schmetterlings; und deshalb brauchen diese beiden Tiere auch völlig verschiedene Körper. Die Raupe frißt Blätter; der Schmetterling dagegen trinkt flüssigen Nektar. Die Raupe ist geschlechtslos, nahezu blind und an den Boden gefesselt, während der

Schmetterling Eier legen, sehen und fliegen kann. Die meisten Organe der Raupe lösen sich während der Verpuppung auf, und die entstehenden Flüssigkeiten tragen dazu bei, daß die winzig kleinen Flügel, Augen, Muskeln und Gehirnzellen des Schmetterlings sich entwickeln können. Diese Verwandlung ist sehr anstrengend, und deshalb kann das Tier während dieser Zeit nichts anderes tun und muß regungslos in seinem schützenden Kokon verharren.»

Ich wartete zwar immer noch darauf, daß die träge, gefräßige Raupe sich endlich in einen zarten Schmetterling verwandelte; doch insgeheim hatte ich die Hoffnung schon fast aufgegeben und fürchtete, daß mein Vater sich geirrt hatte. Eines Morgens aber, als meine Puppe und ich wie immer unseren Weizenschrot aßen, fühlte ich plötzlich, daß wir nicht allein in der Küche waren. Ich hielt unwillkürlich inne und richtete meinen Blick auf den Vorhang. Da saß er, streckte und dehnte seine Flügel und schimmerte in der Morgensonne – ein Engel, der fliegen konnte. Der Kokon war leer. Das war meine erste geheimnisvolle Begegnung mit Tod und Wiedergeburt.

Jahre später entdeckte ich, daß der Schmetterling ein Symbol der menschlichen Seele ist. Ich beobachtete auch, daß ein Schmetterling, sobald er aus dem Kokon geschlüpft ist, einen Tropfen Exkret ausscheidet, der sich während der Verpuppung angesammelt hat. Dieser Tropfen ist häufig rot und wird manchmal während des ersten Fluges ausgeschieden. Wenn ein ganzer Schwarm frisch ausgeschlüpfter Schmetterlinge sich gleichzeitig in die Lüfte erhebt, kommt es häufig zu einem regelrechten Blutstropfenregen. Das versetzte die Menschen früherer Kulturen in panische Angst und führte oft zu Massakern. Auch dieser Blutstropfen ist ein Symbol: Wenn der Schmetterling unserer Seele sich aus seinem Kokon befreit, müssen auch wir einen Tropfen Blut opfern, uns von unserer Vergangenheit lösen und der Zukunft zuwenden.

Die Veränderung, die in der Puppe vor sich geht, entspricht dieser Dämmerwelt zwischen Vergangenheit und Zukunft. Ein Teil unseres Ichs blickt zurück und trauert dem verlorenen Zauber nach; ein anderer Teil ist froh, der chaotischen Vergangenheit endlich Adieu sagen zu können; ein Teil nimmt seinen ganzen Mut zusammen und schaut in die Zukunft; ein Teil ist fasziniert von den neuen Möglichkeiten, die sich eröffnen; und ein Teil sitzt regungslos da und wagt weder nach links noch nach rechts zu schauen. Wer diese Verpuppung bewußt akzeptiert – in der Analyse oder im Leben – hat damit akzeptiert, was in jeder neuen Windung der Wachstumsspirale in anderer Form wiederkehrt: das Paradoxon, daß Leben und Tod letztlich eins sind. In T. S. Eliots «Die

Reise aus dem Morgenland» beschreibt einer der Heiligen Drei Könige, nachdem er heimgekehrt ist, sein Erlebnis in Bethlehem folgendermaßen:

... und wir zogen weiter
Und trafen am Abend ein, fanden den Ort,
Kamen noch grad zurecht; und es ging (darf man sagen) gut ab.

All das liegt weit zurück, ich erinnre mich,
Und würd es wieder tun, doch schreibt
Dies schreibt nieder
Dies: Wurden wir den weiten Weg geführt
Zu Tod oder Geburt? Sicher, da war eine Geburt,
Wir hatten die Gewißheit und waren frei von Zweifel. Mir war
Geburt und Tod vertraut,
Doch hatte ich sie für Verschiedenes gehalten; diese Geburt war
Ein harter, bittrer Heimgang, so wie ein Tod, wie unser Tod.
Wir kehrten wiederum an unsern Ort, in diese Königreiche,
Doch nimmermehr getrost hier in dem Alten Bund,
Über ein fremdes Volk, das seinen Göttern anhängt.
Ich wäre froh um einen neuen Tod.[1]

Wenn wir dieses Paradoxon akzeptieren, reißt uns der scheinbar unerträgliche Widerspruch nicht in Stücke.

Die Geburt ist der Tod des Lebens, das wir bisher gekannt haben; und der Tod ist die Geburt des Lebens, das noch vor uns liegt. Wir müssen unseren engen Kreis so erweitern, daß diese Spannungen in unserem Innern Platz haben.

Die Menschen, die ständig regungslos in ihrem Kokon verharren, die das Leben «ekel, schal und flach und unersprießlich» – oder, um es im modernen Jargon auszudrücken – «langweilig» finden, sind in großen Schwierigkeiten. Sie sind in einer Phase des Stillstands, der Stagnation steckengeblieben, klammern sich immer noch an ihre Kinderspielzeuge, wollen die Realität ihrer gegenwärtigen Lebensumstände nicht wahrhaben, sitzen tatenlos da und warten auf ein Wunder, das sie von ihrem Schmerz erlöst und in eine «gerechte und gute» Welt versetzt – eine Scheinwelt, einen naiven Kindertraum. Sie haben Angst davor, sich aus Beziehungen zu lösen, die ihr Wachstum hemmen, wagen es nicht, Kindern, Partnern oder Eltern, die ihnen mit ihrer infantilen Haltung das Leben schwermachen, die Stirn zu bieten. Die Folge sind chronische Krankheiten und/oder der psychische Tod. Das Leben wird zu einem

Netz aus Illusionen und Lügen. Statt Verantwortung für das Geschehen zu übernehmen, statt die Herausforderung zu akzeptieren, die im Wachstum liegt, klammern sie sich an das starre Gerüst, das sie sich gebaut haben oder das man ihnen von Geburt an zugewiesen hat. Sie versuchen, «fixiert» zu bleiben. Eine solche Haltung ist lebensfeindlich, denn die Veränderung ist ein Gesetz des Lebens. Wer der Erstarrung anheimfällt, verfault – auch im Garten Eden, vor allem dort.

Warum haben wir eigentlich so große Angst vor Veränderungen? Selbst wenn wir uns noch so verzweifelt eine Veränderung herbeiwünschen – sobald die Verwandlung beginnt, verzweifeln wir noch mehr. Warum haben wir unseren kindlichen Glauben an das Wachstum verloren? Weshalb klammern wir uns an alte Bindungen, statt uns neuen Möglichkeiten anzuvertrauen – den unentdeckten Welten in unserem Körper, unserem Geist und unserer Seele? Wir stecken die Amarylliszwiebel in die Erde, gießen sie, stellen sie in die Sonne, betrachten den ersten grünen Trieb, die rasch wachsende Pflanze; und zum Schluß bestaunen wir die großen, glockenförmigen Blüten, die der Schneelandschaft vor dem Fenster ihr Halleluja zurufen. Warum glauben wir mehr an die Amarylliszwiebel als an uns selbst? Weil wir wissen, daß die Amaryllis sich nach einem inneren Gesetz entwickelt – einem Gesetz, das uns verlorengegangen ist? Wenn wir uns die Zeit nehmen, der Amaryllis zuzuhören, können wir die Schwingungen ihres Schweigens mitempfinden, ihre ewige Stille erfahren. Wir befinden uns im Herzen des Geheimnisses, dem Ort der Göttin. Und hier können wir Geburt und Tod akzeptieren. Die wunderschöne Blüte wird sterben; doch wenn man die Zwiebel in einen dunklen Raum legt und ruhen läßt, wird die Amaryllis im nächsten Jahr wieder blühen.

Der Grund für unsere Angst vor Veränderungen ist unsere Unsicherheit. Wer seinen eigenen Wert inmitten der geliebten Menschen erkennt, kann sie verlassen und eine Zeitlang später wiederkehren, ohne eine Trennung oder Entfremdung fürchten zu müssen. Solche Menschen wissen, daß sie um ihrer selbst willen geschätzt werden. So faszinierend und leistungsfähig unsere vom Computer beherrschte Gesellschaft auch sein mag – sie greift immer tiefer in die Welt der echten menschlichen Werte ein. Eine Maschine – selbst wenn sie noch so kompliziert ist – hat keine Seele, bewegt sich nicht im Rhythmus des Instinkts. Ein Computer kann meine Lebensdaten ausspucken; aber er ist nicht imstande, die unterirdischen Gänge meiner Einsamkeit auszuloten, mein Schweigen zu hören oder auf den Schatten zu reagieren, der meine Augen verdunkelt. Er kann die Tiefe, Breite und Höhe der menschlichen Seele nicht errechnen. Wenn die Gesellschaft sich bewußt auf Normen programmiert, die sehr wenig mit Instinkt, Liebe oder Privatleben zu tun haben, dann haben jene Menschen, die Individuen werden möchten und auf die Würde ihrer Seele und die Kreativität ihrer Phantasie vertrauen, guten Grund, sich zu fürchten. Sie sind Ausgestoßene, von der Gesellschaft und mehr oder weniger auch von ihren eigenen Instinkten abgeschnitten. Während sie in der Stille ihres Kokons an ihrer Verwandlung arbeiten, haben sie häufig das Gefühl, verrückt zu sein. Doch gleichzeitig glauben sie daran, daß es noch verrückter von ihnen wäre, den Glauben an ihre Reise aufzugeben. Wie die Puppe, die wir am Vorhang befestigten, hängt an der Wand ihres Studierzimmers der Spruch von William Blake: «Wenn ein Narr unbeirrt bei seiner Narrheit bliebe, würde er letzten Endes weise werden.»[3]

Der Mut, auf sich selbst gestellt zu sein, die «weiße Feder» der Freiheit zu tragen,[4] war schon immer und in jeder Gesellschaft das Kennzeichen des Helden. Heutzutage allein auf sich selbst gestellt zu sein, erfordert noch mehr Mut und Kraft als in früheren Kulturen. Die Kinder sind schon von klein auf darauf programmiert worden, zu «funktionieren». Statt ihren eigenen Bedürfnissen und Gefühlen zu leben, lernen sie, anderen zu gefallen. Ohne den Kern der inneren Sicherheit haben sie nicht die Kraft, sich selbst zu sein. Die Einflüsse der Massenmedien und die Anforderungen ihrer Peer-group stürmen auf sie ein, so daß ihre Identität sich nicht richtig entfalten kann und letzten Endes vielleicht sogar völlig von kollektiven Klischees aufgesogen wird. Da unsere Gesellschaft keine angemessenen Übergangsriten hat, werden Werbefachleute zu Hohepriestern der Initiation – einer Initiation in die Sucht der Konsumhaltung. Die Zeremonien der Unschuld werden profitbringend ausgenutzt.

Ohne solche anerkannten Riten erkennen die Menschen ihre Identität und ihren Platz innerhalb der Gesellschaft nicht. Nachdem die Kinder sich unsicher durch die Pubertät getastet haben, finden sie sich als junge Menschen wieder, die leidenschaftlich um Unabhängigkeit kämpfen, aber andererseits wütend werden, sobald man sie auffordert, Verantwortung zu übernehmen. Jungen, die nie von ihrer Mutter getrennt waren und Angst vor ihrem Vater haben, sind nicht imstande, den Schritt ins Leben des erwachsenen Mannes zu tun. Mädchen, die im Dienst ihrer vorwärtsdrängenden männlichen Energien gelebt haben, werden ihr Motto «P. M. R. V.» (Prestige, Macht, Ruhm, Vermögen) nicht um eines Gefühls der Harmonie mit dem Kosmos willen aufgeben. Selbst die Riten der Eheschließung sind verwirrend. Unverheiratete Paare, die jahrelang zusammengelebt haben, denken vielleicht letzten Endes, daß «die

Ehe keinen Unterschied macht», und sind dann ehrlich verwirrt, wenn sexuelle Probleme auftauchen, sobald sie einander das Jawort gegeben haben. Das Altern ist eine Qual für diejenigen, die die reife Schönheit des Herbstes nicht akzeptieren können. Sie sehen im Spiegel, wie ihre Fältchen sich allmählich zu Linien vertiefen, und zählen ängstlich die neu hinzugekommenen braunen Flecken auf ihren Armen; doch das Reifen ihrer Seele, das sie für die Alterserscheinungen entschädigen würde, erleben sie nicht. Da es keine Riten des Älterwerdens gibt, können sie sich nicht darauf freuen, eine geachtete und anerkannte Stellung in ihrer Gesellschaft einzunehmen, und wissen meist auch ihre eigene Weisheit nicht zu schätzen. Vor allem die Würde des Todes wagen sie nicht gelassen zu bedenken.

Diese unterschwellige Verzweiflung unserer Gesellschaft kommt am deutlichsten in einem deutschen Wort zum Ausdruck, das im Jahre 1963 erstmals in der englischen Sprache auftauchte und inzwischen sogar ins Oxford English Dictionary (Ergänzungsband, 1985) aufgenommen worden ist: nämlich das Wort «Torschlußpanik», definiert als «Panik bei dem Gedanken, daß das Tor zu den Möglichkeiten des Lebens sich geschlossen hat».

Neue Wörter werden nur dann in eine Sprache aufgenommen, wenn man sie braucht; die Tatsache, daß das Wort «Torschlußpanik» jetzt aufgetaucht ist, wirft ein bezeichnendes Licht auf unsere Gesellschaft. Die Tore, die einst durch Initiationsriten geöffnet wurden, sind nach wie vor entscheidende Übergangsschwellen in der menschlichen Psyche; und wenn diese Tore sich jetzt nicht mehr öffnen oder verkannt werden, schrumpft das Leben zu einer Serie von Verweigerungen zusammen, an deren Ende die Torschlußpanik steht: die Abitursparty, zu der das Mädchen nicht eingeladen wurde; die Heirat, zu der es nicht kam; das Baby, das nie geboren wurde, die ersehnte Stellung, die man nicht erreicht hat. Rückblickend erkennen wir, daß wir häufig gar keinen Einfluß darauf hatten, welche Tür sich öffnete und welche uns verschlossen blieb. Wir wurden für die eine Möglichkeit ausgewählt, die andere dagegen wurde uns verwehrt.

Die Torschlußpanik ist jetzt ein Bestandteil unserer Kultur, weil es so wenige Riten gibt, mit deren Hilfe der einzelne über seine selbstsüchtigen Triebe hinauswachsen kann. Ohne eine solche umfassendere Perspektive können die Menschen in den Verweigerungen keinen Sinn erkennen. Das Tor fällt ins Schloß, und sie resignieren oder werden verbittert. Wenn sie sich statt dessen voll und ganz auf die zu überschreitende Schwelle konzentrieren könnten wie bei einem Übergangsritus, wären sie in der Lage zu prüfen, wer sie sind. Ihre Leidenschaft würde sich in einer positiven Anstrengung verzehren, in die sie all ihre Kraft investieren könnten, statt zu Desillusionierung und Verzweiflung zu verkümmern. Der Schrecken des Wortes Torschlußpanik treibt viele Menschen in die Psychoanalyse – das letzte Tor hat sich geschlossen, die letzte Verweigerung hat stattgefunden. Nun wird sich kein Tor mehr öffnen. Es hat alles keinen Sinn mehr.

Ein weiterer Grund für unsere Angst vor der Verpuppung und Veränderung liegt darin, daß es in unserer Kultur keine Gefäße mehr gibt, die diesen Wandlungsprozeß schützend umschließen. Da unsere Gesellschaft ein so großes Schwergewicht auf lineare Entwicklung und Leistung legt, sind wir dem zyklischen Muster von Tod und Wiedergeburt entfremdet worden. Daher fürchten wir die Vernichtung, wenn wir mit dem Tod konfrontiert werden oder von ihm träumen. Primitive Gesellschaften dagegen sind so eng mit den natürlichen Zyklen des Lebens verbunden, daß sie Gefäße – Rituale – haben, in deren Geborgenheit die Stammesangehörigen Tod und Wiedergeburt erleben können, während sie die schwierigen Übergangsriten durchlaufen. Hierzu ein Zitat aus dem klassischen Werk *Übergangsriten* von Arnold van Gennep:

> Jede Veränderung im Leben eines Menschen erfordert teils profane, teils sakrale Aktionen und Reaktionen, die reglementiert und überwacht werden müssen, damit die Gesellschaft als Ganzes weder in Konflikt gerät, noch Schaden nimmt. Es ist das Leben selbst, das die Übergänge von einer Gruppe zur anderen und von einer sozialen Situation zur anderen notwendig macht. Das Leben eines Menschen besteht somit in einer Folge von Etappen, deren End- und Anfangsphasen einander ähnlich sind: Geburt, soziale Pubertät, Elternschaft, Aufstieg in eine höhere Klasse, Tätigkeitsspezialisierung. Zu jedem dieser Ereignisse gehören Zeremonien, deren Ziel identisch ist: Das Individuum aus einer genau definierten Situation in eine andere, ebenso genau definierte hinüberzuführen ... In dieser Hinsicht gleicht das Leben eines Menschen den Abläufen in der Natur, von der weder das Individuum noch die Gesellschaft unabhängig sind.[5]

Beispielsweise werden Jungen durch ihre Initiation als erwachsene Männer anerkannt, die Verantwortung tragen können. Sie werden der Obhut ihrer Mütter entzogen, zu Kriegern ausgebildet und in der kulturellen Überlieferung ihres Stammes unterwiesen.

Für Mädchen haben die Pubertätsriten eine etwas andere Bedeutung. Dazu ein Zitat aus Bruce Lincolns Werk *Emerging from the Chrysalis:*

> Die Initiation verändert nicht den Status der Frauen, sondern ihre gesamte Existenz. Hier geht es eher um eine wesensmäßige als um eine hierarchische Veränderung. Eine Frau wird durch die Initiation nicht mächtiger oder angesehener, sondern kreativer, lebendiger, wirklicher ... Die weibliche Initiation bedeutet demnach Wachstum, Vergrößerung, Erweiterung der Kräfte, Fähigkeiten, Erfahrungen. Der Initiandin werden symbolische Gegenstände verliehen, die sie zur Frau und – darüber hinaus – zu einem kosmischen Wesen machen. Hierbei muß es sich nicht unbedingt um konkrete Gegenstände wie Kleidungsstücke oder Schmuck handeln; es können auch immaterielle Dinge sein, zum Beispiel Lieder, die man der werdenden Frau vorsingt, oder Mythen, die in ihrer Gegenwart vorgetragen werden. Manchmal wird ihr Körper auch mit Narben oder Zeichnungen versehen.[6]

Die Einritzung der Haut ist ein Erlebnis intensiven Schmerzes für die Frau; und die Narben, die dadurch entstehen, sind eine bleibende Erinnerung an diesen Schmerz. Durch sie wird die Person einmalig und unverwechselbar. Die Frau «tritt in die kosmische Arena; sie erhält das Wasser des Lebens, mit dem sie fortan den kosmischen Baum ernähren wird.»[7]

Solche primitiven Rituale änderten die Lebensweise der Menschen nicht, aber sie gaben dem Leben Bedeutung. Durch das Ritual wurde die Beziehung des Menschen zu den unwandelbaren, archetypischen Aspekten des Lebens immer wieder bestätigt und erneuert. Was sonst nichts weiter gewesen wäre als stumpfsinnige Plackerei oder Torschlußpanik, erhielt einen Sinn, der über das bloße Überleben hinausging. Durch das Ritual wurde eine Verbindung zwischen den menschlichen Aktivitäten und dem Göttlichen hergestellt.

In höherentwickelten Gesellschaften boten Kirche und Theater den Menschen diese Gefäße. In der Geborgenheit der heiligen Messe beispielsweise konnte der einzelne sich Gott hingeben, Verstümmelung und Tod, den Abstieg in die Hölle und die Auferstehung des Geistes am dritten Tage miterleben. Er konnte sich selbst als Opfernder und Geopferter erfahren und auf diese Weise geistiges Wachstum erlangen. Wie der Primitive verließ er die Kirche mit dem Gefühl eines allumfassenden Sinns, mit dem tiefen Bewußtsein, zu einem Kosmos und zu einer Gesellschaft zu gehören, die diesen Kosmos respektierte.

Auch das Theater gab den Menschen diese Möglichkeit; es stellte gewissermaßen einen öffentlichen Kokon dar. Die Dramen befaßten sich mit archetypischen Realitäten. Auf der Bühne sahen die Zuschauer und Zuschauerinnen ihre eigenen psychischen Tiefen ausgelotet und dargestellt und wurden auf diese Weise dazu angeregt, über ihre eigene menschliche Situation nachzudenken.

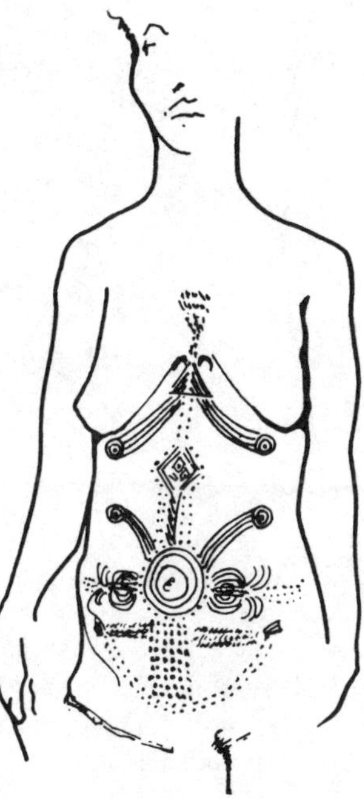

Rituelle Hauteinritzungen (aus Bruce Lincoln, *Emerging from the Chrysalis*)

Doch dem modernen Menschen sind diese Gefäße verlorengegangen; ihm droht das Chaos. Ohne Rituale, die eine feste Abgrenzungslinie zwischen dem Profanen und dem Sakralen, dem Wir und dem Nicht-wir bilden, neigen wir dazu, uns mit archetypischen Wesensmustern zu identifizieren – Held, Vater, Mutter usw. Wir vergessen, daß wir Individuen sind; wir lassen uns von der Macht des Unbewußten aufblähen und nehmen sie als unsere eigene in Anspruch. Das tun wir ganz unbewußt. Nachdem wir uns von dem «Aberglauben» an Götter und Dämonen befreit haben, nehmen wir die Macht, die ihnen einst zugeschrieben wurde, für uns selbst in Anspruch. Wir merken gar nicht, daß wir sie uns widerrechtlich angeeignet, sie gestohlen haben. Das ist die einzige Erklärung für unsere Ängste und unsere Unzufriedenheit. Wir fürchten uns vor der Macht; doch auch der Mangel an Macht jagt uns Angst ein. Nur wenige Menschen sind mit dem zufrieden, was sie haben. Die meisten Menschen können nicht ohne Götter und Dämonen leben, obwohl wir uns angeblich von

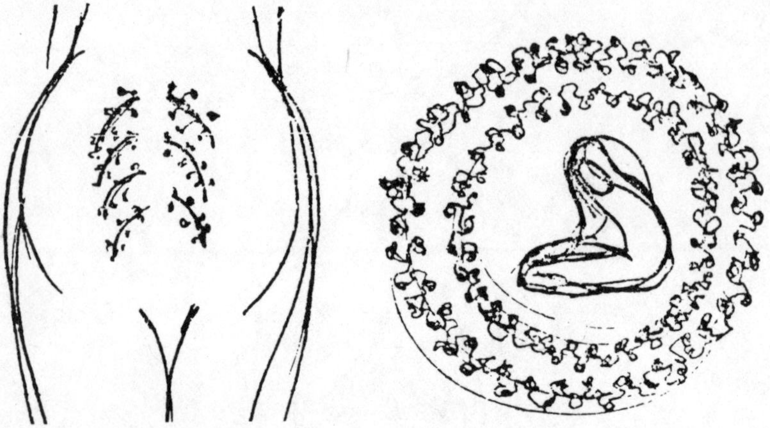

Diese Zeichnung, die eine Frau von ihren Traumbildern angefertigt hat, zeigt «verheilte wunde Striemen» auf ihrem Bauch; von der Wunde hängen kleine Fleischbeeren herab *(links)*. In ihrem Traum verwandelten sich diese Beeren in Blumenkränze, die einen doppelten Kreis rund um eine kniende Frau bilden *(rechts)*. Die Frucht der Verwundung hat sich in die schützende Liebe der Göttin verwandelt; Symbol dieser Liebe sind die blühenden Mandalas. (Dieser Traum brachte die Frau dazu, ihren Körper zu akzeptieren; anschließend begann sie Tanz zu studieren).

ihnen befreit haben. Ihre Abwesenheit verbessert unsere Situation nicht; vielleicht verschlimmert sie sie sogar noch.

Wenn ein Kind zum Beispiel als «Stoßdämpfer» zwischen seinen Eltern fungiert hat, wird es stets Angst haben, daß die Familie auseinanderbricht, daß sein Zuhause zerstört wird, wenn es nicht ständig als Vermittler agiert. Ohne sich dessen bewußt zu sein, hat dieses Kind in seiner kleinen Welt die Rolle und die Macht des Erlösers übernommen. Später, wenn es erwachsen ist und sein Gesichtskreis sich erweitert hat, wird es weiterhin versuchen, ständig und überall diese archetypische Rolle zu übernehmen; und es wird unter Schuldgefühlen leiden, wenn ihm das nicht gelingt. Es wird sich vielleicht sogar schuldig fühlen, weil es nichts daran ändern kann, daß es an dem Wochenende, an dem seine Familie einen Skiausflug geplant hatte, nicht schneit. Sobald dem Menschen diese Hybris bewußt gemacht wird, erkennt er, wie lächerlich sie ist; doch solange sie unbewußt besteht, führt sie unweigerlich zu Depression und Verzweiflung. «Ich hätte etwas tun müssen. Aber ich habe es nicht geschafft.» Statt sein eigenes Schicksal zu akzeptieren und die anderen Menschen dem ihren zu überlassen, versucht er, die Verantwortung für das Schicksal auf sich zu nehmen, und fühlt sich unzulänglich, wenn das Tor ins Schloß fällt. Das daraus entstehende Schuldgefühl kann rasch in Wut umschlagen – eine Wut, die aus der Zeit stammt, als dieser Mensch noch ein machtloses Kind war: «Was erwartet ihr von mir? Ich kann das nicht. Bleibt mir vom Halse. Tragt eure Bürde selbst. LASST MICH IN RUHE.»

Viele Leute glauben, das Leben sei ein sinnloses, sich ständig im Kreis drehendes Karussell, wenn sie nicht die himmelstürmende Liebe erleben wie Prinz Charles und Lady Di, für eine gute Sache leben wie Mutter Theresa oder für einen Traum sterben wie Martin Luther King. Sie messen ihr Leben und ihr Verhalten an Figuren, die mit ungeheuren archetypischen Projektionen beladen sind – Marilyn Monroe, John F. Kennedy, Michael Jackson. Eine Maske bleibt nicht eine Maske, sondern wird mit Hilfe von Kosmetik und chirurgischen Eingriffen in ein Gesicht verwandelt. Indem die Menschen sich mit einem Archetyp identifizieren, statt die Distanz zu ihm zu wahren, machen sie das Leben zum Theater und sich selbst zu Schauspielern, fallen der dämonischen und auch der engelhaften Inflation des Ichs zum Opfer. Ohne Zeremonien und Rituale sind sie außerstande, die sakrale und die profane Welt auseinanderzuhalten.

Wir sind die Nachkommen Freuds und Jungs. Früher hatten nur Dichter und Wahnsinnige freien Zugang zu ihrem Unbewußten; inzwischen jedoch steht die Welt der Archetypen der breiten Masse offen, ohne daß diese Welt durch Rituale in eine Ordnung eingebunden wäre. Wenn wir einen Archetyp blind ausleben, haben wir unser eigenes Leben nicht unter Kontrolle. Wir sind besessen, und diese Besessenheit wirkt wie ein Magnet auf unbewußte Menschen in unserer Umgebung. Das tägliche Leben wird zu einer gefährlichen Welt, in der es zu verhängnisvollen Verwechslungen zwischen Illusion und Realität kommen kann.

Ein Mensch, der sein Leben wirklich lebt, ist ständig dabei, die Schleier der Illusion zu verbrennen. Dadurch wird allmählich das Wesen des Individuums enthüllt. Die Psychoanalyse kann diesen Prozeß beschleunigen. Manche Menschen haben das Gefühl, Raupen zu sein, die mühselig am Boden entlangkriechen. Äußerlich scheint alles in bester Ordnung zu sein. Doch tief in ihrem Inneren flüstert eine intuitive Stimme: «Es lohnt sich nicht. Hier gibt es niemanden. Ich brauche einen Kokon. Ich muß zurückkehren und zu mir selbst finden.» Diese Menschen sind sich vielleicht nicht darüber im klaren, daß sie nach der Verpuppung nicht einfach als höherentwickelte Raupen ausschlüpfen, sondern daß ihnen ein tiefgreifender Wandlungsprozeß bevorsteht. Sie sind nicht auf die schmerzhafte Verwandlung vorbereitet, die im Inneren des Kokons stattfindet –

Was ist der Mensch!
Wie hell das Sonnenlicht strahlt,
hängt von dem Organ ab, das dieses Licht wahrnimmt.
(William Blake, Frontispiz für *The Gates of paradise* (Die Tore des Paradieses)

und auch nicht auf das geflügelte, schöne Wesen, das sich langsam und mühselig von seinem Kokon befreit und nach ganz anderen Gesetzen lebt als eine Raupe. Noch verwirrender wird ihnen die Tatsache erscheinen, daß ihre Freunde und Verwandten, die mit ihrem Raupendasein vielleicht glücklich und zufrieden sind, für eine schweigende, hartschalige, ganz in sich gekehrte Puppe keinerlei Verständnis haben. «Du bist faul und selbstsüchtig», werden sie sagen. «Laß dich doch nicht so gehen.» Und über einen verwirrten Schmetterling, der sich noch nicht richtig an die Gesetze der Aerodynamik angepaßt hat, werden sie erst recht verständnislos den Kopf schütteln.

Und doch ist es erstaunlich, wie oft andere Raupen sich von dem Anblick eines Schmetterlings inspirieren lassen, ihre an den Boden gefesselte Existenz aufgeben, sich in einem Kokon verspinnen und ihre eigenen Flügel entwickeln. Jung schreibt, die Bewußtwerdung sei «*das Opfer des bloß natürlichen Menschen,* des unbewußten, naturhaften Lebewesens, dessen Tragik schon mit dem Apfelessen im Paradies begann.»[8]

Die Verpuppung ist für die Selbstfindung unerläßlich. Doch die Introversion, der Rückzug ins eigene Ich, findet in unserer extravertierten Gesellschaft kaum Unterstützung. Man erwartet von uns, daß wir etwas tun, uns um andere kümmern, gute Zwecke unterstützen, selbstlos und tatkräftig sind, unsere Pflichten gegenüber der Gesellschaft erfüllen. Wenn wir uns dafür entscheiden, einfach nur zu *sein,* nehmen unsere Freunde, Verwandten und Partner automatisch an, daß wir nichts tun; und anfangs haben wir vielleicht selbst diesen Eindruck. Wir werden mit unserem eigenen Urschlamm konfrontiert, der in Träumen an die Oberfläche steigt. In uns bricht die Hölle los, und wir fragen uns, was für einen Sinn es hat, all das ans Licht zu befördern. Wir sind mit uns selbst zerfallen: «Eigentlich sollte ich dort draußen in der Welt irgend etwas Nützliches tun. Aber ich kann nichts Sinnvolles tun, solange es kein *Ich* gibt, das die Dinge tut. Und ich kann auch niemanden lieben, solange ich kein Ich habe. Wenn ich mich selbst nicht kenne, kann ich mich auch nicht lieben; und wenn ich mich selbst nicht liebe, ist meine Liebe zu anderen Menschen vielleicht nichts weiter als mein projiziertes Bedürfnis, von ihnen akzeptiert zu werden. Ich spiele eine Rolle, um geliebt zu werden. Ich fürchte mich davor, zurückgewiesen zu werden. Wenn mich niemand liebt, existiere ich nicht. Aber wen lieben die anderen Menschen eigentlich in mir? Wer bin ich?»

Darin liegt der Sinn der Verpuppung – man unterzieht sich einer Verwandlung, um eines Tages dastehen und sagen zu können: *Ich bin.* Der nagende Hunger, die ständige Sehnsucht, die viele Menschen im tiefsten Inneren quält, beginnt schon bei der Geburt oder sogar im Mutterleib. Um in einer Umgebung voller Forderungen, in der ein Elternteil oder beide Eltern ihre ungelebten Träume (oder Alpträume) auf ihre Kinder projizieren, überhaupt überleben zu können, haben die Kinder den Versuch aufgegeben, ihr eigenes Leben zu leben. Als vollwertige kleine Menschen mit eigenen Bedürfnissen und Gefühlen wurden sie zurückgewiesen. Niemand interessierte sich für ihre Geheimnisse, und so gewöhnten sie sich von klein auf daran, alle ihre Handlungen auf die Reaktionen ihrer Umgebung auszurichten. Mit anderen Worten: Sie entwickelten eine charmante Persona, bastelten sich mit ungeheurer Mühe und Sorgfalt eine Maske zurecht – eine Maske, die, wenn sie erwachsen sind, ihr größter Segen und gleichzeitig ihr größter Fluch sein kann. Nach außen hin können solche Menschen äußerst erfolgreich sein; innerlich jedoch sind sie leer. Sie können nicht begreifen, warum ihre Partnerbeziehungen immer in einer Katastrophe enden – ein sich ständig wiederholendes Muster, das sie zwar erkennen, dem sie aber nicht entfliehen können. Sie träumen, daß sie Schauspieler sind und im Rampenlicht stehen; aber sie können sich nicht daran erinnern, in welchem Stück sie mitspielen und welche Sätze sie zu sprechen haben. Wenn ihr Ich noch kaum ausgeformt ist, kommen sie vielleicht nicht einmal in ihren eigenen Träumen vor – oder sie tauchen nur als Gegenstände oder kleine Tiere darin auf.

Andererseits brauchen wir alle mehrere verschiedene Personae, das heißt, für jeden Anlaß die geeignete Maske. Jung hielt einmal eine Vorlesung zu diesem Thema. Einer seiner Studenten warf ihm vor, er sei ein Heuchler, wenn er von einer solchen Persona Gebrauch mache. Da erklärte Jung, er habe gerade einen Streit mit seiner Frau gehabt und sei immer noch wütend; aber diese Wut habe nichts mit seinen Studenten oder mit dem Anlaß zu tun, aus dem sie sich an jenem Morgen im Institut versammelt hätten. Wenn er seine Wut jetzt zeigen würde, so wäre er weder fair gegen sich selbst noch gegen seine Studenten. Nach der Vorlesung jedoch habe er vor, wieder heimzugehen und den Streit mit seiner Frau zu Ende zu führen. Das Entscheidende ist, daß wir uns dieser Situation bewußt werden müssen – das heißt, wir müssen genau wissen, wann und aus welchem Grund wir eine Persona benutzen. Sonst kann es leicht passieren, daß wir uns mit einer bestimmten Persona identifizieren, die uns dazu zwingt, unsere wahren Empfindungen zu unterdrücken, statt sie zur rechten Zeit und am rechten Ort abzureagieren. Die Persona ist notwendig, weil Menschen auf verschiedenen Bewußtseinsebenen mit sehr unterschiedlichen Antennen auf Situationen reagieren. Sich – bewußt oder unbewußt – psychisch verwundbar zu machen, ohne einen guten Grund dafür zu haben, wäre Dummheit. Wenn wir uns davor hüten, unsere Perlen vor die Säue zu werfen, so ist das kein Hochmut, sondern gesunder Menschenverstand.

Während des Wandlungsprozesses tauchen in den Träumen der Menschen häufig Schwangerschaften und neugeborene Babys auf. Wenn das bewußte Ich in der Lage ist, unterdrückte psychische Energien freizusetzen, sich wieder mit der unbewußten Energie des Körpers verbindet oder eine eigenständige Entscheidung trifft, so symbolisiert sich diese neue Energie als neues Leben. Wenn die Psyche im Begriff ist, eine neue Bewußtseinsebene zu erlangen, oder wenn eine neue Verbindung zwischen unserer bewußten Einstellung und dem Unbewußten hergestellt wurde, kommt es häufig zu Träumen, in denen das Traum-Ich, der Schatten oder die Anima schwanger ist. Neun Monate später überquert der Mensch im Traum häufig Grenzen, reist in ein anderes Land, durchschreitet unterirdische Tunnels oder bringt ein Kind zur Welt (siehe unten, S. 214ff) – vorausgesetzt natürlich, daß der Entwicklungsprozeß nicht abgebrochen wurde. Wenn es dem Ich gelingt, die Verbindung aufrechtzuerhalten, gedeiht das neugeborene Kind. Wenn das Ich dagegen zögert und seiner neugewonnenen Energie nicht folgt, kann das im Traum erscheinende Baby verstümmelt, am Verhungern oder tot sein. Oder es taucht einfach überhaupt nicht mehr auf.

Wie ich festgestellt habe, neigen die Menschen dazu, immer dann, wenn das Leben sie zwingt, zu einer neuen Bewußtseinsebene vorzudringen, das Muster ihrer eigenen Geburt zu wiederholen. So wie sie die Welt betreten haben, treten sie auch in jede neue Windung der Wachstumsspirale ein. War ihre Geburt unkompliziert, so neigen sie dazu, sich allen Übergängen mit Mut und Zuversicht zu unterziehen. Wenn die Geburt dagegen schwierig war, haben sie extrem große Angst vor solchen Veränderungen, zeigen Erstickungssymptome und leiden an (psychischer und physischer) Klaustrophobie. Frühgeburten neigen dazu, ihrer Entwicklung immer ein wenig voraus zu sein. Bei Spätgeburten läuft der Prozeß der Wiedergeburt unter Umständen sehr langsam ab. Steißgeburten gehen häufig «rückwärts» durchs Leben. Kinder, die durch einen Kaiserschnitt zur Welt kamen, neigen dazu, Konfrontationen aus dem Weg zu gehen. Wenn ihre Mutter zum Zeitpunkt der Geburt unter starker Tabletteneinwirkung stand, nähern sie sich dem Punkt des Übergangs mit großer Energie; doch plötzlich bleiben sie ohne erkennbaren Grund stehen oder machen eine rückläufige Entwicklung durch und warten darauf, daß jemand anders etwas tut. An diesem Punkt taucht häufig auch das Suchterlebnis wieder auf: Bulimie, Magersucht, Alkoholismus, Sucht nach Schlaf oder Arbeit – das Ich tut alles, um der Realität auszuweichen, sich nicht in die Herausforderung der Welt hinauswagen zu müssen.

In Träumen tauchen viele entzückende Babys auf – und ebenso viele kleine Tyrannen, die eine feste Hand und liebevolle Disziplin brauchen, um gedeihen zu können. Es gibt jedoch ein Kind, das sich grundlegend von allen anderen unterscheidet: das ausgesetzte Kind, das im Schilf, im Stroh eines Stalls, in einem Baum – fast immer jedenfalls an einem verlassenen, entlegenen Ort – gefunden wird. Dieses Kind erstrahlt in einem hellen Glanz, ist robust, intelligent, sensibel. Häufig kann es schon Minuten nach der Geburt sprechen. Es ist das göttliche Kind, das für die Heiligen Drei Könige einen «harten, bittren Heimgang» bedeutete. Durch seine Geburt werden die alten Götter vertrieben.

Da die Psyche naturgemäß nach Ganzheit strebt, versucht das Selbst, den vernachlässigten Teil der Seele zum Bewußtsein zu drängen. Dieser

Teil enthält die wertvollste Energie, das in seinem Wert nicht erkannte Gold. In der Bibel wird der Stein, den die Bauleute verwerfen, zum Eckstein.[9] Dieser Teil manifestiert sich entweder in einer plötzlichen oder allmählichen subtilen Veränderung der Persönlichkeit oder – genau umgekehrt – in einer fanatischen Haltung, die das Ich annimmt, um die neue bedrohliche Energie von sich fernzuhalten. Wenn das Ich den psychischen Geburtskanal nicht durchläuft, kommt es zu physischen und psychischen neurotischen Symptomen. Das daraus entstehende Leiden kann zwar sehr intensiv sein, aber es beruht auf der Anbetung falscher Götter. Es ist nicht das echte Leiden, das man empfindet, wenn man das neue Leben zu gestalten versucht. Der Neurotiker ist stets eine Phase hinter seiner Realität zurückgeblieben. Obwohl er in einem Alter ist, in dem er eigentlich über kindliches Verhalten hinauswachsen sollte, klammert er sich immer noch daran. Zu einer Zeit, in der er allmählich reif werden sollte, entschuldigt er sich mit den Torheiten der Jugend. Er ist nie wirklich mit sich selbst oder mit den anderen im Einklang; er ist nie wirklich dort, wo er zu sein scheint. Er kann nicht im *Jetzt* leben.

Viele Menschen werden durch die Ereignisse, mit denen ihr tägliches Leben sie konfrontiert, zur Ganzheit hingedrängt; doch da sie nichts von Initiation und Initiationsriten wissen, sind sie außerstande, in dem, was sie erleben, einen Sinn zu erkennen. Sie setzen den ganzen Tag lang ein fröhliches Gesicht auf; und wenn sie zu Hause in ihrer Wohnung sind, weinen sie die ganze Nacht. Vielleicht ist ihr Partner ihnen untreu geworden und hat sie verlassen; vielleicht ist ihr Unternehmen pleite gegangen; vielleicht haben sie auch plötzlich das Interesse an ihrer Arbeit verloren; vielleicht kämpfen sie mit einer tödlichen Krankheit; oder ein geliebter Mensch ist ihnen gestorben. Vielleicht – und das ist das schlimmste aller Übel – geht plötzlich ohne erkennbaren Grund alles schief. Wenn Menschen in einer solchen Situation nichts von Übergangsriten wissen, empfinden sie sich als wehrlose Opfer, die sich dem übermächtigen Schicksal gegenüber hilflos fühlen. Ihr Leiden, das sie als sinnlos empfinden, treibt sie in Fluchthaltungen – Essen, Alkohol, Drogen usw. Oder sie lehnen sich gegen die Götter auf und klagen: «Warum gerade ich?»

Was sie erleben, ist die Möglichkeit der Wiedergeburt in ein neues Leben. Mißerfolge, Krankheitssymptome, Minderwertigkeitsgefühle und überwältigende Probleme sind ein Anstoß für sie, auf Teile ihres bisherigen Lebens zu verzichten, die überflüssig geworden sind. Mit dem Zusammenbruch alles Bisherigen bietet sich die Möglichkeit der Neugeburt. Deshalb hat Jung so nachdrücklich auf den positiven Zweck der Neurose hingewiesen.[10] Doch da die Menschen das nicht begreifen, klammern sie sich an das Altvertraute, weigern sich, die notwendigen Opfer zu bringen, wehren sich also gegen ihr eigenes Wachstum. Da sie nicht in der Lage sind, ihr gewohntes Leben aufzugeben, können sie auch kein neues Leben empfangen.

Wenn es in der Kultur der betreffenden Gesellschaft keine fest verwurzelten Rituale gibt, die den Sprung von der einen Bewußtseinsebene zur anderen unterstützen und erleichtern, haben die Menschen keine schützenden Mauern, innerhalb derer ihr Wandlungsprozeß stattfinden kann. Das Individuum, das kein Verständnis für Mythos und Religion, für die Wechselbeziehung zwischen Zerstörung und Schöpfung, Tod und Wiedergeburt hat, erlebt die Geheimnisse des Lebens als sinnloses Chaos – allein und verlassen. Um sich dieses sinnlose Leiden zu erleichtern, entwickelt es Suchtsymptome – ein Versuch, die verwirrenden Anforderungen eines Wachstumsprozesses zu unterdrücken, der von der Kultur seiner Gesellschaft weder gedeutet noch schützend eingebunden wird.

Die dringlichste Frage zu Beginn einer jeden Analyse lautet: «Wer bin ich?» Doch sobald intensive Emotionen an die Oberfläche zu steigen beginnen, ergibt sich häufig sofort ein Problem: die Spaltung zwischen Psyche und Körper. Frauen neigen zwar dazu, mehr über ihren Körper zu sprechen als Männer; doch in unserer Kultur fehlt beiden Geschlechtern die Beziehung zu ihrem eigenen Körperempfinden. Wir sagen: «Ich mag diesen Körper nicht» oder: «Es tut weh.» Daß wir von unserem Körper in der dritten Person sprechen, zeigt bereits, wie entfremdet wir ihm sind. Wir sagen: «mein Herz», «meine Nieren», «meine Füße»; unser Körper als Ganzes ist entpersönlicht. Häufig höre ich die Klage: «Unterhalb meines Halses spüre ich überhaupt nichts. Ich habe Gefühle in meinem Kopf, aber nicht in meinem Herzen.» Diese Spaltung zeigt sich auch darin, daß meine Patienten nicht in der Lage sind, auf intensive Traumbilder zu reagieren. Und doch – wenn sie sich in der aktiven Imagination mit dem Traumbild auseinandersetzen, laufen Wellen unterdrückten Schmerzes durch ihre Muskeln. Ihr Körper wird zum Prügelknaben. Wenn der Mensch unter Ängsten leidet, läßt er seinen Körper hungern oder überfüttert ihn, betäubt ihn mit Drogen, zwingt ihn zum Erbrechen, überfordert ihn bis zur Erschöpfung oder treibt ihn dazu, sich in panischer Angst gegen diese Selbstzerstörung zu wehren. Wenn unser Körper, dieses wunderbare Lebewesen, versucht Warnsignale zu geben, wird er mit Tabletten zum Schweigen gebracht.

Viele Leute hören ihrer Katze verständnisvoller zu als ihrem eigenen verachteten Körper. Da sie sich liebevoll um ihr Haustier kümmern, wird diese Liebe erwidert. Doch ihr Körper muß unter Umständen einen markerschütternden Schrei ausstoßen, um sich Gehör zu verschaffen. Ehe konkrete Symptome auftreten, tauchen die Schreie in unterdrückterer Form in ihren Träumen auf: ein verlassenes Elefantenbaby, ein verhungerndes Kätzchen, ein Hund, dem jemand ein Bein ausgerissen hat. Fast immer versucht das verwundete Lebewesen auf sanfte oder heftige Weise, die Aufmerksamkeit des Träumenden auf sich zu lenken. Manchmal reagiert dieser darauf, manchmal auch nicht. In Märchen gelangt der Held oder die Heldin häufig erst durch die Hilfe eines freundlichen Tiers ans Ziel; das Tier steht für den Instinkt, der auf die Göttin hört, wenn der Verstand nicht mehr weiterhelfen kann.

Vielleicht ist der Schrei des verlassenen Körpers, der sich in irgendeinem Symptom äußert, in Wirklichkeit der Schrei der Seele, die keine andere Möglichkeit findet, sich Gehör zu verschaffen. Wenn wir Glück haben, wird die Maske, hinter der wir uns unser Leben lang versteckt haben, früher oder später zerschlagen. Dann müssen wir in den Spiegel schauen und werden mit unserer eigenen Realität konfrontiert. Vielleicht erschreckt uns das. Vielleicht blicken wir in die entsetzen Augen unseres eigenen winzig kleinen Kindes – jenes Kindes, das niemals Liebe erfahren hat und das uns nun anfleht, endlich eine Reaktion zu zeigen. Dieses Kind ist von uns getrennt; es wurde schon bei der Geburt oder im Mutterleib im Stich gelassen – oder spätestens in dem Augenblick, als wir begannen alles zu tun, um unsere Eltern zufriedenzustellen; als wir lernten, unsere Rolle so perfekt wie möglich zu spielen, um akzeptiert zu werden. Im späteren Leben haben wir unser Kind vielleicht weiterhin im Stich gelassen, um anderen zu gefallen – Lehrern, Professoren, Chefs, Freunden und Partnern, ja sogar unserem Analytiker. Dieses Kind, das nichts anderes ist als unsere *Seele,* liegt unter den Trümmern unseres Lebens begraben und schreit um Hilfe – häufig mitten aus unserem verhängnisvollen Komplex heraus. Es fleht uns an, ihm zu versichern: «Du bist nicht allein. Ich liebe dich.»

Um unser Bewußtsein zu erweitern, müssen wir flexibel sein. Wenn wir den einen Teil unserer selbst ablehnen, geben wir unsere Vergangenheit auf; wenn wir den anderen Teil zurückweisen, verzichten wir auf unsere Zukunft. Wir müssen an unseren Wurzeln festhalten und uns von dort aus weiterentwickeln. Diese Wurzeln erscheinen in Träumen oder Tagträumen häufig als Zuhause: als das Sommerhäuschen, das der Träumende so sehr liebt, als Heimatland oder als Heimat seiner Vorfahren. Diese Sehnsucht nach der Heimkehr muß sicherlich symbolisch interpretiert werden, denn sie ist häufig mehr als eine bloß regressive Sehnsucht nach der Geborgenheit des Mutterleibes. Sie kann die kräftige Wurzel sein, die sich durch unser ganzes Leben zieht und aus der wir die Nahrung für unser geistiges Wachstum beziehen können.

Ob es uns gefällt oder nicht – eine unserer Aufgaben auf dieser Erde besteht darin, uns durch verschiedene Bewußtseinsebenen hindurchzuarbeiten, bis Körper, Seele und Geist sich im Gleichklang befinden. Durch die Initiationsriten, die wir in bestimmten Phasen unseres Lebens durchlaufen, wird alles verbrannt, was nicht mehr relevant ist. Diese Riten öffnen uns die Augen für neue Möglichkeiten unserer Einmaligkeit. Sie zerreißen die schützenden Schleier der Illusion, bis wir schließlich stark genug sind, unsere eigene nackte Wahrheit zu leben.

Dieser Prozeß spiegelt sich in unseren Träumen wider – und zwar häufig in Bildern vom Kochen, von Autos, Schränken und Kleidungsstükken. In der Küche wird die Aschenbrödelarbeit geleistet. Nachdem das Ich die wilden Geschöpfe der Natur ins Haus geholt, gerupft, ausgenommen, gekocht und dem Bewußtsein einverleibt hat, hat es Identität und Sicherheit erlangt. Vater und Mutter sitzen nicht mehr am Steuer. Man braucht nicht mehr ständig Schränke und Schubladen aufzuräumen; und auch die Aufräumarbeiten des Traumes sind sehr differenziert geworden. Was man anziehen soll, ist kein frustrierendes Problem mehr, und die Schuhe, die früher nie zueinander passen wollten, haben sich endlich zu Paaren mit derselben Farbe und derselben Absatzhöhe zusammengefunden. Vielleicht erübrigen sich die Schuhe sogar – standfeste Füße auf sicherem Boden genügen. Im allgemeinen läßt das Selbst dem Ich viel Zeit, diese Phase zu genießen, in der es seine neugewonnene Kraft erfährt – Monate, vielleicht sogar Jahre. Jeder Entwicklungsprozeß ist einmalig und läuft in dem ihm angemessenen Tempo ab.

Die kontinuierliche Existenz des Ich ist eine wesentliche Voraussetzung für unser Leben. Wir müssen die Person, die heute früh aufwacht, als dieselbe Person empfinden, die gestern abend eingeschlafen ist – obwohl das, was wir während des Schlafs erleben, scheinbar so wenig mit unserem Wachzustand zu tun hat, daß es gar nicht erst in unser Bewußtsein eindringt. Eine Methode, durch die das Ich sich seine Integrität bewahrt, besteht darin, alles, was dieses Ich nicht direkt unterstützt, von sich wegzuschieben. Das Ich unterdrückt einfach alles, was nicht mit dem bewußten Verständnis übereinstimmt, das es von sich selbst hat.

Die Gefahr einer solchen begrenzten Sichtweise liegt darin, daß das Ich sich verhärten und austrocknen kann – ebenso wie die Erdoberfläche hart und trocken wird, wenn sie nicht immer wieder mit Wasser befeuchtet wird. Auch das Ich muß durch unterirdische Quellen ernährt werden. Wenn seine Kontinuität über das bloße Überleben, die bloße Fortdauer hinausgehen soll, braucht es das kompensatorische Traumleben. Und es braucht auch eine Richtung und einen Sinn. Doch sobald es sich einem höheren Ziel verschreibt, ist es bedroht – und zwar nicht nur durch die Angst, dieses Ziel nicht zu erreichen. Ihm geht auch allmählich auf, daß dieses höhere Ziel aufgrund seiner Forderungen dem Ich feindlich gesinnt ist. In gewisser Hinsicht hat das Ich das Gefühl, gegen sich selbst zu arbeiten. Letzten Endes tut es das natürlich auch – aber für einen höheren Gewinn.

Das Ziel des menschlichen Strebens während des Individuationsprozesses ist die Erkenntnis des Selbst, des regulierenden Zentrums der Psyche. Diese Erkenntnis relativiert die Position des Ich in der psychischen Struktur und setzt einen Dialog zwischen Bewußtem und Unbewußtem in Gang. «Das Selbst kann sich nur durch einen Konflikt manifestieren», schreibt Marie-Louise von Franz. «Wenn ein Mensch mit seinem unlösbaren ewigen Konflikt konfrontiert wird, so entspricht das einer Gegenüberstellung mit Gott; und das wäre das Ende des Ich mit all seinem unsinnigen Geschwätz.»[11]

Wenn das Ich diesem Konflikt ausweicht, kann dieses Ziel nicht erreicht werden; es wird durch die Begierde des Ich nach immer mehr Macht, Reichtum oder Glück vereitelt. Das Ergebnis ist eine Inflation des Ich.

Das aufgeblähte Ich neigt zum Götzendienst. Es konzentriert sich auf ein einziges Bild, gestaltet es aus und verehrt es. Damit hat es sich in einem profanen Ritual verfangen.

Um es in religiösen Worten auszudrücken: All diese profanen Rituale lassen sich mit dem Begriff «Verehrung des Goldenen Kalbes» zusammenfassen. Das Selbstbild einer dicken Frau beispielsweise kann ihr Goldenes Kalb sein. So sehr sie sich auch einbilden mag, es zu hassen – es steht im Mittelpunkt ihrer Rituale. Ihre Aufgabe wird darin bestehen, diese Hörigkeit gegenüber ihrem körperlichen Selbstbild aufzugeben. Die profane Anbetung muß geopfert werden und der sakralen Platz machen. Gleichzeitig mit unserem Rückzug aus der einen öffnet sich der Zugang zur anderen. Rückzug bedeutet zugleich Zugang.

Wenn dieser Prozeß beginnt, kann er sich im Traum im Läuten einer Glocke, im Klingeln eines Weckers oder im Einschlagen eines Blitzes widerspiegeln. Er kann sich auch durch körperliche Symptome ankündigen. Ausgelöst wird dieser kaum wahrnehmbare Vorgang häufig durch den Verlust eines Glaubens, das Ende einer Beziehung oder das nahe Bevorstehen des Todes. Menschen, die auf ihre Träume achten, berichten, daß die Glocke in der Regel schon ein paar Wochen vor dem tatsächlichen Ereignis läutet. Im täglichen Leben scheint alles noch so zu sein wie bisher; doch eine deutlich hörbare innere Stimme flüstert uns bereits zu, daß die Situation nicht so ist, wie sie zu sein scheint. Vielleicht ertappen wir uns plötzlich dabei, daß wir Lieder vor uns hinsummen, die unsere bewußten Handlungen auf ironische Weise verzerren. Der Clown in uns singt vielleicht «Oh ihr süßen roten Lippen, kommt ein wenig näher» zur Melodie des Liedes «Laß mich gehen, gib mich frei». Wenn das Ich nicht stark und flexibel genug ist, wird es mit Panik und Regression reagieren; es wird entweder in seine früheren Vernichtungsängste oder in sein altes starres Verhaltensschema zurückfallen. Beides ist eine Weigerung, den Geburtskanal zu durchdringen.

Das Ich muß jetzt stark genug sein, sich in aller Stille zu konzentrieren, um das, was an Positivem oder Negativem geschieht, in sich aufnehmen zu können. Es muß eine distanzierte Position einnehmen, sich teils auf seine differenzierten weiblichen Anteile verlassen, um nachgeben zu können, und dann wieder seine kritische Männlichkeit ins Spiel bringen, um Dinge in Frage zu stellen und eliminieren zu können. Im Fundament unserer Persönlichkeit findet eine ungeheure, großartige Umwälzung statt; doch unser Bewußtsein empfindet diesen Konflikt als Qual. Die Ich-Begierden sind nicht mehr relevant. Die alten Fragen sind bedeutungslos geworden und es gibt auch keine Antworten mehr. Es gibt vielleicht ein paar schmerzliche «Warums»; doch sie gehören in den Bereich der Logik und Disziplin, und was jetzt geschieht, ist irrational, der Kontrolle des Ich entzogen. Auf einer gewissen Ebene ist das Ich sich dessen auch bewußt. Es weiß, daß das, was jetzt geschieht, geschehen muß. Es weiß, daß seine persönlichen Wünsche und Begierden dem Überpersönlichen geopfert werden müssen. Es weiß, daß es dem Tod gegenübersteht.

Das ist eine Zeit des rasenden Schmerzes. So empfand König Lear, als er auf der Heide seinen Schmerz in die Welt hinausheulte, sich schließlich unterwarf und wieder mit der Tochter vereint wurde:

> *Auf solche Opfer, o Cordelia, streun*
> *Die Götter selbst den Weihrauch.*[12]

So vollzog sich auch die innere Wandlung des von Geschwüren übersäten Hiob, der anfangs zu Gott sagt: «Sprich mich nicht schuldig, laß mich wissen, warum du mich befehdest», und später: «Vom Hörensagen nur hatte ich von dir vernommen; jetzt aber hat mein Auge dich geschaut»[13]. So vollzog sich die Wandlung des in seiner Angst Blut schwitzenden

Jesus Christus in Gethsemane, der zuerst bittet: «Mein Vater, wenn es möglich ist, gehe dieser Kelch an mir vorüber» und schließlich demütig sagt: Es «geschehe dein Wille».[14]

Während einer solchen Zeit des Rückzugs und neuen Zugangs hatte eine Frau einmal folgende Vision:

> Ich wanderte an einem sonnigen Sommertag am Sankt-Lorenz-Strom entlang, und mir war, als ginge ich nach Hause. Plötzlich verdunkelte sich der Himmel; die Erde wurde kalt. Meine Augen konnten nichts mehr sehen, meine Ohren nichts mehr hören. Ich sah und hörte nur noch innerlich. Dann merkte ich, daß ich auf dem Eis dahintrieb und von der Macht der Strömung vorangedrängt wurde. Das Eis begann brüchig zu werden. Vor mir, neben mir und hinter mir brach die Eisdecke auf; ich sprang von einer Scholle zur anderen und dachte daran, daß ich in dem eiskalten Wasser vielleicht erfrieren oder von Eisblöcken zermalmt werden könnte. Und die ganze Zeit über war mir bewußt, daß ich auf den Ozean zutrieb. Ich sprang weiter von Eisscholle zu Eisscholle und schrie: «Bitte, Gott, laß mich nicht sterben. Noch nicht. Nicht jetzt.»

In solchen Zeiten kann man die folgenden Worte Rilkes als stärkend empfinden:

> ... und ich möchte Sie, so gut ich es kann, bitten, lieber Herr, Geduld zu haben gegen alles Ungelöste in Ihrem Herzen und zu versuchen, die *Fragen selbst* liebzuhaben wie verschlossene Stuben und wie Bücher, die in einer sehr fremden Sprache geschrieben sind. Forschen Sie jetzt nicht nach den Antworten, die Ihnen nicht gegeben werden können, weil Sie sie nicht leben könnten. Und es handelt sich darum, alles zu leben. *Leben* Sie jetzt die Fragen. Vielleicht leben Sie dann allmählich, ohne es zu merken, eines fernen Tages in die Antwort hinein.[15]

Solche Situationen – ob sie nun während der Analyse oder im Leben (oder in beidem) auftreten – können tiefgreifende religiöse Fragen aufwerfen: Ist das eine Konfrontation mit Gott? War ich auf dem falschen Weg? Werde ich nun mit Gewalt zur Umkehr gezwungen? Ist da ein allmächtiger Plan, der sich von meinen persönlichen Vorhaben unterscheidet? Zwingt Gott mich nun zur Unterwerfung? Soll ich das Schicksal akzeptieren? Habe ich überhaupt einen freien Willen? Ist das, was mir jetzt widerfährt, ein Werk Gottes, der die Schleier der Illusion verbrennt, oder eine Intrige des Teufels, der noch einen letzten Versuch unternimmt, mich zu täuschen und von meinem Lebensweg abzubringen?

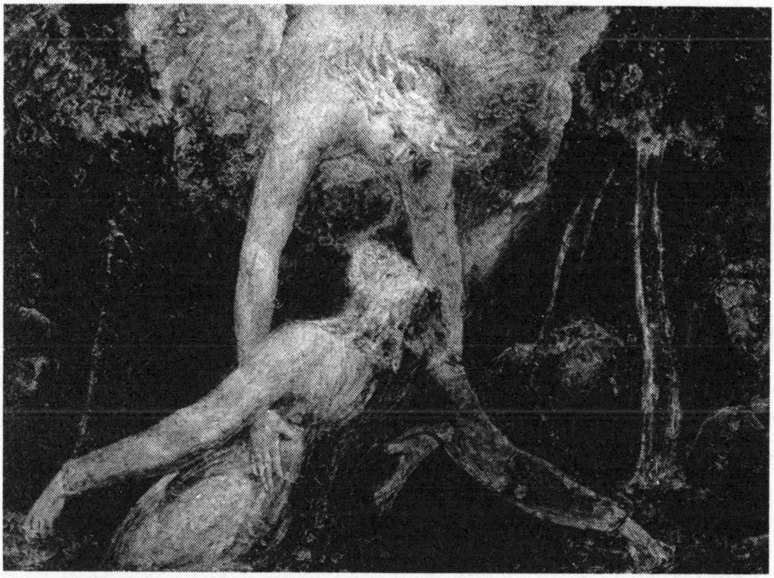

The Agony in the Garden (Der Todeskampf im Garten) von William Blake (Tate Gallery, London)

Die psychologischen Fragen sind ebenso brennend. Woher kommt mein Leid? Ist es das Selbst, das ein Opfer verlangt? Oder ist es das wahre Gesicht des Komplexes, der mich mein Leben lang verstümmelt hat? Ausgerechnet als ich dachte, ich könne endlich frei sein, machte er mir einen Strich durch die Rechnung. Alles, was ich mir mit so unendlicher Mühe bewußt gemacht habe, ist nun in Frage gestellt. Warum wache ich plötzlich jede Nacht zur gleichen Zeit auf? Warum fühle ich diesen brennenden Schmerz? Warum sind meine Hände so schwach? Bin ich tatsächlich *allein?* Jetzt fühle ich mich noch schlechter als jemals zuvor. Ich bin wieder in dem alten Muster befangen. Ich befinde mich wieder im Mutterleib, im Garten, und erkenne ihn zum ersten Mal. Bin das wirklich ich? Ist das der Mensch, vor dem ich mein Leben lang davongelaufen bin?

Psychologisch läßt sich dieser Zustand so erklären: Das Ich – König Lear, Hiob, Jesus – durchdringt den Seinsgrund und wird gleichzeitig von ihm durchdrungen in dem Versuch, einen möglichst großen Teil des unermeßlichen Unbewußten zum Bewußtsein zu bringen. Es erfährt ein ganz neues Gesetz, das von innen heraus wirkt; ihm dämmert die

Erkenntnis, daß es sein eigenes Schicksal hat, dem es gehorchen muß. Es weiß, daß etwas Neues geboren wird; es muß den Schmerz akzeptieren und alles mit sich geschehen lassen.

In unserer Kultur versuchen viele Menschen, diesen Wandlungsprozeß allein zu durchleiden, ohne Ritual und ohne den Beistand einer Gruppe, die das Einströmen der transzendenten Macht unterstützt. Wie Eliots Heilige Drei Könige empfinden sie diese Geburt als «harten, bittren Heimgang, so wie ein Tod, wie unser Tod». Sie sind «nimmermehr getrost hier in dem Alten Bund, / Über ein fremdes Volk, das seinen Göttern anhängt».

Dieses Alleinsein ohne schützendes Ritual und ohne Gruppe ist nahezu unerträglich. Der einzelne muß stark genug sein, sich seinen eigenen Kokon zu bauen, um eine liebevolle Kommunikation mit seinen inneren Symbolen herzustellen. Ihre Numinosität gibt ihm die Zuversicht und Integrität, den Humor und die Erleuchtung, ohne die das Ich nicht überleben, geschweige denn wachsen könnte. Ein kind*isches* Ich, primitiv und unbewußt, kann keinen lebendigen Kokon schaffen und erhalten; es möchte alles projizieren. Auf eine natürliche Ordnung eingestellt, erklärt es alles, was geschieht, als Magie und Zauberei. Der Kokon selbst wird hochstilisiert, er wird mit dem Schellack der Sentimentalität versehen. Das kind*liche* Ich dagegen ist imstande, die Spannung auszuhalten, die Projektionen in sich hineinzunehmen und über das innere Geheimnis nachzudenken. Auf der überpersönlichen Ebene sind die Symbole gleichzeitig individuell und universal. Auf dieser Ebene ist keiner von uns allein. Neue Beziehungen entstehen jenseits der Welt der vergänglichen Verkleidungen in dieser Tiefe und finden von hier aus eine neue Rückverbindung zur Welt.

Ein paar Stunden vor seinem Tod hielt Thomas Merton, der Verfasser von *The Seven Storey Mountain (Der Berg der sieben Stufen)* einen Vortrag, der mit der Aufforderung endete, dem «schmerzlichen Erlebnis der inneren Wandlung» gegenüber offen zu sein:

> Das Wesentliche .. ist nicht in Gebäuden oder Kleidungsstücken zu finden; und es ist auch nicht unbedingt in einem Gesetz oder einer Regel verankert. Es liegt tiefer als jede Regel. Es hängt mit dem Vorgang der totalen inneren Wandlung zusammen.[16]

Merton berichtet, daß er diesen inneren Wandlungsprozeß auf einer Asienreise erlebte, als er barfuß vor den riesigen Buddhafiguren in Polonnaruwa auf Ceylon stand. «Jetzt weiß ich endlich, wonach ich dunkel und unbewußt immer gesucht hatte», schrieb er. «Ich habe es gesehen, habe die Oberfläche durchdrungen, bin über den Schatten und die Verkleidung hinausgelangt. Ich weiß nicht, was es darüber hinaus noch für mich geben sollte...»[17]

Als Merton einen buddhistischen Klostervorsteher fragte: «Was ist eigentlich das ‹Wissen von der Freiheit›?», erwiderte dieser: «Man muß alle Stufen hinaufgehen; doch wenn die Stufen aufhören, muß man den Sprung wagen. Das Wissen von der Freiheit ist die Erfahrung dieses Sprungs.»[18]

Stimmen aus dem Kokon

Es ist schwierig für mich, Vertrauen zum Leben zu haben. Ich möchte es am Hals packen und meine Zähne darin vergraben, um sicherzugehen, daß es mir nicht entschwindet.

Ich versuche, mehr darauf zu achten, wie weit ich gekommen bin, als mich darauf zu konzentrieren, wie weit ich noch gehen muß.

Nun, da ich mit meiner eigenen inneren Uhr in Berührung gekommen bin, geht alles so entsetzlich langsam. Mein Leben lastet auf mir. Der Widerstreit der Werte überwältigt mich. Vergeude ich meine Zeit? Ich weiß es nicht ... Ich weiß es nicht ... diese furchtbare Einsamkeit!

Ich habe mich immer mit dem identifiziert, was ich nicht bin. Aber wer bin ich eigentlich? Meine Schuld, meine Scham und meine Angst machen mich menschlich.

Ich wartete immer auf den Tag, an dem ich alle meine Aufgaben erfüllt hätte und aller meiner Verantwortlichkeiten ledig sein würde; dann, so dachte ich, hätte ich endlich Zeit für mich selbst. Aber was sollte ich dann tun? Darüber dachte ich nie nach. Ich war viel zu aktiv, zu sehr damit beschäftigt, dieses und jenes zu *tun;* dadurch habe ich etwas versäumt, was sehr wichtig für mich gewesen wäre. Ich glaube nicht, daß ich jemals ein Kind war. Ich kann mich nicht daran erinnern, als sehr kleines Kind überhaupt je das Gefühl gehabt zu haben, ICH SELBST zu sein.

Ich frage mich, ob tatsächlich erst ein – äußeres oder inneres – Inferno stattfinden muß, damit wir erkennen, was im Leben wirklich wesentlich ist.

Ich bestand nur noch aus «keep smiling»: Lächeln und Grinsen, Lächeln und Grinsen. Ich starb so vor mich hin.

Es hungert mich nach Leben. Ich möchte so gern frei sein. Ich versuche, zuversichtlich zu sein und daran zu glauben, daß ich eines Tages zur Welt kommen werde.

Ich bin so aus dem Gleichgewicht. Ich bete täglich um Führung, damit ich nicht über alles stolpere. Wenn ich mich nach den Sternen orientiere, kann ich einschlafen.

Der Geist ist im Inneren des Vulkans eingeschlossen. Meine Beziehungen sind zur Zeit nicht sehr gut; also gehe ich wieder an die Arbeit. Dort bin ich sicher. Doch selbst das klappt nicht ganz.

Ich gehe in die Luft, wenn noch irgendwer etwas von mir will. Ich ziehe mich ganz in mich selbst zurück. Der Druck von außen überwältigt mich; aber auch der anwachsende Druck von innen macht mich richtig krank.

Früher fühlte ich mich kompetent, konnte mich mündlich und schriftlich gut ausdrücken. Jetzt bin ich verunsichert, weil ich keine Worte finden kann.

Kämpfe ich gegen mein Schicksal, oder verlangt mein Schicksal von mir, daß ich endlich meinen eigenen Standpunkt vertrete?

Wenn ich in den Kern meines Wesens eindringe und mich selbst als den Menschen erkenne, vor dem ich stets davongelaufen bin, demütigt mich das.

Ich bin Weltmeister in Mitleid und Menschlichkeit. Ich bin ein verlorenes Teilchen. Und ich bin auch ein Kind Gottes.

Um von seiner Vergangenheit freizuwerden, muß man vergeben – ihr ins Auge sehen und vergeben – und in die Gegenwart voranschreiten. Man muß auch sich selbst vergeben – und Gott.

Ich haßte meinen Vater. Dennoch imitierte ich ihn – also haßte ich auch mich selbst.

Illustration von Barbara Swann für
Anne Sextons «Sleeping Beauty» (Dornröschen) aus *Transformations* (Boston, Houghton Mifflin Company, 1971)

2
«Trage es wie ein Mann»: Die innere Verlassenheit der schöpferischen Frau

Jede Nacht werde ich an meinem Platz festgenagelt und vergesse, wer ich bin.
Vati?
Das ist auch ein Gefängnis.

– Anne Sexton, *«Sleeping Beauty» («Dornröschen»)*

Bei vielen Frauen, die in einer patriarchalischen Kultur leben und aufwachsen, ist die Initiation ins erwachsene Frauendasein verbunden mit tatsächlicher oder psychischer Verlassenheit. Diese Erfahrung verleiht ihnen ihre Identität und befreit sie von ihrem Vater.

Manchen Frauen gelingt es, ihr Schicksal in einer traditionellen patriarchalischen Beziehung zu akzeptieren. Sie finden innerhalb der offensichtlichen sozialen, intellektuellen und geistigen Begrenzungen einer solchen Beziehung Kompensationen, die für sie wichtig sind. Andere Frauen, die dieses Schicksal zwar akzeptieren, aber gegen die Beschränkungen, die es ihnen auferlegt, rebellieren, sind dennoch aus finanziellen, politischen oder sozialen Gründen gezwungen, innerhalb dieses Systems zu verharren.

Doch immer mehr Frauen, deren psychisches Zentrum bisher um den realen oder eingebildeten Vater kreiste, sind entschlossen, die Initiation zu durchlaufen. Diese Frauen werden zu Schöpferinnen im Keats'schen Sinne, zu «Seelenbildnerinnen»[1] – das heißt, ihre Suche nach dem Sinn treibt sie dazu, ihre eigene innere Geschichte zu entdecken. Sie lehnen die kollektiven Werte der Männerwelt ab, da sie ihnen gegen ihren Willen aufgedrängt, aufgezwungen wurden, doch ihre Suche nach persönlicher Identität von innen heraus bringt sie unweigerlich gerade mit jenen Kräften in Konflikt, um deren Integration sie sich bemühen. Sobald sie versuchen, sich von den sehr realen Beschränkungen der patriarchalischen Kultur zu befreien, geraten sie in Gefahr, zu Opfern dieser Kultur zu werden – auch dann, wenn sie sehr bewußt sind. Der innere Vater, den sie im Prozeß der Seelenbildung zufriedenzustellen suchten, wendet sich gegen sie – oder scheint sich gegen sie zu wenden –, sobald dieses Vaterbild auf einen Mann projiziert wird; oder sie suchen Anerkennung und Erfüllung in jenen schöpferischen Bereichen, die immer noch zu einem großen Teil von Männern beherrscht werden.

Diese Situation ändert sich zwar jetzt; aber das Ziel ist noch lange nicht erreicht. Wir haben die psychische Dynamik dieses Wandlungsprozesses noch längst nicht voll und ganz begriffen. Männer und Frauen, die in diese Dynamik verwickelt sind und bewußt sogar für eine sogenannte aufgeklärte Beziehung zwischen Mann und Frau eintreten, bekommen trotz ihrer heroischen Anstrengungen nach wie vor keinen wirklichen Kontakt zueinander. Sie erleben nur Mißerfolge, weigern sich aber, diese Mißerfolge zuzugeben. Das kann in der analytischen Beziehung – die häufig ein verkleinertes Abbild dessen ist, was auf der kulturellen Ebene geschieht – sehr deutlich und anschaulich zum Ausdruck kommen.

Wenn das Schicksal einer Frau von ihrem Vater diktiert wurde, ist es unter Umständen eher ein Segen als ein Fluch für sie, wenn sie von ihm verlassen wird.

Die vom Vater befreite Tochter kann sich dann wirklich mit Hingabe dem Prozeß ihre eigenen Seelenbildung widmen. Dieser Durchgangsritus hat zwei Gesichter – er bedeutet sowohl Verlassenheit als auch Hingabe an ein neues Ziel. Emily Dickinson beschreibt das in ihrer knappen Sprache.

SIE besitzen mich ab jetzt nicht mehr.
Das ist vorbei.
Mit dem Namen,
Mit Wasser einst in mein Gesicht geschrieben,
als SIE mich tauften,
bin ich fertig.
Meinetwegen können SIE die Puppen haben,
meine Kindheit:
Auf IHRE Spulen
roll ich mein Leben nicht mehr auf.

Damals bei der Taufe
hatt ich keine Wahl.
Doch diesesmal ließ ich mich taufen –
voll bewußt, aus Gnade,
auf Gottes hohen Namen –
berufen, ganz und rund zu sein.
Der Halbmond sank,
der große Lebensbogen wird jetzt ausgefüllt
von einer jungen Sichel-Krone.

Mein erster Austrieb: Er blieb schwach,
hing an meines Vaters breiter Brust,
von ihm gekrönt zu seiner
halb unbewußten Königin.

Diesesmal
hab ich mich aufgerichtet,
bin ihm gewachsen,
gebrauche meinen Willen.
Ich wähle und ich lehne ab
und wähle –
eine Krone, was denn sonst ...[2]
(Übersetzt von E. Hämmerling)

Die «halb unbewußte Königin», wie ich sie sehe, ist auf Gedeih und Verderb an ihre schöpferische Phantasie gebunden – eine Situation, die ihren Ursprung in der psychischen Bindung an den Vater hat. Schon in ihrer Kindheit befindet eine solche Frau sich außerhalb des Lebenskreises, zu dem die anderen Kinder sich hingezogen fühlen.

Wenn sie dann zu einem jungen Mädchen heranwächst und ihre Schwestern nichts anderes im Kopf haben als Schmuck, Babys und Heiraten, ist sie aufgrund ihrer eigenen freien Entscheidung aus diesem Kreis ausgeschlossen. Ihre Kreativität ist von anderer Art: Sie schreibt Theaterstücke, malt, komponiert Sonaten oder macht chemische Experimente. In gewisser Hinsicht fühlt sie sich immer vom Leben ausgeschlossen und sehnt sich nach dem, was für andere Menschen eine Selbstverständlichkeit ist. Doch wenn sich auch ein Teil ihrer selbst einsam und verlassen fühlt, so weiß der andere Teil doch gewiß, daß sie ihre eigene Seele im Stich ließe, wenn sie ihre Kreativität aufgäbe.

Die kreative Frau ist sehr variabel und nicht leicht zu beschreiben. Manche Frauen sind als Hausfrauen kreativ. Sie schaffen eine liebevolle, zwanglose Umgebung für ihren Mann und ihre Kinder – einen Ort, an den man immer wieder gern zurückkehrt, nachdem man sich ins Leben hinausgewagt hat. Andere Frauen sind auf extravertierte Weise in ihrem Beruf kreativ; es gibt auch Frauen, die erfolgreich beides bewältigen. In diesem Buch bezieht sich der Begriff «kreativ» jedoch auf die Frau, die einen inneren Drang verspürt, sich an ihre schöpferische Phantasie zu binden.

Das Grundmuster der Psyche einer solchen Frau läßt sich in etwa folgendermaßen umreißen: Als kleines Mädchen liebt und bewundert sie ihren Vater oder ihr Bild von ihrem abwesenden Vater, und das offensichtlich aus gutem Grund. Er ist mutig, intelligent und sensibel, ein Mann mit hohen Idealen und einer Vision, der in seiner Suche aufgeht und in vielen Fällen keinen angemessenen Platz in der patriarchalischen Gesellschaft finden konnte. Seine Vision von der perfekten Frau brachte ihn unweigerlich mit einer Frau zusammen, die sich mit dieser Vision identifiziert. In der Regel handelt es sich um eine Vater-Tochter, die ihre Traumvorstellungen von ihrem eigenen Leben nicht verwirklichen konnte, weil Ehe und Familie ihr die Möglichkeit dazu nahmen. So findet der *puer*-Mann seine passende Gefährtin in der *puella*-Frau.[3]

In einem solchen Zuhause ist kein Platz für das Chaos wilder, ausgelassener Kinder, für den «Schmutz» der chthonischen oder irdischen Weiblichkeit und die Energien bewußter Sexualität. Nach außen hin ist vielleicht der Vater «der Herr im Hause»; doch in Wirklichkeit hat die Frau und Mutter «die Hosen an». Mit ihrer unterdrückten Sexualität und ihren Ressentiments erfüllt sie stoisch ihre Aufgaben in einer enttäuschenden Welt und projiziert ihr ungelebtes Leben auf ihre Kinder.

Der Vater, der die tröstliche und beruhigende Gegenwart seiner Frau-Mutter genießt, kann indessen seine eigenen Gefühlswerte, die sich nicht erfüllt haben – seine junge Anima – auf seine kleine Tochter projizieren. Gemeinsam bauen sie sich einen Garten Eden. Das Kind ist in einem geistigen Inzest gefangen, der noch gefährlicher ist als der wirkliche Inzest, da weder Vater noch Tochter Grund zu der Annahme haben, daß irgend etwas nicht in Ordnung sein könnte. Die Tochter, die zu «Vaters Liebling» gemacht wird, ist seine geistige Mutter, seine Geliebte und seine Inspiratorin zugleich. Wenn er mit ihr zusammen ist, hat er Gedanken und Gefühle, die er mit anderen niemals erlebt. Sie weiß instinktiv, wie sie als Stoßdämpfer zwischen ihm und einer ihn unbarmherzig beurteilenden Welt zu fungieren hat; und ebenso instinktiv weiß sie, wie sie ihn mit seiner eigenen inneren Realität verbinden kann. Das ist die einzige Welt, die sie wirklich begreift – jene Welt, in der sie als Bindeglied zwischen dem Ich ihres Vaters und dem kollektiven Unbewußten fungiert. Ihre junge Psyche nährt sich von seiner Vision des Lichts, der Schönheit und der Wahrheit, kann die Tiefen seines Schmerzes ausloten oder sich zu den Höhen seines Traums aufschwingen. Dieses dynamische Zusammenspiel ist auch dann noch ihre Lebensquelle, wenn sie zu einer kreativen Frau herangewachsen ist; ohne dieses Zusammenspiel wird ihr Leben leer.

Wenn ihr Vater ihr eigenes inneres Leben akzeptiert, teilen die beiden die ewige Welt der schöpferischen Phantasie miteinander. Ihre Werte werden für die Tochter zur Realität. Sie durchschaut rasch die Illusionen der zeitgebundenen Welt und richtet ihren Blick auf das Wahre, Wirkliche. Häufig entwickelt sie sich zu einer typischen Kassandra, die sowohl von ihrer Altersgruppe als auch von den Freunden ihrer Eltern abgelehnt wird. Ihre Sicherheit liegt in ihrer Bindung an das *Wesentliche* (eine Bindung, die übrigens zur Magersucht führen kann, da diese Frau entweder das Essen vergißt oder ihr Rachen sich weigert, die Nahrung von einer Welt aufzunehmen, zu der sie nicht gehört). Das Leben einer solchen Frau ist gewissermaßen eine archetypische Gratwanderung, wo alles gefahrvoll und aufregend ist – alles oder nichts, entweder das Vollkommene oder das Unmögliche. Sie ist idealistisch; eine materialistische, nur auf praktischen Nutzen bedachte Einstellung ist ihr fremd, und mit dummen oder oberflächlichen Menschen hat sie nicht viel Geduld.

Wenn ihr Vater nicht reif genug ist, sie um ihrer selbst willen zu schätzen, sondern sie bewußt oder unbewußt dazu zwingt, seine Starschauspielerin zu werden, ist sie in einer anderen gefährlichen Falle gefangen: der, daß ihr Vater ihre Realität zurückweist. In diesem Fall ist sie unfähig, ihre eigenen Reaktionen wahrzunehmen, und widmet sich nur der einen Aufgabe, es ihrem Vater recht zu machen.

Die Töchter, die einem der beiden soeben skizzierten Typen angehören, entwickeln sich später zu sogenannten Anima-Frauen (guten Aufhängern für die unbewußten Projektionen der Männer) – wenn sich das auch bei beiden Typen auf sehr unterschiedliche Art und Weise äußert. Beide haben häufig Träume, in denen sie in hellerleuchteten Glassolarien liegen, in perfekten blauen Wohnungen ohne Küche leben oder in Plastiktüten oder Särgen eingesperrt und vom Ersticken bedroht sind. Beide erkennen, daß etwas zwischen ihnen und der Welt steht – etwas, das ihre eigenen Gefühle abblockt, ein Schleier, der sich nur selten durchdringen läßt. Beide streben danach, ihr Leben zu einem Kunstwerk zu machen, und erkennen dabei vage, daß sie noch gar nicht wirklich gelebt haben. Aufgrund dieser Urbeziehung zum Vater wandelt «Vaters Liebling» auf einem sehr schmalen Grat, der dem kollektiven Unbewußten gefährlich nahe ist. Eine solche Frau ist – ebenso wie Rainer Maria Rilke – nicht in der Lage, ihre persönlichen Engel und Dämonen vom Überpersönlichen zu trennen.

Diese Dämonen sind für sie eine ebenso unmittelbare Realität wie die Engel, da sie so nahe am Schatten ihres Vaters lebt. Wenn er nicht - beispielsweise in der Analyse – an sich gearbeitet und einen Einblick in seine *puer*-Psychologie gewonnen hat, ist er sich seiner ambivalenten Haltung den Frauen gegenüber wahrscheinlich gar nicht bewußt. Durch seine starke Bindung an die Mutter hat er sich vielleicht zu einem charmanten Märchenprinzen entwickelt; allerdings ist dieser Prinz immer noch von der Anerkennung der Frauen abhängig. Sein chthonischer Schatten haßt diese Abhängigkeit und haßt die Frauen, die ihn an seine Verwundbarkeit erinnern. Wenn er nicht sehr an seinen Gefühlswerten gearbeitet hat, agiert er auf bewußter Ebene vielleicht als asketischer Gelehrter, Priester oder gar als sorgloser Don Juan, während sein unbewußter Schatten ein kalter, brutaler Mörder ist, der jede «Hexe», die ihn mit ihren Verführungskünsten anlocken könnte, zerstören möchte. Männer, die nahe am Unbewußten leben, haben das völlig legitime Bedürfnis, sich vor der Verführung durch die Lamia zu schützen (siehe Abb. S. 227). Das haben die Künstler der Romantik, von denen viele das vierzigste Lebensjahr nicht erreichten, schmerzlich verdeutlicht.

Der Schatten des *puer* jedoch ermordet vielleicht nicht nur Hexen, sondern zerstört auch die Weiblichkeit seiner kleinen Tochter. Auf der einen Seite umhegt er sie liebevoll, auf der anderen jedoch macht er sie zur Femme fatale, deren Einstellung gegenüber Männern geprägt ist vom «Fressen oder gefressen werden».

Die Femme fatale lebt in einem unbewußten Körper: Ihre Weiblichkeit ist unbewußt, und ihre Sexualität ist unbewußt. Sie wechselt ihre Partner in der Regel häufig und manipuliert ihre «Geliebten», um ihre Macht als Frau zu beweisen; doch Liebe und Lust haben bei ihr nichts miteinander zu tun. Bewußt liebt sie vielleicht ihren Vater (oder ihren Vaterersatz) und geht aufgrund dieser inzestuösen Bindung ganz in ihrer Kreativität auf; gleichzeitig jedoch läßt sie sich zu leidenschaftlichen, gefährlichen Abenteuern verlocken.

Ihre Sexualität und ihre Weiblichkeit sind an ihrer Urbeziehung zur Mutter zerbrochen. Die *puella*-Mutter, die nie wirklich in ihrem Körper gelebt hat und sich daher vor ihrer eigenen chthonischen Natur fürchtet, erlebt die Schwangerschaft nicht als stille Meditation mit ihrem ungeborenen Kind, und die Geburt ist für sie auch kein Erlebnis freudiger Bindung. Die Spaltung zwischen Psyche und Körper ist bei ihr so tief, daß keine körperliche Bindung zwischen ihr und dem Baby entstehen kann. Ihre Tochter lebt mit einem tiefen Gefühl der Verzweiflung – einer Verzweiflung, die ihr später zum Bewußtsein kommt, wenn ihr Körper in der aktiven Imagination zum Beispiel von Wellen des Schmerzes und Schreckens geschüttelt wird, in denen diese Ur-Zurückweisung nachklingt.

Wer seinen Körper im Traum in Draht eingewickelt, von einer

schwarzen Schlange umschlossen oder von der Taille abwärts in einen Fischschwanz verwandelt sieht, ist vielleicht von einem Todeswunsch besessen, der zu tief sitzt, um Tränen hervorzurufen. Schon im Mutterleib erlebt diese Frau keine Geborgenheit; und auch wenn sie sich dann allmählich der Pubertät nähert und versucht, sich von ihrer Mutter und der Außenwelt abzugrenzen, erfährt ihr reifender Körper keine Bestätigung und Unterstützung. Sie ist nicht in der Lage, diese physischen Abgrenzungen aufzubauen, sie weiß häufig buchstäblich nicht, wo sie in ihrer Beziehung zur Mater (Mutter) anfängt und aufhört. Statt in der Pubertät das Gefühl ihrer physischen Identität zu festigen, reagiert sie auf die unbewußte Zurückweisung, die sie bei ihrer Mutter spürt.

Der folgende Kindheitstraum quälte eine Frau bis zu ihrem fünfzigsten Lebensjahr immer wieder – so lange, bis er in der Analyse durchgearbeitet wurde:

> Ich bin vier oder fünf Jahre alt und befinde mich zusammen mit meiner Mutter in einem Gebäude, in dem sehr viele Menschen sind, wahrscheinlich ist es ein Kaufhaus. Meine Mutter ist dunkel gekleidet, trägt einen schwarzen oder braunen Mantel und einen ebensolchen Hut, und ich sehe immer nur ihren Rücken. Als wir das Gebäude verlassen, werde ich durch die Menschenmenge aufgehalten; doch meine Mutter merkt gar nichts davon. Sie geht weiter und verschwindet in der Menschenmenge. Ich versuche nach ihr zu rufen; doch weder sie noch irgend jemand anders hört mich. Ich habe große Angst – nicht nur, weil ich meine Mutter verloren habe, sondern auch, weil sie gar nicht merkt, daß wir getrennt worden sind.
>
> Als ich das Gebäude verlasse, stehe ich vor einer langen, breiten Treppe, die an die Stufen vor der National Gallery in London erinnert, aber noch höher ist. Die Treppe führt zu einem großen, leeren Platz hinab, an dessen Seiten überall ähnliche Stufen zu anderen Gebäuden führen. Der Platz, die Stufen und die Gebäude sind sehr sauber und weiß. Ich blicke mich um in der Hoffnung, meine Mutter irgendwo zu entdecken. Doch sie ist nirgends zu sehen: Ich stehe ganz allein auf der Treppe. Auf dem Platz sind zwar auch noch andere Leute, doch sie sehen mich nicht. Was ich auch tue – ich weiß, es wird mir nicht gelingen, sie auf mich aufmerksam zu machen.
>
> Panische Angst ergreift mich - ein überwältigendes Gefühl des Verlorenseins, der Verlassenheit. Es ist, als existierte ich für meine Mutter gar nicht mehr. Sie macht sich noch nicht einmal die Mühe, zurückzukommen, um mich zu holen; vielleicht hat sie mich sogar ganz vergessen. Es gelingt mir einfach nicht, irgend jemanden auf meine Existenz aufmerksam zu machen.
>
> Gleichzeitig bin ich einen Augenblick lang eine erwachsene Beobachterin am anderen Ende des Platzes, die das kleine Kind hilflos und allein oben auf der Treppe stehen sah. Das bin auch ich – eine erwachsene Frau, die ungeheures

Mitleid mit diesem Kind empfindet, es trösten und beruhigen möchte, es aber nicht erreichen kann. Irgend etwas – die Panik des Kindes oder die Tatsache, daß die anderen Leute es nicht sehen – verhindert die Kommunikation zwischen dem Kind und der Erwachsenen, die es liebt und versteht.

Die Frau assoziierte diesen Traum mit Edvard Munchs Bild *Der Schrei*, das eine ähnliche Panik in ihr hervorrief. «Der Hintergrund ist dunkel und trübe», sagte sie. «In meinem Traum dagegen ist die Umgebung sehr hell und klar, ist weiß mit deutlich erkennbaren Abgrenzungslinien. Die Figuren sind dunkel, schwer als Figuren zu erkennen, aber ebenso deutlich abgegrenzt. Der schreiende Mensch auf Munchs Bild versucht seiner Umgebung zu entfliehen; das Kind auf der Treppe dagegen versucht eine Verbindung zwischen sich und der Umgebung herzustellen.» Viele Männer und Frauen führen so lange ein Leben stiller Verzweiflung, bis sie endlich umkehren, um ihrem inneren Kind zu helfen.

Die in den Muskeln und Knochen gespeicherte Erinnerung des Körpers verschmilzt diese beiden Wünsche, den Wunsch, mit der Umgebung in Verbindung zu treten, mit dem Wunsch, ihr zu entfliehen, so daß sie beide gleichzeitig in undifferenzierter Form vorhanden sind. Das Ergebnis, die Identität zweier Gegensätze, manifestiert sich als Verzweiflung; man kann nichts ausrichten und muß alles schweigend ertragen.

Der obige Traum mit seinem «sehr sauberen, weißen» Panorama – den Stufen und dem von Gebäuden umgebenen Platz –, in dem die Träumende allein ist und niemanden «auf ihre Existenz aufmerksam machen kann», ist typisch für eine magersüchtige Frau. (Die betreffende Frau war zwar nicht magersüchtig; doch ihr junger Sohn litt an einer schweren Eßstörung.) Der Traum zeigt ihre Unfähigkeit, mit den Fremden in ihrer eigenen Psyche Verbindung aufzunehmen. Sie sind zwar vorhanden, aber sie kann nicht mit ihnen kommunizieren. Es ist, als sei die Mater außerhalb des Körpers konkretisiert, weil sie nicht einverleibt werden kann; das Baby kann weder Milch noch körperliche Intimitäten von einer Mutter annehmen, die «sich nicht die Mühe macht, zurückzukommen» und ihr Kind «vielleicht sogar vergessen hat».

Psychische und körperliche Intimität gehen normalerweise Hand in Hand; doch wenn sie bereits auf einer vorsprachlichen Ebene voneinander getrennt worden sind, ist der Instinkt isoliert. Die emotionale Nahrung, die zusammen mit der physischen Nahrung aufgenommen werden sollte, ist nicht vorhanden. So erhält der instinktive Pol dessen, was Jung als «psychoide Vorgänge» bezeichnete, eine andere Botschaft als der psy-

Der Schrei (1895), (Lithographie von Edvard Munch)

chische Pol.[4] Ohne die Erfahrung der Instinkte erhält weder die weibliche Seele noch der männliche Geist körperliche Gestalt; infolgedessen kann im späteren Leben jede emotionale Intimität, auch der Liebesakt, durch ein Gefühl des Verrats unterminiert werden. Der Körper ist nicht anwesend. *Sie* ist nicht da.

Wenn eine Frau aus ihrer Ganzheit lebt, reagiert sie sowohl physisch als auch psychisch; das heißt, ihre Seele ist Fleisch geworden. Frauen, denen dieses weibliche Geburtsrecht vorenthalten wurde, müssen unter Umständen erst einmal von einer anderen Frau physisch akzeptiert werden - sei es im Traum, in einer engen Freundschaft oder in einer lesbischen Beziehung –, ehe sie in sich selbst Sicherheit und Geborgenheit finden können. (In seltenen Fällen läßt sich das auch durch eine Beziehung mit einem Mann erreichen – je nach der Reife seiner Anima.)

Diese Verzerrung in der Beziehung zwischen Körper und Psyche wird durch das symbiotische Verhältnis zwischen Vater und Tochter noch verschlimmert. Es findet eine Ur-Verwechslung zwischen den Tiefen des Geistes und denen des Instinktes statt, denn die väterliche Liebe ist die Energie, die sie am Leben erhält. Aufgrund dieser Verwechslung zwischen Geist und Materie kann die Tochter ihren Körper als ein Gefängnis empfinden, das sie mit sich herumschleppen muß, während ihr Geist irgendwo über ihrem Kopf schwebt und bereit ist, sich jeden Augenblick in «das weiße Leuchten der Ewigkeit»[5] emporzuschwingen.

Ihr Körper wird zum Gefängnis, weil der symbiotische Mutterleib – in diesem Fall wäre es exakter, ihn als «Vaterleib» zu bezeichnen – dem männlichen Elternteil angehört. Von der Mutter hat die Tochter gelernt, ihren Körper abzulehnen; in der Beziehung zum Vater hat sie sich in emotionaler Zurückhaltung geübt. Obwohl sie weiß, daß sie seine wahre Geliebte ist und die Mutter keine wirkliche Rivalin darstellt, spürt sie auch, daß es eine Grenze gibt, die sie nicht zu überschreiten wagt. Wenn sie erwachsen ist, kann diese Geschlechterverwechslung sich in dem Zwang (oder zumindest in der Neigung dazu) äußern, einem Mann nicht Geliebte, sondern Mutter zu sein. Sie braucht ein «Kuscheltier», weil ihre Sexualität nicht ausreichend verkörpert ist, um auf das Eindringen eines reifen Mannes reagieren zu können.[6]

Eine solche Frau hat nicht nur deshalb panische Angst vor dem Verlassenwerden, weil sie den Verlust einer sinnvollen Beziehung fürchtet, sondern auch, weil sie Angst davor hat, den physischen Kontakt zu verlieren, durch den sie in ihrem Körper verwurzelt ist. Ihre weiblichen Empfindungen sind ihr verschlossen; und wenn ihr Partner sie zu verlassen droht, ergreift sie ein heftiger Schreck, den sie jedoch nicht zum Ausdruck zu bringen vermag und der sich in Katatonie äußern kann. Eine solche Frau legt merkwürdige physische Symptome an den Tag. Sie verliert sich, körperlich ebenso wie geistig. Verlassenheit wird zur Vernichtung, da ihr Körper mit seinem Chaos undifferenzierter Empfindungen ihr nicht den Temenos, den sicheren Ort bieten kann, den sie braucht, um ihr Ich zu schützen. Auch die kollektive Welt kann ihr keine Unterstützung sein. Da sie so sehr mit der Welt der Imagination beschäftigt ist, steht sie der realen Welt mit Furcht und Verachtung gegenüber. Es ist eine grausame, illusorische Welt, in der unwirkliche Menschen ihr Leben mit überflüssigen Dingen vollstopfen – und diese Ansammlung, dieses Durcheinander ist ihr unerträglich, weil ihre innere Welt zerstückelt ist.

Eine Frau, deren Überleben auf diese Weise an den männlichen Geist gebunden ist, hat ihre Weiblichkeit unbewußt dem geopfert, was sie für den höchsten Wert des Lebens hält. In der Beziehung zu einem Mann scheint sie auf den ersten Blick eine hervorragende Partnerin zu sein, da sie bereits ein so großes Geschick darin entwickelt hat, das zu werden, was er in sie hineinprojiziert. Sie wiederum liebt das, was sie in ihn hineinprojiziert. Eine solche Beziehung nimmt übermenschliche Dimensionen an:

der liebende Vater, die liebende Mutter – es sind fast gottähnliche Figuren. Wenn der Vater/Gott nicht imstande ist oder sich bewußt weigert, der Projektion der Frau zu entsprechen, versetzt er ihr den «herrischen – Donnerschlag», der ihre «nackte Seele skalpiert».[7]*

Äußerlich von ihrer Umgebung und innerlich von ihrer positiven männlichen Führerfigur abgeschnitten, identifiziert die Frau sich mit den dunklen Seiten des Vater-Archetyps, dem dämonischen Geliebten. Es gibt niemanden, der zwischen ihrem geängstigten Ich und dem Chaos, in das sie stürzt, vermitteln könnte. Der Abgrund ist unendlich. Ihr männliches, solares Bewußtsein stellt Fragen, auf die es keine Antworten gibt; und ihr weibliches, lunares Bewußtsein ist nicht reif genug, um die scheinbare Sinnlosigkeit zu bejahen.

Sie hat alles getan, um akzeptiert zu werden, und es ist ihr mißlungen; sie ist «nicht liebenswert», und dieses Urteil reicht bis zu ihrer Urerfahrung des Verlassenwerdens zurück. Das Leben wird zu einem Gefängnis, dessen Losung «Verzicht» lautet; der Animus-Zauberer wird zum Trickster, und im geheimen Einverständnis mit diesem Trickster hat sie sich selbst aufgegeben. Dieses Gefühl des Verlusts der Seele hat Emily Dikkinson folgendermaßen beschrieben:

Und doch blieb – die Existenz – hinten zurück
Und brachte – mein Uhrwerk – zum Stillstand[8]

In einer solchen Situation kann sich das Schicksal dieser Frau im Selbstmord erfüllen. In Sylvia Plaths letzten «Worten» heißt es:

Nach Jahren sehe ich
Sie auf der Straße –

Worte, trocken und reiterlos,
Der unermüdliche Hufschlag.
Aber
Unverrückbare Sterne vom Grund des Teiches
Lenken ein Leben.[9]

Selbstmord ist der letzte Akt der Rache an dem unbarmherzigen Gott, der die Frau verlassen hat. Doch paradoxerweise bestätigt die Frau, indem sie Selbstmord begeht, gleichzeitig das, was Gott ihrem Ich angetan hat: Er

* Emily Dickinson, *Gedichte* (Englisch und Deutsch) (Stuttgart: Reclam, 1970), S. 52

hat sie aus dem Leben ausgeschlossen; und sie bekräftigt seine Tat, indem sie sich das Leben nimmt. Der Selbstmord ist ein Liebestod, eine Todeshochzeit, durch die sie die dunkle Seite Gottes in sich aufnimmt und mit ihr eine negative mystische Einheit bildet. Psychologisch betrachtet, ist dieser Tod eine Hochzeit mit dem dämonischen Geliebten. Die Beziehung der Frau zu dem Dämon ist sadomasochistisch; ihr Kampf mit ihm ist deshalb so faszinierend, weil er Elemente wilder, leidenschaftlicher Erotik in sich trägt. So verstehe ich die Worte von Shakespeares Cleopatra, als sie die Natter an ihre Brust nimmt:

So trifft uns Tod wie Händedruck des Liebsten,
Schmerzlich und doch ersehnt.[10]

Einer solchen Vision wohnt jedoch das Gefühl einer totalen Niederlage inne. Man kämpft gegen eine unerbittliche Macht. Der Vater-Animus verlangt Ordnung, Gerechtigkeit, Sinn. Doch die entscheidenden Ereignisse im Leben der Tochter – der Verlust des Geliebten, der Verlust eines Kindes oder die Kinderlosigkeit – geht vielleicht über den normalen Menschenverstand hinaus. Ohne ein kompensatorisches weibliches Bewußtsein, das sich den tieferen Geheimnissen des Schicksals öffnet, wird das Leben zu einem aussichtslosen Kampf gegen ein sinnloses Leid. Der dämonische Geliebte verleitet die Frau zu einem blinden, egoistischen Stolz, der die kreativen Möglichkeiten dieser ihrer inneren Spannung zurückweist. Nach außen hin verhält sich die Frau vielleicht genauso wie immer; doch tief im Inneren weiß sie, daß ihr Kampf vergeblich ist und sehnt sich nach Erlösung von ihrer Verzweiflung. Zum letzten Mal geraten die beiden Gegensätze – der Wunsch, ein Teil des Lebens zu sein, und die Sehnsucht, ihm zu entfliehen – miteinander in Konflikt. Ihr Herz bricht, überwältigt von ohnmächtigem Zorn über die Unvermeidlichkeit des Verlusts.

Der Selbstmord ist der letzte, unwiderrufliche Akt der Selbstaufgabe. Nur wenige Frauen haben einen bewußten Hang zum Selbstmord; doch viele leiden an einer abgrundtiefen Verzweiflung, die sich unbewußt in einem tödlichen Unfall oder einer lebensgefährlichen Krankheit manifestieren kann. Sie machen immer wieder die schmerzliche Erfahrung, einen Mann zu verlieren, auf den sie ihren Erlöser projiziert haben; sie erkennen nicht, daß ihre leidenschaftlichen Beziehungen auf narzißtischen Bedürfnissen basieren; vor allem sind sie nicht bereit, ihren Komplex zu opfern und die Mühsal und Langeweile des Menschseins auf sich zu nehmen. Sie geben ihre eigene Seele, ihre eigene Kreativität auf – die in ihren Träumen immer wieder in Gestalt vernachlässigter kleiner Jungen und Mädchen auftaucht. Im Grunde haben sie Angst davor, die Verantwortung für ihr Leben zu übernehmen. Wenn das Objekt des Verlusts introjiziert und im Innern hermetisch verschlossen wird, entwickelt es sich mit Emily Dickinsons Worten zum

Schrecken, den man nicht überblicken kann –
Der sich im Dunkeln verbirgt –
Und das Bewußtsein ist gelähmt –
Und eingesperrt –[11]

Wenn die Einsamkeit dagegen zu Einsicht und Erleuchtung führt, kann das Ich eine kreative Beziehung zur inneren Welt aufbauen und sein eigenes Schicksal freisetzen.

Martha – jene Frau in mittleren Jahren, deren immer wiederkehrenden Kindheitstraum ich vor kurzem zitiert habe – ist eine große, stattliche Frau mit sorgfältig einstudiertem selbstbewußtem Auftreten. Ihre Eltern waren Akademiker. Sie hatte die Universität besucht, alles getan, was dort von ihr erwartet wurde, ihren Studienfreund geheiratet, eine Familie gegründet, sich scheiden lassen und ihre Freizeit dann ungefähr zwanzig Jahre lang sorgfältig zwischen Arbeit, Kindern und männlichen Partnern aufgeteilt. Sie lernte zwar viele Männer kennen, doch keine ihrer Beziehungen hielt lange. Sie kam in die Analyse, um herauszufinden, warum dieses Erlebnis der Trennung, des Verlusts sich bei ihr stets wiederholte.

Später verliebte sie sich in einen sehr angesehenen Mann, der eine führende Position in ihrer Gemeinde innehatte; er verliebte sich auch in sie, und einer Heirat schien nichts mehr im Wege zu stehen. Doch nach einem Jahr begann alles schiefzugehen; nach zwei Jahren verließ er sie. Diesmal beschrieb Martha, die sich inzwischen daran gewöhnt hatte, genau auf emotionale Vorgänge zu achten, ihre Gefühle sorgfältig und präzise:

Ich weiß nicht, wo ich die ganze Zeit gewesen bin. Ich fühle mich völlig taub. Ich habe alle meine Wunschvorstellungen von einem Mann auf ihn projiziert. Und er hat mich wegen einer anderen verlassen – wegen einer ganz normalen, durchschnittlichen Frau. Dabei möchte ich selbst doch auch nichts anderes sein als eine ganz normale Frau. Ich weiß nur nicht, wie man das anstellt. Ich bin den anderen Menschen fremd, mir selbst fremd.

Ich denke an meine Kindheit zurück – an dieses schreckliche Gefühl der Verlassenheit. Ich stand niemals im Mittelpunkt, im lebendigen Zentrum des Lebens eines anderen Menschen. Mehr will ich nicht: das Tiefste, das Wesentliche meines Lebens mit einem anderen Menschen teilen. Meine Eltern haben den tiefsten Kern ihres Wesens nie mit mir geteilt. Mein Mann behauptete zwar, mich zu lieben; doch die wichtigsten Dinge des Lebens teilte er nicht mit mir. Er verließ mich wegen einer Frau, die in der Lage war, die gewöhnliche Alltagswelt mit ihm zu teilen. Ich weiß nicht, wie man das macht.

Ich spüre, was ein Mann auf mich projiziert. Ich werde zu dem, was er sich wünscht, und anfangs empfinde ich das auch als ganz in Ordnung und natürlich. Ich fühle mich lebendig. Doch dann stirbt irgend etwas in dieser Beziehung – meist in sexueller Hinsicht. Ich habe das Gefühl, daß er mich manipuliert, Gewalt anwendet, mich zwingt das zu sein, was er von mir erwartet. Er liebt nur das Bild, das er von mir hat, nicht mich selbst. Und auch ich projiziere meine Vorstellungen auf ihn. Der Mann, der mich liebt und mit mir schläft, ist gar nicht er selbst. Es wird alles immer unwirklicher. Ich hasse mich selbst dafür, daß ich das ertrage. Und ich hasse ihn, weil er Zwang auf mich ausübt. Es ist unerträglich. Mir schwinden die Sinne. Wir hatten gar keine wirkliche Beziehung zueinander. Wir sind beide enttäuscht, voller Ressentiments, verwirrt durch die scheinbare Vertrautheit zwischen uns, die in Wirklichkeit gar keine Vertrautheit war.

Ich weiß, daß dieser Mangel an Vertrautheit auch zwischen mir und meinen Kindern besteht. Auch sie haben großartige Personae entwickelt: lebhaft, leistungsfähig, tüchtig – Menschen, die mit allem fertigwerden. Doch unter dieser Maske sind sie zutiefst unglücklich; das kommt heraus in ihren Gedichten, ihren Liedern, in jenem wesentlichen Teil ihres Lebens, den sie nicht mit mir teilen. Ich habe das Gefühl, von einem Schleier umgeben zu sein. Wenn ich schreibe, wenn ich allein bin, steigt die tragische Seite meines Selbst an die Oberfläche; doch diese Seite kann ich mit niemandem teilen.

Natürlich weiß ich, daß ich mich in dieser Situation in meine wohlvertraute Rolle flüchten könnte. Ich könnte mich in fieberhafte Aktivität stürzen, mich mit allen möglichen kreativen Dingen beschäftigen; doch damit würde ich mich wieder für die Persona entscheiden. Das will ich nicht. Es ist nicht mehr ganz so wie früher. Ich bin nicht mehr ohnmächtig, baumle nicht mehr hilflos hin und her. Ich weiß zwar, daß mir etwas Schreckliches widerfahren ist; doch ich finde meine Ruhe in mir selbst, in meiner Mitte.

Gerade die gewöhnlichen, alltäglichen Erinnerungen schmerzen so sehr; die kleinen alltäglichen Gemeinsamkeiten. Ich stolpere erstarrt und halb benommen vor mich hin. Dann sehe ich die Pflaumenbäume blühen, und ich bin von bohrenden Schmerzen überwältigt. Wenigstens ist der Schmerz lebendig. Wenigstens weiß ich, daß ich irgendwo wirklich empfinde, was ich gerade durchmache. Hinter dieser Benommenheit, dieser Erstarrung lauert blinder Schrecken. Es ist der Schrecken des Kindes in mir, des kleinen Mädchens. Es wußte, daß alles schiefgehen mußte, daß es unerwünscht war und versuchte verzweifelt herauszufinden, was es tun mußte, um geliebt zu werden. Dies ist die schreckliche Einsamkeit des Kindes, das weinend und unbeachtet oben auf der Treppe steht und sich bewußt ist, daß niemand in seiner

> Umgebung wissen kann, wer es ist. Es steht hilflos da, hört spöttisches Gelächter in dem leeren Korridor hinter sich und versucht mit krampfhaften Windungen und Verrenkungen, sich in jemanden zu verwandeln, den man lieben könnte. Ich habe dieses Kind ebenso zurückgewiesen wie all die anderen. Es steht immer noch da und fragt weinend: «Was erwartet ihr denn von mir? Wie soll ich sein? Ich verstehe es nicht... Ich tue alles, was ihr wollt, aber bitte, lehnt mich nicht ab.»
>
> Dieses Mal werde ich mich nicht in meine Maske, in meine Persona flüchten. Sie ist unfähig, zu irgendjemandem eine Beziehung aufzubauen, weil sie nichts empfinden kann. Ich weiß, daß ich dem Gefühl standhalten muß. Ich muß meine eigene Verwundbarkeit erfahren; und auch die anderen sollen es spüren, wie verwundbar ich bin. Mit diesem Mann habe ich alles verloren, was ich mir immer gewünscht hatte. Ich schäme mich, so naiv gewesen zu sein. Ich habe alles an ihm respektiert und geliebt. Nun ist er fort. Ich bin nicht mehr jung. Wahrscheinlich werde ich nie wieder eine solche Beziehung erleben. Ich glaube nicht daran, daß Gott mir noch etwas Neues schenken wird. Ich habe keine Hoffnung mehr. Hoffnung wäre eine Illusion. Ehrliche Verzweiflung ist besser als eine Phantasie der Hoffnung. Das ist die Konfrontation mit dem Unausweichlichen: der Verzicht auf alles, worauf ich gehofft hatte.

Frauen von Marthas Typ können für Männer ein Rätsel sein. Obwohl eine solche Frau kein starkes weibliches Ich hat, wirkt sie doch, wie Martha sich ausdrückt, «wie eine Art eiserne Lady, die alles verkraften kann, und zwar, wenn es sein muß, auch allein.» Das kann sie tatsächlich; doch hinter dieser Maske verbirgt sich «ein schwarzer Stein in ihrem Herzen».

Der Mann, auf den eine solche Frau ihre positiven Vorstellungen projiziert hat, kommt sich in der Beziehung zu ihr unter Umständen völlig überflüssig vor; ja, er kann sogar das Gefühl haben, daß sein männliches Ich und seine Potenz bedroht sind. Wenn er sich zurückzieht oder die Frau verläßt, kommt ihr Zusammenbruch für ihn in der Regel völlig überraschend. Er wußte wahrscheinlich gar nicht, wie abhängig sie von ihm war, wie dringend sie ihn als Fundament brauchte. (Martha drückte es folgendermaßen aus: «Er dachte, ich widmete meine ganze Energie der Analyse, und mir liege gar nichts mehr an unserer Beziehung. Was glaubt er wohl, warum man sich einer Analyse unterzieht?») Wenn der Mann sich nicht nur zurückzieht, sondern auch noch eine Beziehung mit einer Frau des entgegengesetzten Typs (einer Schattenschwester der ersten Frau) anfängt, kann eine ähnliche Situation entstehen wie in Barbara Streisands Film *Yentl,* wo die maskulin orientierte Yentl ihre Weiblichkeit auf ihre Rivalin projiziert und singt: «Kein Wunder, daß er sie liebt.» Auf diese Weise gibt sie etwas, was für ihre Existenz von entscheidender Wichtigkeit ist, kampflos und passiv auf.

Die Projektion der unbewußten Weiblichkeit einer Frau auf die Schattenschwester ist ein typischer Trick des Animus als Magier. Wenn er das Gefühl hat, sie an einen anderen realen Mann zu verlieren, tut er alles, um die Möglichkeit einer echten Beziehung zu zerstören. Sobald sie ihre Schattenenergie auf eine andere Frau projiziert hat, kann es auch zu einer Spaltung der Anima ihres Geliebten kommen: Er liebt *sie* wegen ihrer Stärke, ihren Schatten wegen dessen sexueller Verwundbarkeit.

Statt ihre berechtigte Wut und Eifersucht zuzugeben, zieht eine solche Frau sich unter Umständen in ihr verlassenes Kind zurück. Ihr negativer Animus redet ihr pausenlos ein: «So endet es immer, und so wird es auch in Zukunft enden. Traue niemals einem Mann. Du schaffst es auch allein. Schließlich hast du es immer geschafft. Du bist ein stärkerer Mann als er. Du bist nicht so süß und weiblich wie sie. Wenn du in Diskussionen doch nur nicht immer auf deinem Standpunkt beharrt hättest. Warum hast du nicht einfach so getan, als seien eure Streitgespräche unwichtig? Warum hast du ständig versucht, ihm die Probleme noch stärker zum Bewußtsein zu bringen? Wenn du doch nur mehr Einfühlungsvermögen, mehr Verständnis für seine Bedürfnisse gehabt hättest. Wenn ... wenn ... wenn ... Mach' dir nichts daraus. Trage es wie ein Mann.»

Wenn sie ihre Projektionen zurückzöge, könnte sie dem Mann vielleicht gerade in die Augen sehen, seine Männlichkeit und ihre Weiblichkeit ehren und sagen: «Was zum Teufel geht hier eigentlich vor?» Statt dessen steht sie hilflos da und verstümmelt sich mit Selbstvorwürfen. Sie betrachtet die Situation mit ihrem rationalen Verstand und ignoriert ihr wahren Empfindungen. Sie bekommt keinen «kindischen» Wutanfall, und sie fängt auch nicht an zu weinen. Sie weiß, daß sie nicht tot ist; schließlich kann sie immer noch stolz und aufrecht dastehen. Sie spielt die Rolle eines «vollendeten Gentleman».[12]

Eine Analyse von «Vatis Liebling»

Viele Frauen versuchen mit Hilfe ihrer kreativen Arbeit oder ihrer Lebenserfahrung mit ihrem Schicksal fertigzuwerden; andere unterziehen sich einer Analyse, wenn sie erkennen, daß ein stets wiederkehrendes destruktives Muster ihre Partnerbeziehungen unterminiert. Manche sind entsetzt über ihre eigene Femme fatale; manche unglücklich, weil ihre sexuelle Beziehung zu ihrem Mann, den sie lieben, gestört ist, obwohl es bis zur Eheschließung keinerlei Probleme gab. Häufig treiben mysteriöse körperliche Beschwerden, die die Medizin als psychosomatisch bezeichnet, aber nicht heilen kann, sie in die Analyse. Manche sind verzweifelt, weil sie sich vom Leben abgeschnitten fühlen; manche sind unglücklich, weil ihre Kreativität blockiert ist; manchmal haben sie panische Angst davor, verrückt zu werden.

Die Arbeit mit einer solchen Frau unterscheidet sich nicht sehr von der Arbeit mit anderen Analysandinnen; nur sind die Gefahren, mit denen man zu kämpfen hat, größer und tückischer, weil diese Frau ganz aus dem Unbewußten lebt. Der Analytiker muß die Macht ihrer Phantasie, ihre Fähigkeit, sich der Welt der Archetypen hinzugeben, und ihre mangelnde Beziehung zu ihrem eigenen Körper im Auge behalten.

Der Analytiker – weiblich oder männlich – wird zu ihrem Inspirator, dem Bindeglied zu ihrem Unbewußten. Wenn ihr Vater ihr auf ihrer inneren Reise mehr ein Gefährte als ein Führer war, wird sie auch ihren Analytiker als Partner, als *frater* oder *soror* behandeln, der mit ihr den Gefahren trotzt und die Triumphe mit ihr teilt. Gemeinsam erforschen sie eine Vorstellungswelt reich an Bildern und Einsichten. Sie ist eine faszinierende Analysandin, weil sie keine Angst davor hat, die Unterwelt zu betreten und dem Analytiker von dieser Reise immer wieder persönliche und überpersönliche Schätze mitbringt. Sie versteht das Schweigen, und wenn der Analytiker die Intensität ihrer Welt ertragen kann, wird jede Sitzung zu einem Ereignis.

Wenn sie eine Ariadne ist, die schon vor der Geburt dem Gott versprochen war, aber dann durch ihre Liebe zu dem Sonnenhelden Theseus auf Abwege geriet, ergibt sie sich vielleicht – ebenso wie Ariadne, als sie schließlich verlassen wurde – dem Tod. Sie versinkt in eine tiefe Depression; doch am Tiefpunkt dieser Erfahrung entdeckt sie vielleicht das Licht in der Dunkelheit und findet ihre wahre Bestimmung: die Hingabe an den Gott. Die wenigsten modernen Frauen akzeptieren die Nonne in sich selbst; doch in der Analyse kommen sie nicht daran vorbei, die archetypischen Projektionen dort einzuordnen, wo sie hingehören; sie müssen persönliche Beziehungen von archetypischen unterscheiden und ohne Unterstützung einer Kirche, ohne schützende Klostermauern ihr eigenes Heil im Einklang mit dem inneren Gott und der inneren Göttin suchen. Die Frau, die sich ihrer künstlerischen oder geistigen «Berufung» bewußt ist, zweifelt vielleicht manchmal daran, ob es wirklich sinnvoll ist, in einer solchen inneren Ehe aufzugehen; doch im Grunde genommen *weiß* sie, daß sie es nicht wagt, dieser inneren Realität untreu zu werden.

Allerdings fragt eine Frau, die ihr Leben lang die idealisierte Projektion ihres Vaters mit sich herumgetragen hat, sich vielleicht, ob sie wirklich berufen oder lediglich in einer Illusion befangen ist – einer inneren Ehe, die selbst unfruchtbar ist, sie aber dazu zwingt, die perfekte Ehe in der Außenwelt zu suchen. «Gerufen oder ungerufen» kann eine qualvolle Entscheidung sein; doch wenn die Frau zu dem Schluß kommt, daß sie nicht gerufen ist, muß sie sehr darauf achten, sich nicht der Illusion einer perfekten menschlichen Verbindung hinzugeben, einer Illusion, die unweigerlich immer wieder damit endet, daß ihre Partner sie verlassen. Dann erkennt sie womöglich, worin ihr Problem besteht: daß sie sich immer wieder in ihre eigene Projektion verliebt und versucht, zu dem Bild zu werden, das auf sie projiziert wird – wodurch sie ihr eigenes Wesen aufgibt. Sobald ihre Beziehung zu dem Mann vertrauter und intimer wird, beginnt sie dieses Bild zurückzuweisen und kann sich nicht mehr länger verstellen. Wenn sie dann mehr und mehr ihr eigenes Wesen offenbart, empfindet der Mann *sie* als Verräterin, weil sie so viel von ihrem wahren Charakter verborgen hat, um ihn für sich selbst zu gewinnen. Ihr Zorn auf den Mann und auf sich selbst (wegen ihres Selbstverrats) vereinigt sich unbewußt mit dem Zorn des Mannes; und so entsteht eine Bombe, die zwangsläufig eines Tages explodieren muß.

Die beiden Schattenfiguren verlangen nach Rache. Wenn ein Heilungsprozeß stattfinden soll, darf sie sich nicht wie ein «Gentleman» benehmen; sie darf nicht versuchen, Verständnis dafür zu haben, daß er sie verläßt. Sie ist zornig; ihr Zorn und ihre Eifersucht sind die heftigen Gefühle einer Mörderin, die einen Kanal brauchen. Der Körper muß diese Wut, die sich ein Leben lang aufgestaut hat, abreagieren, um Platz für die heilende Liebe zu machen. Diese persönliche Wut muß erkannt und erfahren werden, ehe überpersönliches Verständnis und Mitgefühl in sie einfließen können.

Irgendwie wird diese Frau in ihrem Kummer und Zorn erkennen, daß sie nicht von dem Mann verlassen wurde, den sie liebt. Der Mann, den sie liebt, existiert nämlich gar nicht in menschlicher Gestalt. Er hat nie existiert. Sie hat ein Bild aus ihrem Inneren auf ihn projiziert. Ihr Spiegel wurde zerschlagen, und jetzt bleiben ihr nur zwei Möglichkeiten: zu sterben oder sich mit der Realität abzufinden. Die Realität besteht darin, daß sie eigentlich gar nicht um den Mann trauert, den sie verloren hat. Sie trauert um ihren perfekten Geliebten und um die schöne glückliche Frau, die sie in ihrer Verliebtheit war. Nun, da sie der nackten Wahrheit gegenübersteht, trauert sie um ihr inneres Kind, das sie im Stich ließ, als sie es ihrem Vater recht machen wollte.

Dieses Kind mit seinem kindischen und kindlichen Glauben, seiner

Hoffnung und seiner Liebe weint nun einsam vor sich hin. Trotz seiner Verwundbarkeit muß dieses Kind Vertrauen zum Leben haben, wenn die Frau ihr Wesen, ihren inneren Kern jemals zur Reife bringen soll.

Da sie sich von ihrer Mutter von Anfang an im Stich gelassen fühlte und eine so kreative Beziehung zu ihrem Vater hatte, hat sie vielleicht den Eindruck, daß es Zeitverschwendung ist, sich bei der Analyse auf eine Frau einzulassen. Andererseits möchte sie sich den «unnötigen Ärger» ersparen, sich in ihren Analytiker zu verlieben. Also entscheidet sie sich letzten Endes vielleicht doch für eine Frau. In der Übertragung projiziert sie dann das Bild der liebenden Mutter, die sie niemals hatte, auf die Analytikerin. Gemeinsam nähren und erziehen sie das verlassene Kind, geben ihm einen sicheren Ort, an dem es spielen kann, und hegen und pflegen es so lange, bis es herangewachsen ist. Dieses Kind hat stets außerhalb der Gesellschaft gestanden und gelitten, hält sich aber dennoch weiter an seine angeborene Weisheit und weigert sich zu sterben. Seine in der Einsamkeit gewonnene Verwundbarkeit und Stärke verleiht ihm jene Distanz, die eine unabdingbare Voraussetzung für den Künstler und den Clown ist. Meiner Erfahrung nach ist diese Distanz – persönlich und überpersönlich zugleich – die einzige Energie, die stark genug ist, um den Trickster zu entmachten.

Das möchte ich gern durch eine kleine Geschichte veranschaulichen. An einem Weihnachtsabend stand ich an der Chalk Farm-U-Bahnstation in London. Die U-Bahn war noch nicht zu sehen. Ein paar ärmlich wirkende Leute standen fröstelnd in der dunklen, unangenehm feuchten Station und träumten von dem warmen, geheizten Zimmer, das auf sie wartete oder vielleicht auch nur in ihrer Phantasie existierte.

Plötzlich dröhnte ein lautes, betrunkenes Gegröle durch die Stille. Eine dicke, verlotterte Frau mit zwei kleinen Mädchen, die vielleicht vier und sechs Jahre alt waren, kam angetorkelt. Die Kinder hatten keine Mäntel an und klammerten sich mit ihren kleinen Ärmchen an die unförmige Masse, die ihre Obszönitäten ins Nichts hinausschrie. Der vulgäre Humor der Frau stieß einen vor den Kopf, er war offen, obszön und wahr. Die Umstehenden prusteten vor Lachen. Da baute sich das vierjährige Mädchen empört vor ihnen auf und schrie: «Hört auf, über meine Mami zu lachen!» Sofort herrschte Schweigen – und alle Leute an der Haltestelle bekamen feuchte Augen.

Die angeborene Weisheit dieses kleinen Mädchens riß allen Zuschauern den Schleier von den Augen. Sie war die einzige, die distanziert und gleichzeitig betroffen genug war, die Realität zu sehen. Sie war der unerwartete Gast jenes Weihnachtsabends.

Der Körper der kreativen Frau ist vielleicht ein unwillkommener Gast. Da er schon so häufig zum Prügelknaben gemacht wurde, muß man seine Versuche, sich Gehör zu verschaffen, liebevoll beachten. Vielleicht äußern diese Versuche sich in schweren Verdauungsproblemen, Migräneanfällen, Hautausschlägen und Allergien. Solche Symptome können bei jeder Analyse auftreten; doch das künstlerische Temperament mit seinen Höhenflügen der Intuition kann leicht ein Geschwür übersehen, während es einen Pickel überbewertet. Alte Verhaltensmuster der Flucht und Verdrängung, die häufig mit Eßstörungen verbunden sind, können wieder auftauchen. Mit wachsendem Körperbewußtsein werden die durch das Aussprechen differenzierten Gefühlswerte durch Emotionen bekräftigt, die von den Muskeln freigesetzt werden. Diese Bekräftigung wirkt wie ein Schock auf die Frau, die sich in ihrem eigenen Körper als Fremdling fühlt.

Wenn sie sich in ihre Analytikerin verliebt, so muß dieses Problem offen diskutiert werden, da die Trauer um die Mutter sich nun wiederholt und man sich jetzt bewußt und womöglich kreativ mit diesem Kummer auseinandersetzen kann. Wenn die Analytikerin die Analysandin berührt oder umarmt, müssen beide sich des Unterschieds zwischen persönlicher und überpersönlicher Berührung bewußt sein; dieses Bewußtsein kann nur aus dem Gefühl der Distanz entspringen, das die Analytikerin hat. Sobald die Analysandin lernt, auf ihren eigenen Körper zu hören, verbindet sich ihre Sexualität allmählich mit wirklichem Gefühl: Entweder treten heterosexuelle Träume an die Stelle ihrer lesbischen Wunschvorstellungen, oder sie entscheidet sich bewußt für eine lesbische Beziehung. In dieser Zeit entsteht ein starkes Ich, das fest im weiblichen Körper und in den Emotionen verankert ist, die diesem Körper entspringen. Eine solche Frau braucht einen besonders festen Halt in der Alltagswelt, damit sie sich ihrer kreativen Phantasie mit dem sicheren Bewußtsein hingeben kann, daß es ihr jederzeit gelingen wird, zu ihrem eigenen Ich zurückzukehren und Beziehungen zu anderen Menschen aufzubauen.

Je mehr Zuversicht und Selbstvertrauen die Analysandin gewinnt, desto mehr schlüpft die Analytikerin in die Rolle der Inspiratorin. Die Frau bittet sie vielleicht um eine kritische Beurteilung der Kunstwerke, die sie geschaffen hat und sucht Ermutigung bei ihr, weil sie sich nicht sicher ist, ob sie es wagen soll, ihr Werk der Öffentlichkeit vorzustellen. Hier liegt eine doppelte Gefahr: Erstens könnte die Analytikerin sich rasch in eine negative Mutter verwandeln; zweitens kann es passieren, daß die angehende Künstlerin völlig von ihr abhängig wird – sowohl in kreativer als auch in kritischer Hinsicht. Daher sollten die beiden sich darauf einigen, die Kritik den Kritikern zu überlassen, und sich nicht auf das Risiko einlassen, den Temenos der Analyse zu zerstören.

Meiner Erfahrung nach gibt es im Leben der kreativen Frau einen sehr gefährlichen Übergang. Wenn sie sich in der Midlife crisis befindet und erkennt, daß sie bis jetzt noch keinerlei Verantwortung für ihr Talent übernommen und ein im Wesentlichen persona-orientiertes oder animus-dominiertes Leben geführt hat, möchte sie ihr im Stich gelassenes inneres Kind vielleicht ganz plötzlich wiedergewinnen und versucht – mit all der wilden Entschlossenheit einer Ausgestoßenen, die wieder in ihr Königreich zurückkehren möchte – eine Wendung um 180 Grad. Das ist jedoch mit Schwierigkeiten verbunden: Entweder kann ihr Körper den archetypischen Zustrom nicht verkraften, oder es besteht keine ausreichende Verbindung zwischen ihrem Ich und ihrer Körperenergie, oder der psychische Umschwung findet so plötzlich statt, daß der Körper ihm nicht folgen kann. Was auch immer die Ursache ist, jedenfalls können schwere physische Störungen auftreten. Es scheint, als müßten die Initiationsriten, die während der Pubertät nicht durchschritten wurden, erst integriert werden, ehe die Frau die Riten der Menopause durchstehen kann.

Während dieser Zeit muß der verlassene Körper wieder in Anspruch genommen, gehegt und gepflegt und bewohnt werden, ehe er sich hingeben und zu einem Gefäß für die Kreativität werden kann. In dieser Situation ist es häufig schwierig, die heranwachsende Frau von der Frau in der Menopause zu unterscheiden; doch eine sorgfältige Unterscheidung zwischen diesen beiden Phasen des lunaren Bewußtseins wird ihr dabei helfen, ihr eigenes Leben in Besitz zu nehmen, statt sich schmerzlich nach dem zu sehnen, was ihr eigentlich schon gehört und was sie sich nur noch aneignen muß. Das kann ein sehr bedrohlicher Übergang sein. Wenn ihre Gefühle nicht durch solide Körperarbeit verkörpert worden sind, kann es sein, daß sie sich jetzt wieder von Verlassenheit bedroht fühlt.

Wenn dieser Frauentypus sich für einen männlichen Analytiker entschieden hat, ergibt sich eine ganz andere Konstellation. In ihm sieht sie den positiven Vater, den ihre Psyche naturgemäß zu ihrem eigenen positiven Animus macht. Das Ergebnis kann verwirrend und destruktiv sein, und das ist zu einem großen Teil auf die eigentümliche Stärke des männlichen Ich in der patriarchalischen westlichen Welt zurückzuführen. Der männliche Analytiker fördert die heilende Aktivität, die aus der analytischen Konstellation erwächst; doch seine Gegenübertragung geht weit über diese Förderung hinaus: Er empfindet den Stolz eines Vaters auf die Leistungen seiner Tochter.

Da die Leistungen der Tochter in der Geschichte stets weniger gegolten haben (und an ganz anderen Maßstäben gemessen wurden), nimmt der Stolz des Vater-Analytikers auf die kreative Arbeit seiner Tochter-Analysandin jetzt aufgrund des neuen feministischen Ethos eine ganz neue Dimension an: Er hat das Gefühl, den Boden für etwas Neues zu bereiten, an einer Neuorientierung des Verhältnisses zwischen den Geschlechtern mitzuwirken. Dabei übersieht er jedoch womöglich die regressive Wiederholung der alten patriarchalischen Dominanz mit allen inzestuösen Unterströmungen, die diese Dominanz verstärken und die Illusion der Heilung, Kreativität und Veränderung nähren. In Wirklichkeit konstelliert sich hier möglicherweise nur der Vaterkomplex, der die Frau überhaupt erst in die Analyse getrieben hat. Wenn das der Fall ist (es muß aber nicht sein) und wenn der Analytiker seine Gegenübertragung erkennt und zurückzieht (was er letzten Endes muß), ist die Analysandin nicht nur wieder an den Anfang zurückgeworfen, sondern – was noch schlimmer ist – sie hat das Gefühl, auf die verräterischste Weise verführt und betrogen worden zu sein.

Was dem männlichen Analytiker vielleicht entgeht, ist die tiefgreifende Spaltung zwischen Phantasie und Körper, die in der Psyche der kreativen Frau herrscht. Für sie ist die Phantasie die eigentlich wirkliche Welt, und der Vater-Mann, der in diese Welt eindringen und sie befruchten kann, schenkt «der Sonne Licht und dem Wind Musik».[13] Er ist ihr Geliebter, mit dem sie intim verkehren kann. Hier ist der Inzest erlaubt. Da ihre physische Sexualität im wesentlichen unbewußt ist, hat sie unter Umständen Beziehungen außerhalb der Analyse, die sie nicht einmal für erwähnenswert hält. Normale Männer befinden sich außerhalb ihrer Sphäre; sie sind ihrer inneren Femme fatale nicht würdig.

Das Modell des alchemistischen Gefäßes, das eine harmonische Zusammenarbeit zwischen dem Meister und seiner *soror mystica* beinhaltet, ist genau auf sie zugeschnitten. Es führt unweigerlich zu ihrer Zerstörung, falls der männliche Analytiker Angst bekommt, sich verführen läßt oder seine Macht falsch anwendet. Wenn das Gefäß explodiert, hat diese Frau keinen Körper, keine Welt, in die sie zurückkehren könnte. Und auch ihr Animus bietet ihr keine Lösung; er hat sie ihr Leben lang dazu angetrieben, es dem Vater recht zu machen – den Professoren an der Universität, dem Ehemann, dem Chef, praktisch jeder männlichen Autorität. Das Gelächter, das er ausstößt, wenn er einen weiteren Rivalen bezwungen hat, kann sehr diabolisch sein. Es gibt nur eine Möglichkeit:

Die Frau muß zu ihrem eigenen Leben in ihrem eigenen Körper finden, ihre Weiblichkeit differenzieren (die mit ihrem unbewußten Zorn auf die Männer Hand in Hand geht) und ihre Männlichkeit integrieren.

Wenn die Analyse dem Trickster-Vater und damit dem Trauma im Zentrum ihrer Psyche keinen Raum gibt, wird sie letzten Endes wieder im Stich gelassen; und nichts - nicht einmal der Inzest – erregt so sehr das gesamte Spektrum patriarchalischen Empfindens wie gerade die verlassene Tochter.

In früheren Kulturen wurden Töchter häufig ausgesetzt, weil die Eltern nur auf männliche Nachkommen Wert legten. Wenn die Analysandin ihre Verlassenheit erlebt, konstelliert sich der ganze patriarchalische Mythos in seinen primitivsten Ursprüngen. Die Dringlichkeit, mit der das Unbewußte sich der Frau bemächtigt und sie dazu treibt, das Opfer zu bringen (zum Beispiel Thomas Hardys *Tess von D'Urbervilles in Stonehenge*), tritt in der Rolle der Frau in der westlichen Literatur deutlich zutage: Sie ist stets die Verlassene, die Geopferte. Das Ausgeliefertsein an diesen Mythos kann bei beiden beteiligten Personen eine tiefe Passivität hervorrufen – als sei das, was geschieht, notwendig und unvermeidlich. Schicksal, Vorherbestimmung, Karma – alles wird zur Unterstützung dessen, was geschehen ist und immer noch geschieht, ins Spiel gebracht.

Es muß eine grundlegende revolutionäre Neuorientierung der Beziehung stattfinden. Diese Neuorientierung ist eine ebenso große Herausforderung für das männliche Ich wie für den Vaterkomplex, der dieses Ich nährt. Der Analytiker, der früher «der bravste kleine Junge der Welt» war und später versuchte, der liebevollste Vater der Welt zu sein, hat vielleicht eine sehr einfühlsame, liebevolle professionelle Persona; doch wirkliche Gefühle kann er häufig nicht investieren. Eine Frau, die um ihr Leben kämpft, wird jedoch echte Gefühle von ihm verlangen, und sie hat auch ein Recht auf ehrliche Zuwendung; sonst ist sie in einer Falle gefangen. Ihr innerer geistiger Animus wird durch ihre Projektion auf den Analytiker vergiftet.

Die Wahrheit kann nicht nur sie selbst, sondern auch den Analytiker befreien. Vielleicht geschieht etwas Unerwartetes; vielleicht entsteht etwas Neues, was bisher beiden unbekannt war und was Jung als die transzendente Funktion[14] bezeichnet hat. Verlassenheit im negativen Sinn (Verrat, Verlust, Ausgeliefertsein, Tod) kann zur Verlassenheit im positiven Sinn werden: Offenheit, Spontaneität, Freiheit. Das wäre eine Flucht aus der Magier-Vater-Konstellation in das Unbekannte, wo wahre Kreativität wohnt. Erst dann wird erkannt, daß das alte Muster irreführend war; denn jetzt wird die Illusion, die dieses Muster enthielt, als eine Realität gesehen, die aus der Falle ausbrechen will, in der sie gefangen war. Hier zeigt sich das neue Land, das nun von psychisch bewußten Frauen bebaut wird. Dies Land fordert eine radikale Überprüfung veralteter Einstellungen.

Auch die Gefahren, die in der Übertragung und Gegenübertragung zwischen der Analytikerin und dem kreativen männlichen Analysanden lauern, müssen sorgfältig beachtet werden. Diese Dynamik kann hier nicht in aller Ausführlichkeit erläutert werden. Ich möchte jedoch darauf hinweisen, daß die Analytikerin stets die positive Mutter in dem Mann konstelliert. Wenn er im Unbewußten heimisch ist, dann können sie gemeinsam alle Energie zutage fördern, die diese Beziehung enthält. Zusammen können sie einen Geysir anzapfen, der vor kreativem Leben – Dichtung, Musik, Drama, Bildhauerei – nur so übersprudelt. Dann wird die Analytikerin die Muse ihres geistigen Sohnes, so wie Venus-Urania die Muse des Adonis war. Im ersten Schwall der kreativen Erneuerung mag man übersehen, daß eine solche Beziehung unheilvoll sein kann. Adonis maßt sich eine Stärke an, die ihm eigentlich nicht zusteht, und ist daher nicht auf die Konfrontation mit Ares, dem Eber, vorbereitet, dem inzestuöseren, mehr instinktgeleiteten Geliebten der Venus. Den dynamischen Ares-Schatten des Analysanden freizusetzen und unter Kontrolle zu bringen, verlangt von der Analytikerin eine feine Differenzierung ihrer eigenen inneren Jungfrau, ein weibliches Bewußtsein, das sich nicht mehr mit der Mutter identifiziert. Es muß ihre eigene kreative Männlichkeit empfänglich und von der Tyrannei des Vaters befreit sein.

Wenn der Analytiker, Mann oder Frau, von Anfang an die psychische Dynamik erkennt, die der analytischen Beziehung innewohnt, und die Gegenübertragung in den Griff bekommt, muß der Prozeß nicht unbedingt traumatisch sein. Irgendwie müssen der dunkle Magier und die alles verschlingende Hexe entmachtet werden. Diese negativen Komplexe können zwar eine positive Wirkung haben, indem sie die Analysandin zwingen, die innere Arbeit zu leisten, die erforderlich ist, um ihren Fängen zu entrinnen. Sie können aber auch vieles zerstören, noch ehe die Frau stark genug ist, ihrer Energie standzuhalten. Ein Sturm, eine Überschwemmung, ein Tornado, ein glühendes Feuer (solche Traumbilder sind regelmäßig Warnungen vor einer gefährlichen Situation) kann das Zentrum des psychischen Hauses zerstören.

Um es mit Hilfe des Jungschen Modells zu erläutern: Es gibt kaum einen Unterschied zwischen dem Ich einer unbewußten Frau und der Anima eines unbewußten Mannes; und es besteht eine ähnliche Analogie zwischen einem Mann und dem Animus einer Frau. In jeder intimen

Beziehung wird sich die Liebe/Haß-Dynamik zwischen diesen vier Faktoren konstellieren. Wenn der Analysand in eine Identifikation mit seiner Persona verfällt, werden die Persona und das defensive Ich alles tun, um die innere Welt zu verbergen, und zu dieser inneren Welt gehören auch die Instinkte. Wenn leidenschaftliche Erotik nicht bewußt angesprochen wird, wird der Körper wieder einmal im Stich gelassen, und der Schattenwille rächt sich mit physischen Symptomen. Wenn die Spannung zwischen dem Analytiker und dem Analysanden ihren Höhepunkt erreicht hat, verfällt unter Umständen entweder der eine oder der andere in Unbewußtheit und wirft seinem Gegenüber Machtgier vor. Die beiden können sich gegenseitig beschuldigen: «Du willst immer mehr und mehr und mehr» und gleichzeitig alles abstreiten.

Solche Konflikte entstehen, weil sich die Schattenprojektionen konstellieren; das «Mehr» der negativen Mutter will Quantität, während der negative Vater Qualität fordert. Das Weibliche fühlt sich psychisch vergewaltigt, und das Männliche hat das Gefühl, von dem geängstigten Kind ausgesaugt zu werden. Eine enorme Feindseligkeit gegen das andere Geschlecht, die sich im Unbewußten angestaut hat, kann zum Ausbruch kommen. Wenn der Analytiker nicht sofort eine starke Ich-Position einnehmen kann, die durch echtes Empfinden gefestigt ist, gibt es keinen Vermittler zwischen Bewußtsein und Unbewußtem. Dies ist nicht der rechte Zeitpunkt für ineffektive Männlichkeit oder masochistische Weiblichkeit, weder für einen tyrannischen Vater noch eine positive Mutter – und auch nicht für eine Kombination dieser vier nach der Art des Spiels «Reise nach Jerusalem». Beide, der Analytiker und die Analysandin, müssen sprechen, und beide müssen gehört werden. Im neuen Land ist die alte Landkarte nutzlos.

Die Frau, die mit ihrer inneren Jungfrau in Verbindung steht, hat die Grenze der Anima-Frau überschritten, die aus einer männlichen Psyche heraus operiert.[15] Sie ertappt sich plötzlich dabei, daß sie Dinge ausspricht, die sie noch nie zuvor gesagt, Fragen stellt, die sie bisher noch nie gestellt hat. Sie versucht aus ihrer weiblichen Realität heraus zu sprechen, während sie sich gleichzeitig des männlichen Standpunktes bewußt ist. Häufig ist sie zwischen zwei gegensätzlichen Standpunkten gefangen: dem rationalen, zielorientierten und gerechten, der der irrationalen, zyklischen, verbindenden Einstellung entgegensteht. Ihre Aufgabe besteht nicht darin, sich für einen dieser beiden Standpunkte zu entscheiden, sondern die Spannung zwischen ihnen aufrechtzuerhalten und zu ertragen.

Eine Frau, die sich ihr Leben lang der Wissenschaft, der Politik oder der

Geschäftswelt gewidmet hat, versteht zwar ihr Denken systematisch zu ordnen, den Gesetzen der Einheit, des Zusammenhangs und der Schwerpunktsetzung gehorchend. Im Laufe einer solchen einseitigen Orientierung ist ihr jedoch häufig das Vertrauen zu den Werten verlorengegangen, die aus dem Herzen kommen. Wenn sie aus dem Herzen zu sprechen versucht, kommt sie mit ihrer verlassenen Seele in Berührung. Sofort hat sie Angst, «dumm und kindisch» zu wirken; sie wird rot, faßt nach ihrem Hals und hat das Gefühl, kein Wort herausbringen zu können; atemlos haspelt sie weiter, hofft inständig, daß ihr Wortschatz sie nicht im Stich läßt und daß sie in der Lage sein wird, ihre Rede zu Ende zu führen. Sie versucht verzweifelt, ihr weibliches Wesen zum Ausdruck zu bringen, das Entweder-Oder-Gefängnis zu durchdringen, das sie in einem Widerspruch gefangenhält.

Das Entweder-Oder-Modell ist heutzutage ebenso unhaltbar wie die Newtonsche Physik. Ebenso wie die Wissenschaft inzwischen akzeptiert hat, daß das Licht gleichzeitig Welle und Partikel ist – je nach dem Experiment, mit dessen Hilfe man seine Natur untersucht[16] –, müssen die Frauen lernen, in einer Welt des Paradoxen zu leben, einer Welt, in der man zwei verschiedene Sichtweisen der Realität, die sich eigentlich ausschließen, miteinander vereinbaren kann. Die Rhythmen, die diese Welt beherrschen, sind langsam und voller Umwege; sie sind aus dem Gefühl geboren, das dem denkenden Herzen entspringt. Viele Menschen wissen intuitiv, daß es eine solche Welt gibt; doch nur wenige haben das Selbstvertrauen und die Zuversicht, aus diesem Zentrum heraus zu sprechen oder zu handeln.

* * *

Martha sah sich schließlich der Notwendigkeit gegenüber, auf alles zu verzichten, was sie sich in ihren Beziehungen zu Männern erhofft hatte. Über den Zusammenbruch ihrer letzten Beziehung schrieb sie:

> Vielleicht bin ich zu stark. Er sagte immer, er empfinde mich als kritischen Menschen; ich wiederum empfand ihn als urteilenden Menschen. Ich weiß, daß mein inneres kleines Mädchen zu fordernd, zu anspruchsvoll ist. Da sie kein eigenes Zentrum hat, versucht sie ihr Zentrum in einer Beziehung zu finden – der Mann als Gott und Mutter. Ich habe versucht, sie endlich erwachsen werden zu lassen. Ich habe nach wie vor das Gefühl, das Richtige getan zu haben. Ich habe ihm ehrlich gesagt, was ich fühlte; und ich versuchte zu verstehen, was er fühlte. Aber wir konnten uns nicht verständigen. Ich war meinen

> Gefühlswerten treu; doch er konnte sich dieser Herausforderung nicht stellen. Er erkannte sein Persona-Problem, aber er wollte nicht daran arbeiten. Er wollte zu seiner unkritischen Mutter zurückkehren; und das hat er schließlich auch getan. Er hat sie geheiratet. Solange wir in einem Paradies lebten, war alles in Ordnung. Doch als dann die realen Probleme auftauchten, die sich in jeder Beziehung ergeben, war er nicht mehr da. Es ist das gleiche alte Muster, das sich immer wiederholt; aber diesmal erlebe ich es bewußter. Die Bewußtheit macht es schlimmer, aber gleichzeitig auch erträglicher. Vielleicht ist es Schicksal. Vielleicht war es uns nicht bestimmt, zusammen zu sein.

Nach diesen Überlegungen, die immer noch durch die Einstellung des Richtens und Tadelns vergiftet waren, hatte sie folgenden Traum:

> Ich sitze aufrecht in meinem allerersten Kinderbett. Mir gegenüber am Kopfende sitzt Laurence Olivier, der Gegenstand meiner aufregendsten, ausführlichsten Jungmädchenphantasien. Er ist alt, aber immer noch ungeheuer attraktiv, mit vollem, schneeweißem Haar. Wir haben ein Liebesverhältnis miteinander, und zwar mindestens seit ein paar Monaten – also schon eine feste Beziehung. Ich finde es herrlich, daß nun fast alles in Erfüllung geht, was ich mir in meinen jugendlichen Phantasien erträumt hatte. In diesem Augenblick überwältigt uns beide ein heftiges sexuelles Begehren.

«Ich erwachte mit einem Gefühl, als hätte mich jemand in den Magen getreten», erklärte Martha. «Ich fühlte mich zermalmt, überwältigt. Dann breitete sich ein Gefühl der Erleichterung in mir aus. Wenigstens weiß ich jetzt, womit ich mein Leben lang gelebt habe. Ich erkenne die Phantasiewelt.» Der Traum deutet an, daß sie schon «mindestens seit ein paar Monaten» in dieser Phantasiewelt lebt – eine Untertreibung, die deutlich wird, wenn man bedenkt, in welcher Umgebung dieser Traum sich abspielt: nämlich in ihrem «allerersten Kinderbett». Laurence Olivier, die elegante Vaterfigur, ist sehr alt – ein eindeutiger Hinweis darauf, daß diese Phantasie inzwischen überholt ist.

Dieser Traum zeigt klar und deutlich, an welchem Kreuz Martha ihr Leben lang gehangen hat, und gibt ihr gleichzeitig «den Tritt in den Magen» – das Transzendente, das sie befreien kann. Hier stehen wir wieder dem gleichen Konflikt gegenüber, der auch in ihrem stets wiederkehrenden Kindheitstraum zum Ausdruck kam: auf der einen Seite die Sehnsucht, der Welt zu entfliehen, auf der anderen Seite der Wunsch, eine Beziehung zu ihrer Welt herzustellen. Die Flucht in den Komplex (die Hingabe an Sir Laurence, den vollendeten Schauspieler) schützt sie vor dem Schmerz, der damit verbunden ist, eine Beziehung zum Leben herzustellen. Außerdem trennt diese Flucht sie von ihrem eigenen Wesen in ihrem Körper. Der Tritt in den Magen weckt sie auf, bringt ihr zum Bewußtsein, in welcher Situation sie ihr Leben lang gefangen war – nämlich in einem Kompromiß mit einer Illusion. Die Phantasiewelt ist ein Pakt mit dem Teufel. Der Tritt ist die vom Selbst zugefügte Wunde, durch die der Gott eintreten kann. Der Traum hat das Ich aus seinem Kinderbett gerissen und ins Feuer geworfen. Nachdem die Träumende die Phantasie erkannt und aufgegeben hat, ist sie nun selbst die Aufgegebene, Verlassene, aber in einem positiven Sinn: Sie ist frei und hat damit die Möglichkeit, sich ihrem eigenen Leben hinzugeben.

Wie viele Frauen in der heutigen Zeit bemüht Martha sich nun, die Einsichten, die sie gewonnen hat, zu verarbeiten und zu festigen. Sie versucht, nicht mehr und nicht weniger zu sein als das, was sie ist, und ist entschlossen, nun ihre ganze Energie ihrer kreativen Arbeit zu widmen. Mit einer solchen Haltung wird sie den nächsten Mann in ihrem Leben wahrscheinlich auch eher so akzeptieren können, wie *er* wirklich ist. Der Widerspruch im Kern ihres Lebens wird immer klarer:

> Auf einer gewissen Ebene bin ich immer noch gespalten. Ich bin nach wie vor wütend, nicht versöhnt. Mit dem Verstand erkenne ich durchaus, daß ich ihn in eine unmögliche Situation gebracht habe. Ich glaube, unbewußt war ich sehr negativ. Und ich glaube, er hat diese unbewußte Botschaft – meine kritische Haltung ihm gegenüber – begriffen. Wahrscheinlich erwartete ich das Perfekte. Mein Zorn richtet sich nicht gegen ihn, sondern gegen alle Männer. Es ist ein intellektuelles Gedankengebäude: Ich setze ihn ins Unrecht, um meine Wut von mir selbst abzulenken. Im Grunde genommen bin ich auf mich selbst wütend. Ich verrate meine eigene Seele, mein eigenes kleines Mädchen.
>
> Es ist wirklich entsetzlich. Es ist gar keine reife Weiblichkeit in mir. Es ist immer noch eine Frage der Verbundenheit. Auf der einen Seite tue ich alles, um eine Verbindung zur Welt herzustellen; auf der anderen Seite versuche ich immer noch, ihr zu entfliehen. Immer, wenn ich voller Sehnsucht nach einer Verbindung zur Welt meine Arme ausstrecke, zieht etwas anderes mich zurück, will sich nicht festnageln lassen. Das ist verantwortungslos. Ich warte darauf, daß jemand zu mir sagt. «Du bist großartig. Was du tust, lohnt sich wirklich.» Ich suche Bestätigung von außen. Statt darauf zu warten, daß meine eigene innere Autorität zum Vorschein kommt, gehe ich wieder dazu über, es den anderen recht machen zu wollen. Ich habe Angst davor, Beziehungen aufzubauen, weil ich sicher bin, daß man mich unzulänglich finden wird. Ich versuche ständig, meine Existenz zu rechtfertigen, statt einfach zu sein.
>
> Wissen Sie, woran das liegt? Es ist ein Problem der Liebe. Ich liebe mich

selbst nicht genug. Ich begreife zwar mit dem Verstand, was Liebe ist; aber wenn ich mein Herz öffnen soll, weiß ich nicht, wie man das macht. Wenn ich mich verkrampft fühle, entspanne ich mich, atme in mein Herz hinein. Dann kann ich mich fallenlassen. Ich höre mit meinem Herzen. Ich kann das, was ich empfinde, tatsächlich fühlen. Ich wünsche mir so sehr, daß dieses kleine Mädchen endlich zu einer reifen Frau heranwächst.

Das weibliche Bewußtsein – das nicht mit Muttergefühlen verwechselt werden darf – entwickelt sich zur Zeit in vielen Männern und Frauen. Zwar ist es auch schon einzelnen großen Geistern der Vergangenheit gelungen, dieses Bewußtsein zu artikulieren; doch mittlerweile wird es zu einem kulturellen Phänomen. Wir haben die Verantwortung, der Stimme dieses Bewußtseins nicht nur zu lauschen, sondern auch danach zu handeln und zu akzeptieren, daß dadurch unser ganzes Leben auf den Kopf gestellt wird. Wenn wir uns entscheiden, dieses Bewußtsein zu ignorieren, wird es uns sein dunkles Gesicht zeigen – Rachsucht, Depression, Selbstmord. Doch wenn wir uns ihm hingeben,

dann stell' ich mir vor, wäre Treue ein Unkraut,
das im Asphalt blüht, eine blaue Energie, die
die dichtgedrängten Atome des Felsens «Unglauben» durchbohrt.[1]

Im Laufe meines Lebens – von Augenblick zu Augenblick – hat die Welt für mich allmählich Licht und Feuer angenommen, bis sie mich schließlich in eine von innen heraus strahlende, leuchtende Masse einhüllte ... Die purpurne Röte der Materie ging unmerklich in das Gold des Geistes über und verlor sich schließlich in der weißen Glut eines persönlichen Universums ...

Das habe ich durch meinen Kontakt mit der Erde erlebt: das durchscheinende Göttliche im Herzen eines glühenden Universums, das seine Strahlen aus den Tiefen der flammenden Materie entsendet.

– Teilhard de Chardin, *Le Divine Milieu*

Das erst halb bewußte und noch lange nicht erreichte Ziel der Psychoanalyse besteht darin, daß unsere Seele wieder in unseren Körper einkehrt, daß wir uns selbst zurückgegeben werden. Der Zustand der Selbstentfremdung, in dem der Mensch sich befindet, muß überwunden werden.

– Norman O. Brown.

An jenem Punkt, an dem die Seele sinnlich wird, liegt die Stadt Gottes.

– Julian of Norwich.

Wir empfanden die weiten Prärien, die sanften Wellen der Hügellandschaft und die gewundenen, von Dickicht gesäumten Bäche nicht als «wild». Nur für den weißen Mann war die Natur eine «Wildnis»; nur für ihn war das Land von «wilden» Tieren und «wilden» Indianerstämmen «verseucht». Uns erschien es sanft und zahm. Die Erde beschenkte uns großzügig mit allem, was wir zum Leben brauchten, und wir waren von den Segnungen des Großen Geheimnisses umgeben. Erst als die behaarten Menschen aus dem Osten kamen und uns und unseren Familien mit brutaler Gewalt ein Unrecht nach dem anderen antaten, wurde das Land für uns «wild». Als die Tiere des Waldes vor dem weißen Mann flohen, begann für uns der «Wilde Westen».

– Häuptling Luther Standing Bear, *Land of the Spotted Eagle*
(Land des gefleckten Adlers)

3
Zum Kern vordringen: Psyche/Körper-Bewußtsein

Die Quantenmechanik lehrt uns, daß es keine Objektivität gibt. Wir können uns selbst nicht aus dem Bild eliminieren. Wir sind ein Teil der Natur; wenn wir also die Natur untersuchen, untersucht die Natur sich gewissermaßen selbst. Um diese Tatsache kommen wir nicht herum. Die Physik ist zu einem Zweig der Psychologie geworden – oder andersherum: Vielleicht ist die Psychologie ein Teilgebiet der Physik.
– Gary Zukav, *The Dancing Wu Li Masters*

Ich habe das Körperbewußtsein zu einem Schwerpunkt meiner analytischen Praxis gemacht, und zwar aufgrund meiner Erfahrungen mit Frauen und Männern, die, obwohl sie sich ernstlich um eine Deutung ihrer Träume und um ihr inneres Wachstum bemühen, im Grunde nicht an diesen Wachstumsprozeß glauben. Ihnen fehlt die Zuversicht. Ihre Seele hat kein Zentrum; ihr Körper ist so verletzt, daß der gute Wille des Ich einfach nicht ausreicht.

Wenn man mit den Krisen des Lebens nicht fertig wird, so liegt das nicht unbedingt daran, daß das Ich sich weigert, eine neue Haltung dem Selbst gegenüber einzunehmen. Viele meiner Analysandinnen und Analysanden haben meiner Ansicht nach angemessene Ich-Haltungen; aber ihr Körper hat zu irgendeinem Zeitpunkt Schaden genommen. Zu ihrem Ich kann ich durch Konfrontation, Herausforderung oder Humor Zugang finden; ihr Körper jedoch ist zu keiner Reaktion imstande. Je rascher das Ich sich vorwärtsbewegt, desto mehr reagiert der Körper mit panischer Angst. Dann muß man eine Möglichkeit finden, zum Augenblick der Verletzung zurückzukehren, um die Verbindung zu dem verlassenen Kind wiederherzustellen. Der Körper sagt – ebenso wie das Kind – die Wahrheit, und zwar entweder durch Bewegung oder durch Bewegungslosigkeit.

Ein ausgebildeter und erfahrener Beobachter kann erkennen, ob die Seele des Analysanden sich in seinem Körper niedergelassen hat oder ob sie ihn kaum bewohnt, weil das Schema des Körpers so unerträglich ist. Der Körper kann unter Umständen so zurückgeblieben sein, daß er sich selbst nicht einmal als ausgewachsen betrachten kann. Wenn, wie James Hillman sagt, «das Schema, das Vorstellungsbild, nach dem der Körper lebt, die höchste, ausschlaggebende Notwendigkeit ist»,[1] muß man eine Möglichkeit finden, ein angemessenes Vorstellungsbild zu schaffen – physisch ebenso wie psychisch. Das Körperbewußtsein, so wie ich es verstehe, hat nichts mit dem Funktionieren des Körpers zu tun. Nicht Fitness oder lange Lebensdauer stehen auf dem Spiel (obwohl diese Faktoren sicherlich auch mit dem Körperbewußtsein im Zusammenhang stehen), sondern die Integration von Körper, Seele und Geist.

Solange wir auf dieser Welt leben, kann die Psyche sich nur durch das Medium des Körpers darstellen. William Blake bezeichnete den Körper als «jenen Teil der Seele, den unsere fünf Sinne wahrnehmen können».[2] Aber natürlich ist die Seele viel mehr als dieser körperliche «Teil». Sie manifestiert sich nicht nur in unserem physischen Körper, sondern auch in jenem unbegrenzten «Körper» unserer Vorstellungskraft, einem Körper, der die gesamte visionäre Welt der Künste umschließt – Musik, Bildhauerei, Malerei, Dichtung, Tanz, Architektur. Man kann sich jede dieser visionären Welten oder Phantasiewelten als größere menschliche Körper oder als einen einzigen riesigen kosmischen Körper vorstellen. Daß die Seele in einer anderen Welt als der irdischen agieren kann, deren Ausdruck die Künste sind, ist eine der ältesten Spekulationen über die Unsterblichkeit der Seele (und über die Kunst als Ausdruck dieser Unsterblichkeit).

Die Seele manifestiert sich also in einer Vielfalt verschiedener Formen. Solange sie auf der Erde weilt, muß sie ein Vorstellungsbild des Körpers haben, in dem sie wohnen und das sie als primäres Ausdrucksmittel benutzen kann. Die Seele lehnt ihr Vorstellungsbild des Körpers nicht von Natur aus ab – ebensowenig, wie die Mutterbrust von Natur aus das Baby zurückweist. Der Körper spiegelt die Seele wider. Wenn das Körperbild abgelehnt wird, so ist das ein Zeichen dafür, daß irgend etwas ernstlich nicht in Ordnung ist. Doch was es auch sein mag, die Seele wird alles in ihrer Macht Stehende tun, um es zu korrigieren. Wie ist es dann zu erklären, daß der Körper als Ausdrucksmittel der Seele blockiert ist? Von diesem Gesichtspunkt aus betrachtet sind Magersucht und Bulimie das Ergebnis einer anormalen Freisetzung psychischer Energie mit dem Ziel, diese Blockierung des Körpers zu überwinden. Die Fettleibigkeit ist die Manifestation einer Seele, die mehr Energie hat, als der Körper verkraften kann.

In blockierten Körpern sind die Arterien verhärtet und durch einen zu hohen Cholesterinspiegel blockiert, der es dem Herzen erschwert, Blut hindurchzupumpen. Sie legen der psychischen Energie immer größere Hindernisse in den Weg – mit dem Ergebnis, daß diese Energie andere

Handlungs- und Ausdrucksmöglichkeiten finden muß. Einige dieser Möglichkeiten sind sehr kreativ und führen zu großartigen beruflichen und künstlerischen Karrieren. Doch die Menschen, deren psychische Energie sich mühsam andere Ausdruckskanäle graben mußte, weil ihr Körper blockiert war, werden stets von ihrer bewußten oder unbewußten Weigerung verfolgt, ihre Seele in ihrem Körper wohnen zu lassen. Das Ergebnis ist, daß sie – ohne genau zu begreifen, was sie empfinden oder warum sie es empfinden – von heimatlosen Seelen besessen sind, die wie Geister in einer trostlosen Dämmerzone umherwandern und weder Obdach noch Ruhe finden können. Sie werden von ihrer eigenen ruhelos umherwandernden Seele verfolgt, die irgendwo in der Nähe der Erde schwebt und vergeblich weint und bettelt, hereingelassen zu werden. Solche Menschen werden zu Feinden ihrer eigenen Seele, indem sie ihr den Eintritt in ihren Körper verweigern. Unbewußt erkennen sie, daß sie ihre Seele in ein ewiges Exil verbannt haben. Aus diesem Grund finden sie in den Ventilen, den Betätigungsfeldern, die die verbannte Seele entdeckt, keine rechte Befriedigung – so kreativ diese Betätigungen auch sein mögen. Durch totales Aufgehen in ihrer Arbeit vermögen sie sich zwar vorübergehend von der Verzweiflung zu befreien; doch sobald die Arbeit erledigt ist, kehrt die Verzweiflung wieder, und zwar noch intensiver als zuvor. In manchen Fällen führt die kreative Arbeit sogar zum Selbstmord.

Jede Verletzung des Körpers führt zu einer enormen Freisetzung heilender Energie am Punkt der Blockierung. Das geschieht im kranken Körper. Das Ziel der Körperarbeit besteht darin, daß die Menschen das Bestreben ihrer Seele erkennen. Dann muß der Körper gelockert und entspannt werden, damit die Seele das tun kann, worum sie sich bemüht. Es muß eine neue Orientierung geschaffen werden, in der der Patient seine Krankheit in einem ganz anderen Licht begreift.

Körperlos

Die Frau, die stets «Vatis Liebling» gewesen ist, hat selten oder nie ihre «dunkle» Seite – ihre Wut und Eifersucht, Lust und Ekstase – erfahren. Sie ist von ihrem Körper entfremdet, kennt die großartige Energie nicht, die von ihrem Bewußtsein abgeschnitten und so blockiert ist, daß sie sich nur selten in Träumen manifestiert. Sie kann während der analytischen Sitzung in einer Euphorie goldener Traumbilder schwelgen; doch danach versucht sie unbeholfen, sich zusammenzureißen, und nimmt traurig die unerträgliche Bürde ihres Körpers wieder auf sich. Diese Selbstentfremdung spiegelt sich häufig in ihren Träumen wider, in denen sie als belebtes Objekt auftauchen kann – beispielsweise als Golfball, als Wolke oder als Wurst mit Kopf. Manchmal schwebt ihr abgetrennter Kopf fünf Zentimeter über ihrem Körper; manchmal blockiert ein eng zusammengeschnürtes Seil oder Halstuch die Kommunikation zwischen Kopf und Herz; oder der verwesende Kopf ihres Vaters vergiftet ihren Unterleib.

Solche Bilder veranschaulichen klar und deutlich das Ausmaß des Schattenproblems. Trotzdem kann ich als Analytikerin nicht einfach sagen: «Sehen Sie – Sie sind von Ihren eigenen Gefühlen abgeschnitten. Ihre böse Hexe trennt Sie von sich selbst.» Damit würde man auf taube Ohren stoßen, denn eine Seele, die beschlossen hat, sich nicht mit einer «schmutzigen» Welt einzulassen, wird keinen Selbstmörder in ihrer Mitte erkennen. Noch weniger wird sie bereit sein, so erniedrigende menschliche Leidenschaften wie Gier, Lust, Macht und «die tausend Stöße ..., Die unsers Fleisches Erbteil»[3] sind, zuzugeben.

Durch Körperarbeit kann man die Hexe befreien. Sie stellt sich keiner direkten Konfrontation, das heißt, keiner Bekämpfung der Eßstörung durch Zwangsernährung oder Nahrungsentzug; aber man kann sie mit Hilfe geschickter Manöver mit Schild und Schwert enthaupten, wie es Perseus mit Medusa getan hat, während man den Körper zum Bewußtsein erweckt.[4] Die Körperarbeit beschleunigt den Prozeß und schafft ein stabiles Gefäß für das Ich.

Die Analyse versucht die Komplexe aufzudecken, in denen die verdrängte Energie festgehalten wird. Wenn die Analysandin eine verhältnismäßig harmonische Körper/Psyche-Beziehung hat, offenbart sich das Schattenmaterial deutlich in ihren Träumen. Bei vielen Menschen jedoch wurden Körper und Psyche schon in einem sehr frühen Alter auseinandergespalten. Wenn ein Kind unerwünscht ist oder wegen seines Geschlechts abgelehnt wird, beginnt die Körper/Psyche-Spaltung bereits im Mutterleib oder bei der Geburt. Es ist, als habe die Seele von vornherein beschlossen, nicht in den Körper einzukehren, sondern im Exil zu verharren. Bei solchen Menschen konzentriert sich die Energie im Kopf oder oberhalb des Kopfes, und es kostet sie ungeheure Anstrengung, ihre Phantasiewelt zu verlassen und sich mit den einfachsten Dingen der Alltagsrealität zu befassen. Da sie keine körperliche Heimat haben, sind sie von der Sehnsucht nach einer Heimat besessen, die nicht von dieser Welt ist. Ihre ersten Träume in der Analyse sind in der Regel sehr positiv; sie sind voller numinoser Visionen von goldenen Städten, goldenen Vögeln und Orten, an denen sie Liebe und Geborgenheit finden können. Es ist, als wisse ihr Selbst, daß ihre Verbindung zur Alltagswelt schwach und brüchig ist; daher schenkt es ihnen diese wunderbaren Träume als Ankerpunkte, an die sie zurückkehren können, wenn sie selbstmörderische Verzweiflung überkommt, was in den späteren Stadien der Analyse unausweichlich ist.

Der Todeswunsch kommt ihnen zum Bewußtsein, sobald sie die Welt des Lichtes, der Schönheit und der Wahrheit, in die sie sich versponnen haben, als Phantasiewelt erkennen müssen, als eine Welt der Illusion, die sich nicht mit der realen Welt deckt, eine Welt von archetypischen Ausmaßen, ein Schutzwall gegen die Realität, die sie ignorieren und verachten. Sie sind wie Tennysons Lady of Shalott, die täglich an ihrem magischen Netz wob und dabei die «Schatten der Welt» beobachtete, die ihr Spiegel zeigte. Sie wußte, daß sie sterben würde, wenn sie es wagte, auf Camelot herabzuschauen. Doch eines Tages blitzte ein «bärtiger Meteor» – ein wirklicher Mann – über ihren Spiegel.

Sie verließ ihr Netz, sie verließ ihren Webstuhl.
Sie ging drei Schritte durch den Raum,
Sie sah die Seerose blühen,
Sie sah den Helm und die Feder.
Sie schaute herab auf Camelot.
Da flog das Netz aus dem Fenster und schwebte davon;
Der Spiegel sprang entzwei;
«Ich bin verflucht!» schrie
die Lady of Shalott.[5]

Der Todeswunsch hat bei jedem Menschen andere Ursachen; doch zwei Faktoren sind bei Frauen, die sich bewußt oder unbewußt danach sehnen, aus dieser Welt zu entfliehen, fast immer vorhanden. Erstens hatte die Mutter keine Beziehung zu ihrem weiblichen Körper, verachtete ihre eigene Sexualität und war daher auch nicht in der Lage, den weiblichen Körper ihrer kleinen Tochter zu lieben. Das Kind bemühte sich stets, das Beste aus dieser unmöglichen Situation zu machen, spielte seinen Eltern, seinen Lehrern und der Welt eine Rolle vor, so gut es konnte, fühlte sich aber im Grunde stets abgelehnt und gab ihrem «häßlichen» Körper die Schuld daran, daß sie so «unliebenswert» war. Zweitens führte die Situation in ihrem Elternhaus in der Regel zu einer starken Bindung an den Vater, entweder an den wirklichen Vater oder an ihre Vision von der perfekten Welt, die entstünde, wenn der Vater nur endlich heimkäme.[6]

Wenn in der Familie großer Wert darauf gelegt wurde, daß jeder seine

Rolle perfekt spielte, ohne daß man sich wirklich Mühe gab, die Entwicklung oder das Wesen des Kindes zu erkennen, hat es schon sehr früh gelernt, daß seine instinktiven Reaktionen nicht erwünscht waren. Folglich wurden sein Zorn, seine Angst, ja sogar seine Freude in die Muskulatur seines Körpers verdrängt und für immer darin verschlossen und sind nun dem täglichen Leben nicht verfügbar. Wenn das echte Gefühl von den Instinkten abgeschnitten wird, bleibt der wahre Konflikt entweder im Unbewußten oder wird dort somatisiert.

Esther Harding schreibt über den Ich-Komplex, der der Bildung eines bewußten Ich vorangeht:

> Bei heutigen Erwachsenen, deren Ich unzureichend entwickelt ist und nicht bewußt gemacht wird, bleibt der Ich-Komplex im Unbewußten und wirkt von dort aus. Einem Menschen, der sich in diesem Entwicklungsstadium befindet, fehlt unter Umständen ganz offensichtlich jene Konzentration und Zentriertheit des Bewußtseins, durch die sich ein Mensch mit bewußterer Ich-Entwicklung auszeichnet; dennoch können Geltungsbedürfnis und Machtwille, deren der unentwickelte Mensch sich gar nicht bewußt ist, wirksam sein und ihre unvermeidlichen Auswirkungen auf alle Personen haben, mit denen er in Berührung kommt. ... [Wenn] Geltungsbedürfnis und Eigenwille sich im Unbewußten befinden, ... manifestieren sie sich in somatischer, das heißt in präpsychologischer Form.
>
> Wenn das Ich zum Bewußtsein kommt und der Mensch sich seiner selbst als Ich bewußt wird, treten Reaktionen auf Schwierigkeiten oder Hindernisse nicht mehr in physischer Form als Symptome in Erscheinung, sondern werden im Bewußtsein als Emotionen erkannt. Das heißt, die Reaktion ist eine psychische ... Das Auftauchen des Ich aus dem Unbewußten bringt ein neues Problem mit sich: das Problem des Machtwillens.[7]

Die Wiedergewinnung des Körpers

Manchmal taucht der Konflikt erst nach monatelanger Analyse in den Träumen auf. Die Körperarbeit, bei der man mit viel Liebe und Geduld zu Werke gehen muß, versucht jenes verlorengegangene Kind zu erreichen, dessen kleiner Körper, zart und stark zugleich und voller Selbstsicherheit, sich niemals entwickeln durfte. Dieser Körper ist ängstlich und mißtrauisch; er lernt erst ganz allmählich, seinen eigenen Instinkten zu vertrauen, sie zu disziplinieren und zu einer festen, dauerhaften Grundlage für die reifende Psyche zu machen. Wenn der Körper nicht weiß, daß er geliebt wird und daß seine Reaktionen akzeptiert werden, hat die Psyche nicht die Sicherheit des Verankertseins in den Instinkten, die sie braucht. Zu einem früheren oder späteren Zeitpunkt in der Analyse wird es zu einer Stagnation kommen, weil das Ich kein Zutrauen hat; im Augenblick der Hingabe wird das Ich von einer Lähmung ergriffen. Wenn der Körper nicht weiß, daß es innere liebevolle Arme gibt, die stark genug sind, um ihn zu halten, so wild oder zerstört er auch sein mag, verharrt er in seiner Erstarrung, um zu überleben. Diese Starrheit spiegelt sich in der Erstarrung der Persona und des Ich wider.

Eine Frau, deren Mutter ihre eigene Weiblichkeit nicht akzeptiert und daher auch den weiblichen Körper ihrer Tochter abgelehnt hat, durchläuft fast zwangsläufig eine Phase lesbischer Träume oder lesbischer Beziehungen, da ihr Körper das Bedürfnis hat, von einer Frau akzeptiert zu werden. Das ist in der Regel jedoch nur ein Durchgangsstadium; allmählich wendet die Frau ihre Energie Männern zu. Wenn die lesbische Phase sorgfältig integriert wurde, so daß das weibliche Ich sich fest im weiblichen Körper verankern konnte, erfährt die Frau, die nie in der Lage war, einen Orgasmus zu erleben, eine ganz neue Welt der Sexualität. Energieblöcke, die von ihrer frühen Kindheit und Pubertät an in ihrem Becken und ihren Schenkeln verknotet waren, werden nun freigesetzt, und diese Energie fließt naturgemäß in die Ekstase ein. Sobald diese Energie freigeworden ist, versucht die Frau, die in der Umarmung eines Mannes früher nur Zärtlichkeit und Geborgenheit suchte, nicht mehr, ihren Geliebten in die Mutterrolle zu drängen. Ihr Mann kann nun im Geben und Nehmen der sexuellen Beziehung seine eigene Männlichkeit erfahren.

Der Körperarbeit muß man sich mit der gleichen Ernsthaftigkeit und Aufmerksamkeit widmen wie der Deutung der Träume. Der Körper hat seine eigene Weisheit. So langsam und umständlich diese Weisheit sich auch manifestieren mag, sobald man sie erfährt, ist sie ein festes Fundament, eine Grundlage des Wissens, die dem Ich Zuversicht gibt und es unterstützt. Diese Weisheit zu erreichen, erfordert absolute Konzentration: Man muß seinen Geist in den Körper versenken, bis die negative aufgestaute Energie ausgeflossen ist und die positive Energie, das wahre Licht, einströmen kann. Nach der Körperarbeit bringen Träume die Komplexe zum Bewußtsein, die bedroht oder freigesetzt wurden. Alte Toiletten, die zerbrochen oder verstopft waren und überliefen, funktionieren wieder, tote, behinderte, rasende oder verhungernde Tiere werden geheilt; Autos mit kaputten Anlassern, platten Reifen oder eingedrücktem Kofferraum werden repariert; defekte elektrische Leitungen, durch die es zu Kurzschlüssen kommt, werden wieder in Ordnung gebracht. Alte Dachkammerluken werden durch neue Fenster ersetzt, oder es werden plötzlich große Geheimräume im Hause entdeckt.

Wenn die Analysandin bereit dafür ist und ihren Erfahrungen vertrauen konnte, wird ihr häufig der numinose Traum von der Großen Mutter als nährende, liebende Beschützerin geschenkt. Diese Mutter zeigt nur selten ihr Gesicht; doch ihre Liebe durchdringt den Körper der Träumenden mit einem weichen, strahlenden Licht. Das ist eine so überwältigende Erfahrung, daß die Frau immer wieder an diesen Augenblick zurückdenkt und aus ihm Kraft schöpft, wenn die Gethsemane-Tage der Analyse unerträglich zu werden scheinen. Immer wieder beschreiben Analysandinnen dieses Erlebnis mit den Worten: «Ich weiß nicht, was eigentlich geschehen ist. An sich bin ich kein religiöser Mensch; aber ich weiß jetzt, daß Jemand mich liebt.»

Ein solches Erlebnis kann eine Sucht heilen. Die Leere im Zentrum der Psyche, die bis dahin als ein Nichts empfunden worden war – ein Abgrund, dem man aus dem Wege gehen muß, indem man Betäubungsmittel schluckt – kann in lebendiges Sein verwandelt, als Behausung der Göttin verehrt und geliebt werden. Konzentration wird dann zu einer Bewegung rund um das Zentrum, und die rasenden, einsamen Stunden, die man früher damit zubrachte, Essen in sich hineinzustopfen, zu erbrechen, zu hungern, zu arbeiten, zu trinken oder zu putzen, können nun zu den kreativsten Stunden des Tages werden. Süchtige Menschen haben häufig sehr viel Tatkraft und Energie, sind aber in einen Irrgarten geraten, weil ihre Suche nach dem Wesentlichen ergebnislos geblieben ist. Sie rennen gehetzt im Kreise umher wie Mäuse auf einem Rad und finden in der Euphorie des Hungerns, im Orgasmus des Erbrechens, in der beflügelnden Wirkung des Alkohols und in der «Wirklichkeit» der Drogen die transzendente Erfahrung, nach der sie suchen. Wenn es ihnen gelingt, auch nur ein einziges Mal mit der Realität in ihrem eigenen Zentrum in Berührung zu kommen, und wenn sie lernen, diese Realität durch Atmen, Tanz oder T'ai-Chi zu nähren – je nachdem, welche Methode bei ihnen am besten wirkt –, ist die Verbindung zu ihrer eigenen Kreativität hergestellt. Ihre Energie hat jetzt statt einer selbstzerstörerischen eine kreative Richtung.

In dem Maße, in dem der Körper bewußter wird, werden auch seine Botschaften klarer und verläßlicher. Viele intuitive Menschen, die ihrer Intuition ein Leben lang vertraut haben, erkennen, daß ihr Körper ebenso intuitiv begabt ist wie ihre Psyche. Eine Frau beispielsweise begann in einer Nacht, die sie mit ihrem Freund verbrachte, plötzlich am ganzen Leibe zu zittern. Früher hätte sie das ignoriert; doch jetzt erkannte sie, in welchem Zustand des Schreckens ihr Körper sich befand. Am nächsten Tag rief ihr Freund sie an und erklärte ihr, daß er die Beziehung beenden wolle. Ihr Körper hatte es *gewußt*. Der Körper ist das Medium, durch das die Seele sich darstellt. So blockiert dieses Medium auch sein mag – solange der Körper noch nicht völlig zerstört ist, wird er das Wirken der Seele stets registrieren. (Ob diese Signale verstanden oder zurückgewiesen werden, ist eine andere Frage.) Solche intensiven Körperreaktionen müssen bei der Analyse berücksichtigt werden, da die Gefühlsfunktion für die Ich-Entwicklung von so entscheidender Bedeutung ist. Wenn jemand sein Bestes tut, einen Standpunkt einzunehmen, der von echten Gefühlswerten getragen ist, und auch den Mut entwickelt, diesem Standpunkt entsprechend zu handeln, dann muß diese Einstellung durch den Körper bekräftigt und unterstützt werden.

Ich habe jedoch bei vielen meiner Analysandinnen etwas entdeckt, was ich als «Opossum-Psychologie» bezeichne: Der Körper kann oder will den Gefühlswert nicht unterstützen. Er erfährt das Leben immer wieder als ein verzaubertes Minenfeld, in dem er allein ist und durch unhörbare Explosionen niedergeworfen wird. Wenn in der Umgebung eine unbewußte Feindseligkeit vorhanden ist, handelt der innere Körper selbständig und fällt «tot» um. Menschen, die diesen inneren Zusammenbruch ihr Leben lang immer wieder erlebt haben, haben gelernt, trotzdem weiter zu «funktionieren», als sei nichts geschehen, und benutzen ihre höfliche Persona als Köder, um die Gefahr von ihrem gefallenen Ich wegzulocken. Wenn die Krise vorüber ist, versucht das Ich sich wieder zu erheben; doch sobald es einen unsichtbaren Feind in seiner Nähe spürt, fällt es sofort wieder «tot» um.

Bei Menschen, deren Körper so intuitiv und so unbewußt ist, hat das Ich niemals richtig funktioniert; denn sobald eine bedrohliche Situation entstand, sagte das autonome Nervensystem sofort *Nein*, und das Ich zog sich zurück. Solange die Körperreaktionen nicht bewußt gemacht werden, so daß der Patient in der Lage ist zu erkennen, was in seinem Inneren und in seiner Umgebung abläuft, kann er keine normale Aggression empfinden, kann er nicht auf die Herausforderungen des Alltags reagieren, und das Ich kann nicht durch eine normale Wechselbeziehung mit der Außenwelt reifen. Der sensible Körper baut einen Verteidigungsmechanismus auf, der sich in Fettleibigkeit, Schwellungen, Erröten oder Erbrechen manifestieren kann; er tut, was er kann, um das Gift von sich fernzuhalten. Wenn die Patientin nahe am Unbewußten lebt – beispielsweise, wenn sie ein Medium oder eine Künstlerin ist –, muß man die Körperreaktionen genau beobachten und sich bewußt mit ihnen auseinandersetzen. Sonst sucht das isolierte Ich sich irgendein Betäubungsmittel, um dem nur unscharf und verschwommen wahrgenommenen Schrecken zu entfliehen.

Wenn das Ich bewußt genug wird, um die Warnung des Opossums («Vorsicht – hier in der Nähe liegen Minen!») zu hören, muß es selbst die Verantwortung für seine Verteidigung übernehmen; sonst ist es sehr anfällig für psychische Vergiftung. Sobald es erkennt, wo die Gefahr liegt, kann es entscheiden, ob es sich zurückziehen oder standhalten soll. Da keine sichtbare Bedrohung vorhanden ist, ist auch keine Konfrontation möglich. Der Verteidigungsmechanismus löst entweder verkapselte Angst oder Zorn aus, der nach einer angemessenen Ausdrucksmöglichkeit verlangt. Statt zu kratzen, zu essen, zu trinken oder irgendein anderes Zwangsverhalten an den Tag zu legen, das sich in willkürlicher motorischer Bewegung manifestiert, braucht der Körper Zeit, um zu seinem eigenen Rhythmus zurückzukehren. Wenn man ihn beispielsweise in der Stille und Ungestörtheit seines eigenen Wohnzimmers tanzen läßt, wird die verschobene Reaktion in der rhythmischen Bewegung ein natürliches Ventil finden. So wird die Energie in kreative Kanäle geleitet, statt selbstzerstörerisch zu werden. Psychische Energie, die sich in dieser Art rhythmischer Bewegung manifestiert, ist der Beginn der geistigen Form des Instinkts.[8]

Die Integration von Körper und Seele

Die Aufgabe besteht also darin, «die anscheinende Inkommensurabilität* zwischen der physikalischen Welt und der psychischen»[9] zu überbrücken. Jung selbst versuchte diese «anscheinende Inkommensurabilität» in seinem Konzept von der psychoiden Natur des Archetyps zu überbrücken. «Da Psyche und Materie in einer und derselben Welt enthalten sind», schreibt er in seinem Essay «Über die Energetik der Seele»,

> überdies miteinander in beständiger Berührung stehen und schließlich beide auf unanschaulichen transzendentalen Faktoren beruhen, so besteht nicht nur die Möglichkeit, sondern sogar auch eine gewisse Wahrscheinlichkeit, daß Materie und Psyche zwei verschiedene Aspekte einer und derselben Sache sind. Die Synchronizitätsphänomene weisen, wie mir scheint, in diese Richtung, indem ohne kausale Verbindung Nicht-Psychisches sich wie Psychi-

---

* D. h. Unvergleichbarkeit.

sches et vice versa verhalten kann. Unsere gegenwärtigen Kenntnisse erlauben uns allerdings nicht viel mehr, als die Beziehung der psychischen und der materiellen Welt mit zwei Kegeln zu vergleichen, deren Spitzen sich in einem unausgedehnten Punkt, einem eigentlichen Nullpunkt, berühren und nicht berühren.[10]

Dieser Nullpunkt, an dem die Spitzen der beiden Kegel «sich berühren und nicht berühren», wurde in den Seminaren untersucht, die ich zusammen mit drei Körperarbeitsspezialistinnen geleitet habe: Mary Hamilton, einer Tanz- und Bewegungslehrerin; Beverly Stokes, die bei Bonnie Bainbridge Cohen in Entwicklungsprozessen und empirischer Anatomie ausgebildet wurde und Ann Skinner, einer Stimmlehrerin, die bei Kristin Linklater studiert hat.[11] Um unsere Seminarteilnehmerinnen an diesen Nullpunkt führen zu können, mußten wir neue Wege finden, die Geheimnisse der Psyche/Körper-Beziehung zu untersuchen und zu durchleuchten.

Durch tiefe Entspannung zum Beispiel kann eine Seminarteilnehmerin einen speziellen Bereich des Unbewußten in ihrem Körper entdekken und dann durch Konzentration ein numinoses Symbol aus einem Traum in diesen Bereich einpflanzen. Das Symbol wird als ein individuelles Heilungsgeschenk erkannt, das auf drei Ebenen wirkt: auf der emotionalen, auf der intellektuellen und auf der imaginativen. Es spricht sowohl den Körper als auch den Intellekt und den Geist an. Dieses Traumbild, das in den Körper eingepflanzt wird, fungiert als Magnet, der die Energie anzieht, verwandelt und als heilende Kraft wieder freisetzt. Pulsierende Energie wird in die dunklen, chronisch blockierten Muskeln entsandt; und die folgenden Träume verdeutlichen den Komplex, der diesen Bereich unter Kontrolle hatte. Die psychische Energie befreit die physische; und die physische erleuchtet die psychische. Auch wenn die Patientin vielleicht bewußt erkennt, daß ihre Handlungen durch einen Komplex entstellt sind – solange ihr Körper sich nicht von dem Konflikt löst, der durch Jahre gewohnheitsmäßiger Spannung entstanden ist, ist nur die eine Hälfte des Problems gelöst, und das frühere verzerrte Muster baut sich rasch wieder auf.

Außerdem stellt die in diesen Bildern enthaltene Energie das dar, was Jung in Anlehnung an eine alte Tradition als «subtle body» («feinstofflichen Körper») oder «Hauchseele»[12] bezeichnete. Indem wir die Spitzen des psychischen und des physischen Kegels an jenen Nullpunkt bringen, wo sie «sich berühren und nicht berühren», erkennen wir diesen feinstofflichen Körper an. Dieser verleugnet weder Psyche noch Körper, sondern bringt diese beiden Pole in einem *tertium non datur* zusammen – einem Dritten, das die physischen und psychischen Spannungen verkraftet und als Katalysator fungiert, der nach beiden Seiten hin Energie freisetzt. Sobald dieser subtle body der Analysandin zum Bewußtsein kommt, kann man nicht mehr einfach so tun, als existiere er nicht; wenn man ihn ignoriert, kann es zu schweren physischen und/oder psychischen Symptomen kommen. Man muß die Gesetze erkennen, die den subtle body beherrschen. Diese Gesetze verlangen in der Regel radikale Veränderungen unbewußter Eß- und Trinkgewohnheiten, der Atmung, der Sexualität usw. Eine der Aufgaben der Analyse besteht darin, ein bewußtes Gefäß zu schaffen, das dem subtle body angemessen ist.

Wenn eine fettleibige Frau erkennt, daß sie ihren massiven Körper als Abwehr gegen die Welt empfindet, wird ihr vielleicht auch klar, daß sie sich ihre Wehrmauer in einer Entfernung von 60 Zentimetern um sie herum vorstellt. Ihr Körper ist massiv genug, um diesen Zwischenraum auszufüllen. Wenn sie ihre defensive Haltung in innere Stärke verwandelt, kann sie sich auf einen inneren Lichtstrahl innerhalb ihres Körpers konzentrieren, in den man von außen nicht eindringen kann. Sobald sie das erreicht hat, wird ihre Körperhaltung sich merklich verändern, und ihr Körper wird allmählich mehr Form annehmen. Mit anderen Worten: das Wahrgenommene und der Wahrnehmende beeinflussen einander.

Eine andere Form der Körperarbeit besteht in der Bewegung, die auf menschlichen Entwicklungsmustern und evolutionären Ursprüngen basiert. Da die menschliche Bewegung ihre Grundlage in den frühen Bewegungsmustern hat, die wir als Kleinkinder lernen und entwickeln, und in unserem evolutionären Erbe verwurzelt ist, kann das Wiedererleben dieser Bewegungsabfolgen einen tieferen Bereich physischer und psychischer Erfahrung eröffnen. Die Träume von Fischen und menschlichen Embryos, die dann auftauchen, bestätigen Jungs Behauptung: «Die niederen Vertebraten sind seit alters beliebte Symbole der kollektiven psychischen Grundlage, deren anatomische Lokalisation mit den subkortikalen Zentren, dem Zerebellum und dem Rückenmark, zusammenfällt.»[13]

Es ist auch möglich, sich der Echtheit des Körpers und der Psyche durch die Stimme zu nähern. Indem wir den Körper von seinen chronischen Konflikten befreien und unseren Atem in die Tiefen unseres Körpers hineinfließen lassen, helfen wir der Stimme, natürlich und mit voller Resonanz aus ihrer eigenen instinktiven Quelle emporzusteigen.

Nur wenige Menschen hören ihre eigene Stimme, weil ihre Angst und ihre blockierte Wut diese Stimme in ihrer Kehle festhält – ohne Verbindung zu der wahren Energie ihrer Phantasie und ihrer Emotionen. In jenen kurzen Augenblicken, in denen es uns gelingt, unsere eigene wahre Stimme freizusetzen, schwingt unser ganzes Wesen mit dieser Wahrheit mit, und in der Umgebung wird eine Verbindung des Persönlichen mit dem Überpersönlichen erfahren.

In diesem Bereich eröffnen sich nun Entdeckungsmöglichkeiten in vielerlei Richtungen. Vielleicht können sich hier die intuitive Weisheit des Ostens und die bewußte Erkenntnis des Westens begegnen. Fritjof Capra schreibt in *The Tao of Physics (Der kosmische Reigen):* Für ihn (Bohm) sind Geist und Materie wechselseitig voneinander abhängig und korrelierend, aber nicht kausal miteinander verbunden. Sie sind einander umhüllende Projektionen einer höheren Realität, die weder Materie noch Bewußtsein ist.[14]

Die Integration von Körper, Traum und aktiver Imagination

Das folgende Beispiel soll veranschaulichen, wie ein Traumbild in der Körperarbeit mitschwingen kann. Dadurch werden sofort mächtige verdrängte Emotionen zum Bewußtsein gebracht, die ohne Verkörperung wahrscheinlich wieder im Unbewußten versunken wären. Louise war Anfang vierzig und hatte unter Eßstörungen gelitten. Sie hatte mehrere Jahre intensiver Körperarbeit und drei Jahre Analyse hinter sich. Ihr Vater war gestorben, als sie drei Jahre alt war, und hatte in ihr ein Idealbild der Männlichkeit hinterlassen, mit dem kein Mann aus Fleisch und Blut konkurrieren konnte. Den folgenden Traum hatte sie nach einer intensiven Körperarbeitssitzung. Ich gebe ihn hier genauso wieder, wie ich ihn auf Kassette aufgenommen habe. Hier ist der erste Teil:

> Ich sehe Licht durch eine halboffene Tür strömen. Ich öffne die Tür und gehe hinein. Es (ein Zimmer) ist völlig unmöbliert, hat einen polierten Holzfußboden, blaßblau gestrichene Wände und Fenster, die vom Fußboden bis zur hohen Decke reichen. Es ist sehr hell. An der hinteren Wand befinden sich weiße Einbauschränke und zwei Toiletten; auch eine kleine Treppe ist da, auf der Arbeiter stehen. Sie wundern sich darüber, daß ich da bin. Ich frage, ob es hier eine Küche gibt. Sie antworten: «Nein». Einfach nein. Ich denke mir: Eigentlich ist es trotzdem ein ideales Atelier – genau die richtige Größe. Eine Küche braucht es ja nicht zu haben, wenn ich nicht hier wohne. Doch als ich

wieder hineingehe, erscheint es mir immer größer, und ich überlege mir, daß es wahrscheinlich zuviel Miete kosten wird. Als ich hindurchgehe, wird es noch größer, und ich gehe fort.

Dann erscheint die Form eines Arms auf einer Landkarte. Sie sieht aus wie ein erigierter Penis und schneidet eine Bahn in die Landkarte hinein. Das ist der Teil, der offen und von der Erfahrung frei bleiben soll. Dann verwandelt sich das Atelier in unser Schlafzimmer, und ich befinde mich mit meinem Mann und dem Wurm in diesem Schlafzimmer...

Zu diesem Zeitpunkt war Louise gerade auf der Suche nach einem Atelier, in dem sie Unterricht erteilen wollte; und es war ihr so wichtig, genügend Platz für ihre Arbeit zur Verfügung zu haben, daß sie mit dem Gedanken spielte, im Restaurant zu essen. Dann brauchte sie nicht auch noch eine Küche zu mieten und sich mit dem Kochen zu plagen. In ihrem Traum ist das Atelier elegant und gediegen ausgestattet: Es ist sehr hell und geräumig und blaßblau mit weißen Schränken. Eine solche Umgebung deutet darauf hin, daß sie sehr hohe Ideale hat und einen Arbeitsplatz sucht, an dem sie nicht mit der Alltagsrealität in Berührung kommt. Es gibt keine Möbel, kein Essen für sie. Dieses Atelier ist ein Ort, an dem sie sich ganz darauf konzentrieren kann, anderen zu dienen. Der sehr schöne, ästhetische Raum deutet auf einen idealisierten Vater hin; und als er immer größer wird, erkennt sie, daß der Preis, den man für eine solche Perfektion zahlen muß, unter Umständen zu hoch ist. Die offene Tür weist auf eine Chance hin – eine Möglichkeit, diesen Raum aus der Distanz zu überblicken und zu der Erkenntnis zu gelangen, daß es ein negativer Raum ist, daß sie dort nicht leben kann – in dieser Welt des kalten, perfektionistischen Denkens, die zwei Toiletten braucht und der Realität ihrer Persönlichkeit keinen Raum läßt. Ein solcher psychischer Raum wirkt verurteilend und verlangt Selbstverleugnung; er steht den Bedürfnissen des Ich gleichgültig gegenüber. Die Arbeiter auf der Treppe weisen auf die Tatsache hin, daß es in dem Atelier keine Küche gibt. Nichts kann in diesen Raum hereingenommen und in ihm verändert werden. In einem solchen hell erleuchteten Raum kann ihr zwar ihr neurotischer Konflikt zum Bewußtsein kommen, aber die für die Heilung und Verwandlung erforderliche natürliche Energie ist nicht vorhanden. Hier kann sie zu einer Märtyrerin ihrer eigenen Ideale werden, ohne sich jemals in ihrer instinktmäßigen Realität verwurzeln zu können.

Plötzlich schneidet ein Arm eine Bahn durch eine Landkarte; ein riesiger Penis reißt ein Loch in das, was ihr Archetyp des Weges gewesen ist. Dieser Riß ist «der Teil, der offen und von der Erfahrung frei bleiben soll». Etwas, was umfassender ist als ihre bewußte Erfahrung, dringt gewaltsam ein und fordert ein erweitertes Bewußtsein. Sie interpretiert es als die Hand Gottes, des Schicksals oder des Selbst, die ihr einen weiteren Horizont eröffnet. Sie wird von nun an kein Leben mehr führen können, das lediglich darin besteht, in ihrem blauen Zimmer auszuharren und es den anderen recht zu machen. (Dieser Traum machte einen so mächtigen Eindruck auf sie, daß ich das Gefühl hatte, er könnte zu einem entscheidenden Wendepunkt in ihrem Leben werden.) Nun mußte sie sich wirklich die Frage stellen: «Wer bin ich?»

Durch die neurotische Spaltung kommt die Erfahrung; durch den erfahrenen Konflikt kommt die Wahrheit, durch die Wunde kommt die Heilung. Der Penis ist das kreative Prinzip. (Jung schreibt: «Stets bedeutet der Phallus das schöpferische *Mana,* das ‹Außerordentlich Wirksame› . . .»)[15]

Durch ihn werden das Männliche und das Weibliche vereinigt; durch ihn kann der Same in den Körper der Frau eindringen. Wenn er nicht erigiert ist, besteht kein unmittelbares Bedürfnis nach Vereinigung. Die Frage: «Was will ich wirklich?» bewirkt die Erektion. Durch die Frage: «Was empfinde ich wirklich?» entsteht die Wunde. Als Louise beschließt, das Zimmer zu verlassen, ist der Penis erigiert. Aber das Problem ist: «Wer bin ich außerhalb dieses Zimmers?» Als ich mit Louise über ihren Traum sprach und diese Frage stellte, stieg ein Schluchzen des Schreckens und der Erkenntnis in ihr auf. «Ich weiß es nicht», flüsterte sie. «Ich weiß es nicht.» Im Traum manifestierte dieser Augenblick sich in dem Wurm.

Der Traum ging folgendermaßen weiter:

> Mein Mann und ich zogen ihn groß. Am Anfang war er nur ein winzig kleines, komisches Ding – wie die Jungen der Beuteltiere, die im Beutel der Mutter herumkriechen und noch kaum zu erkennen sind. Kein Haar, nur feuchte Haut, wie bei einem kleinen Wurm. Mein Mann harmonierte sehr mit diesem kleinen Wesen; er brauchte es sehr.
>
> Wir waren im Schlafzimmer, wo mein Mann sich um den Wurm kümmerte. Ich hielt ihn in den Händen; aber er bewegte sich so schnell, daß ich Angst hatte, ihn zu verlieren. Ich dachte, es wäre besser, ihn auf den Fußboden zu setzen; dann würde er nicht mehr auf mir herumkriechen. Es war ein polierter Holzboden. Der Wurm bewegte sich so schnell, daß ich mir wirklich Sorgen machte, ich könnte ihn verlieren und nicht wiederfinden, oder er könnte unter irgendein Möbelstück kriechen. Er war so klein, daß wir ihn dort nicht sehen würden. Also kroch ich ebenfalls auf dem Fußboden herum, um ihn wieder einzufangen, und er flüchtete sich in eine Ecke; aber dort gab es sehr viel Staub und Fusseln, und er verfing sich darin. Der Staub blieb an ihm hän-

gen, so daß er wie ein kleiner Dreckklumpen aussah. Ich geriet in Panik. Ich bekam ihn nicht zu fassen!

Mein Mann blieb ganz ruhig. Schließlich erwischte ich den Wurm; aber er sah schrecklich aus. Er war steif wie ein Brett, von Staub bedeckt und ganz trocken. Der Staub und die Fusseln hatten seine Haut und seinen Körper ausgetrocknet. Ich dachte: «Oh, mein Gott, wie schrecklich!» Seine Augen waren weiß geworden wie bei einem Fisch, den man zu lange gekocht hat; er hatte jetzt noch ein drittes weißes Auge am Bauch (so ähnlich wie der Pillsbury Dough Boy).[16] Ich begoß ihn mit Wasser; doch das half nichts. «Mein Gott, er ist tot», sagte ich. «Es tut mir so leid. Er ist tot, er ist wirklich tot!» Es half nichts, er rührte sich nicht! Mein Mann ging aus dem Zimmer. Als ich den Wurm in meiner Hand betrachtete, verwandelte er sich plötzlich. Seine Augen wurden noch weißer, und dann lag er in einer Maishülse; sein ganzer Rücken fühlte sich an wie eine Maishülse, war eine Maishülse. Und plötzlich erwachte er zum Leben. Er wurde immer größer und kroch aus der Maishülse heraus. Er wirkte sehr furchterregend, und ich rief verzweifelt nach meinem Mann.

Der Wurm hatte sich mittlerweile in eine Mischung aus Affe und Kind verwandelt, stand auf dem Bett und wuchs zusehends. Ich betrachtete ihn unablässig. Ich hielt ein sehr scharfes, spitzes Messer in der linken Hand, und das Tier ergriff ebenfalls ein Messer. Jedenfalls glaube ich, daß es ein Messer hatte. Ich schrie wieder nach meinem Mann. Als er an die Tür kam, eilte ich ihm entgegen und sagte: «Du mußt sofort beim Zoo anrufen. Mach schnell!» Er ging hinaus, um das zu tun.

Ich brachte den Affen zum Sprechen. Er erschien mir sehr gefährlich, sehr feindselig. Er war vom Bett gesprungen und in den Wandschrank gekrochen.

»Erinnerst du dich noch an Großpapa?» fragte ich ihn. Er lehnte die Vergangenheit ab. «Ich habe ihn gehaßt», sagte er.

«Erinnerst du dich noch an die Schule?» fragte ich weiter. (Mein Mann hatte ihm einiges beigebracht.) Und er antwortete: «Ich habe sie gehaßt. Und wie.»

«Erinnerst du dich noch daran, wie es vor der Schule war, als du noch klein warst?»

«Ich fand es scheußlich! Ich habe alles gehaßt.»

Mein Mann kam mit einem Tablett wieder, auf dem eine üppige Mahlzeit für den Affen stand, und stellte es aufs Bett. Ich fand das Essen sehr unpassend für einen Schimpansen: Suppe, Kartoffelbrei, Mohrrüben, grüne Bohnen – alles weichgekocht.

Dann ging er wieder hinaus, und ich rannte ihm nach (wobei ich die Tür angelehnt ließ, um den Schimpansen im Auge zu behalten). «Hast du schon beim Zoo angerufen?» fragte ich ihn.

«Nein. Ich habe ihm zuerst etwas zu essen gemacht», sagte mein Mann.

«Mein Gott, bist du verrückt? Du hättest zuerst beim Zoo anrufen sollen! Der Affe sollte schon längst abgeholt sein!»

Der Traum endete damit, daß mein Mann lässig den Hörer abnahm, um beim Zoo anzurufen.

Jetzt befindet Louise sich mit ihrem Mann im Schlafzimmer, das vorher das Atelier war. Diese Umgebung steht für die Beziehung zwischen Mann und Frau.

Ihr Mann «harmoniert sehr» mit dem kleinen Wurm, der in Mutters Beutel herumkriecht. Der Wurm spiegelt den Menschen wider, der sie vorher gewesen war – eine sanftmütige Person, genau so, wie die anderen Menschen sie haben wollen, Vatis kleiner Liebling, der das Richtige aus den falschen Gründen tut und stets versucht, sich in die bestehende Ordnung einzufügen. Dieser Wurm ist in einer Partnerschaft mit dieser Art sanfter Männlichkeit «sehr notwendig».

Doch die Wahrheit kommt ans Tageslicht, sobald der Wurm aus der Maishülse geboren wird, sobald er aus dem Mutterprinzip befreit wird. Plötzlich beginnt ein bisher völlig unbekannter Teil der Frau mit erschreckender Geschwindigkeit zu wachsen. Da sie ihren Affen nicht kannte, wußte sie nicht, daß in diesem masochistischen Bild, das sie von sich selbst hatte, eine ständig wachsende Wut verborgen war. Ihr Haß auf ihren Großvater, auf die Schule, das Kindsein – auf alles – ist in ihrem Körper verdrängt worden. Sie hat «wie ein Affe» stets das nachgemacht, was die anderen ihr vorschrieben, hat sich mit der Mutter identifiziert, die alles richtig machte, ihre wahren Gefühle aber nicht abreagieren konnte. Der innere Mann in einer solchen Situation ist ein Schwächling, hat aber doch genügend gesunden Menschenverstand, um den Affen mit weichem, femininem Futter zu ernähren. Das Ich erkennt die Gefahr und möchte die Wut in den Zoo sperren. Das Problem löst sich in diesem Traum nicht; derweil hat es der Mann gar nicht so eilig damit, die Energie hinter Schloß und Riegel zu verbannen. Gehört der Affe wirklich in den Zoo? Oder ist er die instinktive Energie, die für die Reifung des Männlichen und Weiblichen erforderlich ist?

In Louises Aufzeichnungen nach einem Joga-Seminar, das am Abend vor diesem Traum stattfand, heißt es:

Ich hatte an meinem Becken gearbeitet, versucht, es zu bewegen, versucht, das Kreuzbein – den unteren Teil der Wirbelsäule – zu bewegen, mich bemüht, mit *hara* in Verbindung zu treten und die Energie in meine Beine und Arme einströmen zu lassen. Als ich mich nach dem Seminar auf den Boden legte, spürte ich, daß ein Kraftausgleich zwischen meiner rechten (schwachen) und meiner linken Seite stattfand. Meine linke Seite wurde weicher. Mein Körper

> fühlte sich groß und mächtig an – aber es war eine positive Größe; Energie strömte durch meine Zehen und Finger. Ich genoß meine Größe. Aber was sollte ich mit dieser Stärke, diesem Gleichgewicht, dieser ruhigen Energie anfangen? Irgend etwas in mir geriet in Panik. Ich empfand panische Angst.

Als sie den Affen während der aktiven Imagination in meiner Praxis internalisierte, berichtete sie:

> Ich habe Schmerzen im fünften Lendenwirbel und auch im Nacken. Das ist charakteristisch für meine Familie. Es ist der Haß, der Ekel, die Verachtung gegenüber allem, was ein Kind erlebt, solange es noch hilflos ist und die Dinge nicht beeinflussen kann. Es ist der Haß auf das Patriarchalische, auf die Schule. Ich habe dort nie etwas gelernt, was auch nur das Geringste mit mir zu tun hatte. Wenn man von einzelnen Lehrern absieht, war die Schule lästig und langweilig.

Als sie bestimmte Dinge aufzählte, die sie verabscheute, zitterte ihr Körper unkontrollierbar. Nach und nach erreichte ihre Wut ihren Höhepunkt; Energiewellen durchliefen ihren Körper von den Füßen bis zum Kopf. Dann trat eine Pause ein; anschließend stieß sie hysterische Schreie zwischen Schluchzen und Lachen aus; und dann lief ein paar Sekunden lang ein helles Gelächter in kleinen Wellen durch ihren Körper. Zuletzt brach ihr Körper in sich zusammen, und sie legte die Stirn auf den Boden. In dieser ehrfurchtsvollen Haltung verharrte sie eine Weile; dann setzte sie sich ruhig auf und sagte:

> Ich fühle eine solche Freude, eine solche Ruhe in mir. All die Körperarbeit, die ich praktiziert habe, dieses Herausschreien von Zorn und Schmerz war etwas Persönliches. Ich hatte gedacht, das sei vorüber. Selbst, als ich den Traum hatte, stellte ich keine Verbindung zwischen der Wut und mir selbst her. Ich bin schockiert. Ich wußte nicht, daß ich diese Gefühle in mir trage. Erst jetzt erkenne ich den überpersönlichen Charakter dieser Wut. Ich fühle ihn. Es ist eine Erleichterung.

Als sie in die Einstichstelle ihres Pillsbury Dough Boy hineinstach, war sie nicht im geringsten auf die – zuerst negative, dann positive – numinose Energie vorbereitet, die herausströmte. Diese numinose Energie drang in ihre physische und psychische Wunde ein, und die Verwandlung begann.

Wenn man diesen Traum und die darauffolgende Körperarbeitssitzung als Durchgangsritus betrachtet, wird klar, was Esther Harding meinte, als sie feststellte, die Reaktion der bewußten Person auf Schwierigkeiten bestehe eher in psychischen als in physischen Symptomen (siehe oben, S. 80).

Louise war über das blaue Atelier hinausgewachsen, jenes Leben also, in dem sie den idealisierten Vater nährte, ihr eigenes Beuteltier-Baby (das «noch kaum zu erkennen» ist) dagegen benachteiligt und gleichzeitig unbewußt mit Nahrung entschädigt. Nun, da sie diesen blauen Mutterleib und den Beutel ihrer Mutter nicht mehr hat, ängstigt sie sich zu Tode. Der große «Arm Gottes» fegt über ihr Territorium und zerstört die alte Landkarte. Sie wird psychisch geboren – ihre psychisch bewußte Weiblichkeit, ihr tiefster Kern wird von der unbewußten Materie befreit. Sie erkennt sich selbst als *Ich,* das seine eigenen Bedürfnisse und Emotionen hat; und mit diesem Bewußtsein steigt gleichzeitig das Problem der verdrängten Wut und des Machtwillens auf.

Viele Männer und Frauen sind wie Louise ihr Leben lang hungrig gewesen. Aber wonach? Nach Nahrung, Anerkennung, Macht, Rechtschaffenheit? Wie der hohle junge Mann in Edward Albees *American Dream (Der amerikanische Traum)* haben sie das Gefühl, schon sehr früh von ihrem Zwilling getrennt worden zu sein, «sofern man eine Wesenseinheit trennen kann». Sie wurden auseinandergerissen und «an den entgegengesetzten Enden des Kontinents» ausgesetzt. Ihre Seele, ihr «Zwillingsbruder» wurde ihnen herausgerissen; und jetzt können sie nur noch klagen:

> Meine Gefühle sind abgestorben, ich bin ausgetrocknet, zerstückelt . . . leer, ausgenommen. Ich habe nur noch mein Äußeres . . . meinen Körper . . . mein Gesicht . . . und ich bediene mich seiner. Ich lasse mich lieben . . . Ich habe mich mit meinem Verhängnis abgefunden. Der einzige Sinn, den ich in meiner sinnlosen Existenz erblicke, ist, daß – obwohl mich nichts und niemand anzieht – die Menschen sich zu mir hingezogen fühlen. Ich lasse mich lieben . . . ich lasse mich berühren . . . ich lasse jedem sein besonderes Vergnügen an mir . . . an einem Nichts . . . aber mehr geht nicht. Ich sagte doch, ich bin unvollständig, fühle nichts, gar nichts. Das hier, sehen Sie, ist alles, was ich bin . . . was Sie sehen.[17]

Das Ich dieser Menschen tut alles, um ihre innere Welt oder deren Fehler zu verbergen. Sie haben keine Küche, keine Möglichkeit, die Weisheit der Natur hereinzuholen, zu verarbeiten und zu integrieren. Da ihr Ich so zerbrechlich ist, können sie das, was zwischen dem Bewußten und dem Unbewußten abläuft, nicht vermitteln. Sie haben sich mit ihrer Persona

Martha Graham hat nie den Anspruch erhoben, die Kontraktion des Körpers erfunden zu haben. Im Gegenteil: Sie wollte den organischen Aspekt dieser Bewegung in eine Form bringen und dramatisieren. «Die Entspannung», erklärte sie, «ist der Augenblick im Leben, in dem man einatmet; wenn man ausatmet und der Atem aus einem herausfließt, erfolgt die Kontraktion. Daraus bestehen die ersten und die letzten Augenblicke unseres Lebens, und man kann die Kontraktion auch als Technik verwenden, um die emotionale Aktivität innerhalb des Körpers zu steigern – so daß man seinen Körper ausbildet, nicht seinen Geist.» Die Kontraktionen Martha Grahams – kantig, rasch und ruckhaft – gehen stets von der Stelle aus, die sie als «Das Haus der Wahrheit des Beckens» bezeichnet. – Anna Kisselgoff, *New York Times Magazine,* 19. Februar 1984.
(Fotografie von Barbara Morgan aus *The Notebooks of Martha Graham,* New York, Harcourt Brace Jovanovich, 1973)

identifiziert und bauen sich einen schönen Körper auf, von den Wurzeln des Instinkts und der Imagination abgeschnitten, der gestikuliert und seine Rolle spielt. Wenn diese Wurzeln niemals Nahrung erhalten, sind sie auch niemals befriedigt. Sie sind verlassen und ausgehungert und versuchen unablässig, ihren natürlichen Sättigungspunkt zu erreichen – der jedoch niemals kommt. Solange die verlassene Seele nicht aus ihrem Exil heimkehren darf, ist körperlicher oder geistiger Frieden nicht möglich.

* * *

Wenn Frauen ihre echte Weiblichkeit zu erfahren beginnen, kommt in ihnen häufig der Zorn der vernachlässigten Göttin zum Ausbruch. Sobald ihre jungfräuliche Seele den Fängen des Mutterkomplexes entrissen ist, kommt ihnen zum Bewußtsein, wie sie ihre innere ausgestoßene Hure* verraten haben; und dann sind sie vielleicht auf alle Menschen zornig, die ihnen in ihrem bisherigen Leben ihre ganze Zuwendung verweigert haben. In diesem Fall müssen sie erkennen, daß ihre Mütter wahrscheinlich auch niemals in ihre Weiblichkeit initiiert wurden und ihren Kindern daher zwangsläufig als Erbe eine unbewußte weibliche Rebellion hinterlassen mußten. Jede Generation lebt im Schatten ihrer Vorgänger.

Es ist wichtig, den Unterschied zwischen persönlicher Wut in einer intimen Beziehung und überpersönlichem Zorn zu erkennen, der von einer archetypischen Ebene her ausbricht, jener Ebene, auf der die Gottheit eintritt. Wenn diese Unterscheidung gemacht und der Zorn auf angemessene Art und Weise freigesetzt wird, kann die Göttin ihr anderes Gesicht zeigen. Dann kann die Seele in ihrer inzwischen erweiterten Wohnstatt Einzug halten und ihr eigenes kreatives Leben beginnen. Allmählich dringt Licht in die Dichte der Materie ein, so daß die Frau, statt einen Haufen dunklen Fleisches mit sich herumzuschleppen, beides erfahren kann: die ruhige, reiche Weisheit des bewußten Ich im bewußten Körper und auch die wahre überpersönliche Liebe, die das Sein durchdringt.

Die erlöste Materie ist das Gefäß, das vertrauensvoll und flexibel genug ist, um der kreativen Phantasie mehr Raum zu geben.

---

* Zu der Göttin und der Hure als inneren Figuren der Frau vgl. M. Woodman, *Heilung und Erfüllung durch die Große Mutter,* Ansata-Verlag 1986.

Stimme aus dem Kokon

Meinem Körper fällt es schwer, sich an die Prügel zu erinnern, die ich von früher Kindheit an erhalten habe, bis ich ein junges Mädchen war. Ich weiß zwar noch, daß ich Schläge bekam. Ich erinnere mich genau an das Vorspiel und die Nachwirkungen; aber ich kann mir keinen einzigen Schlag mehr ins Gedächtnis zurückrufen. Ich habe diese leeren Seiten in meiner Erinnerung immer als rettende Gnade, als Überlebensmechanismus betrachtet; doch jetzt beginne ich zu erkennen, welchen Preis mein Körper für sein Vergessen zahlen mußte. Er ist sich seiner selbst nicht mehr bewußt; er hat sich zu gut betäubt.

Diese Erinnerung wieder zutage zu fördern, ist eine schwere Arbeit, die mir panische Angst einjagt. Ich fühle die Angst in meiner Kehle, meiner Brust, meinem Becken. Aber meine Entscheidung ist gefallen. Ich gebe nicht auf.

Der Inzest hat mich zu einem radioaktiven Kind gemacht. Er hat die Schuld, die Sexualität aktiviert. Phantasien schützen mich vor dem Schmerz. Ich tat immer so, als schliefe ich.

Ich habe beschlossen, mich fallenzulassen. Ich ließ meine Lungen sich öffnen, ließ den Atem in mein Zwerchfell einströmen. Ich habe gelernt, den Atem in meine hintere Seite einzusaugen – oh Gott, was ich dort entdeckte! Schrecken, Terror. Unter meinem Zwerchfell war ein Mörder eingeschlossen.

Ich habe immer an Gott geglaubt. Ich hatte stets die Gabe des Glaubens. Nun, da meine Frau gestorben ist, empfinde ich diese schreckliche Leere, die sich durch nichts ausfüllen läßt. Ich habe es mit Essen und mit Alkohol versucht – es half alles nichts. Aber ich weigere mich, lebendig begraben zu werden. Ich möchte wieder Vertrauen haben, zuversichtlich sein. Was ich jetzt tue, ist eine sehr schwere Arbeit – ich versuche mich zu erinnern; aber ich suche meine Erinnerungen nicht im Geiste, sondern in einem physischen Gedächtnis, einem Gedächtnis des Körpers.

Bisher konnte ich nur auf eine sehr negative, heftige Art zornig sein; ich hatte es nie anders gelernt. Jetzt fällt es mir sehr schwer, mich zu diesem Zorn berechtigt zu fühlen.

Das Leben mit meiner Mutter war wie das Zusammenleben mit einem Star, der so ehrfurchteinflößend, so schön war, daß ich mich danach sehnte, ihn mit meinen Augen einzuatmen. Meine eigene Unscheinbarkeit und Bedeutungslosigkeit kam mir immer deutlicher zum Bewußtsein. Da sie so kalt und unnahbar war, saugte ich sie durch meine Augen in mich hinein. Sie war ein wunderbares Messer in meiner Seite.

Endlich habe ich mein kleines Mädchen gefunden. Ich habe sie tanzen lassen – spontan, frei. Nun, da ich sie liebe, liebe ich auch mich selbst. Ich verdiene Liebe. Ich kann Liebe geben. Meine Kehle und meine Brust waren immer voller Schleim. Eines Tages war ich imstande, zu brüllen. Danach konnte ich plötzlich singen. Das Atmen ist das Geheimnis des Sichfallenlassens. Der Atem verhindert, daß ich blockiert werde, mich auf eine einzige Sache fixiere. Der Atem fördert die Entstehung oder Veränderung von Bildern. Er ermöglicht es mir, empfänglich, fließend, im Gleichgewicht zu sein.

Ich habe nie mein eigenes Leben gelebt. Nun bete ich um die Würde, wenigstens meinen eigenen Tod sterben zu dürfen. Ich schaue in den Spiegel und sehe die Falten und Linien. Ich schminke mich. Aber der Lippenstift läßt mich nicht vital und lebendig erscheinen. Ich sehe nur ein müdes, angemaltes Gesicht im Spiegel. Ich bin sechzig; ich bin in zwei Jahren um zehn Jahre gealtert. Früher habe ich mein Alter nie gefühlt. Jetzt will ich nur noch ich selbst sein – ohne Politur.

Ich möchte mich nicht verstellen. Ich möchte leben, ehe ich sterbe.

«Es gibt zwei Arten von Menschen», erklärte sie mir einmal mit Nachdruck. «Bei der einen Art erkennt man schon auf den ersten Blick, an welchem Punkt sie zu ihrem endgültigen Selbst erstarrt sind. Vielleicht ist es ein sehr sympathisches Selbst; aber man weiß, daß keine Überraschungen mehr zu erwarten sind. Die andere Art dagegen bewegt und verändert sich ständig ... Diese Menschen sind fließend, flexibel. Sie bewegen sich immer weiter vorwärts und haben neue, aufregende Rendezvous mit dem Leben; und diese ständige Bewegung erhält sie jung. Meiner Meinung nach sind das die einzigen Menschen, die überhaupt noch leben. Man muß immer auf der Hut sein, damit man nicht erstarrt, Justin.

– Gail Godwin, *The Finishing School*

Du gibst mir das Gefühl, glänzend und neu zu sein
Wie eine Jungfrau,
Die zum ersten Mal berührt wird,
Wie eine Jungfrau.

– Popsängerin Madonna

Das Holz ist das Schicksal des Feuers; solange es unten vorhanden ist, brennt das Feuer oben. So ist es mit dem menschlichen Leben. Auch im Menschen ist ein Schicksal, das seinem Leben die Kraft verleiht. Und wenn es gelingt, dem Leben und Schicksal den richtigen Platz anzuweisen, dann festigt man das Schicksal, indem so das Leben unmittelbar im Einklang mit dem Schicksal ist.

– I Ging, Hexagramm 50

4
Wenn die Zeit reif ist: Die rituelle Reise

Wer auf Zehenspitzen geht, der kann nicht stehen;
Wer große Schritte macht, der kann nicht langsam gehen.

Lao-tse, *Tao-Te-ching*

Wer gern Raupen beobachtet, hat vielleicht irgendwann einmal das Glück, den Augenblick mitzuerleben, wenn eine Raupe plötzlich aufhört, am Boden entlangzukriechen. Sie heftet sich mit zarten Häuten an einen Zweig; die alte Haut wird abgestoßen, und der Kokon entsteht und verfestigt sich. Die Raupe hat sich die Nahrung ausgesucht, die sie als Schmetterling brauchen wird; sie hat genau den Platz ausgewählt, den der Schmetterling benötigen wird, um seine Flügel auszubreiten. Wenn dieser Platz nicht sofort zur Verfügung stünde, würden die Flügel zusammenkleben, und der Schmetterling wäre niemals in der Lage, zu fliegen. Instinktiv und mit peinlicher Sorgfalt bereitet das auf dem Bauch kriechende Lebewesen sich auf die geflügelte Blume vor, die nach dem Wandlungsprozeß aus dem Kokon schlüpfen wird.

Wenn wir auf unser Leben zurückblicken, erkennen wir einen ähnlichen Prozeß. Im Mutterleib entwickeln wir Hände, Füße, Augen, Ohren und Lungen, all die körperlichen Merkmale, die wir, wenn die Zeit reif ist, für unseren Aufenthalt auf der Erde brauchen werden. Im Laufe unseres Reifungsprozesses staunen wir immer wieder über die Sorgfalt und Präzision, mit der das Schicksal eine Situation nutzt, um die Eigenschaften zu entwickeln, die für eine andere Situation erforderlich sind. Vom Standpunkt der Seele aus betrachtet, ist es durchaus möglich, daß unser jetziges Leben ein Mutterleib ist, in dem der subtile Körper sich auf die Welt vorbereitet, in die er hineingeboren werden wird, wenn unser physischer Körper stirbt. Viele Menschen empfinden hie und da die Neigung, Flügel zu entwickeln.

Einmal dachte ich über T. S. Eliots «Punkt, wo Zeitloses mit Zeit sich schneidet»[1] nach. Ich zeichnete ein von einer Flamme umgebenes Keltisches Kreuz in die Mitte eines großen Blattes Papier, und dann (ob es Eliots oder mein eigenes Bild war, habe ich nie feststellen können) zeichnete ich eine Kameenhalskette rund um dieses Kreuz. In die ersten Kameen malte ich Bilder, in denen ich jeweils einen Augenblick meines Lebens festzuhalten versuchte, in dem Göttliches und Menschliches einander gekreuzt hatten. Immer wenn ich wieder einen solchen Augenblick erlebte, füllte ich eine weitere Kamee mit einem Bild. Jetzt müssen nur noch drei Kameen ausgefüllt werden. Ich sehe diese Augenblicke als das ewige Band, das die Kette meines Lebens beleuchtet. Für mich ist jeder dieser Momente eine destillierte, auf das Wesentliche reduzierte Essenz, deren Fühler sich gerade entfalten wollen.

Die meisten Menschen versuchen die zufälligen Ereignisse ihres Lebens in ein sinnvolles Muster zu verwandeln – sofern sie nicht, wie im Jet, unter der Zeitumstellung leiden, wo ihr Körper ihrer Seele stets meilenweit voraus ist.

Wir haben das Gefühl, unser Geburtsrecht verloren zu haben. Allerdings wissen wir nicht genau, worin dieses Geburtsrecht eigentlich besteht; wir wissen nur, daß wir es wiederfinden möchten. Da das Ritual in der menschlichen Natur fest verankert ist, können wir unsere eigenen Bedürfnisse, unser eigenes Schicksal erkennen, indem wir bewußt unsere rituelle Reise antreten.

Von instinktiver Energie getrieben, machte sich der primitive Mensch auf seinen langsamen, gefährlichen Weg, der den Berg hinauf in eine Höhle führte. Dort entrang er seiner eigenen Dunkelheit Bilder, in denen er die Essenz, das Wesen der Tiere einfing, die er darstellte. Durch die Rückkehr in den Leib der Großen Mutter verband er sich wieder mit den Samen seiner eigenen Kreativität.[2]

In Gesellschaften, in denen das Ritual ein Teil der sozialen Struktur war und ist, geht das Ich des einzelnen im Ritual der Gruppe auf; die Menschen, die an dem Ritual teilnehmen, stellen ihre Verbindung zur transzendenten Macht wieder her. Nur wenn der Mensch sich in einem Zustand der *participation mystique* (Identifikation) mit der Gruppe und der im Unbewußten freigesetzten numinosen Kraft befindet, findet eine Verwandlung statt. Dadurch, daß sein Ich in der überpersönlichen Energie der Gruppe aufgegangen ist, wird er vergrößert, erweitert, ist nicht mehr in einer privaten Welt isoliert. Die Durchgangsriten sind mit sorgfältigen Vorbereitungen auf diesen Wandlungsprozeß verbunden: Reinigungsrituale; manchmal auch Masken, die eine Veränderung der Persönlichkeit andeuten sollen; rituelle Kleidungsstücke, Tätowierungen und symbolische Tanzfiguren, die vom einzelnen und von der gesamten

Gesellschaft als Teile des Wandlungsprozesses anerkannt werden. Das Ziel dieses Rituals besteht darin, den einzelnen durch intensive Konzentration zu einem Punkt der psychischen Intensität zu bringen, wo der Archetyp ins Bewußtsein eindringt und sich in einem Bild manifestiert, um so eine mächtige Energie freizusetzen (der primitive Mensch, der das Wesen des Tiers auf die Höhlenwand bannt). Die Orte, wo dieses Bild erscheint, werden anschließend als heilige Orte verehrt, denn das Göttliche und das Menschliche können sich unter Umständen hier wieder kreuzen.

Beim echten Ritual findet die Reise sowohl innerlich als auch äußerlich statt; das heißt, Körper und Psyche sind beteiligt, und häufig werden beide bis zu ihren äußersten Grenzen erweitert. Der einzelne versucht seine gegenwärtige Ich-Position zu transzendieren: Indem man sich ins Unbewußte seines emotional geladenen Körpers fallenläßt, kann man die gegenwärtigen Ich-Barrieren durchbrechen und an der überpersönlichen Energie teilhaben, die die Gruppe erfüllt. Dadurch wird die Beziehung des Menschen zu sich selbst und zur Welt wiederhergestellt, und das Leben erhält innerhalb eines mythischen Rahmens Sinn und Bedeutung.

Die Umwälzungen des zwanzigsten Jahrhunderts haben viele Menschen dieser rituellen Gefäße beraubt. Der einzelne, der seinen persönlichen Weg zu finden versucht, erlebt schicksalshafte Augenblicke, wenn sein Ich vom Selbst ergriffen wird. Er hat das Gefühl, zu sterben. Es ist tatsächlich eine Konfrontation mit dem Tod, da eine neue Ebene in die bewußte Psyche eindringt und das Ich gar keine andere Wahl hat, als sich auf diese Ebene zu begeben, wenn es sich nicht mit dem psychischen Tod abfinden will. Mit dieser Konfrontation muß man sich auf rituelle Weise auseinandersetzen, um herauszufinden, welcher Archetyp sich hinter diesem Angriff verbirgt und wie das Ich an der Gestaltung seines eigenen Schicksals mitwirken kann. Wenn man den Archetyp durch eine rituelle Handlung zum Bewußtsein bringt, schreibt Erich Neumann, «wird der potentiell geistige Charakter der bislang unbewußten Handlung offenbar, der Archetyp oder das Symbol erreicht eine neue Ebene der Wirksamkeit», und der Mensch schwingt sich zu einer neuen Bewußtseinsebene empor.[3] Wenn der Gott oder die Göttin erscheint – das heißt, wenn das Symbol bewußt gemacht wird –, werden Bewußtsein und Unbewußtes miteinander verbunden, und das sich ständig wiederholende rituelle Verhalten ist nicht mehr notwendig. Bei introvertierten Menschen reicht anstelle des rituellen Ausagierens vielleicht Meditation aus, um die nötige Energie zu erzeugen, damit sich ein Bild im Bewußtsein manifestieren kann. Ob der Mensch sich nun der Meditation oder des

Rituals bedient – er befindet sich in einer Situation, in der er sein eigener Priester sein muß; es ist sehr wichtig, daß er begreift, was er tut oder was sich in ihm abspielt.

Von dem gleichen Magneten angezogen, der den Eiszeitmenschen in die Höhle lockte, reisen der moderne Mann und die moderne Frau durch das dunkle Labyrinth ihrer eigenen Seele. Trotz des damit verbundenen Schmerzes und Schreckens lockt sie der Archetyp des Weges; es verlangt sie danach, das Unbewußte zum Bewußtsein zu bringen. Es erfordert größte Anstrengung, in diesen Tunnel des Todes und der potentiellen Wiedergeburt einzudringen; man muß beharrlich durchhalten, ohne eine bewußte Orientierungshilfe zu haben – so lange, bis in der Dunkelheit ein Licht erstrahlt. Nur wenn man die Spannung zwischen der Angst und der Faszination aushält, erreicht man den Brennpunkt – jenen Punkt, an dem die Zerrissenheit aufhört und man ein Gefühl der Einheit erlebt. Mit dieser Einheit stellt sich auch ein Bild ein. Wenn es ein archetypisches Bild der Großen Mutter ist, kann man annehmen, daß sich in diesem Bild die unbewußte Situation zeigt – das, was hinter der Angst und der zwanghaften Faszination steht und den Menschen zu seiner Reise angetrieben hat. Wenn man die Spannung nicht so lange aushält, bis dieses Bild erscheint, fällt die Energie ins Unbewußte zurück, und das alchemistische Gold der Erfahrung geht verloren. Die Initiation ist mißlungen.

In unserer Gesellschaft findet auf Rockfestivals eine Form des Gruppenrituals statt. Die Popmusik war schon immer ein ziemlich exaktes Barometer der Zeitströmungen; und die Texte der heutigen Rocksongs sprechen nicht nur Teenager an. Auf Rockfestivals findet man alle Ingredienzien des Rituals: Masken, Schmuck, Tätowierungen, rituelle Kleidung, Symbole, Tanz – eingebettet in den hämmernden musikalischen Rhythmus und das Kreischen extrem verstärkter Gitarren. In den sechziger und siebziger Jahren gehörten auch Drogen zu diesem Ritual; in den achtziger Jahren dagegen warnen Grandmaster Flash und Furious Five ihre Zuhörer: «Don't do it.» («Tut es nicht.») Im Mittelpunkt des Rituals steht der Rockstar, der seine Zuhörer zur rituellen Raserei treibt, bis der Brennpunkt erreicht ist und die Gläubigen Symbole vor ihrem geistigen Auge sehen. Wenn die Zuhörer völlig von diesem Erlebnis gefesselt waren, kehren sie mit einem Gefühl der Bereicherung und Bewußtseinserweiterung nach Hause zurück. Doch ebenso wie früher bei den Blumenkindern ergibt sich hier ein Problem: Wenn das Ich nicht stark genug ist, um die archetypischen Bilder zu integrieren, bringt das Ritual dem Teilnehmer keine Erleuchtung; er hat keine Bewußtseinserweiterung erfahren, sondern sich einfach in eine kollektive Aktivität fallenge-

Popsängerin Madonna in dem Film *Susan: Verzweifelt gesucht*

lassen. In diesem Fall setzt sich der Raub des Geburtsrechts immer weiter fort. Statt in ein größeres, umfassenderes Bewußtsein Zugang zu finden, wird das Ich aufgesogen und anfällig für Massenvergiftung.

Von modernen Rockstars kann man vieles über die in der heutigen Zeit auftauchenden archetypischen Bilder lernen. Cyndi Lauper stürzt sich in die «Zeit nach der Zeit» *(Time After Time),* ohne sich für ihre weibliche narzißtische Erotik zu entschuldigen. In ihrer mit Besessenheit und sanfter Sensibilität geladenen Zigeuneraufmachung ist sie die Außenseiterin, das verirrte kleine Mädchen, das es geschafft hat. Sie ist sie selbst. Und der Körper der Rocksängerin Madonna – in deren Geburtsurkunde tatsächlich der Name «Madonna» steht – strahlt die ganze spannungsgeladene Aktivität der «Discokönigin des Kitschs»[4] aus. Was sie auch tut – sie macht sich stets den Archetyp der Jungfrau zunutze, der allmählich in unserer Kultur Bedeutung erlangt. Die Jungfrau ist eine Frau, die – wie Esther Harding es einmal ausgedrückt hat – «tut, was sie tut, . . . weil das, was sie tut, wahr ist.»[5] Madonna spielt das Paradoxon (Jungfrau/Hure) – und verdient Millionen damit. Ihr Boy Toy, eines ihrer berühmten Accessoires, ist ebenso Teil ihres Images wie ihre Kruzifixe und Rosenkränze. Die Botschaft dieser Dinge ist deutlich genug: Wenn ihr nichts mit mir anzufangen wißt, ist das euer Problem!

Cyndi und Madonna sind momentan (12. März 1985) die beiden populärsten Idole der Popwelt, und als Symbole spielen sie eine entscheidende Rolle bei der Entstehung von Millionen männlicher und weiblicher unbewußter Jungfrauen. Sie sind konkretisierte Versionen eines ungeheuer emotionsgeladenen Archetyps, der gerade jetzt in unserer gesamten Kultur bewußt zu werden beginnt. Diese beiden Stars verkörpern ein Bild aus dem Unbewußten und fungieren als Magneten für dieses innere Bild bei ihren Zuhörern. Beide machen sich ihre Rolle als Ausgestoßene und die wilde, leidenschaftliche Energie zunutze, die der Ausgestoßene verkörpert. Beide sind konkretisierte Symbole, die neue Energie enthalten und neue Energie freisetzen – entsprechend der Jungfrau, die stets neue Möglichkeiten in sich trägt. Sicherlich ist eine dieser Möglichkeiten in unser kulturelles Bewußtsein eingedrungen, als Rocksänger sich als Reaktion auf die Hungersnot in Äthiopien zusammenschlossen und in ihrem Lied erklärten: «We are the world, we are the children.» (Wir sind die Welt, wir sind die Kinder.)[6]

Aber wo ist nun der Ansatzpunkt der Erneuerung für Menschen, die weder Popmusikfans sind noch an die Dogmen der Kirche glauben noch an deren Ritualen teilnehmen? Wo können sie auf ihre rituelle Reise gehen, und wie sieht diese Reise aus?

In *Symbole der Wandlung* weist Jung darauf hin, daß das Dogma in einem gewissen Stadium der geistigen Entwicklung des Menschen von entscheidender Notwendigkeit war:

> Die seit der Aufklärungszeit anhaltende (materialistische) Kritik, die sich auf die physische Unwahrscheinlichkeit der Dogmen richtet, trifft völlig daneben. Das Dogma muß eine physische Unmöglichkeit sein, denn es sagt über die Physis ja gar nichts aus, sondern ist ein Symbol transzendenter, das heißt unbewußter Vorgänge, welche, soweit die Psychologie solches überhaupt feststellen kann, mit der unvermeidlichen Entwicklung des Bewußtseins zu tun haben. Der Glaube an das Dogma ist ein ebenso unvermeidlicher Notbehelf, der früher oder später durch ein adäquates Verstehen und Erkennen abgelöst werden muß, wenn unsere Kultur fortbestehen soll.[7]

Viele Menschen, denen die kirchlichen Dogmen und Rituale nicht zur Verfügung stehen, werden jetzt jäh in solche «unbewußten Vorgänge» gestürzt, die «mit der unvermeidlichen Entwicklung des Bewußtseins zu tun haben». In ihren Träumen äußert sich das darin, daß sie an einer

Grenze oder einem Hafen ankommen; sie finden sich plötzlich in Vancouver oder San Francisco wieder oder sehen jenseits des Flusses die Stadt Buffalo in der Dunkelheit liegen. Häufig hindert sie irgend etwas daran, den Fluß oder die Grenze zu überqueren. Vielleicht haben sie ihren Ausweis verloren, oder ihr Gepäck ist zu schwer. Manchmal kommen sie an einer geliebten Schwelle an (die gleichzeitig Abgrenzung und Treffpunkt zwischen der äußeren, profanen Welt und dem inneren, sakralen Raum ist), können sie jedoch nicht überschreiten, da irgendeine Krise sie daran hindert. Sie sind nicht in der Lage, die alte Welt zu verlassen und in die neue einzutreten. Sie müssen auf die Toilette gehen, aber vor ihnen wartet eine lange Schlange, oder irgend jemand drängelt sich hartnäckig vor.

Was tut man, wenn der Verstand einem rät, sich von etwas zu lösen, während das Gefühl hartnäckig darauf beharrt und sagt: «Ich kann nicht»? Wie wird eine Witwe mit dem lähmenden Gefühl des Verlusts fertig, das sie seit dem Tod ihres Mannes vor sechs Jahren empfindet? Was soll ein Mann gegen die Sehnsucht nach seiner Frau tun, die ihn vor vier Jahren verlassen hat? Wie wird eine Mutter mit der erdrückenden Trauer um ihr Kind fertig, das vor zwei Jahren gestorben ist? Wie leitet man diese Liebe in neue kreative Kanäle um? Wie öffnet man sich wieder dem Fluß eines jeden neuen Tages? Wie wird man wieder zur Jungfrau? Oder vielleicht sollte man lieber fragen: Wie wird man überhaupt zur Jungfrau? Das ist bei persönlichen Ritualen die entscheidende Frage – denn wenn man nicht die innere Kraft einer Jungfrau hat, können persönliche Rituale ebenso wie öffentliche Massenrituale leicht zu einem totalen Bewußtseinsverlust entarten oder – noch schlimmer – zur Entdeckung eines kollektiven Dämons im Zentrum führen. Solche Rituale können mit Hysterie und dem Zusammenbruch der Ich-Struktur enden.

Ich verstehe den Archetyp der Jungfrau als jenen Aspekt des Weiblichen im Mann oder in der Frau, der den Mut hat, zu *sein*, und gleichzeitig über die notwendige Flexibilität verfügt, ständig zu *werden*. Die Jungfrau ist in den Instinkten verwurzelt und hat eine liebevolle Beziehung zur Großen Erdmutter. Aber sie ist nicht selbst die Große Mutter. Männer und Frauen, die eine bewußte Beziehung zu diesem Archetyp herstellen können, machen die Mütterlichkeit nicht zu einem Synonym der Weiblichkeit und sind auch nicht durch unbewußtes Material von ihren eigenen persönlichen Müttern gehandikapt. Sie haben die Freude und die Qual durchlebt, täglich die Saatkörner ihrer Gefühlswerte zu sortieren, um herauszufinden, wer sie wirklich sind, und sie tun es immer noch. Sie sind stark und gleichzeitig flexibel genug, um sich dem Eindringen des Geistes hinzugeben und sich die Frucht dieser Vereinigung zum Bewußtsein zu bringen.

Das Sortieren dieser Saatkörner ist ein täglicher Prozeß von schonungsloser Ehrlichkeit, der es uns ermöglicht, Korn für Korn unser Sein zu erkennen. Das lateinische Wort für «sein» lautet *esse;* indem wir also unser Sein entdecken, entdecken wir unsere Essenz. Das ist eine enorme Aufgabe, wenn wir unser ganzes bisheriges Leben damit zugebracht haben, aktiv zu sein, ständig etwas zu tun – vor allem, wenn das Tun zu einer Flucht vor dem Sein geworden ist, weil wir das Sein als Nichts erlebten.

Wir müssen uns immer wieder fragen: Wie waren meine Gefühle in dieser Situation – wohlgemerkt: *nicht* meine Emotionen, sondern meine Gefühle? Meine Emotionen können meine Gefühle zwar unter Umständen unterstützen; aber Emotionen sind von Komplexen bestimmte affektive Reaktionen, momentane Reaktionen auf eine augenblickliche Situation. Das Gefühl dagegen beurteilt, was eine Sache mir wert ist. Wo möchte ich meine Energie investieren? Was bedeutet mir nichts mehr? Was habe ich gefühlt, als mein Chef mich heute lobte? Ich habe mich bisher immer über Anerkennung gefreut; aber heute hatte ich das Gefühl, daß er mich damit zum Schweigen bringen wollte: «Sei ein liebes kleines Mädchen. Sei still. Mach' mir keine Scherereien.» Warum bin ich deprimiert? (Ich muß diese Depression bis zu jenem Punkt verfolgen, an dem ich meine eigenen Gefühle verriet und meine Energie gegen mich selbst richtete.) Kann es sein, daß mein Geliebter nicht der Mann ist, für den ich ihn gehalten habe? Sieht er mich überhaupt? Projiziere ich meinen eigenen inneren Mann auf ihn? Zwinge ich ihn, die Verantwortung für meine unterentwickelten Begabungen auf sich zu nehmen? Behandle ich meinen Körper so, wie meine Mutter den ihren behandelt hat? Denke ich so wie mein Vater? Reagiere ich ebenso blind wie meine Eltern? Sind meine Reaktionen immer noch kindisch? Kommt mein Zorn aus dem Bauch oder aus dem Kopf? Ist es weiblicher Zorn oder Animus-Zorn? (Weiblicher Zorn reinigt; beim Animus-Zorn dagegen bleibe ich angespannt und verkrampft.) Unter der Anleitung der Reaktionen unseres Unbewußten, das sich in unseren Träumen offenbart, trennen wir Samenkorn von Samenkorn, beantworten eine Frage nach der anderen, bis wir eines Tages unsere eigene wahre Stimme finden.

In seiner Untersuchung mit dem Titel «The Incest Taboo and the Virgin Archetype» («Das Inzesttabu und der Archetyp der Jungfrau») legt John Layard dar, daß das Wort «jungfräulich» in seinen griechischen und

Madonna mit dem Jesuskind von Michelangelo (Uffizien, Florenz)

hebräischen Ursprüngen nicht gleichbedeutend mit «keusch» war. Er schreibt über die Jungfrau Maria und andere Mütter göttlicher Helden:

> Anscheinend muß eine Frau, um eine Jungfrau im mythologischen Sinn zu sein, entweder außerhalb oder vor der Ehe empfangen...
>
> Aber was ist dann eigentlich mit dem Wort «Jungfrau» gemeint? Vielleicht hilft es uns weiter, wenn wir zunächst einmal jene Bedeutungen dieses Wortes untersuchen, die nicht unmittelbar mit dem Geschlechtsverkehr zusammenhängen. Wir sprechen zum Beispiel von einem jungfräulichen Wald und meinen damit einen vom Menschen unberührten Wald, in dem die ungezähmten Naturgewalten herrschen. Einem solchen Wald gegenüber kann man zwei gegensätzliche Standpunkte einnehmen: erstens den Standpunkt des Pioniers, der das Land urbar machen will. Er würde diesen Wald so bald wie möglich roden, also zerstören wollen. Wir können uns aber auch den Standpunkt des Naturfreundes zu eigen machen, der diesen Wald ehrfürchtig als höchste Manifestation der schwangeren Natur betrachtet und den Bemühungen des aufgeklärten Landwirtschaftsexperten oder Städtebauers, seine primitive Schönheit zu zerstören, heftigen Widerstand entgegensetzt. Für diesen Naturfreund ist der Wald etwas Unverletzliches, Heiliges. Der erste Standpunkt vertritt «Gesetz und Ordnung», der zweite die «Natur». Damit haben wir zwei entgegengesetzte Prinzipien, die beide ihre Gültigkeit haben: das Gesetz des Menschen, das sich scheinbar in offenem Konflikt mit dem Gesetz Gottes befindet. Das Gesetz Gottes, das Gesetz der sich ungehindert entfaltenden, schwangeren, wenn auch bis jetzt chaotischen Natur bezeichnen wir als «jungfräulich»; und die Unterwerfung dieses Chaos nennen wir «Gesetz und Ordnung».
>
> In diesem Sinn *bedeutet das Wort «jungfräulich» also nicht Keuschheit, sondern das Gegenteil, die freie und unkontrollierte Schwangerschaft der Natur.* Dieser Zustand entspricht auf der menschlichen Ebene der freien Liebe, während die kontrollierte Natur mit der ehelichen Liebe vergleichbar ist – und das, obwohl dem Gesetz nach der Geschlechtsverkehr innerhalb der Ehe als die einzige «keusche» sexuelle Beziehung gilt.
>
> Diese Argumentation konfrontiert uns mit einem Paradoxon, das sich nur lösen läßt, indem wir entweder a) die gesamte biblische Geschichte von der Jungfräulichen Geburt als reine Allegorie betrachten, was die Kirche jedoch nicht gelten läßt (sie behauptet, diese Geburt sei ein einmaliges historisches Ereignis); oder b) diese beiden Gegensätze miteinander vereinbaren, und zwar durch die Erkenntnis, daß der Instinkt in Geist verwandelt werden muß und daß die Jungfräuliche Geburt das wunderbarste Beispiel für diese Verwandlung ist; das heißt, die Weiblichkeit der Madonna war so vollkommen und so eng mit Gott verbunden, daß sie sich selbst reproduzieren konnte.[8]

Wenn wir die alte Brille ablegen und die symbolische Bedeutung der Jungfrau Maria ohne die Vorurteile betrachten, die ihr durch Jahrhunderte der Kirchengeschichte aufgeprägt wurden, beginnen wir die Bedeutung des Jungfrauen-Archetyps zu erkennen. Wir können die Jungfrau ebensogut bei einem anderen Namen nennen: Leda, Danae, Semele oder irgendeine andere menschliche Frau, die von einem Gott geliebt wurde. Außerdem müssen wir unser Verständnis von Begriffen wie «keusch», «rein», «unbefleckt» erweitern. Wir dürfen nicht vergessen, daß der symbolische Gehalt des Mythos, auch des christlichen, seine Wurzeln in der menschlichen Psyche hat. Dem Mythos nach entstammte Maria (im Gegensatz zu den früheren griechischen Jungfrauen) der unbefleckten Empfängnis Annas. Anna war eine Frau in reiferen Jahren, die befürchtete, sie sei zu alt, um noch ein Kind haben zu können. Eines Tages meditierte sie und wurde von einem Engel besucht. Diesem Engel versprach sie: «Ich gelobe beim Leben meines Herrgotts: Wenn ich einen Jungen oder ein Mädchen zur Welt bringe, werde ich das Kind dem Herrn, meinem Gott zum Geschenk machen, und es soll ihm bis ans Ende seiner Tage dienen.»[9] In dieser Tradition ist die Jungfrau ebenso wie das Kind Gottes das Seelenkind des Geistes.

Bei individuellen Ritualen ist die meditative Kraft der Jungfrau von entscheidender Wichtigkeit. Ohne diese Kraft wird das Ich unter Umständen aufgeblasen und verwirrt; letzten Endes besteht die Gefahr, daß es sich weigert, ein Kelch des göttlichen Willens zu sein. Wer als Ausgestoßener überleben will, muß stark genug sein, um allein bestehen und auf seine eigene, individuelle Wahrheit vertrauen zu können. Sich in sein eigenes Herz zu versenken und zu meditieren, ist keine sentimentale Reise zur Göttin. Moderne Frauen können viel von den Fehlern der Jungfrauen lernen, die Marion Zimmer Bradley in *The Mists of Avalon (Die Nebel von Avalon)* beschreibt. Sie waren fanatisch in ihrem Glauben, woben ihre Netze, verschworen sich gegen ihre Männer, weigerten sich, ihre Augen einer umfassenderen Sicht zu öffnen, und sabotierten dadurch ihr eigenes Leben. Nachdem Morgaine sich völlig dem hingegeben hat, was sie für den Willen der Göttin hielt (selbst wenn es ihren eigenen Gefühlswerten zuwiderlief), und eine blutige Spur des Todes und der Zerstörung hinterlassen hat, gelangt sie resigniert zu dem Schluß: «Was wir auch zu tun glauben – die Götter schieben uns stets nach ihrem eigenen Gutdünken hin und her. Wir sind nur ihre Schachfiguren.»[10] Sie wagt nicht daran zu glauben, daß sie die Wahl hatte, denn die Zerstörung, die sie hinterlassen hat, würde sie zum Wahnsinn treiben. Rituale, die der Göttin geweiht sind, können zum Einströmen archaischer Energie führen; und die Teilnehmer müssen genügend Ich-Stärke haben, um ihren Standpunkt in Beziehung zu dieser Energie würdigen zu können. Sonst verfallen sie, mit Macht aufgeblasen, in den Fehler, sich auf das zu konzentrieren, was sie selbst erreichen wollen, und es auf magischem Wege zu versuchen. Das ist Hexerei, die in ihrer eigenen selbstsüchtigen Besitzgier gefangen ist. Das reife Weibliche im Mann oder in der Frau hat sich, obwohl es in der Göttin verwurzelt und für ihre Führung offen ist, sein eigenes persönliches Wertesystem aufgebaut. Es kennt seine eigene echte Wahrheit und hat den Mut, die Verantwortung für diese Wahrheit zu übernehmen und ihr entsprechend zu handeln. Diese Wahrheit entspringt dem immerwährenden *Jetzt* des «Sichfallenlassens».

Wenn wir stark genug sind, uns der überpersönlichen Energie hinzugeben, ohne von ihr zerschmettert oder völlig in Besitz genommen zu werden, kann das Ritual die geistige Bedeutung von Handlungen zum Bewußtsein bringen, die sonst unbewußt wären. Das Symbol ist der Schlüssel. Durch das symbolische Bild werden die Gegensätze miteinander versöhnt, das Bewußtsein schöpft neues Leben aus dem Unbewußten, und wir treten mit unserem wesentlichen Sein in Verbindung – unserer eigenen Ganzheit, uns selbst als zugleich menschlichen und göttlichen Wesen. Wenn wir die Konzentration dagegen nicht so lange aufrechterhalten können, bis das versöhnende Symbol erscheint (wie zum Beispiel beim zwanghaften Ritual), werden die Gegensätze noch weiter voneinander getrennt; statt mit dem Göttlichen in uns selbst in Berührung zu kommen, werden wir noch tiefer ins Unbewußte hineingezogen. Obwohl wir die Bedeutung und den Gefühlswert eines symbolischen Bildes anfangs nur vage begreifen können, *wissen* wir, welchen Wert dieses Bild für unser Selbstverständnis hat.

Die Versenkung ins Ritual erfordert totale Konzentration (die jedoch nicht mit Besessenheit verwechselt werden darf). Die Konzentration lenkt die Energie zum Bewußtsein hin und hält sie vom unbewußten Rückfluß in die Instinkte ab. Unsere Verbindung zu den inneren Bildern wird zu einem natürlichen Teil der Nahrung, die das Leben braucht, wenn das Ich lernt, seine Orientierung von innen her zu beziehen. Dort entdeckt es eine Welt, die ihre eigene Ordnung hat und sich nach Gesetzen richtet, die sich sehr von denen der vergänglichen Welt unterscheiden. Dort ist jede Minute neu, und jede Minute ist *Jetzt*. Nichts ist festgelegt. Was im einen Augenblick richtig ist, kann im nächsten schon wieder falsch sein. Wer lernen will, physisch und psychisch mit dieser Welt mitzuschwingen, muß ständig dem Dialog lauschen, der in seinem Inneren abläuft, und sein Herz Blütenblatt für Blütenblatt aufblühen lassen.

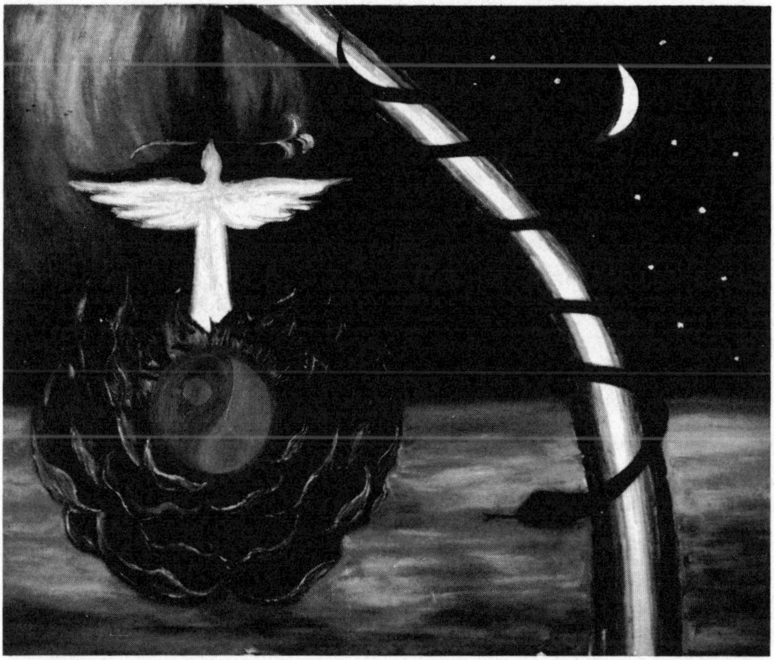

Zeichnung des «versöhnenden Symbols» von Mindy Vosseler

Einige meiner Analysandinnen leiden unter schweren Eßstörungen, die mit zwanghaftem rituellem Verhalten verbunden sind. Einem inneren Zwang folgend, unterziehen sie sich immer wieder ihren einsamen Ritualen. Das Essen als rituelles Objekt fasziniert sie und stößt sie gleichzeitig ab. Immer wieder ergreift sie eine überwältigende Erwartung, die sie dazu treibt, zu essen, das Gegessene wieder zu erbrechen oder Nahrungsmittel zu stehlen und zu verstecken. Diese Handlungen können mit zahlreichen rituellen Handlungen verbunden sein: zum Beispiel mit rituellem Geschirr, ritueller Kleidung oder bestimmten, sich stets wiederholenden Gesten. Die Analysandinnen fühlen den Zwang, ihr Ich einer inneren treibenden Kraft hinzugeben, die sie metaphorisch von der nüchternen materialistischen Welt befreit, in Wirklichkeit aber in sie hineinführt.

Getreide, Honig und Milch sind die traditionellen Nahrungsmittel der Göttin; und diese Nahrungsmittel werden bei den rituellen Freßorgien und dem anschließenden bulimischen Erbrechen am häufigsten konsumiert. Hinter dem Eßzwang kann der Wunsch stecken, sich die Göttin einzuverleiben – als Entschädigung für die Getriebenheit und die rationale Orientierung unseres täglichen Lebens. Manchmal wird dieses Verhalten auch durch einen anderen Zwang hervorgerufen, der noch gefährlicher ist: nämlich durch den Zwang, dem (häufig als Licht symbolisierten) geliebten männlichen Geist zu folgen, der sie aus der Realität einer Welt befreien soll, die sie nicht interessiert. Von dieser Geisteswelt fasziniert und in der Euphorie des Hungerns befangen, kann sie plötzlich in zwanghaftes Essen verfallen. Es ist, als wolle die Göttin sie nicht in den Geist und in den Tod eingehen lassen, der die Frau dort erwartet. So sehr sie sich auch danach sehnt, der Welt zu entfliehen – die Göttin ruft sie wieder zurück in die Realität, in die täglichen Zwänge der Arbeit, zu den unbezahlten Rechnungen, den Seminararbeiten, die geschrieben werden müssen – und zu dem Essen, das sie in sich hineinschlingen muß. Der negative Aspekt der Göttin kann die Frau aber auch in die bloße Teilnahmslosigkeit zurückrufen, die eine Art Tod ist. Der Zwang mit seiner starren, sich ständig wiederholenden Zeremonie macht sein Opfer blind gegenüber der umfassenderen Realität des Geschehens. Das profane Ritual wird zu einer Parodie des sakralen Rituals. Das Zwangsverhalten, das anfangs eine Suche nach geistiger Bedeutung war, endet in der Identifikation mit der dunklen Seite des Mutter-Archetyps. Das bulimische Erbrechen ist vielleicht ein Versuch, diese Identifikation zu durchbrechen und zum Geist zurückzukehren.

Die Frau muß lernen, sich bewußt zu machen, was das rituelle Objekt symbolisiert, statt von ihm besessen zu sein. Dann kann die Energie, die die Auslöschung des Ich anstrebt, weil die Frau von einem falschen Gott oder einer falschen Göttin besessen ist, umgepolt werden und auf kreativem Weg ihre Transzendenz finden. Wenn das Ich-Gefäß stark genug ist, kann die von dem destruktiven Trieb befreite Energie in einen anderen Kanal umgeleitet werden, in einen Sinn, der das Leben auf eine höhere Ebene hebt.

Durch das Ritual kann der Mensch sich von den rein instinktiven Umtrieben des Unbewußten befreien. Je bewußter wir sind, desto deutlicher erkennen wir, daß wir nicht an eine rein instinktive Existenz gefesselt sind. Wir sollen weder vom Instinkt noch vom Geist besessen sein. Die Besessenheit macht uns unseren inneren Bildern gegenüber blind, vernichtet dadurch unsere Seele und läßt uns im nicht-menschlichen Bereich des reinen Geistes oder der reinen Materie verharren. Die Funktion der Bilder besteht darin, zwischen diesen beiden Extremen zu vermitteln, so daß wir weder vom Geist noch von der Materie besessen sind. Sie ermöglichen es uns, in einer mittleren Welt zu leben, der Welt des Seelenbildens, der Domäne des Rituals. Das Ritual ist die Reise der Seele durch eine Welt der inneren Bilder – Bilder, die sowohl am Geist als auch an der Materie teilhaben, aber zu keinem dieser beiden Bereiche gehören, von keinem dieser beiden Bereiche besessen werden.

Die Umwandlung einer Eßstörung

Lisa war eine fünfunddreißig Jahre alte berufstätige Frau, die sich seit drei Jahren in Analyse befand, nach und nach fünfundsiebzig Pfund abgenommen hatte und noch weitere fünfzig Pfund verlieren wollte. Sie hatte sich ganz ihrem Studium und ihrem Beruf gewidmet und nie eine intime Beziehung zu einem Mann gehabt. Während der Analyse hatte sie sich große Mühe gegeben, sich von ihrer psychisch inzestuösen Beziehung zu ihrem Vater und ihrem Zorn auf ihre Mutter zu befreien. Zwar schämte sie sich nicht mehr für ihren Körper; doch die Berührung eines Mannes erfüllte sie mit Schrecken und Verzweiflung, so daß sie jedesmal innerlich erstarrte. Nach solchen Zwischenfällen gab sie sich regelmäßig einer Freßorgie hin. Sie brauchte den Trost des Essens, das Herunterschlingen süßer Sachen, um ihre aufsteigende Angst und Wut zu bekämpfen. Außerdem hatte sie Angst davor, ihren massiven Körper aufzugeben – ihren Schutz, ihren Panzer, mit dem sie alles entschuldigte, was ihr verweigert worden war. Jetzt begann sie in ihren Träumen in ihre frühe Kindheit zurückzukehren, dorthin, wo sie ihr kreatives Kind im Stich gelassen hatte. Sie bekam Hautausschläge und hatte ständig Kreuzschmerzen. Am meisten beunruhigte sie die Übelkeit, die sie überkam, wenn sie trotzig Schokolade aß. Aber sie war zu verängstigt, um diese Gewohnheit aufzugeben.

Sie war dabei, sich auf eine Schwelle zuzubewegen. Ihre Hautausschläge verrieten ihr, daß sie ihre alte Schlangenhaut abstreifen mußte; ihr Kreuz war es müde, ihren Zorn zu tragen; und ihr Magen empfand Schokolade als Gift. Ihre Träume forderten sie dazu auf, zurückzukehren und die Kreativität wiederzugewinnen, die sie aufgegeben hatte. Die Schwelle, der sie sich jetzt näherte, gab ihr die Möglichkeit, in ihre eigene Weiblichkeit einzutreten. Wenn sie diese Schwelle verfehlen sollte, bestand die Gefahr, daß sie all die Pfunde, die sie verloren hatte, wieder zunehmen würde.

Und sie hätte die Schwelle sicherlich verfehlt, wenn nicht schon

Monate zuvor sorgfältige Vorbereitungen getroffen worden wären. Sie und ihr kulturelles Milieu waren überzeugt davon, daß ihre Rettung in der Diät lag. Ihre innere Stimme jedoch war nicht überzeugt: «Und wenn ich nun dünn werde und das Leben immer noch nicht lebenswert ist? WAS DANN?» Das war die letzte Hürde. Sie sah dem Verlust der Illusion entgegen, die sie stets am Leben erhalten hatte. Die Angst konnte leicht zur Panik werden – einer Panik, die sich nicht so ohne weiteres durchschauen ließ, da Lisa das, was sie sich vorgenommen hatte, tatsächlich zu schaffen schien.

Sie war dabei, sich physisch und psychisch auf die Schwelle vorzubereiten. Doch diese Vorbereitungen habe ich in anderen Kapiteln dieses Buches ausführlich beschrieben; daher möchte ich mich hier auf den Schrecken konzentrieren, der mit dem Verzicht auf den ihr vertrauten Körper verbunden war. Wer nie einen solchen Körper hatte, der nicht mit den gesellschaftlichen Normen übereinstimmt, kann diesen Schmerz nicht so ohne weiteres begreifen. Der Kummer eines reichen Mannes über den Verlust seines Vermögens oder der Schrecken einer vornehmen Dame, die plötzlich allergisch gegen Makeup wird, ist leichter zu verstehen. Diese Leute leben innerhalb des Wertsystems ihrer Gesellschaft. Doch was ist mit Menschen, die sich nie mit den Werten ihrer Gesellschaft identifizieren konnten, deren Körper sie gezwungen hat, ihre eigenen Werte zu entwickeln? Als die anderen diesen Körper ablehnten, hat seine Besitzerin sich in irgendeiner Weise um ihn gekümmert. Ihn im Stich zu lassen, ohne sich bewußt mit dem Schmerz auseinanderzusetzen, wäre dasselbe, als setzte man ein zurückgebliebenes Kind aus. Außerdem hat dieser Körper bei fast jeder Entscheidung des betreffenden Menschen eine sehr wichtige Rolle gespielt. Durch den Verlust dieses Mittelpunkts, um den sich bisher gewohnheitsmäßig alles drehte, entstünde Raum für frei-flottierende Angst. Wenn man von einem Zwang befreit ist, starrt man zunächst einmal in einen Abgrund.

Außerdem bietet das Leben in einem massiven Körper auch gewisse Entschädigungen. Ob nun dieser Körper durch das angeborene Temperament der Frau, durch ihre familiäre Situation oder durch die Ablehnung ihrer Peer-group entstanden ist, die Frau mußte genügend innere Kraft entwickeln, um ihren Weg allein zu gehen. Außerdem mußte sie sich ein gewisses Maß an ironischer Distanz zu eigen machen, die sie mit dem Rest der Menschheit zu verbinden und gleichzeitig von ihr zu trennen vermochte. Wie sich das auf ihre echten Gefühle und ihren Körper auswirkt, ist eine andere Frage; aber es gibt ihr eine gewisse psychische Stärke. Insgeheim ist sie vielleicht eine Artemis (die jungfräuliche Jägerin, wild, frei und unnahbar) oder eine Athene (die jungfräuliche Idealistin, sensibel, energisch, eine einsame Anführerin, die für eine Sache kämpft). Das ist die andere Seite der Jungfrau: Sie ist unnahbar, unberührbar, unbefleckt, ist sich ihrer Sexualität noch nicht bewußt geworden. Ein dicker Körper ist der Panzer der Athene, der Pfeil der Artemis. Ihn aufzugeben hieße, wehrlos zu sein. Ein neuer Wirbelsturm beunruhigender Fragen könnte in ihr Bewußtsein eindringen, das sich an Stolz und Einsamkeit gewöhnt hatte: Möchte ich wirklich so werden wie die anderen und zur Masse gehören? Bin ich überhaupt an Aphrodites sexuellen Intrigenspielen interessiert? Möchte ich mir eigentlich über die Größe meines Busens oder das neueste Make-up Gedanken machen? Wie könnte ich mich innerlich an einen Mann binden? Wäre ich imstande, mich selbst zu erniedrigen, indem ich Heras Eifersucht zeigte? Ich sehe, was für ein Chaos die Aphrodites und Heras aus ihrem Leben machen; und letzten Endes glaube ich, daß ich das bessere Los gezogen habe. Ich möchte meine Freiheit behalten.

Eine Frau, die an dieser Schwelle steht, muß sich mit dem Paradoxon der Jungfräulichkeit auseinandersetzen. Ein Teil ihrer selbst klammert sich noch an die niedrigere Unschuld der unbewußten Jungfrau; der andere Teil sehnt sich jedoch nach der höheren Unschuld der reifen Jungfrau, die vertrauensvoll genug ist, bewußt zu ihrer Verwundbarkeit zu stehen. Auch die hurenhafte Seite der Jungfrau zu verkörpern, die Ausgestoßene, für die im Gasthaus kein Platz ist, heißt: JA zum Körper, JA zur Leidenschaft sagen auf einer Ebene, die der körperlose Geist nicht kennt. Nur durch die reine weibliche Energie kann eine Frau ihren eigenen Körper lieben; diese Energie strömt von ihren Fußsohlen bis zu ihrem Kopf. Diese Energie kann man weder besitzen noch ist sie besitzergreifend. Ihre Stärke ist ihre Verwundbarkeit. Sie ist verwundbar gegenüber dem Leben, der Liebe, dem Anderssein. Das ist die Energie der heiligen Prostituierten, die sich der Göttin hingibt und sich vom weiblichen Geist erfüllen läßt. Der Mann, der sich im Liebesakt dieser Energie hingeben kann, wird durch sie wiedergeboren. Yin und Yang treffen aufeinander, und im gegenseitigen Austausch werden beide wiedergeboren und mit Kraft erfüllt. Die schwangere Jungfrau, die ins Frausein initiiert wurde, ohne ihre Jungfräulichkeit zu verlieren, gebiert sich selbst, den Mann, die ganze Schöpfung – eine neue, in neuem Licht erstrahlende Welt. Dann trennen die beiden Prinzipien Yin und Yang sich wieder und kehren zu ihrer eigenen Quelle zurück.

Es ist paradox: Der Körper erwacht zum Leben, indem man die höhere Unschuld bejaht. Die niedrigere Unschuld dagegen hat Angst vor der

Veränderung, Angst vor Fruchtbarkeit und Wachstum. Sie reagiert auf jede Schwelle mit einem NEIN. Wenn man sich nicht bewußt mit ihr auseinandersetzt, lautet ihre Reaktion auf diese eine Schwelle, die ihr den Eintritt ins Leben ermöglichen würde: NIEMALS.

Wenn das Schicksal in Form von Träumen und Symptomen an die Tür zu klopfen beginnt, kann aus einer inneren Notwendigkeit ein Ritual entstehen. Das Gefühl, eine Bürde zu tragen, die man eigentlich schon längst hätte abschütteln können, wird immer unerträglicher. Was war, ist vorbei; was in der Zukunft liegt, ist unbekannt. Menschen, die unter zwanghaftem Verhalten leiden, fällt es nicht leicht, ihre Energien in eine andere Richtung zu lenken, selbst wenn sie erkennen, daß ihre üblichen Rituale erstarrt und unfruchtbar sind. Sie haben große psychische Energie in ein Objekt oder eine Person investiert; und das aufzugeben, eine neue Haltung dem Leben gegenüber einzunehmen, und den alten Lebensinhalt nicht durch einen anderen falschen Gott zu ersetzen, ist keine leichte Aufgabe. Sie kann nur bewältigt werden, wenn der Patient erkennt, daß die regressive Energie destruktiv geworden ist und in neue, kreative Kanäle umgeleitet werden muß.

Wenn man in den Mutterleib zurückkehrt, um das Ich zu vernichten, so ist das selbstzerstörerisch. Ein ganz anderes Ziel hat eine Rückkehr, bei der man sich um die Saatkörner kümmert. Das ist der Unterschied zwischen infantiler Regression und dem, was Jung *reculer pour mieux sauter* genannt hat: einen Schritt zurück tun, um desto besser nach vorn springen zu können.[11] Das Balancieren auf dem schmalen Grat zwischen Zwang und Kreativität ist immer gefährlich, da beide aus ein und derselben Quelle entspringen. Wenn das Ich so verwundbar – mit anderen Worten: so bewußt und stark – ist, um sich der heilenden Kraft des neuen Lebens hinzugeben, stellt das Ritual ganz von selbst die Verbindung zu dieser Kraft her. Die Zeit dafür muß reif sein.

Wenn man erkennen kann, daß Menschliches und Göttliches im täglichen Leben aufeinandertreffen, empfindet man das Ritual nicht als befremdlich. Ältere Kulturen ließen an der Türschwelle, an der Feuerstelle und an anderen Orten des Hauses stets Platz für die Götter. Auch in unserem Leben werden Altäre aufgestellt, ob wir uns dessen bewußt sind oder nicht; doch unbewußte Altäre locken häufig Dämonen an. Der Kühlschrank kann der Altar eines eiskalten Gottes sein. Bewußt aufgestellte Altäre dagegen sind ein Gefäß, das für das Einströmen geistiger Energie geeignet ist. Man muß in seiner Umgebung den richtigen Platz für einen geheimen Ort auswählen, der dem Zweck der Konzentration dient.

Als Lisa das Gefühl hatte, daß der rechte Zeitpunkt gekommen sei, nahm sie sich ein paar Tage frei. Obwohl sie nur sehr wenig über Rituale wußte, tat sie alles, was ihr von innen heraus diktiert wurde. Sie blieb allein in ihrer Wohnung. Sie legte den Telefonhörer neben den Apparat. Sie fastete, badete und zog frische Kleider an. Sie wählte einen Opfergegenstand – den Hochzeitsschleier ihrer schönen Mutter, mit dem sie als Kind ehrfürchtig gespielt und der sie später davor abgeschirmt hatte, selbst zu heiraten: Sie hatte von den Fesseln, die ihre Mutter gefangenhielten, frei bleiben wollen. Sie legte den Schleier auf ihren kleinen Altar. Jedesmal, wenn sie daran vorbeiging, benahm ihr der Gedanke, diesen Schleier jemals zu verlieren, den Atem. Sie schrieb stundenlang in ihr Tagebuch: über ihren Körper und das, was er ihr bedeutet hatte, über ihren Vater, ihre Mutter und ihren Bruder. Sie versuchte das Opfer, das sie nun bringen wollte, richtig einzuschätzen. Was würde sie aufgeben? Ihre Illusion der Erhabenheit, ihr Bedürfnis, stets alles unter Kontrolle zu haben, ihre stolze Isolation. Sie weinte; sie gab sich der Trauer hin um den Menschen, der sie gewesen war. Sie räumte Schränke aus, dachte nach, schrieb wieder in ihr Tagebuch. Sie tanzte. Dann putzte und bohnerte sie den Fußboden. Während dieser Zeit kreisten ihre Gedanken um die unumstößliche Notwendigkeit, die infantile Lisa sterben zu lassen. Dieses Kreisen machte sich Lisa in ihren Tagebucheinträgen bewußt.

> Kann ich sie wirklich sterben lassen? In Wirklichkeit ist sie doch schon längst tot. Das Essen verschafft mir schon lange kein Hochgefühl mehr. Es lindert den Schmerz nicht. Es ist Seelenzerstörung, Selbstbetrug geworden; es lenkt mich von der Verantwortung ab, die ich mir selbst gegenüber habe. Es zwingt mich, der Verzweiflung ins Auge zu sehen, unter der ich leide, weil ich keinen Respekt mehr vor mir selbst habe. Doch ich versuche immer noch, die Extreme zu bezwingen – alles oder nichts. Als ob das wahre Energie wäre.
>
> Aber dieser Schrecken ... Der Gedanke, weiter mit der alten Lisa zu leben, der Gedanke, ohne sie zu leben – beides erfüllt mich mit Schrecken. Was soll ich tun? Wenn ich meinen wahren Gefühlen folgen wollte, müßte ich wieder auf die Universität gehen. Ich hätte kein Geld. Ich müßte mich wieder mit den endlosen Seminararbeiten herumquälen. Und ich müßte einige meiner Freunde aufgeben. Sie würden sich verraten fühlen. Sie glauben mich zu kennen; aber eigentlich kennen sie mich nicht. In Wirklichkeit haben wir nicht viel gemeinsam. Ich bin nicht der Mensch, als der ich mich ausgegeben habe. Früher bildete ich mir nur ein, allein zu sein. Jetzt werde ich es wirklich sein. Es wird niemand für mich dasein.
>
> Und mein armer Körper ... Jedesmal, wenn ich mich auf den Boden lege, rollt er sich von selbst wie ein Fötus zusammen. Er erstarrt, läßt nichts in sich hinein. Er ist widerspenstig und eigensinnig. So war er schon immer; und er

wird auch niemals anders sein. Das ist mein Schicksal. Ich habe mich so darum bemüht, daß endlich etwas geschieht. Aber es geschieht niemals etwas. Ich erwarte auch gar nicht mehr, daß etwas geschieht. Das ist die Niederlage, die schlimmste NIEDERLAGE.

Ich zwinge meine Arme und Beine, sich zu öffnen. Ich schlage auf den Fußboden ein. Ich habe Angst vor meiner eigenen Wut. Was für ein Krampf zwingt mich immer wieder, mich so zusammenzurollen? Ich kann einfach nicht offen bleiben. Ich weine; aber dieses Weinen ist anders als sonst. Das ist ein winzig kleines Baby, sein verzweifeltes Schluchzen kommt von tief innen. Es ist so allein.

Was will dieses Baby? Ich kann es nicht mehr länger hassen. Mein Haß bringt es zum Weinen, und es weint so lange, bis es ganz hysterisch ist. Je mehr es weint, desto mehr hasse ich es. Ich muß ihm zuhören. Wer ich auch sein mag – dieses Baby ist ein Teil von mir. Wer bin ich? Bin ich alt genug, um für mich selbst verantwortlich zu sein? Ich bin erst 35. Möchte ich wirklich verantwortlich sein?

Dann beantwortete sie sich diese Fragen und verglich ihre Antworten mit ihrer früheren Einstellung. Sie malte Bilder mit schreienden Farben und ließ sie sich auf ihre eigene wilde, ungestüme Art verwandeln. Doch plötzlich schreckte sie auf; sie hörte eine reife weibliche Stimme, die ihren Schreibstift führte.

Du mußt entscheiden, wem du dienen willst. Nimmst du dein Todesurteil immer noch an? Bist du immer noch an den Komplex gefesselt, der ständig versucht hat, dir dein junges Leben auszusaugen, und es dir jetzt schon wieder wegnehmen will? Entscheide, ob das, was du geschrieben hast, Wahrheit oder Phantasie ist. Erkenne, auf welchem Grund und Boden du stehst. Was für eine Göttin betest du an? Bist du ans Gesetz gebunden, oder lebst du im Geiste? Wirst du weiterhin gefesselt bleiben, oder bist du frei? Kannst du in dein eigenes wahres Leben eintreten? Deinen eigenen Tod? Das meiste von dem, was du geschrieben hast, trifft gar nicht mehr zu. Jetzt trägst du die Verantwortung für dein eigenes Leben.

Dann versuchte Lisa, auf die Stimme ihres verlassenen Kindes zu hören, und erhielt zwei widersprüchliche Antworten.

Ich bin dein Körper. Meine Mutter wollte mich nicht. Ich kauerte mich in ihrem Körper zusammen und verhielt mich so still wie möglich, denn ich hatte schreckliche Angst davor, in die Welt hinausgestoßen zu werden. Ich überlebte den Schock der Geburt. Doch als ich auf die Welt kam, war ich nicht willkommen. Wenn ich ein Junge gewesen wäre, hätte vielleicht alles anders aus-

> gesehen. Meine Eltern gaben den Namen, den sie sich für mich ausgedacht hatten, meinem Bruder. Ich versuchte ihnen nicht zur Last zu fallen. Ich hatte immer Angst davor, umgebracht zu werden; also tat ich, was ich konnte, damit sie mich liebten. Jetzt möchte ich nicht mehr leben, weil mich niemand liebt. Ich wurde immer gehaßt. Wer es auch sein mag, der mich haßt, immerzu werde ich für ein Verbrechen bestraft, von dem ich nichts weiß. Es ist, als wäre mein bloßes Dasein schon ein Verbrechen. Ich werde dafür bestraft, daß ich existiere. Wenn ich Hunger habe, füttert mich niemand. Wenn ich erschöpft bin, darf ich mich nicht ausruhen. Wenn ich Bewegung brauche, werde ich zum Stillhalten gezwungen. Manchmal überkommt mich ein wildes Gefühl der Freiheit; aber ich weiß, daß es nicht von Dauer ist. Wer mir das antut, muß mich hassen – aber ich verstehe nicht, warum. Wenn ich aufhörte zu existieren, würde auch die Bestrafung aufhören. Ich habe es satt, für ein Verbrechen bestraft zu werden, das ich nie begangen habe. ICH BIN UNSCHULDIG ... Niemand hört mir zu. Ich möchte sterben, weil ich zu einer lebenslänglichen Gefängnisstrafe verurteilt bin – und das wegen eines Verbrechens, das ich gar nicht begangen habe.

Dann hörte sie eine andere Stimme:

> Lisa, Lisa, hör mir zu. Versteh mich nicht falsch. Das gerade eben war nur die Stimme meiner Verzweiflung. In Wirklichkeit möchte ich doch leben. Ich bin deine Seele. Wenn ich sage: «Ich möchte nicht leben», meine ich damit, daß ich nicht länger in diesem körperlosen Zustand existieren möchte. Ich will nicht wie ein Geist leben. Ich war ein Spiegel deiner Mutter und deines Vaters. Sie haben mich nur dazu benutzt, sich selbst zu sehen. Deine Mutter hat deinen Körper abgelehnt; und dein Vater hat von ihm Besitz ergriffen. Diese Qual konntest du nicht ertragen, und deshalb konnte ich nicht in deinen Körper eingehen. Deine Seele hat niemals dir gehört. Jetzt bist du dir ihrer Qual bewußt geworden. Gemeinsam können wir sie lieben und zum Leben erwecken. Ich bin unsterblich. Ich kann nicht sterben, aber ich muß ein Zuhause haben. Wenn ich wachsen soll, muß ich sehen, hören, schmecken, riechen und fühlen können.

Zum ersten Mal in ihrem Leben empfand Lisa keinen Zorn auf ihren Körper. Statt dessen stellte sie fest, daß sie in ihn eingekehrt war und von innen her ihrer Seele lauschte. Für sie war das eine außergewöhnliche Umkehr und Erkenntnis: Sie war ihr Leben lang in den Schuhen ihres Schattens gewandelt. Ihr wirkliches Ich hatte sie niemals ausgelebt.

Allmählich beschleunigte sich der Rhythmus ihrer einsamen Tage; sie wurde körperlich immer erschöpfter, psychisch jedoch immer bewußter. Ein Teil ihrer selbst ging dem Übergangsritual aus dem Weg; ein anderer Teil jedoch steuerte unaufhaltsam darauf zu. Sie wurde das, was Victor Turner als «Schwellenwesen» bezeichnet. Diese Wesen sind

> weder hier noch dort; sie schweben zwischen den von Gesetz, Gewohnheit, Konvention und Zeremonie festgelegten Positionen. Ihre Ambivalenz und Unbestimmtheit drückt sich in Gesellschaften, in denen soziale und kulturelle Übergänge in Rituale eingebettet sind, häufig durch zahlreiche verschiedene Symbole aus. Zum Beispiel wird diese Schwellenexistenz oft mit Tod, Unsichtbarkeit, Dunkelheit, Zweigeschlechtigkeit, mit dem Aufenthalt im Mutterleib, der Wildnis oder einer Sonnen- oder Mondfinsternis verglichen.[12]

Ohne genau zu begreifen, was sie tat, ließ Lisa ihren Körper von ihren Instinkten und ihre psychischen Rhythmen vom Archetyp leiten. Sie spürte die innere Ordnung dieser Rhythmen und verließ sich auf sie; und so wußte sie, daß sie vor einem zu großen und zu raschen Einströmen spiritueller Energie geschützt war. In dem Maße, in dem sie ihre alte Welt aufgab, kehrte die neue Welt in sie ein. Das mit ihrem zwanghaften Essen verbundene unbewußte rituelle Verhalten verwandelte sich in eine bewußte Erkenntnis dessen, was sie zu erreichen versuchte. Das führte zu einer Hingabe an die überpersönliche Energie, die sie in einer Weise leitete und unterstützte, die sie sich nie hätte träumen lassen.

In der fünften Nacht hatte ihre Energie den Höhepunkt erreicht. Sie warf das rituelle Kleid, das sie bei ihren Freßorgien immer getragen hatte, in den Müllschlucker, zündete die Kerzen an und begann zu tanzen: Sie ließ ihren Körper kreisen, schuf sich ihren sakralen Raum. Sie hatte ihr eigenes Ritual erfunden. Sie bewegte sich in den Bildern ihrer eigenen inneren Welt, ging durch sie hindurch und umkreiste sie, und schließlich kam der Augenblick des Opfers. Lisa war Subjekt und Objekt, Opfernde und Opfer zugleich. Sie opferte die Lisa, die sie gewesen war, und verbrannte ihr rituelles Objekt, den Hochzeitsschleier ihrer Mutter. In diesem Akt des Verbrennens erkannte sie ihr eigenes verlassenes Kind und nahm es in die Arme. Dann setzte sie sich auf den Boden und wiegte ihren eigenen Körper wie ein Baby. Sie öffnete ihren ganzen Körper den neuen Möglichkeiten. Zum Schluß blies sie die Kerzen aus und schlief ein. Dann kam das Morgengrauen – nicht golden, aber sehr klar.

Das ist der Sinn des Rituals. Die verwandelnde Kraft der freigesetzten Liebe läßt sich nicht in Worte fassen. Darin liegt das Geheimnis. Mit der Fähigkeit, ihr geistiges Kind zu nähren und zu pflegen, begann für Lisa endlich ihr eigenes Leben. Das war ihre Geburt als Frau.

Monate später träumte sie, sie schaue in einen Sternenhimmel. Weiße Nordlichter ließen ihre zarten Schleier vom Horizont zum Himmelsgewölbe wehen. Als Lisa emporschaute, teilten sich die Schleier, und ein Bild Sophias erschien am Himmel. Ihr Kopf trug eine Sternenkrone, ihr mächtiger Körper bewegte sich im Licht, und als sie wieder verschwand, hüllte sie sich in ihre Schleier. Helle Lichter wirbelten am Himmel hin und her, die Schleier teilten sich wieder, und Sophias weicher, weiblicher Körper saß da, in weiße Seide gekleidet, verschwand dann wieder hinter anderen Schleiern, um noch einmal in ein anderes schimmerndes Bild hinüberzugleiten.

Ein solches Bild kann ein Gegengewicht zu den Gefühlen einer Frau schaffen, die ihre Weiblichkeit als schwerfällig, dunkel und erdgebunden empfindet. Die Göttin am Himmel, die in silbernem Licht erstrahlt, sich ständig bewegt und verändert und von ruhiger, gelassener Heiterkeit ist, steht für das geistige Wesen des Frauseins. Diese Königin der Nacht mit ihrem Sternendiadem läßt sich nicht festlegen; sie bewegt sich spielerisch durch die Phantasie und um sie herum, durchdringt die Dunkelheit mit Licht – eine Brücke zwischen Himmel und Erde.

Die meisten Süchtigen haben von Natur aus Verbindung zum Überpersönlichen, zu Teufeln oder Engeln. Wenn sie mit Teufeln in Kontakt stehen, treten die selbstzerstörerischen Triebe zutage. Wenn sie dagegen mit Engeln Verbindung haben, wird ihr Ich früher oder später dazu bewogen, sich dem Feuer der Verwandlung zu ergeben. In diesem Fall kann ihre gierige Wolfsenergie sich in eine unstillbare Lebensgier verwandeln, wobei die Kraft und Intelligenz des Wolfs im Dienste des Sonnengottes Apollo steht (des Gottes, zu dem der Wolf gehört). Das Ritual erfordert Konzentration und Disziplin; der es begeht, muß sich bemühen, dem Unbewußten Bewußtsein zu entringen und einen Kanal für die Libido zu schaffen, damit sie nicht in den Instinkten und dem Chaos des Unbewußten verlorengeht.

Ein solcher Übergang kann auch mißlingen. Der Patient muß genau erkennen, was er opfert; er muß den Verlust bejahen und das Verlorene betrauern, solange es ihn dazu drängt, ehe das endgültige, unwiderrufliche Begräbnis stattfinden kann. Dieses Begräbnis repräsentiert die Umwandlung subjektiver Identifikation in objektive Fakten, die *separatio* des alchemistischen Prozesses. Es besteht immer die Gefahr, daß alte, überholte Muster sich wieder etablieren; und wenn solche Muster wieder zum Leben erwachen, sind sie im allgemeinen noch lähmender und nutzloser als je zuvor. Wenn sich jedoch die Tiefen öffnen und in der Lage sind, ganz neue Energien subtil zu steuern, dann kann Kummer, der sich zur

Verzweiflung verhärtet hatte, wieder befreit und seine Energie in lebendige Quellen der Erneuerung umgeleitet werden. Diese potentielle Energie muß man sofort erkennen, damit sie fließen kann.

Lisas Erfahrung ist ein gutes Beispiel dafür, wie Energie durch das Ritual verwandelt werden kann. Lisa wurde von ihren zwanghaften Ritualen und damit gleichzeitig von dem Schrecken befreit, in den Strudel der dunklen Seite der Mutter hineingezogen zu werden. Durch ihre menschliche Anstrengung brachte sie sich an einen Punkt der Unterwerfung, ein Vakuum, einen Mutterleib, der bereit war, vom Geist befruchtet zu werden und das verwandelnde Bild hervorzubringen. Indem sie ihre Jogakenntnisse anwandte, dehnte sie ihr gesamtes Wesen so weit wie möglich aus, kehrte dann wieder in ihre ursprüngliche Position zurück und ließ die neue Enegie in sich hineinfließen. Dadurch, daß sie bis an die äußersten Grenzen ihres Körpers und ihrer Psyche ging und sich dann wieder zusammenzog, arbeitete sie mit der Natur und dem Geist Hand in Hand: Sie ließ sich zur Welt kommen. Durch ihr Opfer wurde ihre Fähigkeit zum Verzeihen freigesetzt; sie liebte ihren Körper, den sie vorher als Feind betrachtet hatte und erkannte ihn als das, was er war: als ihren Freund. Durch ihren verwundeten Körper wurde ihr ihre verlassene Seele wiedergegeben. Durch ihre Wunde wurde sie sich ihrer inneren Jungfrau bewußt.

Eine unerwartete Initiation

Bei primitiven Stämmen, in Mysterienkulten und in der christlichen Kirche sind bei Initiationszeremonien in der Regel drei deutlich voneinander abgegrenzte Phasen zu erkennen: Trennung, Übergang und Integration.[13] Bruce Lincoln vertritt die Ansicht, daß man diese Phasen bei Frauen besser als «Einschließung, Verwandlung (oder Vergrößerung) und Austritt»[14] bezeichnen sollte. Die Person, die ihren bisherigen Zustand ändert, wird «sakral» für diejenigen, die im profanen Status verharren. «Dieser neue Zustand erfordert Riten, durch die der einzelne wieder in die Gruppe integriert wird und ins gewohnte alltägliche Leben zurückkehrt.»[15]

Beispielsweise tritt eine Frau, deren Mann plötzlich verstorben ist, in den sakralen Raum ein, während ihre Freunde und Freundinnen sich nach wie vor im profanen Raum befinden. Im Ritual wird sie «sakral»; ihr Bewußtseinszustand hat sich verändert, ihr Ich ist geschwächt, und sie steht in direktem Kontakt mit dem persönlichen und dem archetypischen Unbewußten. Bei primitiven Stämmen wurden solche Menschen von den anderen isoliert und in einer gesonderten Behausung untergebracht. Diese Ungestörtheit und Zurückgezogenheit war für ihren Zustand von entscheidender Bedeutung; sie war der Kokon, in dem der Heilungsprozeß stattfinden konnte. Wenn wir plötzlich in den sakralen Raum geworfen werden – wenn wir zum Beispiel unsere Eltern, unser Kind oder unseren Ehepartner verlieren –, sehnen wir uns dann in unserer Verwirrung oder unserem Schmerz nicht auch nach der schützenden Würde einer solchen Isolierung oder nach einem Schleier, hinter dem wir unsere nackte Seele verbergen können? Ob es sich nun um eine primitive oder um eine moderne Kultur handelt, Menschen, die von ihrem «Stamm» getrennt worden sind, befinden sich in einem sakralen Raum, in einem Raum des Übergangs, in dem sie verwundbar und anfällig sind – anfällig für Götter und Dämonen und für die überpersönliche Energie, die ihr Leben verändert. Menschen, die sich ihren Ritualen allein oder gemeinsam mit einem einfühlsamen Freund oder einer unterstützenden Gruppe unterziehen, müssen sich unbedingt über die Macht dieser Energie im klaren sein.

Beas Ritual war ein Ereignis. Bewußt konzentrierte sie all ihre Energie auf ihre innere Reise; unbewußt ließ sie Raum für das Unbekannte. Sie gehörte keiner Konfession an und versuchte daher, ihren eigenen Weg zu finden.

Bea war über fünfzig, attraktiv und leistungsfähig und hatte zu einem guten Gleichgewicht zwischen Beruf und Privatleben gefunden. Sie unterzog sich einer Analyse, weil sie erkannte, daß ihre Scheidung und ihre immer wieder scheiternden Partnerbeziehungen kein Zufall waren, sondern etwas mit ihrer eigenen Psyche zu tun hatten. Nachdem sie ein Jahr lang in Analyse gewesen war und nicht wußte, daß ihr noch ein weiteres langes Jahr bevorstand, schrieb sie in ihr Tagebuch:

> Ich bin nun schon seit vielen Monaten, seit fast einem Jahr von einer Angst, einer inneren Spannung erfüllt, die ich früher nie gekannt habe. Es ist ein Gefühl der Bedrücktheit, mit dem ich kaum fertigwerde. Meine Arbeit leidet darunter. Ich lache weniger als früher. Das Haus wird immer unerträglicher; ich empfinde es als bedrängend und kann die beengenden Zimmer kaum noch ertragen. Manchmal gebe ich dem Haus, der Arbeit, dem kalten Winter die Schuld. Doch dann erkenne ich, daß es nicht an meinem Haus, nicht an meiner Umgebung liegt. Es ist etwas in mir selbst, mit dem ich kämpfe. Dann segne ich das Haus. Ich spiele in den frühen Morgenstunden immer wieder meine Lieblingsmusik. Ich fülle das Haus mit Blumen und schreite darin umher wie

eine Priesterin der Antike. Endlich läßt die schreckliche Angst und Bedrängnis ein wenig nach. Ich kann mich wieder etwas besser konzentrieren, mich aufmerksamer meiner Arbeit und meinen (erwachsenen) Kindern widmen. Die Wolken wirken plötzlich heller. Ich schlafe wieder besser. Aber ich habe nicht viele Gäste und gehe auch nicht häufig aus. Ich kann nichts anderes tun, als allein zu sein.

In der Analyse weine ich. Ich bin es nicht gewöhnt, zu weinen. Ich habe nicht einmal geweint, als meine Ehe zerbrach, als mein Kind starb. Aber jetzt weine ich; und dann kehrt das Gefühl der Bedrängnis wieder. Auf mir lastet etwas so Schweres, daß ich mich manchmal kaum bewegen kann. Ich spüre es überall. Es ist tief in mir; es ist wie eine Wolke, die mich umgibt, eine schwere, unsichtbare Wolke. Obwohl diese Wolke eigentlich ein Nichts ist, drückt sie mich nieder. Ich bemühe mich, zu vergessen, zu lachen, mir Abwechslung zu verschaffen, gehe ins Kino und zu Konzerten. Doch die Wolke umgibt mich wie ein unsichtbarer Mantel. Ich kann dieses Gewicht nicht ertragen. Ich wehre mich. Ich kämpfe die ganze Zeit dagegen an, befehle dieser Bürde, endlich zu verschwinden, versuche sie mit all meiner geistigen Willenskraft zu vertreiben oder mich über sie zu erheben. Ich treibe Sport und Gymnastik, um mich abzulenken. Aber es nützt nichts. Das Gewicht bleibt.

Allmählich zeigt sich die Anspannung in meinem Gesicht. Meine Familie und meine Freunde machen sich Sorgen um mich. Ich bin nicht krank; trotzdem kann ich mich manchmal kaum bewegen. Jede Bewegung strengt mich an; manchmal kann ich kaum glauben, daß dieser streikende Körper mein eigener ist. Früher konnte ich arbeiten, spielen und verschiedene Dinge auf einmal tun. Wann hat diese Qual ein Ende?

Bea konzentrierte sich zielstrebig darauf, ihren inneren Müll zu beseitigen, sich zu befreien, so daß sie endlich ein volles Leben führen konnte. Sie machte sich furchtlos von veralteten Einstellungen frei und suchte beharrlich nach ihrer eigenen Wahrheit. Eines Tages – ungefähr neun Monate nach dem obigen Tagebucheintrag – verließ sie meine Praxis, ging auf die Straße und vernahm eine innere Stimme (die sie auch früher schon gehört und als «Gebieterin/Muttergottes»* bezeichnet hatte). Die Stimme sagte: «Folge mir, und ich führe dich zu Gott.» Sie war so verblüfft und erschrocken, daß sie stehenblieb; und obwohl sie nicht an einer Eßstörung litt, hatte sie das spontane Gefühl, nun unbedingt eine Kirschtorte essen zu müssen. Auf diese Stimme folgten Monate der Qual, in denen alles in ihrem Leben schiefzugehen schien. Langsam, aber sicher streifte sie ihre großartige, perfekt funktionierende Persona ab. Sie fragte immer verzweifelter, welcher Weg nun eigentlich der «richtige» sei. Eine

---

* Beide Übersetzungen sind möglich.

unberechenbare Kraft schien sich gegen sie zu wenden. Doch ihr Ich war stark genug, die Spannung auszuhalten und in der offensichtlichen Katastrophe eine vermittelnde Rolle zu spielen; durch Zusammenarbeit mit dem Selbst erreichte sie eine neue Ebene spirituellen Bewußtseins. Der Tagebucheintrag geht weiter:

> Am Samstag vor dem Palmsonntag ging ich auf den Markt, um einzukaufen. Der Markt hat stets etwas Tröstliches für mich – all die schönen Nahrungsmittel, Fleisch, Fisch, frisches Gemüse, und die vielen Menschen. Ich fühle mich wohl. Doch dann kommt es wieder – die Schwere bricht mit großer Macht über mich herein. Ich gehe nach Hause, schleppe mich mit all meinen Einkaufstüten die Stufen hoch. Ich gehe langsamer. Ich habe keine Gedanken mehr, gehe und handle wie im Traum. In der Küche stelle ich meine vielen Einkaufstüten auf den Fußboden und auf die Anrichte. Ich habe immer noch meinen Mantel an. Dann gehe ich ganz langsam in die Knie. Sicherlich bin ich schon öfter niedergekniet – doch jetzt kommt mir zum Bewußtsein, daß ich zum erstenmal in meinem Leben wirklich in die Knie gehe. Das, was in meinem Inneren geschieht, zwingt mich in die Knie. Es ist stärker, viel stärker als ich. Langsam neige ich den Kopf und kauere mich noch tiefer nieder. (Das ist kein Traum, sondern Wirklichkeit. Es ist unglaublich.) Jetzt stütze ich den Kopf in die Hände, neige mich noch tiefer nieder, und aus der Tiefe meines Wesens steigen Worte empor: «Du hast gewonnen. Ich schaffe es nicht mehr allein. Gott, ich ergebe mich dir.» Ich presse mich noch tiefer an den Boden und bin ganz still – wie lange, weiß ich nicht.
>
> Schließlich stehe ich wieder auf, ziehe meinen Mantel aus und setze mich ins Wohnzimmer. Das ist es also . . . Gott . . . Ich bin nicht einfach nur ich. Ich bin ein Teil dessen, was man Gott nennt, und deshalb wurde ich in die Knie gezwungen. Ich bin so überwältigt, daß ich nicht aufzustehen wage. Es ist tatsächlich Gott, mein Gott!
>
> Ich bleibe für den Rest des Tages zu Hause. Ich bin vollkommen überwältigt. Es war Gott, Gott in mir, der mich niederdrückte und vor dem ich, Bea, in die Knie gehen mußte. Nun erkenne ich, daß ich zwar immer noch nichts weiß, mit nichts fertiggeworden bin, aber daß ich von jetzt an knien muß. Jeden Tag, oder jedenfalls fast jeden Tag – selbst im Badezimmer, wenn es mich gerade überkommt – bete ich. Also war es Gott, der mich so niedergedrückt hat.

Danach hatte sie vier Tage Ruhe. Doch am Gründonnerstagmorgen wachte sie voller Schrecken von folgendem Traum auf (ich gebe ihn hier so wieder, wie sie ihn niedergeschrieben hat):

Es ist Krieg, und meine Heimatstadt ist gerade bombardiert worden. Ich gehe mit meinen wenigen Habseligkeiten die Straße entlang. Ich bin erwachsen. In der nächsten Stadt, in die wir kommen, befindet sich ein Krankenhaus, vor dem die Patienten (Opfer des Bombenangriffs) ausgestreckt im Gras liegen. Ich gehe um sie herum und tue so, als sei ich eine Aushilfskrankenschwester. Ich lege mir sogar ein weißes Taschentuch auf den Kopf. Doch dann beschließe ich, allein fortzugehen.

Jetzt wird alles grau. Ich gehe weiter die Straße entlang; eigentlich ist es mehr eine Art Feldweg. Dann sehe ich ein viereckiges graues Gebäude; es ist nicht aus Stein oder Backstein, sondern besteht aus grauen Blöcken. Es hat auch Türen. Im Traum weiß ich, daß es eine Kirche ist. Ich klopfe an, öffne die Tür und gehe hinein. Überall liegen kranke, halbtote Menschen; die Luft ist zum Ersticken. Br-r-r!

Dann gehe ich wieder hinaus, und dieser Krüppel (der Mann ohne Beine) kommt aus der Kirche. Er trägt eine graue Hose und einen grauen Pullover. Wir gehen zuammen weiter. Ich bin bedrückt, weil er keine Beine hat; er ist wie eine Büste auf einem Sockel, einem quadratischen, wandelnden Sockel. Es ist eigenartig – wenn er seine Hüften bewegt, bewegt sich das verdammte Ding auch. Ich gehe ganz nahe neben ihm her. Wenn ich ihm nah genug komme, fühle ich die Bewegungen seiner Hüfte an meiner Hüfte, und es kommt mir fast so vor, als gehe er wirklich – obwohl ich *weiß,* daß er keine Beine hat. Aber ich beschließe, das zu ignorieren – wahrscheinlich aus Mitleid.

Dann blicke ich mich um. Er führt mich in eine kleine Gasse, und ich sehe ihn wieder an. Er hat seinen Hosenschlitz geöffnet, und es ist alles blutig – Fleischstücke, manche kleiner, manche größer, zerschnittenes, verstümmeltes Fleisch. Es ist rosa und blutig, und er onaniert. Ich kann keinen normalen Penis erkennen; ich denke nur, daß er vielleicht irgendwo inmitten dieser blutigen Fleischmasse verborgen ist. Er onaniert weiter, und es macht ihm offensichtlich Spaß. Da er ja keine Beine hat, ist er ein bißchen nach hinten gekippt. Er *weiß,* daß er mich mißbraucht; doch auch das scheint ihm Spaß zu machen.

Ich beginne mich furchtbar zu ekeln; doch gleichzeitig möchte ich ein gutes Mädchen sein, und deshalb beschließe ich, seinen schrecklichen Zustand zu ignorieren. Ich weiß nicht genau, warum – aber ich denke auch, daß ich vielleicht mit ihm schlafen sollte. Es ist wirklich ekelhaft. Ich kann den Anblick nicht mehr ertragen; und trotzdem habe ich das Gefühl, wenn ich mich ihm hingäbe, käme ihm vielleicht gar nicht zum Bewußtsein, daß er so abstoßend ist . . .

Dann wird alles schwarz. Ich träume immer noch; aber um mich her ist es pechschwarz. Ich falle nicht in Ohnmacht. Ich bin mir der Pechschwärze um mich herum bewußt. Es bleibt eine Zeitlang schwarz.

Dann strömt ganz langsam Licht ein, und auf dem Boden liegt Bea – zerstückelt und völlig verkohlt, kleiner, als ich in Wirklichkeit bin; aber es besteht kein Zweifel daran, daß ich es bin, völlig zerschmettert – wie ein Teller, der heruntergefallen und in lauter kleine Stücke zersprungen ist. Dann sehe ich, daß der Mann fort ist, und wache auf.

Lieber Gott, hilf mir.

«Ich habe noch nie eine solche Seelenqual erlebt», schrieb sie. «Als meine Nachbarin mich sah, fragte sie mich: ‹Ist jemand gestorben?› Wie konnte ich ihr erklären, wer gestorben war? Meine Freundin kam mich besuchen. Ich konnte nicht allein sein. Bis Ostern fühlte ich mich so schwach, daß ich mich überhaupt nicht bewegen konnte. Meine Seele durchlitt solche Qualen.»

Der Schauplatz dieses Traums – eine zerbombte Stadt – deutet auf die Qual, die schwere Prüfung hin, die mit der Initiation der Träumenden verbunden ist. In Wirklichkeit war Bea ein Kind, als ihre Heimatstadt bombardiert wurde, doch im Traum ist sie erwachsen; so schwingt ihre Kindheitserinnerung in dem Traum mit. «Ich mußte auf Leichen treten und über Leichen klettern, um auf eine sonnige Straße zu gelangen», erinnerte sie sich. «Diese und ähnliche Erfahrungen begleiteten mich ins Pubertätsalter. Ich war das junge Mädchen, das niemals lachen konnte.» Der Traum deutet darauf hin, daß sie den Übergang damals nicht geschafft hat. Das Kind konnte nicht mit dem Anblick verhungernder Menschen und massakrierter Leichen fertigwerden; es war zu jung, um diesen Schrecken zu verarbeiten, und erlitt ein schweres Trauma. Die kleine Bea hatte das Gefühl, irgendwie helfen zu müssen, vielleicht als Krankenschwester; aber sie war zu jung, um sich anderer annehmen zu können – sie konnte nicht einmal für sich selbst sorgen. Um Überleben zu können, mußte sie wie eine Schlafwandlerin über den Kriegsschauplatz gehen, sich vor der Welt verstecken und in sich selbst zurückziehen – eine englische Anne Frank, die auf dem Dachboden sitzt und auf ein Klopfen an der Tür wartet. Die Energie dieses Traums kehrte wieder an den Ausgangspunkt zurück, um eine Verbindung zu dem verlassenen Mädchen herzustellen.

Nun war Bea dabei, die Einstellungen und Illusionen, die ihr Leben bisher beherrscht hatten, abzustreifen. Ihre Aufopferung, das Gefühl, sich um andere kümmern zu müssen – ihre Funktion als «Krankenschwester» – hatte sie stets in katastrophale Partnerbeziehungen hineinmanövriert. Einige ihrer Partner waren Alkoholiker gewesen. «Bei mir leben die Männer ihre negative Seite aus», sagte sie. «Ich weiß, daß ich eine Sadomasochistin bin. ‹Du liebst mich›, sagen sie – und sobald ich das Gefühl habe, einen Mann zu lieben, ist es aus mit mir. Ich habe das Gefühl, mich selbst für die Männer aufgeben zu müssen – trotz ihrer narzißtischen

Selbstsucht. Ich weiß, daß sie Angst vor meiner Verwundbarkeit haben; sie fürchten, daß ich von ihnen abhängig werden könnte. Doch dieser Schein trügt. Ich habe die Ausstrahlung eines kleinen Mädchens: ‹Ach bitte, kümmert euch um mich.› Aber das ist nicht mein wahres Ich. Ich habe gelernt, niemals einem Mann meine Seele zu schenken. Mein Geld und alles, was ich habe, gebe ich her – aber nicht meine Seele. Auf diese Weise werde ich niemals arm.»

Die Männer fühlten sich von ihrer Schönheit und ihrer Bereitschaft angezogen, sich selbst zu verschenken. Der Traum dagegen deutet darauf hin, daß sie einfach nur so tat, als verschenke sie sich – eine immer noch in einem Trauma befangene Braut. Ihre Stille und Sanftmut war eine nach der Besatzung zurückgebliebene Bombe, eine tickende Zeitbombe, die niemals explodierte. Was in ihr tickte, war die Erkenntnis, daß man Macht über sie ergriffen hatte, als sie ein Kind war. Ihre Mutter war unfähig gewesen, sie zu lieben, und ihr Vater hatte ihr keinerlei Unterstützung geboten, und so wurde sie von den Nazis okkupiert und tot zurückgelassen. Diese Erfahrung steckt hinter der Krankenschwester, der liebenden und sorgenden Mutter. In ihrem Traum von dem beinlosen, onanierenden Mann, dem sie sich hingeben will, um ihn zu heilen, steht sie dieser «Mutter» gegenüber. Sie läßt das steinerne Kirchengebäude, das ihr wie ein erdrückendes Grab voller kranker und sterbender Menschen erscheint, hinter sich; die selbstgerechte Heuchelei des moralischen Christen paßt nicht zu ihr. Ihr Mitleid kann sich nicht länger als Liebe maskieren. Ihre männliche Seite – verkrüppelt, wurzellos, in Stein eingeschlossen – ist nachgiebig gegen sich selbst und autoerotisch. Er schikaniert sie mit seinem pervertierten Machtprinzip, und sie wird durch ihren kindischen Wunsch, ein «gutes Mädchen» zu sein, zu seinem Opfer. In ihrem Bestreben, diesem verkrüppelten Tyrannen Selbstvertrauen einzuflößen, verrät sie ihre eigenen Instinkte.[16] Das Schwert paßt genau in die Wunde. Die Schwärze, die Bea anschließend umfängt, setzt Partnerbeziehungen dieser Art ein Ende.

Viele Frauen, die das Trauma des Krieges gar nicht erlebt haben, träumen immer wieder, daß sie in Konzentrationslagern gequält werden. In heimlichem Einverständnis mit ihrem inneren Machtprinzip und mit den Männern, die in ihrem Leben eine Rolle spielen, zerstören sie ihre eigene Weiblichkeit. Wenn sie in ihrem Traum endlich über die Mauer klettern wollen oder einen Tunnel gegraben haben, durch den sie das Lager verlassen können, zeigt die Gestapo ihr wahres Gesicht. Es ist, als sagte der Teufel selbst mit hämischem Lachen: «Du wirst nie von mir loskommen. Du hast mir schon vor Jahren deine Seele verkauft; du gehörst mir.» Dann ist die Frau noch geängstigter und verzweifelter als je zuvor. Ihr Körper leidet unter Umständen Folterqualen. In diesem Augenblick müssen sie selbst und ihr Analytiker (oder ihr Geistlicher, oder ihr Vertrauter) soviel Liebe ausströmen, wie sie können, um die Geburt zu ermöglichen.

Es spielt keine Rolle, ob man es nun Schicksal, Gott oder Selbst nennen möchte – irgendeine unsichtbare Macht hatte Bea zerstückelt. «Ich war verkohlt», sagte sie, «verkohlt von der Schwärze; aber die Schwärze war nicht schuld daran. Die Schwärze ersparte es mir nur, den Vorgang der Zerstückelung mitansehen zu müssen. Das hätte ich nicht ertragen. Ich wäre gestorben. Das Ergebnis sehen zu müssen, war schon schlimm genug. Von diesem Tag an betete ich zu jenem Gott in mir.» Bea war an den Punkt zurückgeführt worden, an dem sie eine Maske aufgesetzt hatte, um überleben zu können, da sie den Kontakt zu ihrer eigenen Realität verloren hatte. Nun war die Maske zerschlagen. Ihre gescheiterten Beziehungen retteten sie davor, von ihrer «Krankenschwester»-Persona erdrückt zu werden. Sie hatte die Freiheit, zu entscheiden, ob sie auf die Reise gehen wollte oder nicht; und sie stellte fest, daß es ihr bestimmt war, in die Richtung zu gehen, die ihr Selbst vorschrieb. Statt ängstlich davor zurückzuscheuen, nahm sie all ihren Mut und ihre Würde zusammen und machte sich auf den Weg. Durch einen Dialog mit dem Unbewußten wurde die kreative Einheit geboren. In diesem Stadium wurden das Ziel und der Weg zum Ziel eins.

Von den Figuren in ihrem Innern geleitet, folgte Bea der unbewußten Absicht ihres Weges. Zwei Monate später hatte sie folgenden Traum:

> Ich glaube, es muß ein Opfer gebracht werden. Ich bin in einem schwarzen Körper, er hat keinen Kopf, kein Gesicht (oder zumindest sehe ich keines). Dieser schwarze Körper muß einen Hügel hinaufgetragen oder geopfert werden. Offensichtlich ist der Körper tot. Es ist ein schöner nackter Körper, und ich trage ihn einen Hügel hinauf zu einem Altar. Ich bin mir zwar nicht sicher; doch eine Sekunde lang habe ich den Eindruck, daß ich den Körper zu einem Mann bringe.
>
> Ich trage diesen Körper auf meinen Armen wie einen Umhang. Dann lege ich ihn nieder. Es ist so eindeutig, daß das mein eigener Körper ist – meine Gestalt, meine Nacktheit. Ich weiß, daß ich es bin. Aber es ist ein sehr merkwürdiges Ich. Die weiße Frau weiß, daß der schwarze Körper auch zu ihr gehört. Ich bin auch diese schwarze Frau. Ich beginne sie sehr sanft zu liebkosen. Ich küsse ihre Brust, ich lege meine Hand zwischen ihre Beine. An dieser Stelle ist sie warm und feucht; und während ich sie dort berühre, blicke ich hoch und sehe ihr Gesicht. Ein Lächeln erscheint auf ihren Lippen – ein sehr

sanftes, schönes Lächeln. WAS FÜR EINE ÜBERRASCHUNG! Ich dachte, sie ist tot; aber es gefällt ihr, wenn man sie liebt. Sie ist so phantastisch, daß ich es kaum glauben kann. Ich beuge mich wieder zu ihr – entweder, um sie aufzuheben, oder um ihren Körper mit meinem zu bedecken. Ich liebe sie so sehr. Ich begreife es nicht ... Ich weiß nur, daß dieser schwarze Körper, schön und vollkommen, mir gehört und daß er es offensichtlich genießt, geliebt zu werden.

Der Körper bekommt erst dann einen Kopf, wenn ich die Frau liebe. WAS FÜR EINE ÜBERRASCHUNG!

Zu Beginn ihres Traums ist Bea im Begriff, ihren eigenen schwarzen, kopflosen Körper zu opfern. Die Schwärze dieses Körpers deutet darauf hin, daß sie sich seiner nicht bewußt ist, daß zwischen seinen primitiven Instinkten und ihrem Kopf keine Verbindung besteht. Einen Augenblick lang hatte sie das Gefühl, diesen Körper einem Mann darzubringen – wie sie es in ihren sexuellen Beziehungen immer getan hatte.

Diesen Traum hatte sie, nachdem wir in der Analyse viele Monate lang an ihrem Mutterkomplex gearbeitet hatten – ihrem «Gefühl, immer allein gelassen zu werden», ihrem resignierten Sich-Abfinden mit der Tatsache, daß sie nur wenig Unterstützung bekommt. Wochenlang war sie jeden Morgen um 4 Uhr aufgewacht. Statt Schlaftabletten zu nehmen, hatte sie beschlossen, wach zu bleiben und zu kämpfen – mit etwas in ihrem Inneren, «etwas, das überwunden oder akzeptiert werden muß». Häufig tanzte sie «mit langsamen, sehr langsamen Bewegungen in einem Flanellpyjama und leuchtend roten Socken – denn es war sehr kalt.» Die Liebe, die sie ihrem Körper in jenen furchterregenden Nächten angedeihen ließ, erreichte ihren Höhepunkt in jener Umarmung im Traum. «Ich habe das Gefühl, daß ich dieses schwarze Mädchen, diese schwarze Frau sehr vorsichtig tragen muß», schrieb sie. «Wenn sie nicht geliebt wird, ist sie zart und schwach, hat kein Leben in sich ... Doch sobald man sie liebt, lächelt sie. Jetzt fühle ich, daß sie mit mir identisch ist, daß sie meine Seele ist. Meine Liebe zu ihr ist mir heilig.» Die Rhythmen ihres Traumes und ihrer Ausrufe offenbaren die Macht des emotionalen Erlebnisses, das Kopf und Körper zueinander bringt. Die in dem dunklen Fleisch vergrabene Seele wird von der intensiven Liebe des Ich berührt; sie lächelt und ersteht wieder auf.

Wenn wir Beas Erlebnis als Ritual betrachten, sehen wir, wie die Träumende durch eine scheinbar bewußte und gewollte Entscheidung den Berg hinauf und zur Höhle geführt wird. In Wirklichkeit konstellierte sich hier die archetypische Situation: Sie konnte sich der Reise nicht entziehen. Ihre Einstellung zu ihrem Haus und zu sich selbst in dem sakralen Raum wurde zu einem Ritus der Reinigung und des Eintritts, einer Katharsis, die sie von ihrer Angst und ihrem Zorn reinigte. Dadurch, daß sie wie eine antike Priesterin in ihrem Haus umherging, unterzog sie sich einer rituellen Persönlichkeitsveränderung. Indem sie das Körper-Selbst als überpersönliche Wesenheit beschwor und unter äußerster körperlicher Anstrengung und totaler Konzentration zu tanzen begann, gab sie ihre bewußte Orientierung auf und machte den Weg für den Durchbruch einer neuen Haltung frei. Der Tanz war ein rituelles Gefäß, durch das die geistige Seite des Unbewußten eine höhere Spannung aushalten konnte, als sie sonst verkraftet hätte. Indem das Ich diese Spannung bis zu ihrem Höhepunkt aushielt, machte es nicht nur Platz für den Durchbruch der archetypischen Energie, sondern erlangte auch die bewußte Fähigkeit, die Konfrontation zu ertragen, ohne sich mit der überpersönlichen Macht zu identifizieren.

In dem Traum ist Bea zunächst verblüfft und verwirrt darüber, sich selbst in einem schwarzen Körper zu sehen. Aber sie hält dieser Verwirrung stand, pflegt und liebkost den Körper, bis die schwarze Frau einen Kopf hat. Dann wird sie plötzlich von Liebe zu diesem unbekannten Teil ihrer selbst ergriffen, zu dem instinktgeleiteten Teil ihrer Persönlichkeit, der bei der Pubertät ausgestoßen wurde. Wieder finden wir ein Paradoxon: Das Unbewußte bringt in dem Traum deutlich zum Ausdruck, daß Bea nur durch ihre Liebe zu sich selbst erlöst werden kann. Als sie beginnt, ihren unbekannten Schatten zu lieben, öffnet sie sich für die tieferen Resonanzen der Liebe; wie die heilige Prostituierte im alten Griechenland[17] ergibt sie sich der Liebe, die sie durchströmt. Die Angst weicht der Liebe. Bewußt ertrug Bea den Schmerz, bewußt ließ sie ihren Körper das tun, was er tun mußte, und fand dadurch zu einem neuen Anfang, einer neuen Schöpfung in einer Welt mit festem Mittelpunkt. Sie hatte nun die Freiheit, im *Jetzt* zu leben – geborgen im Wissen um die göttliche Liebe, die im Mittelpunkt steht.

Zwei Monate später hatte Bea einen Initiationstraum, in dem sie selbst von liebenden Frauen umsorgt und gepflegt wurde:

> Anscheinend muß ich ein Bad nehmen. Ich befinde mich in einem großen Raum, in dessen Mitte auf einer Plattform eine große Badewanne steht. Außen herum sitzen Leute. Langsam gehe ich durch den Raum. Ich bin nackt. Ich gehe zu der Badewanne, steige die Stufen hinauf und lege mich ins Wasser. Es ist sehr angenehm. Dann erscheinen Frauen in weißen Kleidern, helfen mir aus der Badewanne und führen mich in ein Zimmer mit vielen Betten – wei-

ßen Betten und weißgekleideten Frauen. Es dauert eine Zeitlang, bis wir mein Bett gefunden haben. Wir gehen durch etliche Zimmer; es sieht aus wie ein Krankenhaus, aber es ist keines. Die Menschen sind nicht krank. Dann werde ich in weißen Stoff gewickelt, und man hilft mir vorsichtig und liebevoll ins Bett und serviert mir Essen und Weißwein.

Das zentrale Motiv dieses Traums ist das der Taufe: Die Frau geht ins Wasser, streift alles von sich ab, so daß nur noch ihr eigentliches Wesen, ihre Essenz übrigbleibt; ihr altes Leben stirbt, und sie wird in ein neues hineingeboren. Anschließend wird sie wie ein neugeborenes Kind gewickelt und von den bereits initiierten Frauen, die sich um sie kümmern, bei dem rituellen Mahl willkommen geheißen. Statt des Geschenks der physischen Fruchtbarkeit erhält die reife initiierte Frau das Geschenk der geistigen Fruchtbarkeit.

Die Zeit der regelmäßigen Nachtwachen dauerte ein Jahr. Was sich in diesem Zeitraum zwischen Bea und ihrem Körper, zwischen Bea und ihrem Gott und ihrer Göttin abspielte, ist ein Geheimnis, das sich nicht in Worte fassen läßt, und man sollte es auch gar nicht versuchen. Das Geheimnis ist heilig. Die Seele hält ihm stand. Der Rest ist Schweigen.

Ohne kulturelle Gefäße, die den Todes- und Wiedergeburtszyklen in der Psyche Bedeutung verleihen, kann es uns geschehen, daß wir von einem Schicksal, dem wir erbittert Widerstand leisten, wie quiekende Schweine zur Schlachtbank gezerrt werden. Wir können aber auch versuchen, die Zyklen, die sich in unseren Träumen manifestieren, zu begreifen. *«Nur das, was Einer wirklich ist»*, schreibt Jung, *«hat heilende Kraft.»*[18] Einschließung, Verwandlung und Austritt sind natürliche, zyklische Phasen innerhalb des Individuationsprozesses. Die Psyche ist wie eine Rosenknospe, die sich Blütenblatt für Blütenblatt entfaltet, bis sie in voller Blüte steht.

Jeder Inhalt des Unbewußten, zu dem man keine richtige Verbindung hat, kann leicht zur Besessenheit führen; er schleicht sich von hinten an uns heran. Wenn man dagegen mit ihm sprechen kann, ist man in der Lage, eine Verbindung zu ihm herzustellen. Entweder man ist von einem Inhalt des Unbewußten besessen, oder man steht mit ihm in Verbindung. Je mehr man ihn verdrängt, desto mehr beeinträchtigt er einen.
– Marie-Louise von Franz, *Redemption Motifs in Fairytales (Erlösungsmotive in Märchen)*

Der Irrtum begann schon damit, daß Gott nach einem männlichen Ebenbild erschaffen wurde. Natürlich waren die Frauen gern bereit, Ihn so zu sehen; aber die Männer hätten an ihre Mütter denken und Kavalier genug sein sollen, Gott zu einer Frau zu machen! Doch der Gott der Götter – der große Boß – ist bisher immer ein Mann gewesen. Deshalb ist das Leben so verkehrt und der Tod so widernatürlich. Wir hätten uns das Leben anders vorstellen sollen – nämlich als etwas, das die Mutter Gott unter Schmerzen zur Welt gebracht hat. Dann würden wir verstehen, warum wir, Ihre Kinder, den Schmerz geerbt haben, denn wir wüßten, daß der Rhythmus unseres Lebens vom Schlag Ihres großen Herzens ausgeht, das von der Qual der Liebe und der Geburt zerrissen ist.

– Eugene O'Neill, *Strange Interlude*

Wenn ihr geradeaus in die Dunkelheit schaut, werdet ihr euren Feind nicht sehen. Seine Bewegungen verraten ihn nur am Rande des Sehvermögens, wo Sicht und Intuition zusammentreffen, wo die Sinne am schärfsten sind. Wenn ihr das nicht lernt, könnt ihr nicht überleben.

– Ratschlag, der den Kampftruppen in Vietnam gegeben wurde

5
Die Traum-Schwester: Weitere Überlegungen zum Problem der Sucht

Kein Betäubungsmittel bringt den Zahn zur Ruhe, der an deiner Seele nagt –
– Emily Dickinson

Wir betrachten an einem wolkenlosen Abend den Himmel und sehen ein paar Sterne. Sobald es dunkler wird, erkennen wir, in welcher Beziehung die einzelnen Sterne zueinander stehen – wir sehen den Großen Wagen, den Orion und das Siebengestirn. «Stern» heißt auf lateinisch *stella;* eine Konstellation ist also eine Verbindung von Sternen, die in der Dunkelheit sichtbar werden. Manchmal dauert es Jahre, bis die voneinander getrennten Punkte in unserem dunklen Unbewußten sich zu einem sinnvollen Muster konstellieren. Dieses Kapitel basiert auf den Erfahrungen von Frauen in mittleren Jahren, die den größten Teil ihres Lebens unter einer Sucht gelitten haben, bis es endlich so dunkel um sie wurde, daß sie das Muster, das sich innerhalb dieses Zwangs konstelliert hatte, erkennen konnten.

Jahrelang wußten sie, daß es etwas gibt, was stärker ist als sie – ein Geheimnis, dem sie machtlos gegenüberstehen. Es hat sich in ihnen bereits ein «Gottbewußtsein», die Vorstellung von einem ehrfurchtgebietenden, heiligen Wesen konstelliert, das nichts mit Konfessionen oder Sekten zu tun hat. Sie wissen, daß sie in einer anderen Arena der Realität kämpfen müssen. Diese Arena ist die Psyche. Aufgrund ihres Temperaments, ihrer Ausbildung und ihres Bewußtseins sind diese Frauen mit der Fähigkeit zur Introspektion und einem forschenden Geist gesegnet (oder dazu verdammt) – einer unbezähmbaren Neugier sich selbst gegenüber, die sie mit ihrem eigenen inneren Mikroskop verbindet. Sie sind der festen Überzeugung, daß die Lösung für sie nicht in der Unterordnung unter eine Autorität liegt, die ihnen von außen aufgezwungen wird und die sie nicht begreifen können, sondern in der Unterwerfung unter eine Wahrheit, die in ihnen selber wohnt.

Sie suchen nach der Wahrheit; und so schmerzlich und pervers es auch sein mag – ihr Weg zur Wahrheit liegt in der Sucht. Die Sucht ist die Öffnung, durch die sie zu sich selbst finden. Ihr wichtigstes Anliegen besteht darin, bewußt zu werden; und sie wollen und können nicht aufgeben, ehe sie nicht wissen, was das bedeutet. In der Sucht ist der Schatz, die Kenntnis ihrer selbst verborgen, und sie finden keinen anderen Weg zu diesem Schatz. Er ist ihre heilige Reise, ihr Tao, ihr Weg.

Dieser Weg hat sie in die Verzweiflung geführt, die im Kern der Sucht liegt. Solange die Ursache der Verzweiflung nicht aufgedeckt ist, kann es nicht zu einer dauerhaften Heilung kommen. In Träumen erscheint diese Verzweiflung häufig personifiziert in einer symbiotischen Figur, die ich als die «Traumschwester» bezeichne. In der Realität ist diese symbiotische Figur häufig die verdrängte Seite der Mutter, die die Süchtige unbewußt absorbiert hat; es kann aber auch die verdrängte Weiblichkeit des Vaters oder Ehemannes sein. Die Traumschwester verkörpert diese Verdrängung bei einem Elternteil oder bei beiden. Diese Verdrängung ist in der psychischen Umgebung verwurzelt, in der die süchtige Frau unbewußt ihre Kindheit erlebt hat. Ein Verständnis der Traumschwester kann dazu beitragen, diese unbewußte psychische Umgebung zum Bewußtsein zu bringen. Der Süchtigen, die erkennt, in welcher Beziehung das Traum-Ich zu dieser «Schwester» steht, wird allmählich ihr destruktives unbewußtes Verhältnis zum negativen Mutterkomplex bewußt.

Die süchtige Frau befreit sich von dem Todeswunsch, den die negative Mutter ihr auferlegt hat, indem sie bewußt das symbiotische Band zwischen ihrem Ich und der Traumschwester zerreißt. Ihre Unterwerfung unter diesen Komplex, der ihr ihre weibliche Realität verweigerte, war die Ursache ihrer Verzweiflung. In ihren Träumen kann sich diese Befreiung durch den Tod oder das Verschwinden der Schwester manifestieren. An die Stelle der Schwester tritt eine junge Weiblichkeit, die sich häufig in einem lebensprühenden jungen Mädchen verkörpert. Die Traumschwester, die «schuldig und angeklagt» war, wird in eine schwangere Jungfrau verwandelt – ein weibliches Wesen, das für das Leben, die Liebe und das Schicksal offen ist. Die Frau hat auf psychischer Ebene die Qual der Jungfrau Maria durchlitten – eine Qual, die im Neuen Testament nur versteckt angedeutet wird.

Die schwarze Madonna ist, wie wir später noch sehen werden, ein sehr treffendes Symbol für die jungfräuliche Mutter in ihrer menschlichen Verwirrung (im Gegensatz zu der Muttergottes in ihrem gottähnlichen Glanz). Sie ist die zum Leben erweckte positive Mutter, die sich konstelliert, nachdem die Patientin von ihrem negativen Mutterkomplex gereinigt worden ist. Sie ist die natürliche Schutzheilige der von ihren Fesseln befreiten Frau, also der geheilten Süchtigen. Diese Madonna ist schwarz, weil sie, tatsächlich oder im übertragenen Sinn, durch das Feuer gegangen und mit einem ungeheuren Liebes- und Einfühlungsvermögen daraus hervorgegangen ist. Die schwarze Madonna verkörpert das, was die Jungfrau des Neuen Testaments verlor, als die Kirchenväter auf einem Konzil beschlossen, ihre menschliche Pein in die Apokryphen zu verbannen. Wie die süchtige Frau, die trotz der damit verbundenen Erniedrigung an ihrer Sucht festhält, um das versteckte Gold zu finden, hat die schwarze Madonna das Wunder des Feuers durchlitten. Der verborgene Schatz, der ihr Schande brachte und um dessentwillen man sie beschuldigte, eine Hure und Ehebrecherin zu sein, war nichts geringeres als das göttliche Kind, ihre eigene geistige Identität, das *Ich bin, die ich bin*.

Dieses Kapitel handelt von dem alchemistischen Feuer, in dem die Weiblichkeit in unserer Kultur brennt, um schließlich das psychisch bewußte Weibliche zur Welt bringen zu können.

Die verschlossene Jungfrau

Die meisten Frauen, um die es hier geht, stammen aus einem sogenannten «guten Elternhaus». Ihre Eltern gehörten der wohlhabenden Mittelklasse an, deren kollektive Werte von Zeitschriften wie *Vogue* und *Schöner Wohnen* geprägt und bestätigt wurden.

Die Stützpfeiler, auf denen das Leben der wohlhabenden Mittelklasse ruhte, waren Geld, Sauberkeit, Bildung und Schönheit. Diese Dinge ließen sich nur dann erreichen, wenn im Haushalt alles wie am Schnürchen lief. Von allen Mitgliedern der Familie wurde erwartet, daß sie Verantwortung übernahmen und sich ihrer kollektiven Rolle entsprechend verhielten. Der Vater, ein perfekter Gelehrter und ebenso perfekter Sportler, war einst der perfekte Sohn perfekter Eltern gewesen. Diese Eltern hatten nach dem Machtprinzip gelebt, das auch ihn zu seinem perfekten Ziel getrieben hatte. Die Mutter, ebenfalls vom äußeren Schein behext und verzaubert, war in der Regel eine sehr intelligente, ehrgeizige Frau, die ihre Karriere ihren Kindern geopfert hatte und nun mehr oder weniger unbewußt erwartete, daß sie das erreichten, was ihr versagt geblieben war. Sie konzentrierte ihre ganze Energie darauf, ihren Körper, ihren Geist, ihr Leben und ihre Kinder zu Kunstwerken zu machen.

Die Leistungen der Kinder waren nicht das Ergebnis von Zielen, die sie sich selbst gesetzt hatten. Sie wußten genau, was sie tun sollten, tun mußten, um es den anderen recht zu machen. Die Mutter aß nur einen halben Toast, süßte ihren Kaffee mit Saccharin und runzelte mißbilligend die Stirn, wenn ihre Tochter die Hand nach der Kaffeesahne ausstreckte. Sie behandelte ihren Körper wie eine Maschine und erwartete auch von ihren Kindern, daß sie wie perfekte Maschinen funktionierten. Wenn die Maschine plötzlich ein Eigenleben zeigte, war sie schockiert, denn das bedeutete ja, daß das Werk, das sie geschaffen hatte, nicht perfekt war. Die Familienmitglieder klammerten sich aneinander wie Partner einer Symbiose, so daß ihr Ich nicht reifen konnte. Ihr Leben war so von dem emotionalen System der Familie eingegrenzt, daß sie sich eine Existenz außerhalb dieses engen Kreises gar nicht vorstellen konnten. Statt dessen schauten sie in die Spiegel dieses Systems und ließen sich von den Spiegelbildern gefangennehmen. In dieser Welt wurde die Perfektion zu einem moralischen Prinzip, an dem jeder festzuhalten hatte. Niemand erwähnte, daß die Mutter häufig an schweren Depressionen litt oder daß der Vater manchmal erst sehr spät nach Hause kam. Diese stillschweigend vorausgesetzte Diskretion schuf ein enges Band zwischen den Familienmitgliedern – ein Band, das die Gefahr der Erstickung in sich barg.

Ein kleines Mädchen, das in einem solchen Elternhaus aufwächst, wird häufig zur stummen Zeugin der Kastration des Vaters durch die Mutter. Es erlebt täglich den Groll der Mutter gegen den Vater mit. Dieser Groll stieg an die Oberfläche, als sich herausstellte, daß dieser Vater nicht der strahlende Held war, für den die Mutter ihn gehalten hatte. In dieser Situation kann es leicht dazu kommen, daß die Tochter ganz bewußt beschließt, nicht so zu werden wie ihre Mutter. Sie möchte keine Xanthippe sein, die ständig Krieg gegen die Männer führt. Sie wird niemals ein kalter, geschlechtsloser Körper sein. Und sie wird nie die Rolle des «Chefs» im Haushalt spielen. Sie möchte eine liebende und unterstützende, hingebungsvolle Ehefrau und Mutter sein. Mit anderen Worten: Sie identifiziert sich mit dem Schatten ihrer Mutter, jenem Teil der Mutter, der das idealisierte männliche Gegenstück geheiratet hat. Wenn sie dann später selbst Mutter ist und einen eigenen Haushalt hat, versucht sie eine Art Erdmutter zu sein; sie wird zu einer leidenschaftlichen Verfechterin des Mutterinstinkts, der natürlichen Geburt, des Stillens und der gesunden Ernährung und möchte ihren Kindern alles Gute tun. Gleichzeitig versucht sie, die sexy Ehefrau zu sein, die ihr Vater niemals hatte, und hofft, daß ihre Kreativität in ihrer Familie Blüten treiben wird. Aber sie ist keine Erdmutter. Ihre Erziehung, ihr gesamter Hintergrund macht es ihr unmöglich, das zu sein, was sie sein möchte; und auch ihr Kontakt zu ihrem Körper ist nicht so eng, daß sie sich auf ihre Instinkte verlassen könnte. Sie tut ihr Bestes; doch ihr Mann und ihre Kinder – und auch sie selbst – wissen, daß es etwas Künstliches ist.

Solange noch keine Kinder da sind, wirkt eine solche Frau auf einen Mann wie ein Magnet. Solange sie die Anima ihres Mannes spielt und die Gefühle, die die beiden verbinden, hegt und pflegt, funktioniert alles sehr gut. Doch sobald sie ihr erstes Kind hat, kann sie ihre Energie nicht mehr ausschließlich auf ihren Mann konzentrieren. Wenn das Kind dann beginnt, ein Ich zu entwickeln, kehrt sich die Mutter-Kind-Beziehung um, da die weibliche Seite der Mutter nicht gereift ist. Die Frau ist nicht genügend in ihren Gefühlswerten verankert, die ihre individuelle Identität unterstützen könnten. Sie wird nicht mit der Situation fertig. Zu einer echten Beziehung ist sie nicht in der Lage; und wenn das Kind sich zu behaupten versucht, ist sie außerstande, ihren eigenen Standpunkt durchzusetzen. Sie neigt dazu, die Projektion des Kindes – die Art, wie das Kind sie einschätzt und bewertet – zu akzeptieren. Das Kind bekommt alles, was es will. Wenn es nach ihr schlägt, geht sie in die Knie. Sie kann ihr Kind nicht mit der liebevollen Disziplin erziehen, die jedes Lebewesen braucht, um sich sein eigenes starkes Gefäß zu bauen. Da dem Kind keine Grenzen gesetzt werden, verliert es sein Gefühl der Sicherheit und Geborgenheit und wird zu einem fordernden Tyrannen. Wenn – um nur ein Beispiel zu nennen – eine Frau ihr Gefühl der Identität verliert, sobald ihr Kind sich weigert, den Orangensaft zu trinken, den sie ihm ausgepreßt hat, macht sie sich selbst zur Märtyrerin. Sie wird ganz niedergeschlagen und kommt vielleicht auf den Gedanken, daß die Lösung des Problems darin bestehen könnte, noch ein Baby zu bekommen. Dann wiederholt sich dieser Teufelskreis. Auch dieses Kind beginnt eine Persönlichkeit zu entwickeln; es legt unerwartete Emotionen, «schmutzige Gewohnheiten» und eine grenzenlose Energie an den Tag. Wieder ist die Belastung für die Mutter zu groß. Sie sinkt wieder in ihre regressive Erdmutter-Phantasie zurück und versucht ihr verletztes Ich zu heilen, indem sie noch ein drittes Baby in die Welt setzt.

Zuguterletzt sagt sie sich vielleicht: «Die Kinder zerstören mich. Die Tüchtigkeit, die ich an meiner Mutter so verzweifelt haßte, finde ich jetzt bei mir selbst wieder – wenn auch in anderer Form. Ich bin der Chauffeur meiner Kinder, ich fahre sie zur Eisbahn, ins Schwimmbad und in die Tanzstunde, und ständig empfinde ich diese Leere in meinem Inneren. Und ich spüre, wie kritisch mein Mann mir gegenüber ist, weil ich nicht in der Lage bin, mit allem fertigzuwerden.» Vielleicht ist ihr Mann in Wirklichkeit gar nicht so kritisch; aber ihr *innerer* Mann ist es. Hinter ihrem Bestreben, eine gute Ehefrau und Mutter zu werden, hatte einzig und allein der Wunsch gesteckt, es den Männern recht zu machen, sie für die mangelnde Weiblichkeit ihrer Mutter, unter der ihr Vater gelitten hatte, zu entschädigen. Ihr überwältigender Wunsch, zu gefallen, macht sie zu einem wandelnden Machtprinzip; denn dadurch, daß sie es den anderen recht macht, kann sie sie, wenn auch unbewußt, besser manipulieren. Ihre Persona-Maske befiehlt ihr: «Mach Vati eine Freude – sei eine Erdmutter.» Gleichzeitig sagt ihr Schatten: «Schluß mit diesem Chaos. Es muß Ordnung einkehren, sonst bringt es mich um.» Dieser Frauentyp ist eine andere Version von «Vatis Liebling»; und ihre Schattenschwester «trägt es wie ein Mann». Ohne die weibliche Stärke, die es ihr ermöglichen würde zu sein, wer sie ist, schwingt ihre Energie ständig zwischen dem instinktiven und dem geistigen Pol hin und her. Sie kann nicht als menschliches Wesen in der Mitte zwischen diesen beiden Polen stehen. Ebensowenig ist sie in der Lage, an einem der beiden Pole zu verharren.

Der familiäre Hintergrund ist bei jeder Frau etwas anders. Ein Aspekt jedoch scheint überall vorhanden zu sein: In der Familie fehlt das weibliche Prinzip, und der Vater und die Brüder litten ebenso unter diesem Verlust wie die Mutter und die Töchter. «Wo die Liebe herrscht, da gibt es keinen Machtwillen», schrieb Jung, «und wo die Macht den Vorrang hat, da fehlt die Liebe.»[1] Das Gegenteil der Liebe ist nicht Haß, sondern Macht. Die Macht vernichtet die Individualität des anderen. In einem Haushalt, in dem die Macht regiert, wurde die weibliche Seele des Vaters ebenso brutal vom Machtprinzip beherrscht wie die seiner Frau – vor allem, wenn er der geliebte Sohn einer dominierenden Mutter war, die *er* um jeden Preis zufriedenzustellen versuchte. Da er eine führende Position innerhalb der Gemeinde innehatte, bemühte er sich darüber hinaus auch noch, es der «Mutter Gesellschaft» recht zu machen. Vom psychologischen Standpunkt aus gesehen, waren alle Mitglieder der Familie – Mutter, Vater, Töchter und Söhne – mutterlose Kinder, die keine positive mütterliche Zuwendung erhalten hatten und daher selbst auch keine geben konnten. Sie spielten ihre perfekten Rollen, taten so, als sei alles in schönster Ordnung, und vernachlässigten dabei das Leben.

Kinder, die aus einem solchen Elternhaus stammen, haben das Gefühl, ihr Leben lang auf irgend etwas zu warten – aber es geschieht niemals. Und in ihrem ständigen Warten verpassen sie das *Jetzt und Hier.* Vielleicht handelten ihre Eltern in dem aufrichtigen Glauben, das Beste für ihre Kinder zu tun; doch in Wirklichkeit wiederholten sie unbewußt das, was ihnen selbst angetan worden war: Sie formten ihre Kinder zu einem kollektiven Bild.[2] Unter Umständen passen solche Kinder sich vollständig an, um zu überleben, doch unterschwellig konstelliert sich ein «Herz der Finsternis».

Solche Kinder können aus innerer Rebellion gegen diesen Anpassungszwang unbewußt Eßstörungen entwickeln. In einer Kultur, deren Medien Schlankheit als das große Universalheilmittel anpreisen, das einem Glück, Sex, Selbstrespekt und die Anerkennung der Gesellschaft einbringt, sind sie blind für die hinterlistigen Lügen der falschen Göttin. Von ihren eigenen geschädigten Instinkten besessen und ironischerweise von dem gleichen Machtstreben getrieben, das auch ihre Eltern bei ihrer Erziehung an den Tag legten, schlingen manche Kinder massenhaft Essen in sich hinein oder weisen es zurück oder erbrechen es. Ob sich diese Zurückweisung des Lebens nun in einer 200 Pfund schweren Rüstung, in einem 90 Kilo schweren Körper oder in Erbrochenem äußert – der zuverlässigste Ausweg aus der Neurose besteht darin, daß man zunächst einmal zu verstehen versucht, wofür das Essen in der Psyche des Patienten steht, was es symbolisiert und warum die Energie in diese Richtung gezogen wird.

Man könnte sich zum Beispiel zwei Magnete vorstellen. Das Feld des einen reagiert auf das Feld des anderen. Wenn man sie aufeinander zuschiebt, wird die Anziehungskraft zwischen dem positiven und dem negativen Feld immer intensiver, bis sie sich schließlich mit einem Ruck aneinanderheften. Wenn man dagegen zwei Magnete mit dem gleichen Feld aufeinander zuschiebt, stoßen sie einander ab. Sie weigern sich, sich miteinander zu verbinden. Ähnlich verhält es sich mit der Eßstörung: Irgend etwas in der Süchtigen reagiert auf das Essen; sie fühlt sich entweder zwanghaft dazu hingezogen oder von seiner Energie abgestoßen. «Wenn ich esse, sterbe ich; wenn ich nicht esse, sterbe ich.» Sie kann dem Zwang entweder nachgeben (zwanghaft Essen in sich hineinschlingen) oder ihm eisern widerstehen (hungern) oder sich abwechselnd davon angezogen und abgestoßen fühlen (bulimisches Essen und anschließendes Erbrechen). Wie auch immer sie reagiert – das Essen ist der Magnet, um den ihr Leben kreist. In diesem Zusammenhang symbolisiert das Essen die Lebenskraft, die Große Mutter, zu der die Weisheit des Körpers verzweifelt eine Verbindung herzustellen sucht.

Im folgenden Tagebuchausschnitt kommt diese Anziehung und Abstoßung deutlich zum Ausdruck. Die Patientin war so weit gekommen, Essen als Symbol der Macht zu erkennen – Macht, die sie von ihrer Mutter gelernt hatte. Durch das Essen hatte sie sich mit ihrem Machttrieb identifiziert und es gleichzeitig vermieden, ihm ins Auge zu sehen. Sie hatte ihren korpulenten Animus und ihr tyrannisches Kind damit gefüttert. Doch ihr Seelenkind, das nach Liebe hungerte, hatte sie nicht ernährt. Ehe sie die folgenden Zeilen schrieb, hatte sie einen Streit mit ihrem Partner gehabt und mich angerufen, weil sie so aus der Fassung war. Etwas an meiner Reaktion, sagte sie später, vermittelte ihr ein Gefühl, als habe man ihr einen Klaps auf die Hände gegeben. Ein paar Tage lang schwankte sie zwischen ihren tyrannischen, machthungrigen inneren Schwestern hin und her; dann schrieb sie:

> Durch wieviel Scheiße muß ich mich noch durchkämpfen, bis ich endlich diesem Spiegelkabinett entfliehen kann? Ich kann alles rationalisieren. Ich beherrsche alle Spielchen und kann den anderen tatsächlich vormachen, es sei Wirklichkeit. SCHEISSE. Ich bin immer noch nicht bereit, die Rolle des wütenden kleinen Mädchens aufzugeben, das seinen Willen nicht bekommt. Oder das Gegenteil: «Schau mal, was für ein braves Mädchen ich bin, Mami. Siehst du, wieviel Mühe ich mir gebe, dir zu gefallen? Bitte, bitte, lieb mich doch! Ich will alles sein, was du von mir erwartest, wenn du mich nur liebst.»
>
> Dieses Baby gehört in die Mülltonne. Ich habe mir nur selbst applaudiert, als ich neulich einen Wutanfall bekam, weil man mir nicht sofort meinen Willen ließ. (Es wäre mir lieber, wenn ich das nicht so genau wüßte!) Warum muß man es bis zum schrecklichen Extrem treiben, ehe man es klar sehen und damit fertigwerden kann! Meine andere kindische Eigenschaft besteht darin, daß ich aus einer Mücke einen Elefanten mache und dieses Drama dann mit der Realität verwechsle. Wenn ich nicht alles bestimmen kann, spiele ich sofort die Rolle des Opfers und überzeuge mich selbst davon, daß jemand anders schuld ist, wenn ich meinen Willen nicht bekomme. Das ist ziemlich selbstgerecht; auf diese Weise brauche ich niemals der Tatsache ins Auge zu sehen, daß ich ein Machtspiel spiele. Und daß dieses Machtspiel mir Spaß macht! Wenn es meiner Machtposition dienlich ist, die Hilflose zu spielen, dann spiele ich die Hilflose. Ich spiele jede Rolle, die ich spielen muß, um alles bestimmen zu können. Wenn ich nicht alles bestimme, bin ich ein Niemand; dann liebt mich niemand; denn um geliebt zu werden, muß ich jemand sein.
>
> Wenn ich schon nicht die WUNDERVOLLSTE Frau der Welt sein kann, möchte ich wenigstens eine MÄCHTIGE Frau sein; und wenn ich keine mächtige Frau sein kann, bin ich eben ein schreckliches kleines Mädchen, das niemand liebt. («Keiner hat mich lieb. Alle hassen mich.») Ich spiele immer die Rolle, die gerade am besten paßt, um stets im Mittelpunkt der Aufmerksamkeit zu stehen! Dreht sich die Welt denn nicht um mich? Wurden Himmel und Erde nicht allein für mich geschaffen? Das ist die andere Seite der Unfähigkeit, sich selbst ernstzunehmen. ALLES oder NICHTS!
>
> Und die Grenze, die dafür sorgt, daß all diese Kräfte am richtigen Platz bleiben, ist kein vom Himmel kommendes, magisches Manna, auf das man war-

tet, sondern ein reifer, erwachsener Sinn für Proportionen – die Einsicht, daß ich Teil eines größeren Ganzen bin, daß ich meinen mir zugewiesenen Platz habe. Einen Platz, der mir gehört und der nicht außergewöhnlicher oder weniger außergewöhnlich ist als jeder andere. Es ist der Platz, der mir bestimmt ist – mein Schicksal. Wenn ich will, kann ich mein Leben lang diese übertriebenen Spiele spielen – und dadurch mein Leben versäumen. ABER ICH WILL MEIN LEBEN NICHT VERSÄUMEN.

Die Frage ist: «Bin ich in der Lage, erwachsen genug zu werden, um meine eigenen Kleider anzuziehen und für mich selbst verantwortlich zu sein? Wofür trage ich Verantwortung, wofür nicht? Bin ich bereit, eine Situation so zu sehen, wie sie wirklich ist?» Die Antwort lautet JA. Ich kann die Frage nach bestem Wissen mit JA beantworten.

Es waren sehr ernüchternde Tage für mich, oder vielleicht wäre es zutreffender, zu sagen: demütigende Tage.

«Gott, gib mir die Gelassenheit, Dinge hinzunehmen, die ich nicht ändern kann; gib mir den Mut, Dinge zu ändern, die ich ändern kann, und gib mir die Weisheit, das eine vom anderen zu unterscheiden.» (Gebet der Anonymen Alkoholiker)*

Nach einer zweijährigen Analyse war diese Frau so reif, daß sie die Stimmen ihrer psychischen Schwestern voneinander unterscheiden konnte und sie nicht mehr auf ihren Partner oder ihre Analytikerin projizieren mußte. Sie war bereit, die Verantwortung für ihr eigenes Schicksal zu übernehmen. Die Energien, die früher unablässig zwischen «der wunderbarsten Frau der Welt» und «dem schrecklichen kleinen Mädchen» hin- und hergeschwankt hatten, standen ihrem Ich jetzt zur Verfügung; statt sie von der Realität einer zwischenmenschlichen Beziehung abzuschneiden, indem sie ihre eigene «Scheiße» auf andere Menschen projizierten, verbanden sie sie nun mit dem Leben und ermöglichten einen echten Dialog. Eine entscheidende Voraussetzung für einen solchen Wandlungsprozeß besteht darin, daß man den Mut hat, die «demütigenden Tage» allein zu verbringen, dem wahren Problem der Komplexe ins Auge zu sehen und zu warten, bis die wahre Frage ins Bewußtsein aufsteigt. Sobald das Ich in der Lage ist, diese Frage zu formulieren, folgt die unbewußte Antwort gleich auf dem Fuße. In dem obigen Tagebuchausschnitt folgte ein spontanes JA auf die drei Fragen, die direkt vom Ich kamen: Werde ich erwachsen werden und für mich selbst verantwortlich sein? Wofür trage ich Verantwortung, wofür nicht? Bin ich bereit, eine Situation so zu sehen, wie sie wirklich ist?

---

* Dies Gebet stammt ursprünglich von dem deutschen Prälaten und Theosophen Friedrich Christoph Oetinger, 1702–1782 (Anm. d. Lekt.)

Ein Süchtiger führt ein Leben der Selbstverleugnung. Wenn die Eltern aufgrund ihres eigenen Narzißmus unfähig sind, ihr Kind widerzuspiegeln, erhält das Kind kaum ein Gefühl für seine eigene Wirklichkeit. Wenn es dann erwachsen wird, liebt es die Mutter weiterhin als ein Machtprinzip und nicht als Individuum. Die Mutter gibt, die Mutter bestimmt, die Mutter fordert Leistungen. Das Kind ist auch im Erwachsenenalter noch hilflos – sein ganzes Leben hängt davon ab, die Mutter zufriedenzustellen. Das abhängige und häufig rebellierende Kind in dem Süchtigen konstelliert die dominierende Mutter im Partner, deren unterschwellige Botschaft lautet: «Du wirst niemals mündig sein. Letzten Endes werde ich immer für dich verantwortlich sein und mich um dich kümmern müssen, mein hilfloses Kind.» Das ist Macht – sie ist charakteristisch für die unbewußte Haltung des Partners und auch für die des Süchtigen. Die fordernde negative Mutter, ob sie nun internalisiert ist oder auf den Partner projiziert wird, zerstört das weibliche Ich in der Frau und die Anima im Mann, da sie keinen Raum für individuelle Gefühle läßt. Sie läßt sowohl dem Süchtigen als auch dem Partner nur zwei Möglichkeiten der Beziehung: Machtausübung oder Identifikation mit dem anderen.

Wenn ein Kind seiner Mutter beispielsweise einen Tritt gegen das Schienbein versetzt, ist ihre natürliche Reaktion Zorn. Wenn sie ehrlich sein und ihre eigene Menschlichkeit akzeptieren kann – und wenn sie das Kind ehrlich liebt – kann sie es anschreien und ihm im nächsten Augenblick auch wieder verzeihen. Wenn sie dagegen aus einem Machtstreben heraus reagiert, sagt sie: «Ist schon gut, Liebling; ich verstehe dich» und tut nichts. Ihre Unfähigkeit, ihre eigene natürliche Reaktion anzuerkennen, ist unmenschlich; das Kind hat wiederum das Gefühl, daß sein eigener Zorn geleugnet wird = Es wird nicht als ganzes menschliches Wesen geliebt. Hinter der Haltung der Mutter steht das unausgesprochene Konzept: «Ich zeige meine Gefühle nicht; und du solltest es auch nicht tun. Das wäre falsch. Und was ich tue, ist richtig.» Der undifferenzierte Animus in der Frau sperrt das Gefühl in derartige Entweder-oder-Situationen ein. Ohne natürlichen Austausch von Gefühlen wird das Kind gezwungen, entweder zu akzeptieren oder zu rebellieren, da es innerhalb des psychischen Raums der Mutter erstickt wird. Die individuelle Reaktion wird nicht berücksichtigt, und das echte Gefühl taucht unter – es kommt im späteren Leben in Äußerungen wie: «Wenn ich meine Gefühle zeige, stoße ich die anderen Menschen vor den Kopf» oder in geheimen Verhaltensweisen, die für das bewußte Ich nicht akzeptabel sind, wieder zum Ausbruch. Der Entweder-oder-Animus zwingt sowohl das äußere Kind als auch das innere Kind der Frau zur Manipulation und zu Lügen. Indem die Frau beide Kinder ablehnt, bringt sie sie dazu, sich selbst abzulehnen. Eine solche Ablehnung nährt Rachegefühle.

Wenn die Frau an diesem schwarzweißen Animus arbeitet, kann sie ihre Gefühle besser unterscheiden und sich entsprechend verhalten. Sie kann sich sagen: «Ich habe zwei verschiedene miteinander widerstreitende Empfindungen. Welche möchte ich zum Ausdruck bringen? Als ich ein Kind war, trat ich auch manchmal nach meinen Eltern. Mein Sohn rebelliert, das ist völlig normal. Aber ich habe den Wunsch, ihn auch zu treten – und das ist nicht in Ordnung. Wie soll ich dieses Gefühl zum Ausdruck bringen, ohne das Kind zurückzustoßen?» Jetzt ist das Gefühl bewußt. Es ist kein bloßer reflexartiger Affekt. Die Frau hat eine dritte Position eingenommen, in der sie sich selbst und das Kind als Individuen erkennt. Weil sie sich selbst und ihrem Kind gegenüber ehrlich ist, gibt sie die Machtposition auf zugunsten einer liebevollen Einstellung. Auf diese Weise konstelliert sie die positive Mutter. Einfühlungsvermögen erkennt und bejaht das menschliche Wesen in seiner Totalität. Liebe erkennt und verzeiht, statt den Zorn zu unterdrücken. Auf diese Weise verwandelt sie negative Emotionen in potentiell positive Energie. Solange die Eltern sich mit einem kollektiven Wertsystem identifizieren, das ihre eigene animalische Natur und die ihrer Kinder leugnet, können die darin enthaltenen Erwartungen nur zu Heuchelei, Masochismus und einer selbstzerstörerischen Ablehnung des Lebens führen.

Junge Pflanzen brauchen Wärme, Wasser und Licht. Liebe ist die Hochachtung vor dem individuellen Gefühl, die dem Gegenüber diese Wärme gibt. Wasser ist die Essenz des Lebens, die Energie, die fließen und alles ausfüllen möchte. Licht ist die erleuchtende Einsicht. Natur ist manifeste Energie. Die Heiligung der Materie hat mit der menschlichen Liebe zu tun, die die Macht der animalischen Energie erkennt und begreift, daß diese Energie heilig ist und daß die menschliche Natur sich auf dieser Grundlage entwickelt. Diese Grundlage ist die Große Mutter, Sophia, in deren Leib wir reifen können. Unsere durch den Geist beflügelte biologische Natur bezieht ihre Energie durch die fünf Sinne, durch das innere Auge und das innere Ohr, bis endlich das rote Gewand der Leidenschaft, das die jungfräuliche Seele trägt, vom blauen Mantel der Weisheit umschlossen wird.*

Positive Energie ist Leben, Licht, Gott, Liebe. Sie hält die Atome zusammen. Wenn sie als heilig erkannt wird und wenn die Seele in der

* Rot und Blau sind die Farben im Gewand der Maria.

Lage ist, sie zu halten und gleichzeitig auch fließen zu lassen, sitzt die Jungfrau auf dem Schoß der Großen Mutter.* Die Frau ist sich ihrer selbst als individuelle Seele bewußt geworden. Aus ihrem individuellen Gefühl heraus liebt sie individuell. Ihr Baby tritt um sich, erbricht und beschmutzt die Windeln, und sie hält dem Paradoxon stand: Die Seele ist Fleisch geworden. Sie wechselt die Windeln in der blühenden Liebe, mit der sie das Kind großzieht. Da sie mit der Großen Mutter verbunden ist, sieht sie im Körper die Seele in Aktion. Da sie eine feste, sichere Beziehung zu der weiblichen Seite Gottes hat, ist sie zu persönlichen Beziehungen fähig, die nicht mehr auf Macht oder Abhängigkeit beruhen, sondern auf Liebe und Einfühlungsvermögen. Sie ist frei. Jetzt widersetzt sie sich und kann so handeln, daß das Kollektiv mit ihr unzufrieden ist; statt sich dabei vor Ablehnung zu fürchten, weiß sie, daß sie «gebenedeit ist unter den Frauen». Ihr inneres und äußeres Kind genießt die Freiheit, aus seiner eigenen Natur heraus zu handeln, kann Disziplin bejahen, da es in der Liebe seiner Mutter geborgen ist. Es steht nicht mehr außerhalb des Lebens; es empfindet nicht mehr diese panische Angst vor Ablehnung, die es ständig dazu treibt, es den anderen recht zu machen.

Wenn man die Schleier, die den Süchtigen umgeben, abstreift, zeigt sich, daß das zwanghafte rituelle Verhalten eine Schutzmaßnahme gegen unerträglichen Schmerz ist. Wenn man diese Schleier zerreißt, indem man zum Beispiel eine magersüchtige Frau zwangsernährt, eine fettleibige Frau zwingt, sich regelmäßig auf die Waage zu stellen, oder einer an Bulimie leidenden Frau ihre Rituale verbietet, so ruft das kompensatorische Kräfte im Unbewußten hervor, die viel stärker sein können als die Kontrolle des Ich. Wenn man versucht, einem Ich, das sein Leben lang vergewaltigt wurde, eine strikte Disziplin aufzuzwingen, so bestärkt man es damit lediglich darin, sich als Opfer zu empfinden, und lockt den kompensatorischen Rebellen und Lügner hervor. Die Zwangsdiät bestärkt die bereits fest verwurzelten Muster des Zwangsverhaltens nur noch und setzt noch heftigere kompensatorische instinktive Bedürfnisse frei. Dadurch entsteht ein Konflikt, der die Seele in Stücke reißt und zu einem psychotischen Schub oder zum Selbstmord führen kann. Solange eine Frau ihre eigene Fraulichkeit insgeheim verachtet, vor ihrer Sexualität Angst hat, ihren Körper mit Flüchen und Nahrungsentzug geißelt oder ihm Essen aufzwingt, das Gift für ihn ist, kann sie nicht geheilt werden, wie sehr sie auch ab- oder zunimmt.

* Vgl. dazu die Interpretation der «Anna selbdritt» von L. da Vinci in: M. Woodman, *Heilung und Erfüllung durch die Große Mutter,* S. 154f. (Anm. d. Lekt.)

Die Beziehung des Süchtigen zum Suchtobjekt gleicht der Beziehung eines hilflosen Kindes zu einer Mutter, die totale Macht über das Kind hat. Den Süchtigen fehlen die individuellen Gefühlswerte, die sie brauchten, um ihrem Leben gewachsen zu sein. Wenn sie schon in den elterlichen Bildern gefangen sind, geraten sie später unweigerlich auch in die Gefangenschaft dieser introjizierten Bilder ihrer selbst. Sie beurteilen ihr eigenes Verhalten nach der Wirkung, die es auf die anderen hat, und das führt zum Komplex. (Wird es sie verletzen, wenn ich ihren Kuchen nicht esse? Wenn ich geistreiche Konversation mache, merkt vielleicht niemand, daß ich gar nichts esse.) Alle Entscheidungen, die sie treffen, sind von dieser Entpersönlichung ihrer selbst durchdrungen. In ihren lebenslänglichen Eßstörungen haben die Süchtigen ihrem Körper nicht nur die Erlaubnis zum Essen verweigert, sondern auch die Erlaubnis, das Leben zu genießen. Ist es da ein Wunder, daß ihr Körper schließlich gegen fast jedes Nahrungsmittel allergisch wird oder daß sein Immunsystem ihn nicht länger schützen kann? Der Masochismus nährt sich von sich selbst. Die Unterdrückten werden zu Unterdrückern. Sie haben selbst Geschmack an den bösen Spielen gefunden, durch die sie zerstört wurden; so treiben sie die anderen und sich selbst mit ihren betrügerischen Tricks in die Enge, lachen und freuen sich über ihre eigene Macht.

Stellen wir uns einmal eine ganz einfache Situation wie beispielsweise das Schreiben einer Seminararbeit vor. Eine Nahrungsmittelsüchtige setzt sich zunächst an die Arbeit; doch dann schiebt sie ihr Schreibzeug beiseite und beginnt zu essen. Das Essen wird ihr wichtiger als die Ideen; die Erdnußbutter blockiert die Schreibmaschine. Wenn sie an diesem Punkt mit dem Essen aufhören und sich fragen kann, was eigentlich mit ihr los ist, so ist sie in der Lage, ihre eigenen Gefühle von dem Komplex zu trennen. Ihr negativer Mutterkomplex will nicht, daß sie eine selbständige Leistung erbringt. Das wäre selbstsüchtig. Nur wenn sie gibt, hat sie die Sicherheit, etwas Gutes und Richtiges zu tun. Diese Frau muß nun erkennen, daß Geben unter Umständen nichts anderes ist als üble Manipulation. Außerdem ist Bekommen für den Komplex gleichbedeutend mit Manipuliertwerden. Als diese Frau noch ein hilfloses Kind war, bekam sie alles, was sie hatte, von mächtigen, großzügigen Eltern – so lange, bis sie kein Ich mehr hatte, das seinen eigenen Standpunkt vertreten konnte. In ihren Träumen kann sich der Komplex unter Umständen als pflichtbewußte Schwester manifestieren, die gehorsam alle Klischees ihrer Kultur nachplappert. Wenn sie sich die negative Mutter zum Bewußtsein bringen kann und erkennt, daß es der Komplex ist, der ihr jede Leistung verbieten möchte, «weil Ehrgeiz keine schöne Eigenschaft ist», ist sie in der Lage, mit dem Selbstbetrug aufzuhören und sich zu überlegen, ob *sie* diese Seminararbeit wirklich schreiben möchte – oder ob sie vielleicht von Anfang an gar nicht den Wunsch hatte, zu studieren.

Es muß hier mit Nachdruck darauf hingewiesen werden, daß die Begriffe «Mutterkomplex» und «Vaterkomplex» viel mehr beinhalten als nur den persönlichen Vater oder die persönliche Mutter. Sie sind unbewußte archetypische Prozesse, die nichts mit den bewußten Motiven der Eltern zu tun haben. Die Eltern waren selbst einmal Kinder und in den Komplexen *ihrer* Eltern gefangen. Häufig war der stumme Schmerz eines Elternteils für das sensible Kind am schwersten zu ertragen. Was es auch unternahm, um den Vater oder die Mutter glücklich zu machen – die Traurigkeit blieb. Diese Traurigkeit der Seele erbt das Kind.

Unsere Kultur bewegt sich mit einer erschreckenden Geschwindigkeit, von kollektiven Werten angespornt, die dem einzelnen nur wenig Zeit und Spielraum lassen. Die Institutionen – Mutter Kirche, Mutter Sozialversicherung, Vater Staat – unterstützen die Komplexe noch. Menschen, die in einem negativen Mutterkomplex befangen sind, haben Angst vor Geschenken, ob sie nun von Personen, vom Staat oder von Gott kommen. Sie haben immer das Gefühl, daß jemand sie auszunutzen versucht und daß dieses versteckte Motiv hinterher ans Tageslicht kommt. Die negative Mutter versucht alles zu verdrehen und in Macht zu verwandeln; weil das schwache Ich nicht an seinen Wert glaubt, wirkt es heimlich an diesem Verrat mit.

In der Analyse geht dieses Machtspiel so lange weiter, als die Analysandin ihre negative Mutter oder ihren negativen Vater auf die Analytikerin projiziert und versucht, an der Macht zu bleiben, indem sie die nachgiebige Persona aufrechterhält, die die Analytikerin nicht an sich heranläßt. Sobald ein Strahl der Liebe das ungeliebte Kind in ihrem Inneren erreicht, brechen die Tränen und die verdrängte Wut aus ihr heraus, und der Prozeß beginnt. Aber intellektuelle Erkenntnis allein kann das verlassene Kind nicht befreien. Auch der Körper muß sich ins Feuer wagen. Die Lebenskraft manifestiert sich sowohl biologisch als auch psychisch. In Fällen, in denen das Kind nicht erwünscht war oder die Eltern sich leidenschaftlich nach einem Kind des anderen Geschlechts sehnten, konnte es nichts tun, um dennoch akzeptiert zu werden. Diese Erkenntnis tötete die kleine Seele, so wie ein Kanarienvogel stirbt, wenn man ihn in einem Käfig allein läßt.

Das Selbst scheint eine Blockade zu errichten, um die Seele zu beschützen, so daß der unerträgliche Schmerz in den Körper umgeleitet wird, wo die Natur so gut wie möglich mit ihm fertigzuwerden versucht. Da der

Schmerz somatisiert wird, erlebt die Analysandin seinen psychischen Anteil nicht bewußt. Zwanghaftes rituelles Verhalten ist eine magische Methode, die unerträgliche Wahrheit in Schach zu halten; Eßstörungen sind ein Versuch, das Tier zu ernähren und gleichzeitig zu töten. (Vor allem introvertierte intuitive Menschen flüchten sich in die Numinosität ihrer unbewußten extravertierten Empfindung und denken sich kunstvolle Eßrituale aus, um sich zu verteidigen.)

In der Analyse führt Vertrauen automatisch zur Angst vor Abhängigkeit und umgekehrt. Im Laufe der Analyse schwingt das Energiependel immer weiter und kräftiger aus und spricht schlummernde Reaktionen an, die ihren Ursprung in der Ur-Zurückweisung haben. Sobald das bewußte Vertrauen zwischen dem Analytiker und der Analysandin wächst, entsteht in der Analysandin gleichzeitig eine zunehmende Angst, zurückgewiesen zu werden. Infolgedessen faßt sie den kompensatorischen Entschluß, selbst diejenige zu sein, die ihr Gegenüber zurückweist. (Das trifft übrigens nicht nur auf Süchtige und nicht nur auf die Analyse zu. Jeder Mensch, der als Kind abgelehnt wurde, wird später ähnlich reagieren. Entweder versucht er unbewußt, eine Situation herbeizuführen, in der er zwangsläufig zurückgewiesen werden *muß,* oder er schützt sich durch eigenes abweisendes Verhalten vor der Gefahr der Zurückweisung.)

Solange eine Frau sich nicht selbst annehmen kann, wird sie die anderen Menschen stets unbewußt zwingen, sie zurückzuweisen, obwohl sie sich bewußt nach Liebe sehnt. Die Zurückweisung ist zwar vernichtend für sie; doch noch beängstigender ist der totale Zusammenbruch ihres schwachen Verteidigungssystems, der ihr drohen würde, wenn jemand sie akzeptierte: «Was soll ich machen, wenn jemand *mich* tatsächlich liebt?» An dieser Schwelle zeigt sich ihre ganze Angst vor der Abhängigkeit. Der hartnäckige Widerstand gegen jede Veränderung, der für die meisten Süchtigen charakteristisch ist, schützt das Ich häufig vor der abgrundtiefen Verzweiflung der Ur-Zurückweisung. Die Traumenergie kehrt immer wieder zurück, um das verlassene Baby oder den ungeborenen Fötus zu holen. Wenn die Psyche stark genug ist, um das schmerzliche Bewußtsein zu ertragen, daß sie nicht geliebt wurde, dann kann der Körper seinen somatisierten Schmerz freisetzen. Wenn die Körperarbeit gut gelingt, geht dieses körperliche Erlebnis buchstäblich von den Fußsohlen bis zum Kopf.

Eine gewisse Kenntnis der Energiezentren in unserem Körper – der Chakras des Kundalini-Yoga – ist in dieser Zeit von unschätzbarem Wert für die Analysandin, denn die geheimnisvollen Symptome, die in ver-

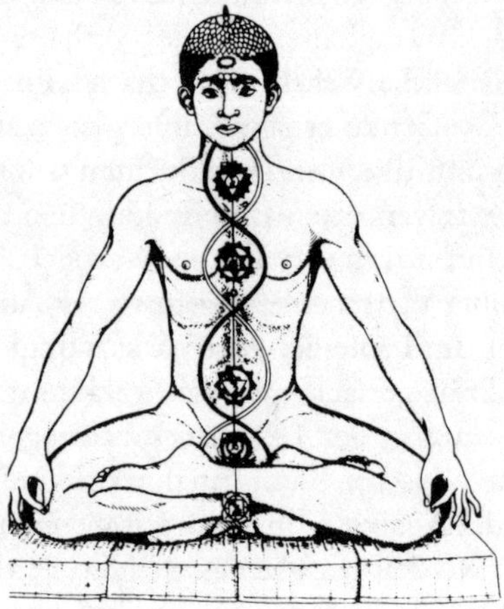

Die sieben Kundalini-Lotuszentren

schiedenen Teilen ihres Körpers auftreten, sind wahrscheinlich physisch und geistig miteinander verbunden.[3] Die Weisheit des Ostens ermöglicht uns tiefgreifende Einsichten in Erlebnisse, die uns sonst nur mit Angst und Schrecken erfüllen würden. Ich möchte den Wert der westlichen Medizin, die in dieser Zeit der inneren Wandlung ebenfalls notwendig ist, keineswegs schmälern; doch körperliches und geistiges Erwachen gehören zusammen. Wenn ein Mensch zum Beispiel nie die Ur-Verbindung zum niedrigsten Chakra, *Muladhara,* hergestellt hat, ist es ihm wahrscheinlich nur durch pure Willenskraft gelungen zu überleben. Sobald diese Willenskraft zusammenbricht, wird ein solcher Mensch oft von Trägheit überwältigt; er hat das unwiderstehliche Verlangen, ständig im Bett zu bleiben. Die in ihren Somatisationen und Süchten gefangene Psyche wartet wohl auf die Kraft, die den Muladhara-Bereich der wahren Lebenskraft zu erwecken vermöchte.

In den tiefsten Gründen der Psyche findet man häufig einen Schmerz vergraben, der wie ein Destillat in einem vergifteten Teich liegt. Die Lotosblüte, die sich zur Sonne hin öffnen will, muß fest im fruchtbaren Boden eines gesunden Teiches verwurzelt sein. Wenn der innere Lotos, das spirituelle Auge, aktiviert wird, gerät häufig der Basis-Bereich des Perineums in Aufruhr, bis sich die Abkapselung öffnet und die dunkle Energie frei wird. Die Seelenblüte bezieht ihre Nahrung aus den Wurzeln, die am tiefsten in den dunklen, fruchtbaren Schlamm hinabreichen.

Die Seelenschwester

Das Buch *Till We Have Faces* von C. S. Lewis ist eine Nacherzählung der Legende von Amor und Psyche vom Standpunkt einer Schwester aus. Orual, die häßliche Schwester der Psyche, hadert mit den Göttern, die ihr, wie sie meint, ihre Seelenschwester geraubt haben. Da sie durch ihre rationale Haltung von Psyches freudiger Welt der kreativen Phantasie abgeschnitten war, überredete sie Psyche dazu, etwas Verbotenes zu tun: mit einer Lampe in das Gesicht ihres göttlichen Bräutigams zu leuchten. In dem Augenblick, als Psyche die Schönheit ihres vermeintlichen Ungeheuers wahrnahm, war ihr Paradies zerstört, und sie wurde zu einer ruhelosen Pilgerin, die schwierige Aufgaben zu erfüllen hatte. Orual wurde inzwischen die verschleierte Königin des Reichs ihres Vaters. Sie führte ihre Soldaten im Kriege an und forderte von sich selbst und ihren Untertanen unerbittliche körperliche und geistige Stärke. Doch der Gedanke an ihre Seelenschwester, die schöne Psyche, die sie mehr liebte als alle anderen Menschen und die sie um jeden Preis besitzen wollte, verfolgte sie ihr Leben lang.

Orual war entschlossen, Psyches Seele zu besitzen, und gerade durch diese Entschlossenheit verlor sie sie. Obwohl ihre Psyche-Seele sich bemühte, Orual zu zeigen, was sie wollte – nämlich mit dem Ungeheuer in ihrem Palast zu leben – glaubte Orual, es besser zu wissen. Sie betrachtete ihre Seele als einen unerleuchteten, minderwertigen Bereich und beschloß, Psyche das aufzuoktroyieren, was sie für das beste hielt. Sie nahm den Standpunkt der negativen Mutter ein. Orual war in ihrer freudlosen, griesgrämigen Welt eingesperrt, in der alles streng beurteilt wurde. Sie war voller Ressentiments gegen ihre eigene nicht ausgelebte Sexualität. Zwar handelte sie nach dem Gesetz; doch manchmal, wenn sie das herzzerreißende Schluchzen ihrer Schwester zu hören glaubte, erfüllte sich ihr Herz mit Kummer und Hoffnung. Sie wurde ständig zwischen den zwei Polen Geist und Instinkt hin- und hergerissen und hatte kein Zentrum, keine Seele. Als junges Mädchen hatte sie übernommen, was man ihr eingeschärft hatte: «Kein Mann wird dich lieben, wenn du kein hübsches Gesicht hast, selbst wenn du bereit wärst, dein Leben für ihn hinzugeben.»[4] Ebenso hartnäckig hatte sie an dem Glauben festgehalten: «Die Götter werden dich nicht lieben, wenn du keine schöne Seele hast, wie sehr du auch leidest und wie sehr du dich bemühst, ihnen zu gefallen.»[5] Orual ist überzeugt davon, daß wie ihr Gesicht auch ihre Seele häßlich ist, und hadert mit ihrem Schicksal. Als sie vor ihrem Richter steht, liest sie ihm ihre Klageschrift vor, in der sie sich bitter beschwert:

«Ich weiß, ihr werdet sagen, daß sie bei euch ein Glück gefunden hat, das ich ihr niemals hätte geben können, und daß ich mich für sie freuen sollte. Warum? Was geht mich dieses schreckliche neue Glück an, das ich ihr nicht geschenkt habe und das sie von mir trennt? Glaubt ihr, ich habe mir gewünscht, daß sie auf diese Weise glücklich wird? Es wäre besser gewesen, wenn das Ungeheuer sie vor meinen Augen in Stücke gerissen hätte. Ihr behauptet, sie geraubt zu haben, um sie glücklich zu machen? Jeder hinterhältige Spitzbube, der einem Mann seine Frau oder seinen Sklaven oder seinen Hund weglockt, könnte das gleiche behaupten. Der Vergleich mit dem Hund ist übrigens gar nicht schlecht. Ich wäre euch dankbar, wenn ihr mich meinen Hund selber füttern ließet; er braucht keine Leckerbissen von eurem Tisch. Habt ihr eigentlich schon einmal daran gedacht, wem dieses Mädchen gehörte? Sie gehörte mir. *Mir.* Wißt ihr nicht, was dieses Wort bedeutet? Mir! Ihr seid Diebe, Verführer. Ihr habt mir ein Unrecht angetan. Ich will mich jetzt gar nicht darüber beschweren, daß ihr blutrünstige Menschenfresser seid. Darüber bin ich hinaus . . .»

«Genug», sagte der Richter.

Dann herrschte Totenstille um mich her – und ich wußte zum ersten Mal, was ich getan hatte. Während ich meine Klageschrift vorgelesen hatte, war es mir hin und wieder merkwürdig vorgekommen, daß das Lesen so lange dauerte; denn das Buch war nicht dick. Nun wußte ich, daß ich es ungefähr ein dutzendmal vorgelesen und immer wieder von vorn angefangen hatte. Ich hätte ewig so weiter gelesen und immer gleich wieder mit dem ersten Wort angefangen, sobald ich das letzte ausgesprochen hatte, wenn der Richter mich nicht unterbrochen hätte. Auch die Stimme, mit der ich die Schrift vorlas, klang mir merkwürdig in den Ohren. Wenigstens hatte ich die Gewißheit, daß dies nun endlich meine wirkliche Stimme war.

In dem dunklen Versammlungsraum herrschte so lange Schweigen, daß ich genug Zeit gehabt hätte, mein Buch noch einmal vorzulesen. Schließlich sprach der Richter.

«Ist deine Klage hiermit beantwortet?» fragte er.

«Ja», sagte ich.

. . . Meine Klage war bereits die Antwort gewesen. Indem ich mir selbst beim Vorlesen der Schrift zuhörte, hatte ich die Antwort erhalten. Die Menschen, die ihr Gegenüber auffordern: «Sag doch einfach das, was du meinst», wissen gar nicht, wie schwierig das ist. Als der Fuchs mir die griechische Schrift beibrachte, sagte er häufig: «Das zu sagen, was du wirklich meinst – nicht mehr und nicht weniger und nichts anderes als das, was du wirklich meinst – das ist die Kunst und Freude der Sprache.» Das ist leicht gesagt. Wenn der Augenblick kommt, in dem du endlich gezwungen wirst, das auszusprechen, was jahrelang im Zentrum deiner Seele gelegen hat und was du die ganze Zeit wie ein Idiot ständig wiederholt hast, wird dir nicht nach der Kunst und Freude der Sprache zumute sein. Mir ist jetzt klar geworden, warum die Göt-

> ter nicht offen mit uns sprechen und uns auch nicht antworten lassen. Warum sollen sie unserem Geplapper zuhören, solange wir nur das sagen, was wir zu meinen glauben, und das entscheidende Wort noch nicht in uns aufgestiegen ist? Wie können sie uns von Angesicht zu Angesicht gegenüberstehen, solange wir noch kein Gesicht haben?[6]

Orual hatte ihr ganzes unglückliches Leben damit verbracht, ihre Klageschrift gegen die Götter zu verfassen, die sie, wie sie zornig feststellte, «keiner Antwort würdigten».[7] Schließlich erkannte sie «ein nur allzu getreues Abbild ihres inneren Dämons».[8] Sie hatte Angst um ihre Schwester und fühlte sich von dem Geheimnis der Sexualität zugleich angezogen und abgestoßen. Das führte schließlich dazu, daß sie von dem Plan besessen war, Psyche von ihrem geliebten Ungeheuer zu trennen. Wie die böse Hexe in Hänsel und Gretel, zwang sie ihre niedrige Unschuld unbewußt dazu, den Schmerz zu durchleiden, der zur höheren Unschuld führt. Ihr rationaler Geist konnte nur flüchtige Eindrücke von der Welt der Phantasie gewinnen, und deshalb erschuf sie zwanghaft so viel Unsinn, wie sie konnte, um die symbolische Welt der Psyche zu vernichten. Dann beklagte sie sich bitterlich bei den Göttern, sie hätten ihr *ihre* Psyche weggenommen, und träumte davon, daß ihre Seelenschwester am Brunnen weinte. Sie regierte zwar mit einer eisernen Faust; doch ihre wahre Energie lag in ihrer Sehnsucht. Den Abgrund zwischen Illusion und Realität füllte sie mit ihrer Arbeitssucht. Als sie schließlich mit ihrem «Tod vor dem Tode» konfrontiert war, erkannte sie, daß die Klageschrift, die sie tagein, tagaus niedergeschrieben hatte, gleichzeitig ihre Antwort war. Sie hatte keinen Kelch, den sie den Göttern darbieten konnte, sondern nur ihr Buch.

Viele Leute, die unter einer Sucht leiden, sind in der gleichen Lage wie Orual. Solange sie noch einen Termin, noch ein Glücksspiel, noch eine Freß- oder Rauschgiftorgie vor sich haben, gehen sie der Konfrontation aus dem Weg und setzen ihre tägliche Klage fort, ob nun ihre Klageschrift wirklich oder nur in ihrer Phantasie existiert. Dann bringt eines Tages irgendeine Krise sie dazu, sich selber zuzuhören und ihrem Verlust, ihrer Angst und ihrer Schuld ins Auge zu sehen.

Bei Nahrungsmittelsüchtigen sind die extremen Haltungen dieser beiden «Schwestern» deutlich erkennbar. Doch auch bei Menschen, die nicht unter erkennbaren Suchtsymptomen leiden, findet man solche und andere «Schwesternpaare». Um die Struktur begreifen zu können, die der Neurose zugrunde liegt, müssen wir die psychische Dynamik zwischen den unbewußten Schwestern genauer untersuchen. Die eine

Schwester manifestiert sich unter Umständen als ein spezieller Aspekt des weiblichen Schattens, die andere als «Animus-Jagdhund». Gemeinsam bilden sie im Unbewußten eine unheilige, aber mächtige Allianz. Wenn eine Frau in den Spiegel schaut und ihren dicken Schatten sieht, stellt ihr dunkler beurteilender Animus sofort den Fuß in die Tür und sagt: «Du bist nichts wert.» Daraufhin wird der dicke Schatten taub und empfindungslos und bestätigt auf diese Weise die Anschuldigungen des Animus. Sogleich wirft sich der Animus mit seinem ganzen Gewicht in das Zimmer, und seine Strafpredigt zerstört das Ich der Frau. Die Frau muß also vor allem lernen, diese Tür verschlossen zu halten. Wenn sie den Animus von draußen herannahen hört, muß sie sich an alles Positive in ihrem Innern klammern. Sie muß genügend Ich-Stärke entwickeln, um die komplizierte Vielfalt unterscheiden zu können, aus der ihr Gefängnis besteht.

Solange eine Frau ihre Identität nicht finden kann, sind ihre Ich-Reaktionen von einer Kombination sich gegenseitig beeinflussender Komplexe bestimmt. Die Situation einer solchen Frau läßt sich mit dem Begriff «unverbunden» zusammenfassen. Wenn ihr Ich beispielsweise die Sexualität nicht integriert hat, wird die Frau aus einem Instinkt oder aus einem geistigen Ideal heraus handeln. Die menschliche Liebe, die die Brücke zu einem anderen Menschen als Individuum schlagen würde, ist nicht vorhanden. Süchte sind Manifestationen der Besessenheit von dem somatischen, instinktmäßigen oder dem psychischen Pol eines Archetyps (oder von beiden) und schließen eine menschliche Beziehung daher aus. Einige der Komplexe – die sich übrigens auch wechselseitig beeinflussen und gegen ein schwaches Ich verschwören können – sind in der nebenstehenden Tabelle dargestellt.

Die symbiotischen Traumschwestern, so wie ich sie verstehe, haben ein Geheimnis, das sie beide kennen und an dem sie beide festhalten. Aber es gibt auch ein Geheimnis, das sie nicht kennen; beide suchen nach demselben Schlüssel, der sie aus demselben Gefängnis befreien soll. Oberflächlich betrachtet sind sie Gegensätze, aber im Grunde ihres Wesens sind sie eins. Sie ergänzen einander, denn jede hat etwas Wesentliches, was der anderen fehlt, und weiß das auch. Sie sind blutsverwandt, leben zusammen, werden eines Tages zusammen sterben und bekämpfen sich vielleicht aufs heftigste; doch wenn ein Außenstehender eine dieser beiden Schwestern kritisiert, eilt die andere sofort zu ihrer Verteidigung herbei. Das Wesen dieser beiden Schwestern variiert von Psyche zu Psyche, aber bei Menschen mit schweren Eßstörungen läßt sich ein ziemlich einheitliches Muster feststellen. Um dieses Muster zu vereinfachen und zu

Aspekte des weiblichen Schattens	**Aspekte des Animus**
Erdmutter – ernährend, beschützend (Kombination aus dem Schatten der Mutter und der Mutter-Anima des Vaters)	*Vater-Jehova* – Status quo, Stagnation (Kombination aus dem Schatten des Vaters und dem Vater-Animus der Mutter)
Femme fatale – unverbundene weibliche Seite des Vaters – unverbundene, nicht ausgelebte Sexualität der Mutter	*Don Juan* – unverbundene männliche Seite der Mutter – unverbundene, unausgelebte Sexualität des Vaters
Nicht initiiertes Mädchen – infantil, lebt in der Phantasie – rebelliert gegen die Mutter – unbewußte Sexualität – potentielle Energie für schöpferische Geistigkeit	*Jugendlicher Rebell* – nicht initiierter hungriger Junge – lehnt alles ab, wofür der Vater steht – verwundete Männlichkeit – potentielle Energie für schöpferische Geistigkeit
Alles verschlingende Hexe – kalt, unpersönlich – Trägheit, Schlaf – Depression – fressen oder gefressen werden (oder verhungern)	*Dämon* – fördert die Trägheit – Starrheit, die die Weiblichkeit tötet – Entweder-oder-Haltung – friß oder stirb

Einige Aspekte des unbewußten Weiblichen und Männlichen, zwischen denen eine Wechselbeziehung bestehen kann – entweder in der Projektion zwischen zwei Menschen oder innerhalb der Psyche eines einzelnen Menschen.

veranschaulichen, möchte ich die dicke Schwester hier «Eisscholle» und die dünne Schwester «Flamme» nennen.

Die Psychen dieser beiden Schwestern sind untrennbar miteinander verbunden. Wenn man die eine fragt, wie sie sich gerade fühlt, beschreibt sie vielleicht das Befinden der anderen Schwester. Beide werden von einer apokalyptischen Vision getrieben: Wenn sie nur endlich dieser weltlichen Realität entfliehen könnten, würde ihnen sicherlich in irgendeiner imaginären Welt etwas Numinoses, etwas völlig Neues das eigentliche Wesen des Lebens enthüllen. Eisscholle bewältigt Essensberge, um diese Realität endlich beenden und einen neuen Lebensabschnitt beginnen zu können. Flamme bringt Stunden damit zu, aufzuräumen, zu ordnen und zu organisieren, bis sie körperlich, seelisch und geistig am Rand ihrer Kräfte ist. Auf diese Weise versucht sie, alles Nötige zu erledigen, damit das «Wahre» endlich beginnen kann. Beide fühlen sich verraten, wenn aus dem langersehnten Urlaub mit seinen Stunden der Muße und des Nachdenkens niemals etwas wird. Es kommt immer etwas dazwischen, was ihre ganze Energie beansprucht. Ihr Ich verfügt weder über die nötige Kraft noch über das nötige Selbstwertgefühl, um sich jeden Tag etwas Zeit für sich selbst zu nehmen. Der große Augenblick der Wahrheit liegt immer in greifbarer Nähe – wenn sie nur endlich einmal Zeit dafür fänden. Wenn das Unbewußte beschließt, daß es nicht warten kann, daß es im *Jetzt* leben will, verwandelt sich die Apokalypse in ein Inferno. Eisscholle fühlt sich magnetisch von der Nominosität der Materie (Mater, Mutter, essen) angezogen; auf Flamme dagegen übt der Geist (keine Mater, keine Mutter, kein Essen) eine unwiderstehliche Anziehungskraft aus. Beide suchen nach irgendeinem Ausweg aus ihrem Konzentrationslager.

Wenn Eisscholle zu einer Party eingeladen wird, denkt sie natürlich zuallererst darüber nach, was sie anziehen soll. Sie weiß, daß ihr Kleid Größe 42 hat und daß ihre Hüften inzwischen Größe 46 haben. Aber sie weigert sich, dieser Wahrheit ins Auge zu sehen. Wie immer, wenn sie Angst hat, pfeift sie eine kleine Melodie vor sich hin. Als der Abend, an dem die Party stattfindet, heranrückt, hört sie auf zu pfeifen. Nun steht sie der unausweichlichen Realität gegenüber.

Sie ist in Unbewußtheit gesunken; sie kann das Kleid nicht anziehen; sie ist zu deprimiert, um aus dem Haus zu gehen. In diesem Augenblick gibt sie sich entweder einer Freßorgie hin, um alles zu vergessen, oder ihre Spannung steigert sich so sehr, daß sie ins Gegenteil umschlägt (diesen Vorgang bezeichnet Jung als Enantiodromie).

In diesem Fall konstelliert sich Flamme, die die Hemmungslosigkeit und den dicken Körper der Eisscholle ekelhaft findet und es nicht ertragen kann, ihr beim Essen zuzusehen. Eisscholle hat Flamme die Party verdorben. Aber es gibt keinen Neid, keine Eifersucht, keinen Zorn. Flamme ist erleichtert. Nun braucht sie wenigstens keinen Charme zu versprühen und sich zu verstellen. Sie braucht nicht im Gespräch mit dem einen Mann eine bestimmte Frau, und im Gespräch mit dem nächsten Mann eine andere Frau zu spielen und nach einer so wundervollen Party nach Hause zu kommen und sich zu fragen, warum sie eigentlich weint.

Sie braucht nicht der Tatsache ins Auge zu sehen, daß sie auf Kosten ihrer inneren Wahrheit freundlich ist und deshalb ihre Realität verliert.

Die zwei Schwestern, Aquarell von Eryl Lauber

Diese «Schwestern» können von zwei verschiedenen Personen innerhalb eines Haushalts verkörpert werden. Sie können auch eine Woche oder einen Monat lang in einer und derselben Person stecken. Bei einer Frau, die an Bulimie leidet, können diese beiden Schwestern sich innerhalb einer halben Stunde manifestieren. Viele «Flammen» und «Eisschollen» führen ein Doppelleben. Im Berufsleben ist Eisscholle gut angepaßt, erfolgreich, diszipliniert, offen, entschlußfreudig und kann sich gut ausdrücken. Beruflich kommt sie mit Männern gut aus; doch sie weiß, daß der Mann, den sie liebt, mit ihrer Leistungsfähigkeit und ihrer scharfen Beobachtungsgabe nichts anzufangen weiß – und das erwartet sie auch gar nicht von ihm. Wenn sie mit ihm zusammen ist, ist sie Flamme: unterwürfig, hingebungsvoll im Bett – ein Spiegel seiner Anima. Hier setzt sie die symbiotische Beziehung fort, die sie zu ihrem Vater oder zu ihrer Mutter hatte (oder sich immer gewünscht hatte). Sie erkennt nicht, daß symbiotische Ernährung und Pflege nichts mit einer wirklichen Beziehung zu tun hat. Wenn möglich richtet sie ihr Leben so ein, daß sie vier Tage pro Woche eine Eisscholle und die restlichen drei Tage eine Flamme ist (es sind auch Varianten dieses Musters möglich). Sie weiß, daß sie Zeit braucht, um sich von der einen Schwester in die andere zu verwandeln; häufig kommt es sogar zu einem heftigen inneren Kampf, wenn die sanfte, zärtliche Flamme am Sonntagnachmittag ihren Geliebten verlassen und die lange Rückreise in ihre eigene Wohnung und zu Eisscholle antreten muß. Sobald sie sich wieder in die Eisscholle verwandelt hat, sieht sie den Aktivitäten der kommenden Woche mit all ihren Aufregungen und Herausforderungen voller Vorfreude entgegen; doch zwischen diesen beiden Schwestern liegt ein Niemandsland. Häufig muß sie, um den Übergang von der einen Schwester zur anderen zu schaffen, ein Bad nehmen, andere Kleider anziehen, ihre Stimme verändern, eine andere Gangart annehmen oder ihren Speiseplan umstellen. Unter Umständen verändert sie sogar ihre äußere Erscheinung.

Sicherlich besteht bei jedem Menschen ein gewisser Bruch zwischen Berufsleben und Privatleben. Doch durch die Hektik und Schnellebigkeit unserer Zeit und dadurch, daß man von Frauen erwartet, sie sollten ein harmonisches Ganzes sein, ohne ihnen ein Vorbild dieser Harmonie und Ganzheit zu geben, entstehen gespaltene Persönlichkeiten. Wenn man voll und ganz in der einen Welt lebt, dann eine Kehrtwendung um 180 Grad macht und hundertprozentig in einer anderen Welt lebt, entsteht ein Loch im Zentrum der Persönlichkeit; es sei denn, das Ich ist stark genug, auf seinem eigenen Standpunkt zu beharren, während es versucht, die beiden Seiten zu integrieren. In diesem «Loch» entsteht häufig

Suchtverhalten. Wenn Flamme ständig vor diesem Loch davonläuft, so ist das nichts anderes als eine Flucht in die Illusion, denn sie flüchtet sich lediglich in ihr Gegenteil – die Flamme, die wiederum ihren Garten Eden nur genießen kann, weil sie weiß, daß sie sich in absehbarer Zeit wieder in Eisscholle verwandeln darf. Und sie weiß auch, daß Eisscholle rebellieren würde, wenn sie das Wochenende bis zum Montag hinauszögern würde. Vielleicht würde sie sich sogar einer Freßorgie hingeben, und das könnte zu Schwierigkeiten mit ihrem Geliebten führen. Es fällt der Eisscholle-Flamme leichter, ein Doppelleben zu führen, die beiden Seiten ihrer Persönlichkeit voneinander zu trennen, als der Spannung zwischen diesen beiden Gegensätzen standzuhalten. Unter Umständen ist es auch notwendig, daß sie diese beiden Seiten getrennt voneinander auslebt, bis sie ihr beide voll zum Bewußtsein gekommen sind. Doch wenn sie dieses immerwährende Hin und Her lange genug praktiziert hat, wird ihr schließlich eine innere Stimme sagen: «Jetzt reicht es. Schluß damit!»

Manchmal gelangt die Frau durch die Sucht selbst zum Bewußtsein. Häufiger jedoch kommt es zu einer Krise in ihrer Partnerbeziehung, die sie zwingt, genau zwischen den beiden Gegensätzen Flamme/Eisscholle zu unterscheiden. Sobald sie diese beiden Seiten erkennt, wird ihr klar, daß die Frau, die eigentlich in der Mitte zwischen diesen Gegensätzen stehen sollte, nicht da ist. Weil sie sich immer wieder von Eisscholle in Flamme und von Flamme zurück in die Eisscholle verwandelte, hat sie entweder ihre Identität verloren oder nie eine besessen. Die Frau, die bei diesem ständigen Hin und Her verlorengegangen ist, ist Fleur – die bewußte Frau, die Blüte, die aus einer gesunden, fest im Boden verwurzelten Pflanze entsteht. Sobald sie das erkennen kann, weiß sie, daß sie sich selbst finden muß, statt ihren Zorn an einem Mann abzureagieren oder voller Wut und Bitterkeit gegen einen patriarchalischen Gott zu rebellieren. Zorn und Bitterkeit fördern die Weiblichkeit nicht. Sie verhärten das Herz und machen den Körper stark. Die Zuversicht, die es wagt, aller rationalen Logik die Stirn zu bieten, öffnet das Herz für die Liebe. Es ist zwar durchaus möglich, daß die aus einer solchen Zuversicht geborene Aufrichtigkeit eine Partnerbeziehung bedroht oder sogar zerstört; doch in einem solchen Fall muß man sich fragen, ob der Versuch, diese Partnerschaft zu retten, sich wirklich lohnt. Wenn eine Beziehung zu wichtigen Einsichten geführt und es den Partnern ermöglicht hat, zu erkennen, warum ein bestimmtes Muster sich immer wiederholt, war sie die investierte Energie durchaus wert – selbst wenn sie jetzt zerbricht. Dann können beide Partner ihren eigenen Ausweg finden und sich auf die Suche nach ihrer inneren Jungfrau begeben.

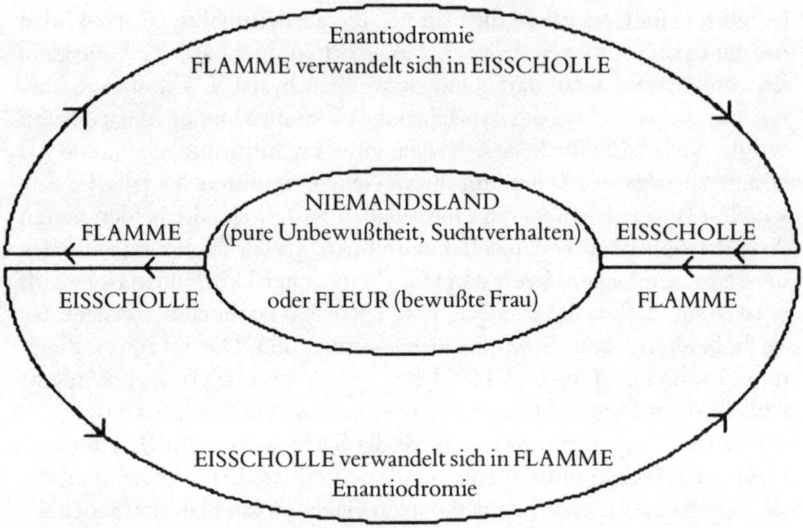

Das Eisscholle-Flamme-Syndrom

Wenn Flamme und Eisscholle das ewige Hin und Her endlich aufgeben, haben vielleicht beide die notwendige innere Ruhe, um Fleurs Stimme zu hören. Sobald die fettleibige Eisscholle erkennt, daß die dünne Flamme nicht das projizierte Weibliche ist, nach dem sie so verzweifelt sucht, und sobald der Flamme klar wird, daß die dicke Eisscholle keine positive Mutter ist, besteht die Möglichkeit einer freien Entscheidung. Dann können sie einander umarmen und lieben, weil sie so vieles gemeinsam durchlitten haben, und beide sich anschließend der Aufgabe widmen, Fleur zu finden. Alle Probleme – die heimlichen Freßorgien der Eisscholle, das heimliche Hungern der Flamme und das heimliche Erbrechen der Eisscholle-Flamme – lösen sich, sobald der geheime Schlüssel ihnen die Erkenntnis bringt, daß all diese abnormen Verhaltensweisen nur Fragmente eines Ganzen waren.

In der menschlichen Psyche herrscht ein natürliches Streben nach Ganzheit. Auch wenn ein Mensch vielleicht versucht, die Natur zu ignorieren, so wird sein Körper sich dennoch bemühen, mit ihr im Einklang zu bleiben, um die Ganzheit, die Harmonie zu wahren. Wenn ein Mensch längere Zeit gegen diese Ganzheit handelt, kann das zu einer Krankheit führen, die ihm die Ganzheit erst zum Bewußtsein bringt. Hier liegt ein

Paradoxon. Die einzelnen Teile des Puzzle-Spiels streben zwar nach Ganzheit; doch zu einem bestimmten Zeitpunkt müssen wir eine Vision von dieser Ganzheit haben, um die Teile richtig zusammensetzen zu können. Sobald die Süchtige die klagende Stimme im Herzen ihrer Sucht hört, kann sie das Essen, Hungern und Erbrechen als das erkennen, was es ist: ein Versuch, diese klagende Stimme zu beschwichtigen. Dann braucht sie die beiden Seiten ihres Komplexes nicht mehr durch physische Nahrung zu quälen; jetzt erhält ihre Seele geistige Nahrung. An die Stelle der neurotischen Raserei kann wahre Energie treten.

Das verlassene, weinende Wesen im Herzen der Sucht ist die Seele der Frau, die zum Bewußtsein erwachen kann, der Jungfrau, die mit sich selbst im Einklang ist. Sie ist es, die Nahrung braucht. Ihre Nahrung ist die Nahrung der schöpferischen Phantasie.

Die Mutter als Schattenschwester

Die Mutter, die als Schattenschwester fungiert, hat seit ihrer Heirat häufig auf ihre eigenen schöpferischen Ambitionen verzichtet. Später projiziert sie in ihrer Enttäuschung ihr eigenes ungelebtes Leben auf ihr Kind. Der Kummer, die Frustration, die diese Mutter empfindet, weil sie ein solches Opfer bringen mußte, belasten das Kind sehr – ob nun offen darüber gesprochen wird oder nicht. Die Mutter fühlt sich in der Ehe stets gefangen wie in einem Käfig; aber das Gitter dieses Käfigs ist nicht etwa ihr Ehemann (daß er nicht der charmante Märchenprinz ist, für den sie ihn anfangs gehalten hatte, ist ihr recht bald klar geworden), sondern das Kind in ihrem Leib. Dieses Kind hat in seinem späteren Leben Schuldgefühle wegen eines Verbrechens, das es niemals begangen hat; sein einziges Verbrechen besteht in der Tatsache, daß es existiert.

Wenn solche Kinder erwachsen sind, werden sie sagen: «Ich habe das Gefühl, es ist meine Schuld, daß das Baby schreit, daß meine Schwester nicht genug Geld hat, daß mein Sohn seinen Aufsatz nicht schreiben kann. Ich bilde mir sogar ein, daß ich daran schuld bin, wenn an dem Tag, an dem meine Familie ein Picknick geplant hat, die Sonne nicht scheint. Ich habe den Eindruck, daß sie mir die Schuld geben; dann mache ich mir selbst Vorwürfe, weil ich nicht der liebe Gott bin. Dieses Gefühl hatte ich schon in meiner Kindheit, wenn meine Mutter mich mit ihren durchbohrenden Augen ansah. Ich dachte: Vielleicht ist sie wütend auf mich. Damit hätte ich fertigwerden können. Aber dann sah ich den Schmerz in ihren Augen. Das konnte ich nicht ertragen, und ich kann es auch heute noch nicht. Ich werde nicht mit der Tatsache fertig, daß ich ihr Schmerz verursacht habe – anfangs schon durch meine bloße Existenz, und jetzt, weil ich nicht in der Lage bin, in meinem Leben das zu erreichen, was ihr stets vorenthalten blieb. Wenn ich daran denke, drehe ich durch. Meine Schuldgefühle verwandeln sich in Wut. Was erwartet sie von mir? Was erwarten meine Schwester und meine Kinder von mir? Ich lasse mich nicht auffressen. Laßt mich in Ruhe! Ich habe euch nichts zu bieten.» Die Große Mutter, von deren Brüsten die Milch der menschlichen Güte tropft, verweigert sich plötzlich, möchte ihrer Familie keine Nahrung mehr geben, weigert sich, mit ihr zusammen zu essen, haßt ihre Angehörigen, weil sie sie auffressen. Die «gute Mutter» verwandelt sich plötzlich wieder in das benachteiligte Kind.

In diesem Augenblick der Enantiodromie zeigt die doppelgesichtige nährende Mutter plötzlich die andere Seite ihres Wesens: jene Seite, die am liebsten alles verschlingen möchte. Hier besteht eine Identität zweier Gegensätze – Schöpferin und Zerstörerin –, die gleichzeitig in undifferenzierter Form vorhanden sind. Solange der Frau diese Gegensätze nicht zum Bewußtsein gebracht werden, verfällt sie aufgrund ihrer Machtlosigkeit und ihrer Wut, die sie nicht zum Ausdruck bringt, in einen Lähmungszustand. Ein entscheidender Faktor ihres Problems besteht darin, daß sie glaubt, alles richtig machen zu können, sie identifiziert sich mit der Großen Mutter. Das ist Macht, die sich als Liebe maskiert. Wenn sie ihre Welt nicht beherrschen und unter Kontrolle halten kann, verfällt sie in die dunkle Seite der Mutter. Sie ist nicht mehr die großzügig Gebende, sondern entzieht sich ihrer Familie; symbiotische Vertrautheit verwandelt sich in eine ablehnende, zurückweisende Haltung, Liebe wird zu Haß. Die Plötzlichkeit dieses Umschwungs und die Intensität der dabei freigesetzten Emotionen erschrecken sie.

Das Kind, ob es nun 7 oder 70 Jahre alt ist, kann diese unbewußte Verbindung zur Mutterwelt nur zerreißen durch die Erkenntnis, daß es eine eigene Seele hat, die zwar durch den Körper der Mutter auf die Welt gekommen ist, aber dennoch nicht der Mutter (und auch keinem anderen Menschen) gehört. Dieses Kind muß lernen, sich von der Mutter zu differenzieren; es muß erkennen, wo die Mutter aufhört und es selbst anfängt. Diese Aufgabe müssen Männer und Frauen jeweils auf verschiedene Art und Weise lösen.[10] Die Frau muß eine neue Rückverbindung herstellen (wie Demeter und Persephone). Hierbei besteht jedoch die Gefahr, daß sie wieder in Unbewußtheit zurückfällt. Der Mensch braucht für seine Handlungen die Unterstützung und den Segen der Natur; doch wenn eine Frau die Natur als Segen empfinden soll, muß sie bewußt sein. Sie muß erkennen: Der biologische Zweck des Lebens auf unbewußter Ebene ist die Fortpflanzung; doch der bewußte Lebenszweck besteht nicht einfach darin, sich fortzupflanzen oder sein eigenes Leben möglichst lange zu erhalten, sondern darin, zu *wissen*. Das ist der Unterschied zwischen unbewußter und bewußter Schöpfung. Zwischen diesen beiden Aspekten der Schöpfung besteht kein Gegensatz, solange man nicht den Fehler macht, den einen Aspekt zu verunglimpfen oder lediglich als Ersatz für den anderen zu betrachten. Letzten Endes sind das Bewußte und das Unbewußte eins. Das eine sehnt sich nach dem anderen, weil die beiden identisch sind.

Wenn eine Frau an die Schwelle gelangt, an der sie sich von ihrer Mutter trennen muß, ist sie häufig nicht bereit, die Verantwortung zu tragen, ihr eigenes inneres Kind zur Welt zu bringen. Statt dessen ist sie von dem Wunsch besessen, ein wirkliches Baby in die Welt zu setzen. Ihre Ängste wegen ihrer Unzulänglichkeiten und ihrer mangelnden Identität lösen in ihr den Wunsch aus, jemand zu *sein:* eine Mutter mit einem Kind, auf das sie ihre eigenen unerfüllten Lebenswünsche projizieren kann. Wenn sie in der Lage ist, diese Spannung zu ertragen, bis sie zu sich selbst gefunden hat, wird ihr Baby, falls sie eines bekommt, später nicht die Last tragen müssen, vor der sie selbst davongelaufen ist. Eine Fehlgeburt oder Abtreibung kann die Schwelle sein, die eine Frau dazu zwingt, nach ihrer eigenen Identität zu suchen. In diesem Fall ist das Baby das Opfer, das es der Frau ermöglicht, sich selbst zur Welt zu bringen. Wenn der Frau zum Bewußtsein gebracht wird, daß sie ein Opfer bringt – daß sie etwas sehr Wertvolles aufgibt, um etwas noch Wertvolleres zu erlangen – wird die zugrundeliegende Depression aus dem Körper und der Psyche freigesetzt.

Je mehr Mutter und Kind das Gefühl haben, einander zu gehören, desto stärker wird ihr psychisches Wachstum zerstört. Auf der tiefsten Bewußtseinsebene wissen die meisten Kinder, daß sie ihren Eltern nicht «gehören»; sie fühlen sich mit dem ganzen Leben eins. Doch in einer Welt, in der es üblich ist, daß die Menschen einander besitzen, hat das Kind bald das Gefühl, ein Außenseiter zu sein, weil es niemandem gehört. Die daraus resultierende «Waisen»-Psyche kann zu großen Ängsten führen; in Wirklichkeit ist sie jedoch von Anfang an eine Bestätigung der geistigen Freiheit.[11] Das ändert jedoch nichts an der Tatsache, daß die Angst des Kindes, allein gelassen oder auf der Straße verloren zu gehen, unauslöschlich ist. Solange diese Angst nicht bewußt gemacht wird, wird das Kind Freiheit stets negativ als Im-Stich-gelassen-werden empfinden. Wenn die positive Mutter nicht ausreichend im Mutterleib der Psyche verankert ist, werden im Inneren des Kindes Angst und Zorn wüten, von denen es freiwerden muß.

Bei den meisten Eßstörungen ist der Körper an dem Gift des negativen Mutterkomplexes erkrankt. Lady Macbeths Ausspruch *«Trinkt Galle statt der Milch»* ist das Motto der negativen Mutter.[12] Die nahrungsmittelsüchtige Frau ist das Kind an der Brust der negativen Mutter, das Galle statt der Milch trinkt. Der Ausweg aus diesem Zwang, vergiftete Nahrung zu essen, besteht aber nicht darin, die Nahrung wieder zu erbrechen oder sie von vornherein zu verweigern oder so viel von einem bestimmten Nahrungsmittel zu essen, daß man Allergien oder Candida entwikkelt.[13] Der Ausweg besteht vielmehr darin, zu entdecken, wer man eigentlich ist, also dem giftigen negativen Mutterkomplex die Stirn zu bieten. Wenn man ein Leben lang mit diesem Komplex gelebt hat, ist diese Konfrontation ein langsamer, mühseliger Prozeß. In unserer Kultur wird die «Mutter» sentimentalisiert, zur «Heiligen Kuh» gemacht. Dadurch sind wir blind für die Verwüstung, die der negative Mutterkomplex persönlich ebenso wie kulturell anrichten kann. Loyalität wird mit Liebe verwechselt. Solange die Süchtige ihre wirkliche Mutter nicht von der Heiligen Kuh trennen kann, liebt sie etwas, was sie zerstört. Indem sie ihre «Mutter» liebt, lehnt sie gleichzeitig sich selbst ab. Der Beweis ihrer Liebe zu ihrer Mutter ist, daß sie sich selbst verabscheut. Je mehr sie sich verabscheut, desto mehr gehorcht sie dem negativen Mutterkomplex und projiziert die positive Mutter – die Nahrung, die sie so dringend braucht – auf das Essen. Solange sie Galle statt der Milch trinkt, kann die giftige Brust nicht austrocknen.

Das Gegenteil trifft ebenfalls zu: Je mehr eine Frau sich selbst liebt, desto mehr verabscheut sie die sentimentale rosarote Brille, durch die die Mutter in unserer Kultur gesehen wird. Aber es ist viel schmerzlicher und bedrohlicher, die Mutter zu verabscheuen, als sich selbst. Häufig ist eine nahrungsmittelsüchtige Frau eher dazu bereit, ihr eigenes Leben zu zerstören, als den Mutterkomplex zu hassen, den sie – zu Recht oder zu Unrecht – mit ihrer wirklichen Mutter assoziiert. Es ist ja auch durchaus legitim, daß sie ihre Mutter bejaht; aber den Komplex muß sie hassen, wenn sie von ihrem selbstmörderischen Ekel vor sich selbst geheilt werden will. Erst wenn der Haß ganz und gar aus dem Körper und der Psyche vertrieben ist, ist die Galle vollständig aus der Brust der Mutter ausgeflossen.

Dann erst beginnt der Körper zu leben. Sobald er zum Leben erwacht, erfährt er zum ersten Mal die positive Mutter, Sophia. Der Körper wird vom «Es» zur «Sie». Der Befehl der negativen Mutter, die zerstörerische

Anordnung: «*Sei nicht*» verwandelt sich in ein sanftes «*Sei*». Zum ersten Mal erlebt *Sie* (der Körper) sich selbst ohne die Ur-Verzweiflung – *Sie* sieht im Frühling die Tulpen blühen, *Sie* hört den Brunstruf des Kardinals. *Sie* ist. Je mehr eine Frau mit Sophia atmet – der Weisheit ihres eigenen Körpers, die ihr sagt, was sie will und was sie wirklich braucht, um leben zu können – desto mehr begreift sie den Schmerz ihrer Mutter. Je mehr sie verzeiht, desto mehr wird sie verwandelt. Vielleicht kann sie sogar ihrer Mutter dafür danken, daß sie ihr das Leben geschenkt hat. Das Negative wird zum Positiven. Das Licht scheint in der Dunkelheit.

Das soll nicht heißen, daß grauhaarige alte Jungfern ihren Zorn an ihren lieben alten Müttern abreagieren oder daß Sekretärinnen wütend auf ihre Chefinnen losgehen sollen. Es soll auch keine Aufforderung an Männer und Frauen sein, sich gegen die negativen Mütter zu empören, die allen Ernstes – wenn auch unbewußt – ihre Pflichten als Marionetten des Patriarchats erfüllen. Frauen, die von dem Komplex besessen sind, ahnen gar nichts von ihrer Besessenheit. Sie leben in der Regel die einzige Realität, von der sie wissen. Man kann seinem Zorn auch privat Luft machen, so, daß andere Menschen dadurch nicht geschädigt werden. Wenn man sich selbst treu ist und selbstsicher und zuversichtlich auf seinem eigenen Standpunkt beharrt, hat man die größten Chancen, sich durchzusetzen.

Wenn die Energie, die die Frau vorher an die falsche Göttin verschenkt hatte, wieder dorthin zurückkehrt, wo sie hingehört, wird die Frau wieder zum Leben erweckt; sie erhält geistige Gesundheit, geistiges Leben. Der physische und psychische Schmerz, den sie bei dieser Verwandlung empfindet, existiert nicht nur in ihrer Phantasie, sondern ist wirklich vorhanden. Nur diese Intensität des Feuers kann Körper und Seele miteinander vereinen. Das ist der Preis, den man für den Prozeß des Seelenbildens zahlen muß. Erst am Schluß erkennt man, daß es sich wirklich gelohnt hat. Der Körper ist das Sandkorn, aus dem die Perle entsteht.

Die schwarze Madonna

Sobald die Frau von ihrem Komplex gereinigt ist, träumt sie häufig von einer schwarzen Göttin, die zu ihrer Brücke zwischen Geist und Körper wird. Ein solches Bild ist ein Aspekt Sophias und kann ihr das Mysterium des Lebens erschließen, das sich in ihrem eigenen Körper abspielt.

Die symbolische Bedeutung der schwarzen Göttin spielt in vielen Religionen eine Rolle. In dem alten Text mit dem Titel *The Thunder, Perfect Mind* wird ihre allumfassende unergründliche Weisheit enthüllt:

> *Denn ich bin die Erste und die Letzte.*
> *Ich bin die Verehrte und die Verachtete.*
> *Ich bin die Hure und die Heilige.*
> *Ich bin die Ehefrau und die Jungfrau.*
> *Ich bin (die Mutter) und die Tochter.*
> *Ich bin die Glieder meiner Mutter...*
> *Ich bin das unbegreifliche Schweigen und der Gedanke,*
> *den man häufig denkt.*
> *Ich bin die Stimme mit dem vielfältigen Klang und das*
> *Wort mit der mehrfachen Bedeutung.*
> *Ich bin die Nennung meines Namens.*[14]

Im christlichen Glauben wird diese Göttin durch die Schwarze Madonna verkörpert. Im Mittelalter sahen die Benediktinermönche in Montserrat (Frankreich) in ihrem von Blumen überwucherten, zerklüfteten Berg ein Bildnis der heiligen Jungfrau. Marina Warner schreibt über diese heilige Stätte:

> Die heilige Maria steht nicht nur im Mittelpunkt des Asketentums, sondern ist gleichzeitig das wichtigste Fruchtbarkeitssymbol. Die Blumen auf dem Berge erblühen ebenso spontan wie die Jungfrau-Mutter. In Heiligtümern wie Montserrat ist die alte Bedeutung des Mondes und der Schlange als göttliche Attribute erhalten geblieben, denn dort wird die Jungfrau als eine Quelle der Fruchtbarkeit und der Freude verehrt... Die Jungfrau von Montserrat hält ihre schützende Hand vor allem über Ehe und Sexualität, Schwangerschaft und Geburt.[15]

Ihre «geheimnisvolle, exotische Dunkelheit»[16] erfüllt die Menschen mit besonders großem Staunen und besonders tiefer Liebe.

Einer Frau, die keine positive Mutter hat, kann diese «dunkle» Seite der Jungfrau Freiheit und die damit verbundene Selbstsicherheit bringen; denn diese Seite ist die natürliche Heimat des abgelehnten Kindes. Das Kind, das von der abgelehnten Seite der Mutter geboren wurde, kann in Marias Status einer Ausgestoßenen seinen eigenen Rebellen zur Ruhe bringen. Es braucht nicht mehr die arme kleine Streichholzverkäuferin zu sein, die am Weihnachtsabend draußen vor dem Fenster steht und sehnsüchtig zu der heiligen Familie hineinschaut. Sie braucht nicht mehr länger ihr einsames Streichholz im Schnee anzuzünden, während die

Familie am lodernden Kamin beisammensitzt und feiert. Sie braucht keine Angst mehr davor zu haben, ganz allein sterben zu müssen, wenn ihr letztes Streichholz ausgeht. Die häusliche Welt ist ihr fremd. Sie ist eine Ausgestoßene, eine Zigeunerin. Für sie ist im Gasthaus kein Platz.

Wenn eine Frau das verlassene Kind in ihrem Inneren rettet, so ist das ihre eigene Version der Geschichte von der Jungfrau und dem göttlichen Kind. Ihre Jungfrau ist jedoch nicht das, was Marina Warner als «Mittelpunkt des Asketentums» bezeichnet (das war ihre negative Mutter). Ihre Jungfrau bildet einen krassen Gegensatz zu dieser asketischen Mutter. Sie ist die andere Seite der heiligen Maria, nämlich «das wichtigste Fruchtbarkeitssymbol». Wenn eine Frau das verlassene Kind in ihrem Inneren liebt, wird sie mit sich selbst schwanger. Sie wird jetzt das Kind ernähren, das ihre Mutter nicht ernähren wollte. Sie ist nicht die reine, unschuldige biblische Jungfrau, die keinen Joseph kannte, sondern die dunkle Jungfrau von Montserrat, die ihre schützende Hand über «Ehe und Sexualität, Schwangerschaft und Geburt» hält.

Die Schwarze Madonna ist die vom Geist durchdrungene Natur, die den menschlichen Körper als Kelch des Geistes bejaht. Sie ist die Erlösung der Materie, der Punkt, an dem Sexualität und Spiritualität sich überschneiden. Sie ist unsere liebevolle biologische Verbindung mit dem Körper, der Fruchtbarkeit, den Babys. Sie steht für den «Schutz des ungeborenen Lebens» gegen «Mein Bauch gehört mir». Die aktuellen Fragen, die Eileiterunterbindung, Abtreibung und Pille betreffen, rücken die Schwarze Madonna ins Zentrum unserer Kultur.

Wer mit diesem archetypischen Bild in Verbindung tritt, in dessen Träumen kommt unter Umständen eine große, geheimnisvolle, kaltblütige Schlange vor, die für menschliche Empfindungen unzugänglich ist. Wenn man sie als Anhängsel der negativen Mutter sieht, ist sie der Phallus, der dem Vater gestohlen und dazu benutzt wurde, die unangetastete Reinheit zu beschützen. Doch wenn man diese Schlange in Beziehung zum Mond betrachtet, symbolisiert sie die dunkle, unpersönliche Seite der Weiblichkeit und gleichzeitig deren Fähigkeit, sich selbst zu erneuern. Die Tochter, der es gelingt, unter der Haut der negativen Mutter hervorzukriechen, wird die Existenz dieser Mutter nicht fortsetzen, sondern sie erlösen. Die Schwarze Madonna ist die Schutzheilige der verlassenen Töchter, die ihren Status des Ausgestoßenseins genießen und ihn dazu benutzen können, die Welt zu erneuern.

Die Apokryphen des Neuen Testaments enthalten viele Texte über diese «dunkle» Seite der Jungfrau, die in den «autorisierten» Versionen der Bibel nicht enthalten sind. Im Buch Jakob wird erzählt, wie Joseph

Die Schwarze Madonna von Montserrat (12. Jahrhundert)

nach langer Abwesenheit zurückkehrte und feststellte, daß seine sechzehnjährige jungfräuliche Frau im sechsten Monat schwanger war. Er war unglücklich und hatte zugleich Angst.

> [Er] rief Maria und sagte zu ihr. . . . Oh du, die du von Gott geliebt und versorgt wurdest, warum hast du das getan? Du hast den Herrn, deinen Gott vergessen. . . . Aber sie weinte bitterlich und sagte: Ich bin rein und kenne keinen Mann. Und Joseph sagte zu ihr: Woher stammt dann das Kind in deinem Leibe? Und sie antwortete: So wahr der Herr, mein Gott, lebt, ich weiß nicht, woher ich dieses Kind habe.
>
> Da hatte Joseph große Angst, sprach nicht mehr mit ihr und überlegte sich, was er mit ihr tun sollte. Und Joseph sagte: Wenn ich ihre Sünde verberge, handle ich gegen das Gesetz Gottes. Doch wenn ich ihre Schuld den Kindern Israels offenbare, liefere ich womöglich unschuldiges Blut dem Todesurteil aus – denn vielleicht trägt sie den Samen eines Engels in sich. Was soll ich also tun?[17]

Das Todesurteil, von dem Joseph hier spricht, besteht darin, daß man Maria als Ehebrecherin zu Tode gesteinigt hätte.

Es folgt eine lange Beschreibung des Traums, in dem ein Engel Joseph versichert, daß das Kind in Marias Leib «vom Heiligen Geiste ist».[18] Anschließend müssen er und die Jungfrau viele Demütigungen und «Prüfungen» von den Priestern erdulden. Später sorgt Joseph für Maria, doch beide sind verwirrt und fühlen sich einsam:

> Und sie waren nur noch drei Meilen (von Bethlehem) entfernt, und Joseph wandte sich um. Er sah, daß Maria traurig war und sagte zu sich selbst: Vielleicht schmerzt sie das Kind, das sie in sich trägt. Und wieder sah Joseph sich um und sah sie lachen. Da fragte er sie: Maria, was fehlt dir? Warum sehe ich dich einmal lachen und einmal weinen? Und Maria sagte zu Joseph: Es liegt daran, daß ich zwei Menschen vor meinen Augen sehe – der eine weint und klagt, und der andere jubelt und freut sich.[19]

Die «zwei Menschen», die Maria sieht, sind Aspekte ihrer selbst. Der eine «weint und klagt» über die Opfer, die das Kind in ihrem Leibe ihn vorausahnen lassen, und der andere «jubelt und freut sich» über das bevorstehende neue Leben. Tod und Leben begegnen einander an der Schwelle der Geburt.

Eine Frau, die als Kind das Gefühl hatte, abgelehnt zu werden, fühlt sich von diesem Paradoxon der Jungfrau naturgemäß angesprochen. Wenn sie sich in ihre schwangere Mutter hineinversetzen kann, erlebt sie vielleicht innerlich mit, wie diese Mutter gedankenverloren aus dem Fenster schaute und von der Musik träumte, die sie nun nicht mehr spielen konnte, den Bildern, die zu malen sie keine Zeit mehr hatte, der Welt, zu der sie nicht mehr gehörte. Vielleicht sieht sie in ihrer Mutter die kreative Künstlerin oder idealistische Kämpferin, die stets außerhalb der Gesellschaft stand, da sie vor der Mutterschaft auch eine für die schöpferische Phantasie empfängliche «Jungfrau» war. Indem die Mutter ihre Kreativität verriet, wurde sie zur «Gefangenen». Mutter und Tochter sind beide ausgestoßen und einsam und tragen die potentielle Energie in sich, die die Schwarze Madonna repräsentiert.[20]

Die Frau, die überrascht feststellt, daß sie ein Kind unter ihrem Herzen trägt, ist wie Maria. Maria, die einmal Tempeljungfrau gewesen war, erwiderte dem Engel anfangs: «Es soll geschehen, wie du sagst.»[21] Während der folgenden Monate bestand ihre Aufgabe jedoch nicht nur darin, das Kind zu bejahen; sie mußte sich auch befreien und sich ihrem kreativen Schicksal hingeben. Ebenso muß eine moderne Frau, die sich in der

Mutterschaft gefangen fühlt, zu der Einsicht gelangen, daß das Kind ein Teil ihres Schicksals ist. Daß die Frau ihr ungeborenes Kind ablehnt, liegt an ihrem negativen Mutterkomplex: Sie fürchtet, daß das Kind sie daran hindern wird, ihre eigenen kreativen Träume zu verwirklichen.

Die positive Mutterschaft stellt sich sowohl für die Mutter als auch für die erwachsene Tochter mit der Erkenntnis ein, daß sie sich gegenseitig von der unbewußten Falle der negativen Mutter befreien müssen. Wenn die Mutter ihre Freiheit findet (oder stirbt), ehe die Tochter diese Befreiung erlebt, ist die Tochter sofort mit der Geburt ihrer Mutter und ihrer eigenen Geburt konfrontiert; sie kann nun endlich aus dem ursprünglichen, menschlichen Mutterleib geboren werden, in dem die beiden einander zuerst erstickten. Durch die Befreiung der Mutter kann auch die Tochter ihre Freiheit erlangen – wenn sie psychisch bewußt genug ist, um diese Freiheit dankbar anzunehmen. Ohne diese Befreiung jedoch wird die Tochter letzten Endes zum Elternteil, und die Mutter reagiert darauf, indem sie abhängig und infantil wird.

Wenn beide Frauen in der Lage sind, mit der Schwarzen Madonna in ihrem Inneren in Verbindung zu treten, können sie einander in einem Rahmen respektieren und lieben, in den sie beide hineingehören. Die Schwarze Madonna ist der menschliche Mutterleib, durch den die eine geboren hat und die andere geboren wurde. Weil sie nicht wagten, der Wahrheit ins Auge zu sehen, die sie miteinander verbindet, blieben sie voneinander getrennt. Das Positivste, was zwischen ihnen geschehen kann, ist die Erkenntnis ihrer engen menschlichen Verbindung. Diese positive Erkenntnis, durch die beide ihre psychische Freiheit erlangen können, muß in den tiefen unterirdischen Höhlen des konventionellen Heims stattfinden. Dabei muß man sehr wachsam sein, sich nicht von der wahren Aufgabe ablenken zu lassen. Was im Wohnzimmer stattzufinden scheint, ist vielleicht genau das Gegenteil von dem, was sich im Kellergeschoß abspielt. Vielleicht versucht die Mutter, die Tochter aus dem Wohnzimmer herauszudrängen, damit sie das Verhaltensmuster ihrer Mutter nicht wiederholt. In diesem Fall muß die Tochter erkennen, daß die Mutter sie nicht herausdrängt, weil sie sie haßt, sondern weil sie sie befreien möchte. Wenn der Tochter das nicht bewußt gemacht wird, wird sie zur Rebellin, die ihre Mutter haßt, und die Mutter wird zum Opfer, dessen liebevolle Bemühungen zurückgewiesen werden. Die beiden haben Angst, einander ins Auge zu sehen.

In ihrer Funktion als Schwarze Madonna versucht die Frau vielleicht bewußt oder unbewußt, ihre Tochter zu retten. Wenn die rebellische Tochter von zu Hause fortgehen möchte – auf die Universität, ins Ferienlager oder auf eine Reise um die Welt –, läßt die Mutter sie gehen. Sie würde alles tun, um dem Teufelskreis ein Ende zu machen. Eine Tochter, die an einer Eßstörung leidet, führt Krieg gegen die Nahrung – also gegen die Mutter. Indem sie Essen in sich hineinschlingt, verweigert oder erbricht, wiederholt sie den Teufelskreis: «Es wird keine Männer, keine Babys, kein Ich geben.» Wenn sie mit der Schwarzen Madonna in Verbindung treten kann, erkennt sie, wie heftig ihr Körper sich gegen den physischen Tod wehrt und wie sehr er sich bemüht, ihrer Seele eine Lebenschance zu geben. Wenn sie diesen Instinkt, der tapfer ums Überleben kämpft, in ihren Eingeweiden spürt, kann sie mit der positiven Seite ihrer Mutter, der positiven Energie der Schwarzen Madonna in Verbindung treten. Dann bedeutet «Diät» nicht mehr Nahrungsmittelentzug oder Zwangsernährung – Bestrafung oder Kompensation; die Diät ist dann die positive Mutter, die ihrem hungrigen Kind Nahrung für den Körper und Nahrung für die Seele gibt.

Wenn die Tochter dieses Bewußtsein vor dem physischen Tod der Mutter erlangt, können beide Frauen befreit werden. Wenn die Mutter vorher stirbt, wird die nach wie vor gefangene Tochter den Tod der Mutter als deren Befreiung empfinden. Die Freiheit der Mutter zwingt die Tochter dazu, mit ihrer eigenen introjizierten Mutter fertigzuwerden. Kann sie ihre Freiheit akzeptieren? Ihr Körper empfindet sich selbst als ausgesetztes Kind, das zuerst von der Mutter, dann auch von der Tochter im Stich gelassen wurde. Jetzt muß die Tochter zurückkehren und dieses Kind zu sich holen. Sie ist sich darüber im klaren, daß sie es nicht zum Bewußtsein bringen kann, indem sie es bestraft oder im Stich läßt. Ihr ist bewußt, daß sie das Kind um Verzeihung bitten muß. Ein Körper, dessen Weisheit niemals respektiert wurde, faßt nicht leicht Vertrauen. Jetzt muß sich zwischen der Frau und ihrer inneren Mutter in der unterirdischen Höhle etwas Kreatives abspielen, ohne daß ein positives Vorbild vorhanden wäre. Das Ich, das sich geweigert hatte, sich dem Körper zu unterwerfen, muß sich nun der heilenden Macht der Natur beugen. Das Ich weiß nicht, wie es sich verhalten soll, und der Körper hat – wie ein Tier, dessen Dresseur nicht bei Verstand ist – verrückte Gewohnheiten entwickelt, die ihm nur schwer wieder auszutreiben sind. Wenn das Tier so lange frei herumlaufen durfte, braucht es viel Zeit und Disziplin, bis die heilenden Kräfte ein beiderseitiges Vertrauensverhältnis zwischen dem Ich und den kreativen Aspekten des Unbewußten entwickelt haben.

Wenn Menschen das Gefängnis eines kollektiven Systems akzeptieren, in dem ihre Existenz verleugnet wird, so ist das nichts anderes, als wenn sie ein Leben im Konzentrationslager stillschweigend und als Selbstverständlichkeit hinnähmen. Sie sind Opfer, die an ihren Bezwinger glauben. Mutter und Tochter, die in dieser Dynamik gefangen sind, sind Opfer eines Machtprinzips, dessen Ziel darin besteht, sie solange in einer Gaskammer festzuhalten, bis sie sterben. Das geht aus ihren Träumen, in denen häufig Gefängnisse vorkommen, eindeutig hervor. Solange dieser Zustand unbewußt bleibt, wiederholt sich der Teufelskreis immer wieder und wird von Generation zu Generation mächtiger und unausweichlicher. Wenn man ihn dagegen bewußt macht, erkennt man die Schwarze Madonna, die Unterdrückte und Geächtete, als potentiell positives Band zwischen den beiden Frauen. Das Positive an ihrer Beziehung tritt zutage – sie sind zwei befreite Sklavinnen. Im Alten Testament wird Hagar, die dunkle Ägypterin, die befreite Sklavin Abrahams, in die Wüste verjagt, um für ihren Sohn Ismael zu sorgen.

Sobald Mutter und Tochter erkennen, daß sie einander nicht gehören, daß jede ihre eigene Seele hat und daß sie beide Töchter der Großen Mutter Sophia sind, können sie die positive Seite ihrer Beziehung erkennen. Von nun an brauchen sie ihre Weiblichkeit nicht mehr zu verachten und ihrem Körper nicht länger Gewalt anzutun. Nun kann eine Verwandlung stattfinden: Statt ihrem Körper Gewalt anzutun, können sie die Jungfrau wertschätzen.

Die offene Jungfrau

Bei jeder Sucht – ob es sich nun um zwanghaften Arbeitsdrang, zwanghaftes Essen oder zwanghafte Sexualität handelt – kommt irgendwann einmal der Zeitpunkt, an dem der Süchtige sich selbst sein ewiges «Ach wenn doch nur ...» nicht mehr abnimmt und sein eigenes Selbstmitleid («Warum gerade ich?») ihn langweilt. Wenn er nach diesem Zeitpunkt immer noch auf seiner Sucht beharrt, so kommt das einem psychischen Tod gleich: Er verharrt lieber blind in der Neurose, statt seiner neuen Einsicht zu folgen und sich vorwärtszubewegen. Illusionen schützen den Süchtigen davor, den Geburtskanal zu durchwandern; doch wenn die neun Monate der Schwangerschaft vorüber sind, muß das Baby, das länger im Mutterleib bleibt, sterben.

Freud und Jung sind beide, wenn auch auf unterschiedliche Art und Weise, zu derselben Erkenntnis gelangt: Da das Leben in der Großen Mutter beginnt, ist unsere Beziehung zu ihr die entscheidende Beziehung in unserem Leben. Diese Mutter hat jahrhundertelang in unserem Körper und in der Erde, die wir bewohnen, geschlafen. Könnte es sein, daß die

Nahrungsmittelsüchte, die in unserer Kultur so rapide zunehmen, mit dem Fehlen einer Ur-Bindung zusammenhängen? Suchen die Süchtigen nach der Nahrung, Pflege und Anerkennung, die sie niemals erhielten? Laufen sie vor der Tatsache davon, daß sie nie geliebt wurden und selbst auch nicht lieben können? Bringt die Große Mutter sich jetzt zum Bewußtsein, indem sie die Süchtigen dazu zwingt, sich mit ihr auseinanderzusetzen? Versucht die instinktive Energie, die Beziehung zur Großen Mutter wiederherzustelllen? Erst wenn wir die symbolische Bedeutung der Sucht erkennen, können wir diese Sucht in positives Handeln verwandeln. Erst wenn wir in der Lage sind, eine Aktivität aus einem unbewußten Instinkt in eine bewußte Handlung zu verwandeln, können wir der Mater Licht bringen. So kann jeder einzelne von uns die Große Mutter erlösen.

Dadurch, daß wir näher an die Große Mutter heranrücken, kommen wir gleichzeitig unserer eigenen jungfräulichen Seele und ihrer potentiellen Energie näher. Diese Seele ist klug und entschlossen und läßt sich nicht verleugnen; und da sie uns so gut kennt, schafft sie den Komplex im Herzen der Sucht, um sich zu schützen. Auf diese Weise geht sie ganz sicher, daß sie sich im Zentrum befindet. Unsere Beziehung zu ihr kann unter Umständen neurotisch sein, da wir (ebenso wie Oural in *Till We Have Faces*) davon überzeugt sind, zu wissen, was sie braucht; doch letzten Endes sehen wir ihre Tränen, und wenn wir überhaupt bewußt sind, kümmern wir uns um sie. Der Archetyp der Jungfrau zeigt uns aus dem Kern des Komplexes heraus den Weg. Sie muß sich der Liebe des Ich sicher sein, ehe sie Vertrauen haben, ehe sie sich uns von Angesicht zu Angesicht zu erkennen geben kann.

Es ist wichtig, den Kokon zu bauen, in dem Fleur, das Weibliche im Embryostadium, sich entwickeln kann; man braucht ein Gerüst, um dem Ich, das sich fallenläßt, ein Gefühl der Beruhigung und Sicherheit zu geben. Der Kokon ist das sakrale Gefäß, der Mutterleib, in dem der Wandlungsprozeß stattfindet; wenn er von den Meinungen anderer Leute vergiftet ist, kann die reine Jungfrau sich nicht entwickeln. Die Analysandin muß in der Lage sein, die verwandelnden Energien, zu denen sie durch Traumarbeit, Tagebucheinträge, Tanzen oder auf irgendeinem anderen Wege Zugang findet, unter Kontrolle zu bringen und zu beherrschen. Aus dem Mittelpunkt der Vision strahlt neue Energie aus; statt sich lediglich «elektrisiert» zu fühlen, muß man die optimale Spannung innerhalb des Gerüsts aufrechterhalten, um die Wahrheit freizusetzen.

Jung bezeichnet den Individuationsprozeß als *opus contra naturam*. Das bedeutet, daß man sich bewußt anstrengen muß, nicht instinktiv zu handeln.[22] An dem Prozeß der inneren Entwicklung sind sowohl biologische als auch psychische Energien beteiligt. Indem das Ich in vollem Bewußtsein seiner Macht die instinktive Handlung blockiert, verkraftet es die Spannung so lange, bis sie in neue Kanäle umgeleitet wird und sich in einem Bild manifestiert. Das ist eher eine Verwandlung als eine Sublimierung. Wenn einer Frau zum Beispiel ihr Zorn zum Bewußtsein kommt – und nicht nur ihr eigener, sondern auch der von Generationen von Frauen vor ihr –, wird sie ihn wahrscheinlich an allen Männern in ihrem Umkreis auslassen, vor allem an ihrem Ehemann oder Geliebten. Wenn sie in der Lage ist, diesen Zorn unter Kontrolle zu bringen und zu erkennen, daß die Männer ebenso wie sie selbst Opfer sind, kann sie diesen Zorn bewußt blockieren, statt ihn immer wieder unbewußt abzureagieren. In diesem Fall taucht der Zorn in ihren Träumen häufig in Form eines Mörders oder Vergewaltigers auf. Diese Erkenntnis hat nichts mit Verdrängung oder Verherrlichung beziehungsweise kritiklosem Hinnehmen kollektiver Werte zu tun, sondern eher mit dem Vertrauen auf die verwandelnden Kräfte der Psyche und die Zielgerichtetheit des Prozesses. Wenn man die Wut hemmungslos mit Hilfe von Drogen, Alkohol, Sex- oder Freßorgien abreagiert, bekommt das Schiff ein Leck. Wenn man sich dagegen bewußt mit einem Traumbild auseinandersetzt und die Verantwortung dafür übernimmt, statt es auf andere zu projizieren, kann man den Haß letzten Endes in Bejahung oder sogar Liebe verwandeln.

Wenn die instinktiven Reaktionen so weit vom Bewußtsein entfernt sind, daß das Ich nicht mit ihnen in Verbindung treten kann (wie in einigen der Fälle, die ich beschrieben habe), kann Körperarbeit in Anwesenheit einer Vertrauensperson oder eines ausgebildeten Therapeuten, der als bewußtes Gefäß fungiert, helfen. Durch diese Körperarbeit können die verdrängten Instinkte freigesetzt werden, ohne daß die Gefahr der Überschwemmung durch Rohenergie besteht. Nach und nach wird das Tier menschlich. Auch ein starkes Ich kann als Zeuge fungieren, wenn die Analysandin bewußt genug ist, um die Körperarbeit allein zu bewältigen. Der dämonische Geliebte (in Träumen zum Beispiel Hitler), der Eva (den Körper) ihr Leben lang in Ketten gehalten hat, bedarf eines starken Gegenpols; sonst kann seine Macht nicht gebrochen werden. Und sicherlich gibt es nichts Stärkeres als die Energie der Hure. Sie kann das patriarchalische Kollektiv, das die Jungfrau zum Schweigen gezwungen hat, entmachten. Wenn das Ich sich jedoch mit dem auftauchenden psychischen Inhalt identifiziert, wird es die Ur-Energie entweder widerrechtlich an sich reißen (Inflation) oder von ihr aufgesaugt werden (das heißt, wieder in die Unbewußtheit zurücksinken). Das Ich muß bewußt genug bleiben, um die freigesetzte Energie innerhalb des Gefäßes fließen zu lassen, bis sie verwandelt wird.

Wenn das Ich dann verschiedene Verwendungsmöglichkeiten für die auftauchende Energie entdeckt, muß es entscheiden, welchen Weg es einschlagen will – sicher keine leichte Aufgabe. Das Gefühl schlägt vielleicht diesen Weg vor, das Denken einen anderen. Man muß ausharren, bis die Entstehung des neuen Bewußtseins durch das Unbewußte unterstützt wird, das heißt, bis die Träume klar und deutlich zeigen, welche Richtung die Energie einschlagen möchte. Das ist eine Inkubationszeit, in der sich der Wachstumsprozeß im Inneren abspielt. Das Ich als schwangere Mutter braucht Zeit, um sich auszuruhen, zu träumen und sich vorzubereiten, während das Baby die Energie aufnimmt, die es braucht, um im Mutterleib zu wachsen.

Häufig wird dieser Prozeß uns aufgedrängt. Irgendein Mißerfolg – eine (vielleicht durch die Sucht herbeigeführte) Krankheit, der Verlust eines Partners oder einer Stellung – streift die gut angepaßte Persona von uns ab, und das Ich versinkt im Schmerz der Hilflosigkeit. Seine Niederlage ist der Beginn der Initiation. Die Lebensumstände verlangen vielleicht weiterhin von uns, daß wir eine Art Persona aufrechterhalten, das Ich jedoch stürzt in das verwandelnde Feuer, und die einzige innere Unterstützung, die ein Mensch in dieser Situation hat, ist die Überzeugung, daß das Selbst oder irgendeine höhere Macht versucht, ihn zu heilen und zur Ganzheit hinzuführen. Dieser Glaube führt zu einer gewissen inneren Distanz: Das Ich kann sich dem schmerzlichen Prozeß unterwerfen, weil es weiß, daß er unausweichlich ist. Im Gegensatz zum gleichgültigen Menschen erlebt der distanzierte Mensch das Leid gewiß stark – er erlebt es sogar noch intensiver, weil durch seine Bewußtheit die Wahrheit enthüllt wird. Er identifiziert sich jedoch nicht mit dem Leid, sondern erhält stets die umfassendere Perspektive – das Paradoxon – aufrecht. Das Ich, das vom willkürlichen zum unwillkürlichen Funktionieren übergeht, muß stark genug sein, die Verwirrung, das Opfer und die neuen Einsichten zu verkraften. Gleichzeitig muß es flexibel genug werden, um sich hingeben zu können. Es reagiert zunächst mit großem Schrecken, denn das «Rückgrat», um das es sich sein Leben lang bemüht hat, gibt nun plötzlich nach. Die Starrheit, die die alte Anpassung unterstützte, verwandelt sich nun in Beweglichkeit, in einen Zustand des Fließens, der die neue Anpassung unterstützt. Das Ich kommt sich vor wie eine Qualle, ohne jedes stützende Gerüst. Doch indem es sich fallenläßt, wird die

Energie freigesetzt, die dem Kind die Revolution ermöglicht. Der innere Dialog, der während dieses Prozesses abläuft, klingt dann so ähnlich wie der folgende Ausschnitt aus dem Tagebuch einer Frau:

> Ich befinde mich in einem Kampf um Leben und Tod.
>
> Ich, die ich mich stets um alle gekümmert habe, habe nun plötzlich nicht mehr das gleiche Verantwortungsbewußtsein wie früher. Ich wage es nicht, meinen Tränen freien Lauf zu lassen, weil alle sich auf mich verlassen. Sie haben mich noch nie weinen sehen. Sie wären entsetzt, wenn ich jetzt plötzlich zusammenbräche. Was könnte geschehen, wenn ich tatsächlich zusammenbräche? Dann wäre ich machtlos. Ich wüßte nicht, wie ich mich um mich selbst kümmern sollte. Ich wage mich nicht in die Nähe dieses verlorengegangenen Teils meiner selbst; ich habe zu große Angst. Es ist, als hätte ich niemals existiert. ICH MÖCHTE SIE NICHT UMBRINGEN.
>
> Wenn mein kritischer Animus nur endlich stillschweigen würde! Er tut so, als ob alle Menschen sehen, wie verwirrt ich bin. Ich habe den Eindruck, daß sie mich verspotten, daß sie mein Gejammer satt haben und mich angreifen wollen. Ich kann nicht einmal mehr sprechen. Ich stammle und stottere, vermag meine Sätze nicht zu Ende zu führen. Ich weiß nie, was ich als nächstes sagen werde. Alles ist wahr und doch nicht wahr.
>
> Was soll ich nur tun, wenn alle meine Träume Illusion sind? Wenn ich alles verliere und feststelle, daß ich niemand bin? Was soll aus mir werden, wenn ich nicht die Kraft habe, mich zur anderen Seite durchzukämpfen? Wenn ich verrückt werde? Warum bin ich immer anders als die anderen? Warum bin ich immer allein?

Das Wichtigste im Entwicklungsstadium des Kokons ist die Bereitschaft, etwas zu empfangen. Die Persona und der Schatten, die ihre Existenz stets dadurch gerechtfertigt haben, daß sie liebenswert und unterhaltsam waren, funktionieren nun nicht mehr, und die Energie kehrt in den nackten Fötus zurück, der in einer Welt, in der schon die bloße Existenz Angst vor der Auslöschung erzeugt, völlig hilflos ist. Das Ergebnis ist Paranoia. In diesem Zustand der Regression kann unter Umständen selbst die attraktivste Frau sagen: «An mir ist nichts. Ich bin nicht liebenswert. Wie sollte mich jemand lieben? Warum sollte ich mich nach Verständnis sehnen? Ich erwarte nichts.» In einem solchen Augenblick ist vielleicht schon eine bloße liebevolle Berührung zuviel für sie. Etwas zu empfangen, ist für sie mit dem Schrecken einer psychischen Vergewaltigung verbunden. Ihr Verteidigungssystem – so gut ausgeklügelt und charmant es auch sein mag – ist die Rüstung, die ihr kleines Baby ein Leben lang vor der Vernichtung geschützt hat. Wenn sie bereit wäre, etwas von einem anderen Menschen zu empfangen, käme das für sie einer Vergewaltigung ihres innersten Wesens gleich; sie kann nicht daran glauben, daß ihr Wesen von jemandem empfangen wird oder selbst etwas empfangen kann.

Unsere Gesellschaft ist darauf ausgerichtet, die Bereitschaft zum Empfangen und Aufnehmen zu blockieren. Unsere Kinder lernen schon in jungen Jahren, abzublocken und sich zu verstellen. Der kindliche Geist lebt in Bildern, die sich naturgemäß so rasch bewegen und verändern, wie man eine Geschichte liest. Doch das Fernsehen bombardiert sie mit Bildern, die sie nicht begreifen können, so daß die Natur ein Auswahlverfahren aufbaut, um sie vor dieser Flut unbegreiflicher Einflüsse zu schützen. Doch dieser Schutz kann zu einer Rüstung werden, die sie einsperrt – allein in einer Welt, die ihnen fremd ist. Wenn ihnen in der Schule ein hervorragender Film gezeigt wird, sitzen sie träumend und unaufmerksam da; zum Schluß beginnen sie sinnlos und wie verrückt zu klatschen. Lustlos und unbeteiligt, wie sie sind, haben sie von dem Film nichts mitbekommen; doch ihre verdrängte Energie schafft sich in sinnlosen Handbewegungen ein Ventil. Ihre Grobheit und Unhöflichkeit kann ebenso bedeutungslos sein. Wenn sie auf persönlicher Ebene etwas empfangen, sprechen sie flüsternd von ihrem verborgenen Königreich. Da ist es kaum verwunderlich, daß sie, wenn sie erwachsen sind, auch nicht fähig sind, etwas anzunehmen.

Die Welt der Erwachsenen ist so hektisch und schnellebig und so von Angst erfüllt, daß wir gar nicht wahrnehmen können, was andere Menschen uns zu geben versuchen. Die Massenmedien bombardieren uns gleichermaßen mit Trivialitäten und mit erschütternden Bildern von Hungersnöten, Kriegen und der entweihten Natur. Das führt dazu, daß die Menschen von ihren eigenen Verteidigungsmechanismen besessen sind. Sie sind in einem engen Gitter eingesperrt und versuchen, den Göttern unseres Zeitalters nachzueifern: Maschinen, die hervorragend funktionieren, aber kein Herz haben. Ihr Körper schreit vor Angst oder Zorn auf, wenn sie Pillen schlucken oder sich einer Bypass-Operation unterziehen. Dennoch ignorieren sie ihre wilden Träume von Vergewaltigungen und widmen sich weiter ihrer verrückten Jagd nach einer Perfektion, die in Wirklichkeit nur eine Illusion ist und sie vor der Erkenntnis schützt, daß sie als Menschen versagt haben.

Wir sind keine Götter, und wir sind auch keine Maschinen, die nach logischen Gesetzmäßigkeiten funktionieren oder sich durch Elektrizität antreiben lassen. Wir haben ein Herz, unser Herz befindet sich in unserem Körper, und unser Körper ist eng mit unseren Instinkten verbunden.

Solange unser Kopf von unserem Körper abgeschnitten ist, arbeiten wir Hand in Hand mit der Verrücktheit unseres Zeitalters – wir versuchen, körperliche Leiden zu heilen, ohne die erforderlichen psychischen Korrekturen anzubringen. Kurzfristig haben wir damit Erfolg, doch letzten Endes fordert unser Körper sein Recht. Er ist nicht bereit zu lügen. Er hat den Schmerz erfahren, den unser Geist nicht ertragen kann. Früher oder später wird er die oberflächliche Politur abstoßen, die jedes aufrichtige Handeln blockiert. Eine aufrichtige Handlung besteht darin, daß man etwas wahrnimmt, diese Wahrnehmung den langsamen, umständlichen Umweg über die Eingeweide und das Herz machen läßt und schließlich eine wahre Reaktion zeigt. Im offenen, aufrichtigen Gespräch findet ein Austausch statt. Zwei Seelen teilen ihre Erlebnisse und Erfahrungen miteinander. Jede dieser beiden Seelen hat die Stärke und Geistesgegenwart, die andere Seele ohne Verzerrung und Projektion in sich einzulassen. Die beiden geben einander Energie.

Keine noch so lange Therapie oder Analyse kann ein Herz heilen, das nicht vertrauen kann. Die Jungfrau ist von den Zwängen des modernen Lebens so verwundet, daß rationale Einsicht allein nicht mehr helfen kann, so wertvoll sie auch sein mag. Nur ein numinoses Erlebnis der Liebe und Gnade, die aus dem Unbewußten zu ihr durchdringt, kann sie erlösen. Die meisten von uns haben als Kinder gelernt, daß «Geben seliger ist als Nehmen». Daher haben wir uns so sehr auf das Geben konzentriert, daß wir jetzt nicht mehr in der Lage sind, etwas zu empfangen. Die Möglichkeit des Empfangens ist durch die unbewußte Botschaft blokkiert: «Du bist es nicht wert, etwas zu empfangen; wenn du es doch tust, bist du schuldig.» Frauen, die diese Botschaft von ihrer Mutter mit auf den Weg bekommen haben (die sie wiederum von *ihrer Mutter* gehört haben), opfern sich in ihrem späteren Leben fast völlig für einen Mann auf und hassen dennoch das Wort «empfänglich». Sie assoziieren es mit Passivität, Unterwerfung, Nicht-Existenz. Diese negativen Assoziationen setzen ein schwaches Ich voraus. Solche Frauen haben sogar Angst davor, etwas von den Menschen anzunehmen, die sie lieben; und daher wagen sie es erst recht nicht, für das völlig unbekannte «Andere» aufnahmebereit zu sein. Sie fürchten sich vor der Hingabe an das schöpferische Unbewußte. Doch wahre Kreativität kann nur entstehen, wenn das Ich die Stärke besitzt, sich hingeben zu können. Man denke zum Beispiel an die Stärke von Shakespeares Kelch, der vom göttlichen Phallus durchbohrt wurde.

Das Weibliche ist von Natur aus empfänglich, sowohl in biologischer als auch in psychischer Hinsicht. Solange die Frauen nicht lernen, was aktive Empfänglichkeit ist und welch wichtige Rolle sie in der schöpferischen Arbeit und in einer Beziehung spielt, setzen sie ihre eigene Weiblichkeit herab. Auch Männer müssen die Jungfrau in ihrem Inneren entdecken, wenn sie kreativ und in der Lage sein wollen, eine Frau zu empfangen. Männer müssen das Gleichgewicht zwischen Weiblichkeit und Männlichkeit natürlich auf andere Weise finden als Frauen. Doch für beide ist die Befreiung des Herzens von entscheidender Bedeutung. Ohne diese Befreiung kann es nicht zur inneren und äußeren Heilung kommen.

Solange das junge Weibliche nicht reif genug ist, um wirklich empfangen zu können, empfindet die Frau die Hingabe an das Unbekannte unter Umständen als Vergewaltigung. Das spiegelt sich häufig in Träumen wider, in denen Vergewaltigungen vorkommen, Gangsterbanden in ihr Elternhaus eindringen oder Tornados das Traum-Ich bedrohen, das verzweifelt versucht, seine Gepäckstücke zusammenzuhalten. Manchmal wird ein Mädchen in der Pubertät im Traum wütend auf das Traum-Ich, weil es so langsam ist. Wenn Persephone erwachsen werden will, muß sie von ihrer Mutter getrennt werden; sonst ist sie nicht aufnahmebereit für das Eindringen des Hades. Ein flexibles Ich kann sich beugen und braucht der Angst nicht auszuweichen, die von negativen Erinnerungen im Körper und in der Psyche freigesetzt wird. Das ist eine zwar schmerzliche, aber unausweichliche Erfahrung auf dem Weg zur psychischen Reife.

Auch die positive Energie taucht in den Träumen auf, und zwar häufig in Gestalt eines energiegeladenen jungen Mädchens. Häufig gibt ein Ereignis im tatsächlichen Leben der Träumenden ihr die Gelegenheit zu handeln. Da sie sehr jung ist, ist unter Umständen ein Kompromiß zwischen Vergangenheit und Gegenwart notwendig. In der Regel wird die alte Persona unterminiert. Dadurch wird eine Umorientierung des Ich erforderlich, die Raum für die Gegenwart des Weiblichen läßt. Manche Lehrer zum Beispiel bewältigen ihren Stoff, indem sie ihre Lehrmethode hin und wieder verändern. Das Zurückbleiben hinter ihrem sonstigen Leistungsstand machen sie durch eine neue Beziehung zu den Schülern und ein neues Lernmilieu wieder wett. Gemeinsam mit ihren Studenten kosten sie das aufregende Erlebnis der Kreativität im *Jetzt* aus.

Der Prozeß der Individuation beschränkt sich nicht auf die Psyche, sondern umfaßt ebenso den Körper; die Botschaften des Körpers sind ebenso wichtig wie die Träume. Der Körper versucht stets die Ganzheit zu wahren. Bei Frauen, die schon seit zwei oder drei Jahren keine Menstruation mehr hatten, kann plötzlich die Periode wieder einsetzen. «Ich habe das Gefühl, bewußt das Entwicklungsstadium der Pubertät durchzumachen», sagen sie. «Ich kehre in meinen Körper ein. Er zwingt mich dazu, mich seinem Tempo anzugleichen. Wenn ich mir keine Ruhepause gönne, um mir das Geschehen bewußt zu machen, wird mir so schwindlig, daß ich mich ins Bett legen muß. Wenn ich versuche, meine alten Ideen zu verkündigen, ist mir, als sei meine Zunge zu groß für meinen Mund. Ich habe das Gefühl, Lügen zu erzählen, die früher einmal wahr waren. Die Worte sind immer noch dieselben, doch ihre Bedeutung hat sich verändert. Die mächtige Energie, die ich früher aus dem Essen bezog, gibt mir keinen Boden mehr unter den Füßen. Sie drängt mich noch weiter in die Unbewußtheit hinein. Ich kann keinen Kaffee und keinen Alkohol mehr trinken und esse Hühnchen und Fisch lieber als Rindfleisch. Ich habe so viel Energie, daß ich gar nicht weiß, was ich damit anfangen soll. Meine gesamte Energie drängt nach vorn und bringt mich außer Atem. Ich werde vorangeschoben.» Die enorme Energie, die den Körper früher in den Todestrieb drängte, verwandelt sich jetzt in den Lebenstrieb. Das bewußte Empfangen wird zu einem Teil des Tagesrhythmus. In Träumen spiegelt es sich darin wider, daß die Träumende Nahrung zu sich nimmt, die ihr angeboten wird. Sobald der psychische Hunger gestillt ist, findet der physische Hunger von allein zu einem harmonischen Gleichgewicht.

Der größte Feind des jungen Weiblichen ist der dämonische Geliebte, die dunkle Seite des Archetyps, der sich im Herzen des Vaterkomplexes befindet. Die negative Mutter läßt ihr Opfer in einer lähmenden Trägheit erstarren; der mörderische Animus dagegen greift es aktiv an. Er ist kalt, unpersönlich und ganz dem körperlosen Geist ergeben. Sein einziges Ziel besteht darin, sein Opfer aus dem Leben herauszulocken. Die Sucht ist eine seiner Lieblingsmethoden. Er sorgt dafür, daß eine Frau zu dick oder zu dünn, von Drogen betäubt oder betrunken ist; er unterminiert sie ständig mit seinem «Du solltest» und «Du mußt»; oder er läßt sie um ihren «dämonischen Geliebten»[23] klagen.

Ihre Weigerung, sich zu verlieben, ist auf seine Verführungskünste zurückzuführen. «Du gehörst mir», sagt er. «Wirf diesen Kerl, den du kennengelernt hast, wieder hinaus. Sonst tue ich es.» Er wird immer Erfolg haben – es sei denn, sie hat den Mut, ihn sich bewußt zu machen. Er enthüllt sein wahres Gesicht genau in dem Augenblick, in dem das junge Weibliche bereit ist, in die Freiheit einzugehen. In seiner Angst betrachtet das Ich das Unbewußte voller Furcht und Feindseligkeit. Auf diese Weise erschafft es das dämonische Gesicht, das zurückstarrt.

Manchmal glaubt eine Frau, daß sie darüber hinausgewachsen sei, ihren negativen Animus auf die Männer zu projizieren, und entdeckt kurze Zeit später, daß sie ihn stattdessen auf die Institution projiziert hat, für die sie arbeitet, oder auf irgendeinen ihr verhältnismäßig unbekannten «Chef», für den sie arbeitet. Sie ist überzeugt davon, daß sie ihre Stellung verlieren wird oder verlieren sollte, weil sie nichts kann. In diesem Fall besteht die beste Methode, die Macht des Komplexes zu brechen, in einer gefühlsmäßigen Beziehung zu diesem Menschen, also die andere Person von Mensch zu Mensch kennenzulernen. Auf diese Weise läßt sich ihr Komplex entmachten und wird sie dann nicht mehr mit seinen körperlosen, unpersönlichen Ideen spalten. Solange eine Frau von der unwiderlegbaren Logik des Animus verfolgt wird, ist sie besessen und überzeugt davon, daß jemand es darauf abgesehen hat, sie zu zerstören. Dieser «Jemand» ist in Wirklichkeit der Komplex. Um ihn überwinden zu können, muß sie ihre eigene Wahrheit von der Logik des Komplexes unterscheiden, da der Komplex gefühllos ist. Sie muß sich sagen: «Das ist die Stimme des Komplexes. Seine Logik ist zwar überzeugend; doch meine Wahrheit ist mein Gefühl.» Am besten kann die Frau ihren Komplex bekämpfen, indem sie in jedem Augenblick die Realität ihres Ich weiter aufbaut und genau zwischen dem, was für *sie* richtig ist, und dem, was für den Komplex gilt, unterscheidet. Zum Beispiel könnte sie sich sagen: «Meine Arbeit kann niemals perfekt sein. Aber diese Erkenntnis ist keine Niederlage für mich. Sie bedeutet weiter nichts, als meine Menschlichkeit anzuerkennen.»

Eine freie Frau hat einen starken Nacken: eine aufgeschlossene Verbindung zwischen Herz und Kopf, ein gesundes Gleichgewicht zwischen den Idealen und der Realität. Wenn eine Frau dem Komplex verfällt, verdammt sie sich selbst wegen ihrer Unzulänglichkeiten, ihrer Unvollkommenheit; wenn sie sich dagegen die Haltung der Jungfrau zu eigen macht, akzeptiert sie ihr menschliches Leben und öffnet sich für ihre eigene Wahrheit. Dann wendet Luzifer ihr sein anderes Gesicht zu, er wird zum Bringer des Lichtes, zum Christus. Solange die Jungfrau unbewußt ist, ist sie nicht in der Lage, sich dem Licht hinzugeben. Gerade dieses Licht hindert sie daran, sich selbst so anzunehmen, wie sie ist. Es wird zum dämonischen Geliebten, da sie unfähig ist zu empfangen. (Das wird in Steven Spielbergs Film *Poltergeist* auf sehr dramatische Weise veranschaulicht.) Sobald sie bewußt genug ist, um sich selbst und den anderen Menschen ihre Unvollkommenheit zu verzeihen, wird ihr positiver Animus zur Brücke zwischen Bewußtem und Unbewußtem. Der psychische Inzest ist die Energiequelle der Kreativität. Die Seelenarbeit der empfänglichen Jungfrau besteht darin, das Licht im Zentrum des Vaterkomplexes einzuverleiben.

Die guten und die bösen Engel kämpfen um den Besitz eines Kindes (1795), Aquarelldruck von William Blake. (Tate Gallery, London)

Im Mittelalter war ein Symbol für diese Aufgabe lebendig: die Zähmung des Einhorns. Dieses mythologische Tier ist in unserer Kultur jetzt wieder populär geworden, allerdings in Bildern, die so verfälscht und in romantischen Nebel eingehüllt sind, daß jeder Versuch eines Liebesaktes zwischen dem Einhorn und den dummen Jungfrauen in einem Fiasko enden würde. Ein schlaffes Horn, das versucht, in einen ohnmächtig werdenden Schoß einzudringen, kann kein Sein hervorbringen. Das Einhorn symbolisiert die schöpferische Macht des Geistes und wurde im Mittelalter als eine Allegorie Christi betrachtet.[24] Seine Energie ist so heftig und gefährlich, daß nur eine Jungfrau es zähmen kann, und zwar nur durch eine List. Sie muß das Einhorn den menschlichen Jägern ausliefern, die es töten und sein rotes Blut fließen lassen. Erst wenn es verwandelt und auferstanden ist, wirkt das Einhorn als mächtige Energie im heiligen Garten der Jungfrau.

Welche Macht der negative Animus gerade in dem Augenblick haben kann, in dem sich die Möglichkeit der Freiheit eröffnet, zeigt sich an folgendem Traum Sarahs, einer Frau in mittleren Jahren, die glaubte, nach fünfjähriger Analyse endlich vom Patriarchat befreit zu sein. Doch dann kam sie in eine Situation, in der sie ihre Überzeugungen gegenüber ihrem Partner durchsetzen mußte. Der Traum veranschaulicht ihren Konflikt:

> Ich habe es eilig, denn ich möchte mich mit meinem Geliebten auf einem Schiff treffen, das gleich abfahren wird. Ich renne. Doch in diesem Augenblick sehe ich in einem Schaufenster ein Kleid. Es ist eindeutig mein Kleid, sehr schlicht, mit einem großen Auge über dem Herzen. Hastig betrete ich den Laden und stehe einer magersüchtigen Verkäuferin gegenüber, die ein züchtiges schwarzes Kleid, schwarze Schuhe und eine Hornbrille trägt.
>
> «Was kostet das Kleid?» frage ich.
>
> Sie scheint Angst zu haben. Ich habe es sehr eilig.
>
> «Vierzig Dollar?» frage ich ungeduldig. Sie ist vor Furcht wie gelähmt und blickt mir gerade ins Gesicht. Ich sehe Tränen in ihren Augen. «Ich gebe Ihnen viertausend Dollar», sage ich. Da weint sie, und überrascht spüre ich, daß auch ich Tränen in den Augen habe. Plötzlich sehe ich hinter einem Vorhang Mister Wolf, den Besitzer des Ladens. Er beobachtet uns, und er weiß, daß er die Verkäuferin in seiner Macht hat. Er will nicht, daß ich das Kleid bekomme, und obwohl sie es mir gern verkaufen möchte, ist sie machtlos. In diesem Augenblick wache ich auf.

Dieser Traum veranschaulicht die Bedeutung der Beziehung zwischen den «Traumschwestern». Solange eine Frau sich nicht ständig der Verzweiflung ihres Schattens bewußt ist, wird sie sich unbewußt selbst verraten und sich in die Hände des dämonischen Geliebten geben, in welcher Verkleidung er auch auftreten mag. Sarah war bereit, mit ihrem schöpferischen Animus auf einem Schiff davonzufahren, und wollte all ihre weibliche Energie ($4000 = 4 \times 10 \times 10 \times 10$) in das Kleid investieren, das mit seinem «großen Auge über dem Herzen» eine Haltung symbolisiert, die von aufrichtigem Empfinden geprägt ist. Doch trotz ihrer Energie und trotz ihrer Bereitschaft, das Kleid zu kaufen, hat ihre Schattenschwester, die «vor Angst wie gelähmt ist», nicht die Kraft, «Mister Wolf» zu trotzen. (Die Traumschwester, die dem Männlichen gehorcht, verkörpert hier eine Kombination aus der Anima des Vaters und dem Schatten der Mutter.) Die Energie, die im Vaterkomplex steckt, offenbart sich im Namen des Ladenbesitzers – eine interessante Anspielung, denn als Sarah noch ein junges Mädchen war, kannte sie tatsächlich einen Mister Wolf. Er war der Besitzer ihres bevorzugten Kleidergeschäfts.

Da Wölfe in den Träumen Süchtiger häufig vorkommen, muß die «Wolfsenergie» ein Bestandteil der Sucht sein. Die Kinder eines Wolfs kommen in der Regel mit dem enormen Lebenshunger zur Welt, den ihr

Vater oder ihre Mutter einst hatte. Sie sind voller Energie und Unternehmungsgeist und strecken ständig sehnsüchtig ihre Hände nach dem Sonnengott Apollo aus, dessen Tier der Wolf ist. Sie lachen und weinen aus ganzem Herzen. Doch dann brechen «die Schatten des Gefängnisses»[25] über sie herein, und ihr ungehemmter Lebenshunger wird an die Kette gelegt. Psychologisch betrachtet, identifiziert sich ihr Ich mit dem Wolf, und was anfangs Lebenshunger war, verwandelt sich in Gier und wird auf irgendeinen Gegenstand oder eine Person verschoben. Die Besessenheit, die Phantasiewelt und das sich ständig wiederholende Zwangsverhalten sind Versuche, dem Schmerz darüber auszuweichen, daß dem Menschen das Leben selbst in seiner Tiefe, Breite und Höhe verweigert worden ist. Solange seine Seele nicht frei ist, wird er stets an irgendeiner Form neurotischen Verhaltens leiden.

Wenn man «Mister Wolf» als eine Kombination aus negativer Mutter und negativem Vater sieht, deutet der Traum darauf hin, daß Sarahs Eltern ebenfalls von dem Bedürfnis nach persönlicher Macht unterschwellig bestimmt waren. Der Träumenden das Symbol ihrer eigenen Identität zu verkaufen, hieße, sie zu befreien, so daß sie ihrer eigenen Kreativität folgen kann. Das würden die negativen Komplexe niemals freiwillig tun; denn solange ihre verzweifelnde Schattenschwester das Opfer dieser Komplexe ist, befindet sich auch das Ich in deren Macht.

Der Ausweg aus dieser Sackgasse ist das Kleid. Sarah erkennt den Schmerz ihrer gefangenen Schwester so deutlich, als sei das «große Auge» bereits über ihrem Herzen. Sobald sie in diese Wunde einzudringen vermag und die Schwäche erkennt, die in der Erstarrung liegt, tritt sie mit ihrer inneren Jungfrau in Verbindung; ihr Herz öffnet sich, und sie liebt jene Schwesterseite ihrer selbst, die sie früher nur irritiert hatte. Die beiden erkennen, daß sie voneinander abhängig sind, daß sie ohne einander keine Freiheit erlangen können: die schwache Schwester zwingt die starke, sich jenes Bewußtsein und jene Offenheit des Herzens zu eigen zu machen, durch die beide Schwestern befreit werden können. Diese Einsicht ist ein Prozeß, der ohne Worte abläuft. Fast gleichzeitig entstehen Zorn, Liebe und die Bereitschaft, zu verzeihen. Die heimliche Falle, die die beiden Schwestern einst voneinander trennte (der Abscheu, den sie voreinander empfanden), verwandelt sich nun in das Geheimnis, das sie miteinander vereint. Beide halten dieses Geheimnis fest, bis das Ich dem Schatten ins Auge sehen und ihn als sein Eigentum annehmen kann, ohne von dem urteilenden Animus unterminiert zu werden. Das Traum-Ich kann erst zu dem Geliebten gehen, wenn der

Schmerz dieser Erkenntnis zu einer neuen Integration und einem neuen moralischen Standpunkt im Ich geführt hat.

Nach diesem Traum war Sarah zwar trauriger, aber auch klüger. Solche Konfrontationen mit dem Schatten verleihen der Persönlichkeit stets Tiefe und Einsicht.

Das bewußte Weibliche

Das entscheidende Problem bei Eßstörungen ist nicht das ständige Hin- und Herschwanken zwischen dick und dünn, zwischen Eisscholle und Flamme. Das Grundproblem lautet vielmehr: «Wer ist Fleur? Was ist meine Realität?» Wenn die Zeit dafür reif ist, finden die falsche Dramatik und die erzwungenen Opfer ein Ende. Der heimliche Bund mit dem Tode wird gebrochen, und wir sehen einer Realität ins Auge, die uns mit ihrer Wahrheit durchbohrt. Die weibliche Weisheit, die in der Liebe Sophias verankert ist, akzeptiert das, was *ist:* «Das bin ich. Ich bitte euch nicht um Anerkennung. Ich brauche meine Existenz nicht zu rechtfertigen. Ich möchte, daß ihr mich so kennt, wie ich bin.» Der Entschluß, den Geburtskanal zu durchwandern, führt zu einer Energieverschiebung: Dem Ich steht nun neues Potential zur Verfügung, und sobald es dem Unbewußten sein positives Gesicht zuwendet, dringt Licht in das dämonische Gesicht ein. Die Todesqualen verwandeln sich in Geburtswehen.

Sobald das Ich sich seinen eigenen weiblichen Standpunkt aufbaut, wird die schöpferische Männlichkeit der Frau vom Vater befreit. Diese beiden Prozesse laufen gleichzeitig ab und spiegeln sich in Träumen wider. Allerdings drücken sie sich bei jedem Menschen in anderen Bildern aus, da die äußeren Umstände niemals die gleichen sind. Anstelle von Hitler kann zum Beispiel auch eine Gangsterbande auftauchen. Eine männliche Figur kommt jedoch ziemlich regelmäßig in diesen Träumen vor: die des jugendlichen Rebellen. Häufig ist er gerade aus dem Gefängnis entlassen worden und schlendert in provozierender Haltung an der Träumenden vorbei, die Hände in den Hosentaschen, die Zigarette lässig im Mundwinkel. Er ist der rebellierende Sohn, der alles andere sein will als sein Vater. Bei Frauen mit Eßstörungen manifestiert sich das in der Regel in einer trotzigen Haltung gegenüber der Gesellschaft, die von leicht unkonventionellem Verhalten bis hin zu brutaler Kriminalität reicht. Der jugendliche Rebell ist ein Anarchist, der das kollektive Gesetz ablehnt, aber keinen eigenen inneren Standpunkt hat. Manchmal tritt er in Gestalt eines Fixers, eines homosexuellen Hippie oder eines Außenseiters mit weichem Kern, aber heftigem Temperament auf. Seine Weigerung, sich in das Leben des erwachsenen Mannes initiieren zu lassen, spiegelt sich in der Weigerung der Frau wider, vernünftig mit Nahrungsmitteln umzugehen. Sie hat keine innere Stimme, die zu einer Diät ja sagt, und auch kein wirkliches Verlangen danach, die Alltagswelt zu betreten.

Nach der Verwandlung jedoch kann der arrogante junge Rebell zu einem Kämpfer werden, der sich in einer neuen, bewußten Haltung mit dem weiblichen Ich vereint. Ein Jahr, nachdem Sarah sich von «Mister Wolf» befreit und die Verantwortung für ihre kreative Begabung übernommen hatte, hatte sie folgenden Traum (sie war gerade dabei, sich den dynamischen Energien des Unbewußten hinzugeben):

> Mein Mann ist Soldat und kämpft in einem fernen Land. Ich lasse ein Gemälde von mir und unseren neugeborenen Zwillingen anfertigen. Ich möchte, daß er auch an diesem Wunder teilhat. Ich sitze dem Maler in einer Waldlichtung Modell, in Sonnenlicht gebadet, und trage einen weißen Samtmantel mit einem weißen Kragen aus Wolfsfell. Ich halte in jedem Arm einen der Zwillinge. Sie sind kräftige Babys und heißen beide T. Ich weiß auch, daß mein Dienstmädchen im Wald ebenfalls Zwillingssöhne zur Welt gebracht hat und daß sie beide t heißen.

Sarah erwachte mit der unvergänglichen Erkenntnis dessen, was Sein bedeutet. Während ihr Mann als Soldat in einem fernen Land kämpft, um sie und die neugeborenen Babys zu beschützen, bleibt sie heiter und zuversichtlich zu Hause und gibt sich dem Wunder der Geburt hin. Der feurige rote Wolf, der früher durch ihre Träume gestreunt war und sie zu Gier und rastloser Suche angetrieben hatte, erscheint jetzt als weißer Wolfspelzkragen. Dieses Symbol deutet darauf hin, daß die wilde instinktive Energie sich in geistige Leidenschaft verwandelt hat. Aber diese Leidenschaft entspringt nicht nur dem Kopf. Sarah ist zwar vom leuchtenden Sonnenlicht des Bewußtseins umflutet, sitzt aber gleichzeitig in einer Waldlichtung, und ihr Schatten-Dienstmädchen (eine Variation der magersüchtigen Verkäuferin in ihrem früheren Traum) hat in einem tieferen Teil des Waldes (der Welt des Instinkts) ebenfalls Babys zur Welt gebracht.

Ein solcher Traum fordert zu ruhiger Meditation auf, denn seine gefühlvolle Note muß die ganze Persönlichkeit der Träumenden durchdringen. Sarah lernte, ihren gesamten Körper zu entspannen: ihre Kiefer zu lockern, ihre Schultern fallenzulassen, ihr Becken zu entkrampfen –

das heißt, sich von dem starren Komplex zu befreien und einfach *zu sein.*[26] Im Anschluß an eine ihrer Meditationen schrieb sie:

> Ich liege auf dem Fußboden und fühle meine nackten Füße auf der warmen Erde. Ich spüre, wie der verläßliche Friede dieser Erde mit warmen Strahlen durch meine dunklen Beine und meinen Körper strömt und sich mit den noch wärmeren Strahlen der Sonne vermischt. Ich verkörpere T. Die Energie des Querstrichs schießt durch meine ausgestreckten Arme und renkt sie aus, öffnet mein Herz und trennt meinen Kopf von meinem Körper. Meine Beine und mein Oberkörper winden sich. «Tension, Tumult, Terror, Trying, Tears, Tryst.» («Spannung, Aufruhr, Schrecken, Versuch, Tränen, Stelldichein.») Schluchzend stoße ich diese Worte aus. «Tryst!» («Stelldichein!») schreie ich, und die Scham, die Angst, das Schuldgefühl, die Demütigung und Verwundbarkeit, das Chaos all der Jahre, in denen ich versuchte, mein eigenes Selbst zu finden, durchdringen mich in glühenden Wellen des Schmerzes. Plötzlich ist alles schwarz. Ich werde in die Dunkelheit eingesogen und habe panische Angst. Ich sterbe und werde wieder geboren. Dann läßt der quälende Schmerz nach. Ich liege erschöpft da.

Monate später wagte sie es, das kleine t in sich hineinzunehmen:

> Mein Körper sinkt, während meine Zehen sich zu einem kleinen t einrollen und die Energie in mir emporströmt: «tree, trunk, torso, tongue, touch, tear, tender, trespass, torrid, trust, total, temple, triumph.» (Baum, Stamm, Torso, Zunge, berühren, reißen*, zärtlich, eindringen, sengend, vertrauen, völlig, Schläfe**, Triumph). Ich setze meinen herrlichen Körper wieder zusammen – seine Sehnen, sein Skelett, seine Wahrnehmungsgabe, sein verborgenes Leiden, das Leid der Kindheit, das in seinen Muskeln eingesperrt ist. Ich kehre in seine Dunkelheit, meine Dunkelheit, meine unbewußte Identifikation mit seiner Dichte ein, kehre wieder in diesen verlassenen Haufen Fleisch zurück, den ich mit mir herumgeschleppt habe. Ich spüre ihren Kummer, ich liebe sie. Ich bitte sie, mir zu verzeihen. Die Dunkelheit schließt das Licht mit ein. Ihr Licht, ihre Weisheit, alt, älter als ich selbst, LEUCHTET. Mein Körper, meine Seele. Meine Arme und meine Brust schmerzen von der zu großen Liebe, die ich empfinde – *hier, jetzt* – für immer, in diesem Augenblick.
>
> Das kleine t öffnet sich, weich, flexibel, nachgiebig – ja, es gibt dem großen T nach, dem vibrierenden, schimmernden großen T. Ich lasse es geschehen – Zelle für Zelle öffnet meine Seele sich dem Geist. Ich liege schweigend in der Wahrheit.

---

* Auch die Übersetzung «Träne» ist möglich.

** Auch die Übersetzung «Tempel» ist möglich.

In seinem Werk *Die weiße Göttin* behandelt Robert Graves die Buchstaben des Alphabets als Archetypen. Er hat erkannt, daß die geschriebenen Buchstaben Bilder der Natur enthüllen und daß diesen Bildern daher die Energie und Wahrheit der Instinkte innewohnt. Über den Buchstaben T schreibt Graves:

> Wir dürfen die Buchstaben D und T als Zwillinge auffassen: es sind die «lilienweißen Knaben, gekleidet ganz in Grün, oh!» aus dem mittelalterlichen Lied *Green Rushes*. D ist die Eiche, die den zunehmenden Teil des Jahres regiert – die heilige Eiche der Druiden, die Eiche des *Golden Bough*.* T ist die immergrüne Eiche, die den abnehmenden Teil des Jahres regiert, die blutige Eiche . . . *Dann* oder *Tann* . . . ist ein keltisches Wort für «heiliger Baum».[27]

Wenn ein Buchstabe, der als Traumsymbol aufgetaucht ist, durch aktive Imagination verkörpert (das heißt, in die Instinkte zurückgebracht) wird, wird seine heilende Kraft numinos. In der empirischen Arbeit setzt das große T als Symbol häufig die Bewegung in das dritte Auge in Gang – eine Bewegung, die zur Verwandlung führt, speziell in die Differenzierung zwischen Körper und Geist. Es ist ein Buchstabe der Kreuzigung und ist mit dem Kreuz als heiligem Baum verbunden, der Himmel und Erde miteinander verbindet. Es öffnet den Körper gewaltsam und hält ihn gleichzeitig flexibel, so daß das Licht das dunkle Fleisch durchdringen kann.

Das Verdoppelungs- oder Zwillingsmotiv in einem Traum deutet darauf hin, daß etwas bisher Unbekanntes nun versucht, die Schwelle zum Bewußtsein zu überqueren. Doch das gelingt nur einem Teil dieses Unbekannten, während der andere Teil im Unbewußten verbleibt.[28] Ohne körperliche Konzentration wären die Zwillinge in Sarahs Traum unbegreiflich geblieben. Die archetypische Energie, die freigesetzt wurde, als sie diese Zwillinge in sich hineinnahm, brachte Sarah neues Leben. Erst dann las sie das Buch von Graves, das ihre Kreuzigungserfahrung bestätigte. Der Traum kündigte die erste Erfahrung ihrer eigenen weiblichen Seele durch ein neues Körperbewußtsein an. Außerdem war er ein Vorbote der Hingabe ihres Ichs an den Geist, die stattfand, als sie sich gestattete, «in ihre Verrücktheit einzukehren, um etwas Neues zu finden.» Wie bei Eva im Garten Eden war ihre Materie unbewußt gewesen; wie Maria blieb sie ihrem individuellen Schicksal treu und wurde zu

---

* «Golden Bough» bedeutet «Der goldene Zweig», Titel eines bekannten Werkes von J. G. Frazer (1928).

einer bewußten Eva. Das Numinose für Sarah war die Totalität dieser Erfahrung, die in der vollkommen unbekannten Kraft des Symbols T konzentriert war. Ihr Körper reagierte unwillkürlich auf dieses alte Symbol. Ihr Traum und ihre Erfahrung bei der Meditation im Wohnzimmer leiteten sie, als das Leben sie plötzlich in die psychische Kreuzigung – den Auftakt zu ihrer Wiedergeburt – trieb.

Viele moderne Männer und Frauen, die sich bewußt auf der Reise befinden, erleben wie Sarah die Bedeutung der Inkarnation. Auch die Verwandlung der Wolfsenergie aus dem Suchtverhalten in eine geistige Suche kommt bei Süchtigen, die den alles verschlingenden Abgrund im Herzen der Sucht erkennen, häufig vor. Dennoch sind zwanghaftes Essen, Magersucht und bulimisches Erbrechen immer noch ein wachsendes Übel in unserer Gesellschaft, obwohl der Staat Millionen Dollar in «rationale» Versuche investiert, diesem Übel ein Ende zu bereiten. Wenn der Kopf in die eine und das Herz in die andere Richtung strebt und in der Mitte ein Abgrund des Verrats liegt, kann nur die Liebe diese beiden auseinanderstrebenden Kräfte wieder zueinanderführen. Vielleicht versucht Sophia, der der Bereich der physischen und geistigen Nahrung untersteht, uns durch unsere eigene Qual oder die Qual eines geliebten Menschen zur Bewußtwerdung zu führen.

Allmählich sind die Welt und die Menschen am Ende, und das ist auf unsere Ablehnung der weiblichen Seite Gottes zurückzuführen. Bei Süchtigen ist diese Entweihung im Extrem ausgeprägt; aber sie sind auch potentielle Katalysatoren für die Wiedergeburt des Weiblichen. Sie sind nicht nur Individuen, die das Unbewußte ihrer Vorfahren in sich tragen. Sie sind auch in die Geschichte der Menschheit eingebettet und leben das aus, was in ihrer sozialen Umgebung unbewußt ist. Wir können unserem persönlichen Schatten gegenüber blind bleiben, bis wir in die Augen einer Magersüchtigen oder einer Alkoholikerin blicken, die wir lieben; wir können auch dem kollektiven Schatten gegenüber blind bleiben – allerdings nur solange, bis wir das Fernsehgerät einschalten und in die Augen eines hungernden Kindes schauen.

In einer an der Technik orientierten Zivilisation, die unaufhaltsam auf ihre eigene Zerstörung zustrebt, ist es unser Schicksal, Opfer eines veralteten patriarchalischen Bewußtseins zu werden, solange wir die Weiblichkeit mit der biologischen Identität gleichsetzen. Ein solches Bewußtsein treibt nicht nur einzelne Mengen, sondern unseren ganzen Planeten in eine Sucht nach Macht und Perfektion, die – aus der Perspektive der Natur betrachtet – nur zum Selbstmord führen kann. Das weibliche Bewußtsein darf nicht auf die unerlöste Materie oder die unbewußte

Mutter beschränkt sein. Die Erkenntnis, daß eine Neurose stets einen kreativen Zweck hat, ist nicht nur für den einzelnen, sondern für die ganze Welt von großer Tragweite; und in einem Zeitalter, das nach Macht und materieller Bereicherung süchtig ist, muß dieser kreative Zweck etwas mit dem einzigen Gefühl zu tun haben, das uns retten kann: Liebe zur Erde, Liebe zu unseren Mitmenschen – die Weisheit der Göttin. Die Verantwortung beginnt im Herzen und im Zuhause des Einzelnen, in der Energie, die Atome zusammenhält, statt sie auseinanderzureißen.

In der Psyche des Süchtigen, wie ich sie sehe, ist die apokalyptische Vision von grundlegender Bedeutung. (Der Begriff «Apokalypse» hat sich aus einem griechischen Wort entwickelt, das «aufdecken, enthüllen» bedeutet – das Alte wird entschleiert, das Neue wird enthüllt.) Die Eßmanie ist zumindest teilweise ein Versuch, alles aufzuessen, allem ein Ende zu machen, um neu anfangen zu können. Menschen, die an Bulimie leiden, vertilgen große Mengen und entleeren sich dann, um wieder neu beginnen zu können. Magersüchtige sehnen sich zwar nicht bewußt nach dem Tod, doch im Herzen ihrer «Ordnungs»-Besessenheit liegt die Angst vor der Vernichtung durch das Chaos. Ihr ganzes Leben ist ein einziger Versuch, mit allem ein Ende zu machen und neu anzufangen *oder* nicht neu anzufangen. Das äußert sich nicht nur in ihrem Eßverhalten, sondern auch in ihrer Haltung gegenüber dem Geld, der Energie und dem Putzen und Aufräumen. Vielleicht glauben sie an die Philosophie: «Tod dem alten, Leben dem Neuen» – doch in ihrer Unbewußtheit verwechseln sie das Symbolische mit dem Eigentlichen, und dadurch verwandelt sich ihre Suche nach dem Wesentlichen nicht in Sein, sondern in Nicht-Sein. Die apokalyptische Psyche einer süchtigen Kultur – eine Psyche, die die göttliche Enthüllung in einem einzigen blendenden Blitz der Einsicht vorwegnimmt – könnte auf planetarischer Ebene ein Inferno vorausahnen lassen.

Viele Süchtige, die in unserer Gesellschaft kein akzeptables Ventil für ihre Energie finden, wären im alten Griechenland – einer Kultur, in der religiöse Sehnsüchte einen sinnvollen Brennpunkt hatten – überzeugte Dionysos-Anhänger gewesen. Immer wieder sagen sie: «Wenn mein Verhältnis zu Gott harmonisch wäre, wäre auch mit meinem Körper alles in Ordnung.» Sie haben intuitiv das Richtige erkannt. Ihr heftiges Verlangen nach dem Leben ist sowohl physischer als auch geistiger Art; sie sehnen sich nach dem, was Walter Otto «die Einheit des Paradoxen» nennt, «die in der dionysischen Ekstase mit überwältigender Macht zutage trat».[29]

In seiner Beschreibung des ekstatischen Tanzes der griechischen

Mänaden hat Otto das Wesen dessen eingefangen, was einem großen Teil des Suchtverhaltens zugrunde liegt:

> Wer etwas Lebendiges zeugen möchte, muß in die Urtiefen hinabtauchen, in denen die Lebenskräfte wohnen. Und wenn er wieder an die Oberfläche emporsteigt, funkeln seine Augen wie die eines Verrückten, denn in diesen Tiefen wohnen Leben und Tod Seite an Seite. Das Ur-Geheimnis ist selbst verrückt – der Mutterleib der Dualität und die Einheit der Uneinigkeit. ... Je lebendiger dieses Leben wird, desto näher rückt der Tod, bis zu jenem höchsten Augenblick: dem verzauberten Augenblick, in dem etwas Neues entsteht, in dem Leben und Tod sich in einer wilden, ekstatischen Umarmung finden.
>
> Das Entzücken und der Schrecken des Lebens ist so intensiv, weil es vom Tode berauscht ist. Immer wenn das Leben sich von neuem erzeugt, wird die Wand, die das Leben vom Tode trennt, vorübergehend zerstört ... Das steril gewordene Leben taumelt seinem Ende entgegen, doch Liebe und Tod haben einander willkommen geheißen und sich von Anfang an leidenschaftlich aneinander geklammert.[30]

Für Otto ist die dionysische Verrücktheit ein «Aufwühlen der Essenz des Lebens, die von den Stürmen des Todes umgeben ist.»[31] Dieses Paradoxon zeigt sich in einer Erfahrung, die eine schwangere junge Frau niedergeschrieben hat:

> Nach dem Liebesakt wurde ich von einem Weinkrampf geschüttelt. Ich vergrub den Kopf in den Armen meines Mannes und sah nur noch Dunkelheit. Ich fühlte mich sicher und geborgen und gleichzeitig unglaublich lebendig und leidenschaftlich – menschlich, erdverbunden und wirklich. In der Leidenschaft seines und meines Körpers war ich der Welt entrückt. Mich überkam ein überwältigendes Gefühl für das Leben und gleichzeitig das Gefühl meines eigenen Todes, meines einsamen, endgültigen Todes. Dann spürte ich die Vorwehen. Sie brachten mir die Geburt zum Bewußtsein, die mir nun unmittelbar bevorstand – ein herrliches Gefühl. So viel Leben, Bewegung und Geschehen, und alles ist physisch und wirklich – so fest in meinem Körper verankert, daß ich ihm nicht entkommen kann.
>
> Ja, mit dieser lebendigen, physischen Wirklichkeit ist die Realität des Todes verbunden – beide sind untrennbare Teile eines Ganzen. Wir bereiten uns jetzt auf die Geburt unseres Kindes vor, kaufen Babykleidung und -möbel, und gleichzeitig sind auch Vorbereitungen auf den Tod im Gange. Ist der Unterschied zwischen Geburt und Tod wirklich so groß? Aus meinem Leib wird das Kind in dieses vorübergehende, zeitlich begrenzte Leben hineingeboren werden. Doch ich glaube, daß der Same dieses Kindes schon vor langer Zeit in den

> Boden gelegt wurde, ebenso wie meine Ehe schon irgendwie vorherbestimmt war – von jemandem, der größer und weiser ist als ich. Dieses Leben wird eines Tages ein Ende haben; aber es könnte sein, daß es sich dann auf eine neue, noch unbekannte Weise fortsetzt.

Süchtige fliehen – ebenso wie die Mänaden – vor der Stagnation, vor einem sinnlosen Status quo. Das Fasten und Sich-entleeren ist vielleicht ein unbewußter Initiationsritus, der, wenn er richtig verstanden würde, die Süchtigen von ihrem nur biologischen Körper befreien und in den energetischen Körper hineinführen könnte. Solche Frauen werden durch ihre Sucht dazu gezwungen, entweder sich selbst zu gebären oder zu sterben. Ihre Aufgabe besteht darin, die Natur auf einer bewußten Ebene wieder zu bestätigen. Der Mensch in seiner Blindheit zerstört die Natur, indem er versucht, sie seinem Willen zu unterwerfen. Das können Frauen durch die weibliche Bestätigung der Natur in ihrem eigenen Körper wiedergutmachen. Der Mensch braucht für seine Handlungen den Segen der Natur; und um das zu erreichen, muß die Frau bewußt sein. Marias Kind war die Natur; sie schloß sie bewußt in ihre Arme. Und die Inkarnation ist immer noch im Gange. Wenn das Bewußtsein in uns Gott oder Göttin ist, dann kann im Kern der wilden Energie der Sucht die göttliche Stimme liegen. Nahrungsmittelsüchtige sind zwar scheinbar nachgiebig und verleugnen sich selbst; doch sie haben häufig auch noch eine andere Seite, die durch eine nahezu unheimliche Stärke gekennzeichnet ist. Ihr Leben, das darin besteht, andere Menschen widerzuspiegeln, bringt sie mit dem kollektiven Unbewußten ihrer Kultur in Berührung. Ihr Körper, ihre Bilder, ihre Rituale und ihre Träume haben etwas zu bedeuten: In ihren Traumbildern spiegelt sich die Haltung der vom Machtwillen getriebenen modernen Männer und Frauen wider, die das Weibliche gefangenhalten.

Solche Bilder erinnern mich an die junge Jüdin Etty Hillesum, die im Jahre 1943 aus Holland in das Konzentrationslager in Auschwitz kam. Sie war sich dessen bewußt, was ihrem Volk angetan wurde. Ein Jahr vor ihrem Tod schrieb sie:

> Die Realität ist etwas, das man auf sich nehmen muß – mit all den Leiden und all den Schwierigkeiten, die damit verbunden sind. Dann wird man mit der Zeit immer unverwüstlicher. Doch die *Idee* des Leidens (die nichts mit der Realität zu tun hat, denn wirkliches Leiden ist immer fruchtbar und kann etwas Wertvolles aus dem Leben machen) muß beseitigt werden. Wenn man die Ideen zerstört, hinter denen das Leben gefangen ist wie hinter Gittern,

> befreit man sein wahres Leben, die wirklichen Triebfedern seines Lebens; und dann hat man auch die Kraft, wirkliches Leiden zu ertragen – das eigene und das der Welt.
>
> ... Oh Gott, hilf mir, das Leiden zu ertragen, das du mir auferlegt hast, und nicht nur das Leid, das ich mir selbst ausgesucht habe.[32]

Frau Dr. Elisabeth Kübler-Ross erzählte, daß sie nach dem Krieg ein Konzentrationslager besuchte. Sie ging durch die Baracken, in denen die Juden interniert waren, ehe sie in der Gaskammer ermordet wurden. Die Kinder hatten in ihren Baracken in ihrer Vorfreude auf die Freiheit Schmetterlinge an die Wand gemalt.

Shanti Nilaya

Liebe ist stark wie der Tod und Leidenschaft unwiderstehlich wie das Totenreich.

Das Hohelied Salomons 8, 6.

NICHT daß ein Engel eintrat (das erkenn),
erschreckte sie. Sowenig andre, wenn
ein Sonnenstrahl oder der Mond bei Nacht
in ihrem Zimmer sich zu schaffen macht,
auffahren –, pflegte sie an der Gestalt,
in der ein Engel ging, sich zu entrüsten;
sie ahnte kaum, daß dieser Aufenthalt
mühsam für Engel ist (O wenn wir wüßten,
wie rein sie war. Hat eine Hirschkuh nicht,
die, liegend, einmal sie im Wald eräugte,
sich so in sie versehn, daß sich in ihr,
ganz ohne Paarigen, das Einhorn zeugte,
das Tier aus Licht, das reine Tier –.)
Nicht, daß er eintrat, aber daß er dicht,
der Engel, eines Jünglings Angesicht
so zu ihr neigte; daß sein Blick und der,
mit dem sie aufsah, so zusammenschlugen
als wäre draußen plötzlich alles leer
und, was Millionen schauten, trieben, trugen,
hineingedrängt in sie: nur sie und er;
Schaun und Geschautes, Aug und Augenweide
sonst nirgends an dieser Stelle –: sieh,
dieses erschreckt. Und sie erschraken beide.

Dann sang der Engel seine Melodie.

– Rainer Maria Rilke, *«Mariae Verkündigung»*

Beim Mann kann Sexualität mit Aggression verbunden sein, aber nicht mit Angst. Bei der Frau kann Sexualität sich mit Angst verbinden, aber nicht mit Aggression. Und das ist – in zwei Sätzen zusammengefaßt – das Animus-Anima-Problem.

– Marie-Louise von Franz, *The Problem of the Puer Aeternus*

6
Wenn das Herz durchbohrt wird: Yin, Yang und Jung

An einem Aprilmorgen ging ich durch den Park und genoß

Diesen herrlichen Anblick –
Dieses Abenteuer in Grün –
Als sei es mein eigen![1]

Und ich erinnerte mich an andere Frühlingszeiten, in denen ich in der ersten Blüte der jungen Liebe singend durch den Morgennebel wanderte, erinnerte mich an zwei Herzen, die im stillen Wunder ihres Gleichtakts schlugen. Die Narzissen kamen mir leuchtender vor als sonst, mein Haar lockte sich verführerischer, und ich umfing voller Freude und Zuversicht die ganze Welt mit offenen Armen.

In einem anderen Frühling geschah es, daß ich plötzlich von einem Forsythienproß durchbohrt wurde. Stille, Augen voller Tränen, vor denen alles verschwamm ... Die Forsythiensträucher und das grüne Gras verwandelten sich in ein abstraktes, grüngoldenes Muster. *Jetzt.*

... am stäten Punkt ist der Tanz,
der weder einhält noch fortgeht. Und nenn es nicht Stillstand,
wo Vergangnes und Zukunft sich mengt. Weder Fortgehn noch Hingehn,
Hingehn,
weder Steigen noch Fallen. Wäre der Punkt nicht, der stäte,
so wäre der Tanz nicht – und es gibt nichts als den Tanz.
... äußerste Versammlung,
die nichts ablehnen muß: Einsicht in die neue
wie in die alte Welt ...[2]

«Ja», dachte ich. «Tränen stellen eine Synthese her. Der Mondschein auch.»

Weibliches Bewußtsein ist lunares Bewußtsein – das Schimmern der Perle, die die Welt mit ihren zarten Mondstrahlen erleuchtet. Das solare Bewußtsein analysiert, unterscheidet und klärt; es zergliedert die Dinge und grenzt sie gegeneinander ab. Das lunare Bewußtsein dagegen vereint; es denkt mit dem Herzen, und das Denken des Herzens integriert Vergangenheit, Gegenwart und Zukunft. Es bewegt sich in der Zeit und gleichzeitig außerhalb der Zeit. Zu dieser Bewegung können durchaus auch Tränen gehören; doch die Tränen des denkenden Herzens sind niemals sentimental. Das Herz weiß, was wirklich ist. Es schlägt in der Realität des *Jetzt*. Wenn wir mit dem Herzen denken, schauen wir nicht rückwärts in die nebligen Korridore unseres Geistes. Wir *sind* in der Realität des *Jetzt* – alles, was jemals wirklich war, *ist* wirklich und wird es auch immer bleiben. Wer imstande ist, von diesem «stäten Punkt» auszugehen, der hat die Freiheit, eine Jungfrau zu sein – zu lieben und geliebt zu werden, aus einem inneren Gravitationszentrum heraus zu leben und dies auch den anderen Menschen zuzugestehen.

Wenn die Schleier der Illusion zerreißen, erkennen wir das heilige Sein im Inneren; wir sehen, daß man die Welt nicht mit dem Entweder-Oder-Prinzip erfassen kann. Es ist infantil, die Welt auf diese Art und Weise strukturieren zu wollen. Wenn wir dem Paradoxon der Totalität standhalten können, wird die Rüstung, mit der wir uns gegen eine Welt voller Feinde verteidigt haben, zur Rüstung Gottes, zur Rüstung der Unbesiegbarkeit, die den heiligen Hain in unserem Inneren beschützt. Dort ist Gott männlich und weiblich zugleich – das Sonnenlicht, das die Welt mit seiner Klarheit erleuchtet, und der Mondschein, der sie in seiner Liebe erglänzen läßt. Wir verwenden unsere Energie nicht mehr darauf, den Feind zu bekämpfen, sondern lassen im Feuer des Bewußtseins die Rose der Schöpfung erblühen. Es ist der Schritt von der Vergewaltigung zur Verzückung.

Es ist nicht leicht, sich diese Vision zueigen zu machen. Manchmal kommt es einem so vor, als schütte man Wasser in ein Gefäß, das ein Loch hat. Dieses schadhafte Gefäß zeigt sich am deutlichsten in den Beziehungen, durch die Gott sich in unserem Leben widerspiegelt. Die ewige Liebe ist in der menschlichen Liebe verwurzelt. Das Geheimnis Gottes berührt uns in den kleinsten Details des täglichen Lebens: zum Beispiel, wenn man dem anderen *liebevoll* eine Erdbeere anbietet, wenn man sich *liebevoll* von jemandem berühren läßt oder wenn man gemeinsam das feierliche Rot eines herbstlichen Sonnenuntergangs bewundert.

Ich beschäftige mich in diesem Buch in erster Linie mit den Aufgaben, die Frauen lösen müssen, wenn sie sich vom Vater- und Mutterkomplex befreien wollen. Die Männer, deren Weiblichkeit noch brutaler durch kollektive Werte vergewaltigt wird, haben ebenso schwierige Aufgaben zu bewältigen. Auch in ihren Träumen kommen immer wieder verstümmelte kleine Mädchen, junge Frauen in Ketten, weinende Großmütter und Gefängnisse und Türme vor, in denen das Weibliche eingesperrt ist. Rock-Videofilme und Pornos, in denen Frauen als sexuell unersättlich und wahllos dargestellt werden, und Bilder von der Sexualität als einem Akt der Gewalt und Manipulation verwüsten die Seele, die an Symbolen wächst und von Symbolen lebt. Die Bilder, von denen wir uns nähren, beherrschen unser Leben. Wenn wir zu Müllschluckern für den Soft-Porno der Reklame und der Familienfernsehserien werden, entweihen wir unsere Weiblichkeit. Das Fernsehen bombardiert uns mit Bildern von bedrohten Opfern, die eine allmächtige Vaterfigur als Retter ersehnen, und von Hexen, deren einziger Lebenszweck darin besteht, ihren männlichen Partner zu zerstören. Solche Darstellungen haben eine desensibilisierende Wirkung, machen uns blind für die Tatsache, daß wir uns selbst vergewaltigen.

Vielen Männern jedoch ist ihre eigene bedrohte Weiblichkeit und die Qual ihrer Frauen und Partnerinnen durchaus bewußt. Ein Therapeut hat mir einmal geschrieben: «Ich kämpfe schon so lange mit diesem Problem, und es schmerzt mich immer wieder. Seit Jahren versuche ich, Frauen ihre eigene eingesperrte Weiblichkeit zum Bewußtsein zu bringen. Ich habe schon etliche Paare vor der Ehe beraten und zu viele Männer kennengelernt, die von dem Weiblichen in sich selbst keine Ahnung hatten – und erst recht nicht von der Weiblichkeit ihrer zukünftigen Ehefrau. Ich fühle mich diesem überwältigenden Problem gegenüber so machtlos ... Lange Zeit glaubte ich, daß der Mann auf irgendeine Weise die Frau zum Blühen bringen kann, daß er ihre dicht verschlossene Knospe dazu veranlassen kann, sich zu öffnen. Aber ich habe festgestellt, daß viele Feministinnen diese Ansicht nicht teilen. Sie haben das Gefühl, daß sie ‹es allein schaffen›. Außerdem weiß ich, daß ein Mann, der eine Frau zum Erblühen bringen will, eine Verbindung zu seiner eigenen wahren Männlichkeit haben muß. Diese Männlichkeit hat nichts mit dem weitverbreiteten Macho-Typ zu tun. Wahre Männlichkeit ist so stark, daß sie auch das Weibliche in sich selbst erkennen kann.»

Die Frauenbewegung ist ein weites Feld, auf das ich hier nur kurz eingehen kann. Unsere Kultur hat den Vorarbeiten, die die Frauenbewegung geleistet hat, viel zu verdanken; doch Frauen, die so lautstark gegen die Männer protestieren, sollten sich einmal die Zeit nehmen, gründlich über ihre Träume nachzudenken. Durch Rigorosität und Starrheit wird die Spontaneität zerstört; das zeigt sich häufig in Träumen, in denen vergewaltigte kleine Mädchen vorkommen. Wer in seiner Einstellung so rigoros und kompromißlos ist, erkennt nicht, daß Männer – ebenso wie Frauen – Opfer des Patriarchats und der phallischen Mutter sind und daß ihre nur im Keim vorhandene Weiblichkeit leicht von einem tadelnden Animus getötet wird. In einer Kultur, die am Rande der Vernichtung steht, sollten wir uns eher auf die Kooperation konzentrieren als auf die Probleme, die die Kluft zwischen Männern und Frauen noch vertiefen.

Ich analysiere die Träume von Frauen, die von Vergewaltigern, Räubern und Diktatoren terrorisiert werden, und die Träume von Männern, die sich von Haien, Wildkatzen und Hexen bedroht fühlen. Ich sehe, was die Geschlechter aufeinander projizieren, und frage mich, wie Männer und Frauen zusammen auf demselben Planeten, ja sogar im selben Haus oder im selben Bett leben können. Was im Inneren vor sich geht, hat auch seine Entsprechung in der äußeren Welt; oder, wie Jung es einmal ausgedrückt hat: «... wenn ein innerer Tatbestand nicht bewußt gemacht wird, dann ereignet er sich als Schicksal außen ...»[3] Solange wir unbewußt bleiben, drücken unsere ambivalenten Gefühle sich in Traumbildern aus. Beispielsweise träumt eine Frau, die ihren Mann zu lieben glaubt, daß sie ihm auf einem eleganten Teller vergiftete Krabben serviert. Oder ein Mann, der seine Frau anbetet, träumt, daß er ihr Herz mit einem Speer durchbohrt. Solange der Krieg, den wir in unserem Inneren führen, nicht bewußt gemacht wird, wird die äußere Welt stets ein Schauplatz des Kampfes zwischen den Geschlechtern bleiben – so friedlich sie auch manchmal wirken mag.

Die Liebe, mit der das feingeschliffene «Schwert der Unterscheidung»* geschwungen wird, macht den Unterschied zwischen Vereinigung und Trennung aus. Wenn wir uns darauf konzentrieren, die Gegensätze zu vereinen, liegt der Schwerpunkt auf dem *Jetzt;* die Grenzen zwischen Männlichem und Weiblichem werden liebevoll verwischt, wenn das Ganze wichtiger ist als die Teile. Das hat nichts mit Unisex zu tun, bei dem das Männliche und das Weibliche praktisch nicht mehr voneinander unterscheidbar sind und sich eng aneinanderklammern, sondern eher mit den deutlich voneinander unterschiedenen Prinzipien Yin und Yang, von denen jedes einen Teil des anderen enthält, eines das andere ergänzt.

* Vgl. M. Woodman, *Heilung und Erfüllung durch die Große Mutter,* S. 213 ff.

In *Der Mensch und seine Symbole* erläutert Marie-Louise von Franz kurz Jungs vier Stadien der Anima-Entwicklung beim Mann:

> Die erste Stufe ist mythologisch am klarsten im Bild der Eva symbolisiert, als einem Bild rein biologischer Bezogenheit. Die zweite Stufe ist zum Beispiel in Fausts Helena veranschaulicht. Sie symbolisiert eine romantische und ästhetische Form des Eros, vermischt mit sexuellen Elementen. Die dritte Stufe wäre zum Beispiel in der Jungfrau Maria verkörpert als Symbol des vergeistigten Eros. Die vierte Stufe erscheint in der Gestalt, welche die Liebe oft als Sapientia (Weisheit) personifiziert, da Weisheit offenbar als ein Wenigeres gegenüber dem Höchsten noch weiter reicht. Ein anderes Bild für diese letzte Stufe wäre auch die Sulamith des Hoheliedes – sie verkörpert eine Entwicklungsstufe, die der moderne Mann nur selten erreicht. Die Mona Lisa reicht wohl am ehesten an sie heran.[4]

Weder Jung noch Marie-Louise von Franz geht näher auf Sulamith ein; doch mit unserer modernen Sensibilität könnten wir in dieser schwarzen, aber wohlgestalteten Königin (Hohelied 1 : 5) ein symbolisches Äquivalent der schwarzen Madonna sehen. Auf dieser Stufe der Anima-Entwicklung vereinen sich die Sexualität und die Spiritualität des Mannes.

Im Eva-Stadium befindet sich der Mann im Bann des Mutterkomplexes; er ist der Säugling, der sich von der allmächtigen Brust ernährt. Beide sind voneinander abhängig: Das Kind braucht die Milch, und die Brust muß geleert werden. Das ist Mutter Natur – eine im wesentlichen symbiotische Wechselbeziehung. Wenn die Mutter dem Kind die Brust verweigert, wird sie zur manipulierenden Hexe, deren Anforderungen der Mann nicht gewachsen ist. Wie rasch es dazu kommen kann, zeigt sich an einer Begebenheit in einer Ehe, die in einer ernsten Krise steckte. Nach einem Wochenende, an dem entscheidende Diskussionen stattgefunden hatten, hatten beide Partner das Gefühl, wieder auf dem Weg zur Versöhnung zu sein. Als die Frau am Montagmorgen zur Arbeit ging, wollte ihr Mann die Treppe hinunterlaufen, um ihr einen Abschiedskuß zu geben, der für beide in dieser Situation sehr wichtig war. Doch seine Frau unterbrach seine heroischen Bemühungen, möglichst rasch die Treppe hinunterzuspringen, mit der Aufforderung: «Bitte bring mir ein Papiertaschentuch.» Er blieb wie vom Donner gerührt auf der Treppe stehen. Eigentlich war es eine harmlose Bitte; doch sein Komplex hörte die negative Mutter heraus, die ihm vorschreiben wollte, was er zu tun hatte, und seine sich entwickelnde Männlichkeit sagte: «Nein.»

Andererseits sind viele «Beziehungen» und Ehen in unserer modernen

Diese Zeichnung hat ein Mann von der «Berg-Anima» – dem an die Materie gebundenen Weiblichen (dem Eva-Stadium der Anima-Entwicklung) – angefertigt.

Kultur im Helena-Entwicklungsstadium steckengeblieben. Wenn die negative Mutter enthüllt und der negative Vater entmachtet ist, steigt aus dem Unbewußten von Mann und Frau in der Regel die Spaltung zwischen Jungfrau und Hure an die Oberfläche – und die brutale Erkenntnis, daß sie ihr Leben nicht gelebt haben. Unter Umständen zerspringt dann der gläserne Sarg der idealistischen Jungfrau und stürzt sie Hals über Kopf in die sexuelle Energie der Hure, zu der sie bislang keinerlei Verbindung hatte. Dann kann eine gefährliche Übergangsphase eintreten, denn wenn das Ich einer Frau oder die Anima eines Mannes nicht mit differenzierten Gefühlswerten in Verbindung stehen, verschenken sie weibliche «Perlen» für irgendeine romantische Sache, für Religion, Politik oder Moral. Vom psychologischen Standpunkt aus betrachtet, basiert die Beziehung auf archetypischer Projektion. Der Mann projiziert seine Seele auf die Frau, und die Frau projiziert ihre Seele auf den Mann; beide klammern sich verzweifelt aneinander, weil sie Angst davor haben, eine Hälfte ihrer selbst zu verlieren, und wenn die Handlung des Partners nicht mit der archetypischen Projektion übereinstimmt, schreien sie vor Schmerz. Sie sind in die Liebe verliebt, in ihren eigenen Idealen gefangen.

Die tragische Dynamik zwischen Shakespeares Othello und Desdemona ist das beste Beispiel für die Gefahr der archetypischen Projektion, der sogenannten romantischen Liebe. Othello, der Mohr, der standhafte

Krieger, der Muttersohn, der primitive Mann, projiziert auf seine Braut Desdemona, deren Haut «so weiß wie Schnee»[5] ist, das Ideal der perfekten Frau. Sie wiederum, eine idealistische, vaterorientierte Tochter, projiziert auf ihn den perfekten Mann. Als Jago, sein Schatten, ihm vorgaukelt, seine Frau sei ihm untreu, stellt der unsichere Mohr Desdemona eine Falle. Verrückt vor Eifersucht glaubt er alle Lügen Jagos und beschließt am Ende, daß die «Dirne von Venedig»[6] sterben muß, weil sie sein Idealbild der Weiblichkeit verraten hat. Desdemona richtet inzwischen in ritueller Weise ihr Schlafzimmer her. Unbewußt spürt sie, daß ihr Hochzeitsbett gleichzeitig ihr Sterbebett sein wird, und singt:

Von Weiden all flecht ich mir nun den Kranz –
O scheltet ihn nicht, sein Zorn ist mir recht . . .[7]

Als Othello vor sich hinmurmelt: «Tu aus das Licht, und dann – Tu aus das Licht»[8], ist seine Liebe durch eine falsche Denkweise zerstört.

Die Sache will's, die Sache will's, mein Herz!
Laßt sie mich euch nicht nennen, keusche Sterne!
. . . Doch sterben muß sie, sonst betrügt sie andre.[9]

Ehe er die schlafende Desdemona tötet, küßt er sie. Sie hat den größten Teil ihres Lebens schlafend zugebracht:

So süß war nie so tödlich. Ich muß weinen.
Doch sind's grausame Tränen; dieser Schmerz
Ist wie des Himmels, strafend, wo er liebt.[10]

Ihnen fehlt die menschliche Liebe, die sie an ihre menschliche Realität erinnern würde; daher können sie nicht durch die Schleier der Illusion blicken. Othello sieht in Desdemona seine eigene Seele; sie trägt unbewußt zu dieser Identifikation bei. Gemeinsam vollziehen sie die Todeshochzeit.

Nicht alle Paare konstellieren eine Todeshochzeit; doch viele sind im Sumpf des «himmlischen Schmerzes» festgefahren und konstellieren den Tod ihrer eigenen Ehe. Vor der Welt stehen sie als das «ideale Paar» da und sonnen sich in diesem Image; doch in Wirklichkeit verkümmern sie hinter ihrer perfekten Maske. Ihre Beziehung basiert häufig auf der Idealisierung des Gebens; doch hinter dem Geben steckt nichts anderes als das Machtprinzip. «Meine Liebe zu dir hängt davon ab, was du mir gibst, und auch ich gebe dir etwas, damit du mich liebst.» Wenn das Paar nicht imstande ist, seine individuellen Gefühlswerte von kollektiven Einstellungen zu unterscheiden, wird seine Beziehung von elterlichen Archetypen bestimmt. Die Mutter braucht den Sohn, der Sohn braucht die Mutter; der Vater braucht die Tochter, und die Tochter braucht den Vater. Früher oder später konstelliert sich zwischen ihnen das Inzesttabu. Ihr Sexualleben wird problematisch, die Kommunikation zwischen ihnen leidet. Aus ihrer Beziehung wird ein Zusammenleben von «Mama» und «Papa». Durch ihr Bestreben, eine oberflächliche Harmonie aufrechtzuerhalten, machen sie eine wahre Beziehung unmöglich; sie haben Angst davor, einander als Individuen gegenüberzustehen. In manchen Fällen entsteht daraus eine enorme Spaltung; die Mutter- und Vaterprojektionen werden aufrechterhalten, doch der Instinkt sucht woanders nach einem erotisch anziehenden Partner. Die Tragik besteht darin, daß dieser Teufelskreis sich ständig wiederholen wird, solange die reife Jungfrau nicht von der Mutter befreit ist. Im Traum liegt man wieder mit Mutter oder Vater im Bett; im Leben sucht man nach einem anderen Liebespartner.

Viele Menschen sind in einer romantischen Vision gefangen und haben die Hoffnung aufgegeben, das archetypische Muster, an das sie gefesselt sind, jemals ändern zu können. «Was hat die Analyse für einen Zweck?» fragen sie. «Sie bringt mir meine Situation nur noch deutlicher zum Bewußtsein – das schreckliche Gefühl, mein Schicksal ausleben zu müssen.» Sie haben das Gefühl, immer im Kreis herumzugehen – die Situation ist zwar immer wieder anders, aber die Dynamik ist dieselbe, obwohl sie sich bewußt bemüht hatten, diese Dynamik zu vermeiden. Eine eingehendere Analyse jedoch hilft ihnen zu erkennen, daß sie sich nicht im Kreis bewegen, sondern in einer Spirale, die sie langsam, aber sicher weiter nach oben führt. Vielleicht identifizieren sie sich diesmal schon nicht mehr so sehr mit ihrer Verzweiflung, ihrer Angst, ihrem Schmerz, ihrem Gefühl der Verlassenheit wie beim letzten Mal. Vielleicht sind sie objektiver geworden und lassen den Kummer und den Zorn durch sich hindurchfließen, ohne sich von diesen Gefühlen mitreißen zu lassen. Ihr Ich ist jetzt vielleicht nicht mehr so sehr von archetypischer Energie überschwemmt, nicht mehr so sehr in Gefahr, wieder dem archetypischen Muster entsprechend zu handeln. Sicherlich ist das auch eine Art Tod, ein Opfer; und dieses Opfer muß man als Opfer empfinden und behandeln, sonst kann es zur Vernichtung werden. Ein Teil dessen, was geopfert werden muß, ist die archetypische Identifikation. Doch gerade das wollen die Menschen nicht aufgeben: die Idealisierung, die

Besessenheit, die Vollkommenheit der Freude, ja sogar die Vollkommenheit des Leidens.

Wie zwanghaft eine Desdemona ihre Weiblichkeit an einen Othello verlieren kann, wenn sie Trägerin der idealisierten Jungfrauenprojektion ihres Vaters gewesen ist, zeigt sich in dem Traum von Kate, einer Frau Ende Dreißig. Ihre Beziehungen zu Männern waren durch eine vom Machtstreben beherrschte Mutter und einen alkoholsüchtigen *Puer*-Vater verkrüppelt; sie hatte ein Jahr Analyse und jahrelange Therapie und Körperarbeit hinter sich. Schließlich fand sie ihre eigene dunkle Göttin. Der folgende Traum setzte eine entscheidende Verwandlung ihrer Männlichkeit und ihrer Weiblichkeit in Gang.

Ich hocke unter dem Rock einer schwarzen Sklavin und blicke hinauf in ihre Scheide, aus der ein Tropfen quillt. Ich singe eine Hymne auf ihre Scheide und höre, daß meine Stimme immer kräftiger und schöner wird. Je mehr ich meine Stimme erhebe, desto kräftiger wird sie, und während ich singe, wird die Scheide des schwarzen Mädchens wunderschön, der Tropfen beginnt zu glitzern. Er fasziniert mich. Zuerst fühle ich mich abgestoßen, doch allmählich erkenne ich die Bedeutung der Scheidenflüssigkeit als Symbol des weiblichen Wesens, und ich akzeptiere die Weiblichkeit des Mädchens und möchte mit ihr verschmelzen. Ich beginne zu verstehen, warum Männer oralen Geschlechtsverkehr lieben.

Dann krieche ich unter ihrem Rock hervor und bin ein Junge. Das Mädchen nimmt ihre Perlen vom Hals und will sie mir als Zeichen seiner Liebe und Wertschätzung schenken. Ich habe Angst, daß ihr Besitzer sie schlagen wird. Sie fällt in Ohnmacht und sinkt auf eine Couch. Sie ist die Sklavin eines Sultans. Sie möchte, daß ich sie nehme; aber ich habe Angst vor der Rache ihres Besitzers. Unschlüssig stehe ich da. Dann verwandle ich mich wieder in eine Frau.

Ich sehe, wie ein schwarzer Mann eine Hymne auf die Scheide des Mädchens singt und ihre Perlen entgegennimmt. Ich sehe, daß das Mädchen seinen einzigen wertvollen Besitz verschenkt, und betrachte die beiden. Gemeinsam mit ihr könnte er reich sein; aber er hat nicht die geringste Absicht, sie zu lieben. Ich schaue den Mann an, um festzustellen, ob er die gleichen zärtlichen Gefühle für ihre Scheide hat wie ich. Doch ich entdecke nur einen gierigen Zug um seinen Mund. Das Mädchen hat das Gefühl, sich mit dem Mann zu vereinigen, indem sie ihm ihre Perlen schenkt; doch in Wirklichkeit macht sie sich nur wertlos.

Die im Laufe des Traums immer mehr zunehmende Zuneigung und Zärtlichkeit, die die Träumende für die schwarze Sklavin empfindet, entspricht Beas Initiationstraum, den ich in Kapitel 4 (Seite 129) beschrieben habe. Das schwarze Mädchen ist eine Sklavin, weil es noch undifferenziert ist; das heißt, es ist der Träumenden verhältnismäßig unbekannt und daher immer noch Gefangene des «Sultans». In Kates Psyche ist die Sklavin eine Kombination aus der Schattenseite ihrer idealistischen Mutter und der primitiven Anima ihres Vaters. Zunächst fühlt das Traum-Ich sich von der Scheide der Sklavin abgestoßen, eine Einstellung gegenüber dem weiblichen Körper, den die Träumende unbewußt von ihren Eltern übernommen hat. Doch als das Traum-Ich diese unnatürliche Reaktion durch das Singen (ihre wahre Empfindung) überwindet, möchte sie mit der Sexualität des Mädchens «verschmelzen» und empfindet den Tropfen, der aus ihrer Scheide quillt, als Symbol des weiblichen Wesens.

Plötzlich wechselt die Perspektive in ihrem Traum: Sie singt nicht mehr ihre weibliche Hymne, sondern empfindet wie ein Mann, der Sehnsucht nach oralem Geschlechtsverkehr hat. Sofort verwandelt sich die Sängerin in einen Jungen – ein männlicher Aspekt der Träumenden, der noch zu unreif ist, um das Weibliche beschützen zu können. Gleichzeitig fällt die Sklavin in Ohnmacht und ist Eigentum eines Sultans (der autoritären Vaterwelt). In einem rührenden Versuch, der Träumenden dafür zu danken, daß sie es endlich erkannt hat, bietet das Mädchen ihr seinen einzigen Besitz an – ihre Perlen, Symbole des schimmernden Mondlichts. Ihr Glanz hängt von dem Kontakt mit lebendiger Haut ab. Die Träumende jedoch steht hilflos da und ist nicht in der Lage, die Perlen entgegenzunehmen; ihr Ich ist noch nicht stark genug, um die mächtige weibliche Energie zu empfangen, für die die Perlen stehen.

Kates Eltern hatten die Sexualität verachtet. In zwei entscheidenden Stadien ihrer Entwicklung – im Alter von fünf und dreizehn Jahren – hatte Kate erleben müssen, daß ihr Vater auf ihre keimende Sexualität brutal reagierte. Als sie fünf Jahre alt war, hatte er sie wegen spielerischer sexueller Berührungen, die sie mit einem kleinen Jungen austauschte, heftig verprügelt. Als sie dreizehn war, tyrannisierte er sie ständig, und seine Schikanen hatten deutliche sexuelle Untertöne. Er verspottete ihren Körper und projizierte damit seine eigene Huren-Anima auf seine Tochter. Vorher hatte er das Ideal der lilienweißen Jungfrau auf sie projiziert – eine Rolle, die sie tatsächlich pflichtbewußt zu spielen versuchte, indem sie sich in erster Linie an geistigen Dingen orientierte. Ihre Mutter dagegen behauptete zwar immer, Sexualität zu verabscheuen, witterte aber überall «schmutzige sexuelle Andeutungen». Auch sie machte sich über die wachsenden Brüste und die beginnende Weiblichkeit ihrer Tochter lustig. Durch diese ambivalente Haltung der Eltern entstand in Kate die Jungfrau/Hure-Spaltung, die sich in ihrem Traum widerspiegelt.

Die Brutalität des Vaters spiegelt sich in dem Traum in ihrer Angst wider, der Besitzer könnte nicht nur an der Sklavin, sondern auch an der Träumenden selbst Rache nehmen. Daher steht sie «unschlüssig da», ist außerstande, sich zu bewegen. Sie ist in der *Puer*-Haltung des Vaters erstarrt, der Angst vor der erdhaften Macht des Weiblichen hatte, und steht hilflos in Gestalt eines kleinen Jungen da, unfähig, ihr eigenes Frausein in Anspruch zu nehmen. Obwohl das schwarze Mädchen – potentiell ihre schwarze Madonna – die Arme nach ihr ausstreckt, kann sie sie nicht empfangen. Dann wiederholt sich der Traum noch einmal – als wolle er ganz sichergehen, daß sie seine Botschaft auch versteht –, und sie sieht sich selbst als schwarzen Mann, der die Sklavin vergewaltigt. Das ist die Schattenseite des tyrannischen Sultan-Vaters. Seine Sexualität, zu der er keine Verbindung hat, vernichtet den unentwickelten weiblichen Schatten. Obwohl er nach außen hin ein Loblied auf die Weiblichkeit singt, empfindet er keine Zärtlichkeit, keine individuelle Liebe für die Sklavin. Statt dessen ist sein Mund von Gier verzerrt.

Zu diesem Traum gab Kate folgenden Kommentar ab: «Wenn ich das schwarze Mädchen besser erkannt und in meinem eigenen Leben verwirklicht hätte, wäre es keine Sklavin gewesen. Als ich sah, wie der schwarze Mann ihre Perlen – ihre essentielle weibliche Identität – nahm, erkannte ich, daß sie im Begriff war, ihren einzigen wertvollen Besitz zu verschenken. Die Perlen verliehen ihr ihren Status und veranlaßten die Männer dazu, sie respektvoll zu behandeln, obwohl sie eine Sklavin war. Sie war zu naiv, um ihr eigenes Wesen intakt zu halten. Sentimental und schmeichlerisch wie sie war, glaubte sie, der Mann werde sie zum Dank lieben, wenn sie ihm ihre Perlen überreichte. In Wirklichkeit jedoch war sie dem Mann ohne Perlen völlig ausgeliefert und würde letzten Endes auf die Straße gejagt werden. Der gierige Mann interessierte sich hauptsächlich für den materiellen Wert der Perlen; die Sklavin dagegen bot sie ihm als Zeichen ihrer Liebe an – ein Geschenk der Seele. Jetzt erkenne ich die Wichtigkeit des weiblichen Standpunkts. Frauen erhalten ihren Standpunkt nicht aufrecht. Um zu gefallen, verschenken sie ihre Perlen, ihre Seele. Sie glauben, damit ihre Liebe und Wertschätzung zu zeigen. Doch in Wirklichkeit büßen sie nur ihre Stärke und ihre Substanz ein. Wenn sie ihre Perlen verschenken, liefern sie sich letzten Endes der triebhaften Gier ihrer eigenen Männlichkeit aus. Die psychische Entweihung einer Frau, die sich selbst nicht als Frau schätzen und achten kann, äußert sich auch in ihrer Beziehung zum Mann.»

An Kates Traum zeigt sich das mangelnde Gleichgewicht zwischen Männlichem und Weiblichem in ihrer Psyche. Als Anima ihres Vaters ließ sie sich von der männlichen Psyche bestimmen und spielte die Rolle, die die Männer von ihr erwarteten, statt aus ihren eigenen weiblichen Instinkten heraus zu handeln. In diesem Stadium ihrer Entwicklung fehlt ihr die männliche Stärke, die notwendig wäre, um ihre keimende Weiblichkeit zu schätzen, ebenso wie das Gefühl ihres persönlichen Werts (dieses Gefühl würde im Traum das schwarze Mädchen daran hindern, sein eigenes Wesen zu verraten). Der kleine Junge steht wie betäubt da, ebenso wie ein Mann mit starker Mutterbindung Angst vor der echten Weiblichkeit hat. Solange die Träumende ihre versklavte «dunkle» Seite nicht bewußt schätzt und liebt, wird die Schattenseite der Patriarchie das Weibliche weiterhin psychisch vergewaltigen. Diese Dynamik ist ein Teil unseres kulturellen Unbewußten.

Kate mußte noch eine weitere Beziehung erleben, in der sie einem Mann ihre «Perlen» auslieferte, ehe sie in der Lage war, aus diesem Muster auszubrechen. Zwei Jahre nach ihrem Traum von der schwarzen Sklavin träumte Kate von einem großen schwarzen Vogel (einem Symbol der negativen oder phallischen Mutter), der von einem jungen Mann (ihrem Helden-Animus) begleitet wurde. Dieser junge Mann war bereit, die gefährliche Aufgabe zu übernehmen, den Vogel in ein weit entferntes Land zu begleiten und ihn unterwegs zu beschützen. Der Junge aus dem früheren Traum war inzwischen reif genug, um sich mit der negativen Mutter auseinanderzusetzen. Die männliche Energie war notwendig, um Platz für das Wachsen der bewußten Weiblichkeit zu machen. Im wirklichen Leben investierte Kate zu dieser Zeit all ihre Energie in die Aufgabe, sich ihre eigene Welt zu schaffen.

Im darauffolgenden Jahr gab es einen neuen Mann in Kates Leben. In dieser Liebesbeziehung wurde ihre bewußte Weiblichkeit ständig gefordert. Am Ende eines langen Traumes erschien ein junger Mann in Kates Küche. Eine Salatschüssel verwandelte sich in ein Fischglas, in dem lebende Fische umherschwammen; dann wurde das Wasser zu Feuer, das über die linke Hand des Mannes floß. Als seine beiden Hände einander berührten, begannen beide zu brennen. Er streckte ihr seine Hände mit einer flehenden Gebärde entgegen. Sie schaute sich um, sah eine weiße Leinenserviette auf dem Kiefernholzboden liegen, feuchtete sie an und legte sie über seine Hände. Die Hände glühten rot durch den weißen Leinenstoff hindurch; doch als sie die Serviette später wieder wegnahm, waren sie gar nicht verbrannt.

Ein Behälter für ein Produkt der Erde – Salat – verwandelt sich in ein

Gefäß mit lebendigem Wasser und schließlich in heiliges Feuer. Nun, da Kate imstande war, statt ihrer Projektion den Mann selbst zu lieben, war der Geist keine Phantasie mehr hoch oben am Himmel, sondern eine Realität in ihrer eigenen Küche, und ihr Fischglas war vom Feuer des Heiligen Geistes erfüllt. Da sie offen für das Geschenk war, das das Leben ihr darbrachte, nahm sie die männlichen Hände nicht nur als Haut und Knochen wahr, sondern als vom Geiste geweihte menschliche Substanz – das Geheimnis der glühenden Liebe, die unter ihrem eigenen geweihten Leinen verhüllte unzerstörbare Substanz. Kate war keine Sklavin mehr, die ihre Perlen verschenkte, ihre Weiblichkeit an die triebhafte Gier verriet. Jetzt erlebte sie eine Beziehung, die eine wirkliche Liebe, ein wirkliches Leiden verlangte – die Rose im Feuer.

Wirkliches Leiden ist ein reinigendes Feuer; durch neurotisches Leiden dagegen entsteht immer mehr Ruß. In unserer Kultur versuchen jetzt mehr Menschen denn je, ihre Beziehungen auf Eros – Jungs drittem Stadium der Anima-Entwicklung – aufzubauen. In einer auf Eros basierenden Beziehung stehen beide Partner mit ihrer eigenen reifenden Jungfrau in Verbindung. Es ist eine Beziehung zwischen zwei Individuen, die nicht mehr darauf aufbaut, «was wir füreinander *tun* können», sondern darauf, «was wir füreinander *sein* können». Immer mehr Menschen versuchen ihr Herz zu öffnen und wagen, wenn auch zitternd, den Sprung ins reinigende Feuer.

Eine Beziehung, wie ich sie verstehe, ist von der Harmonie zwischen zwei Menschen geprägt, die versuchen, sich ihrer persönlichen Psyche bewußt zu werden. Das Geheimnis eines jeden Individuums ist heilig, und das Geheimnis, das zwei Individuen in eine Beziehung zueinander bringt, ist zart, unsichtbar und heilig. Wie Jung schrieb, als sein Freund Father Victor White starb, liegt das lebendige Geheimnis des Lebens stets zwischen zwei Menschen verborgen, und das wahre Geheimnis kann nicht durch Worte verraten oder durch Argumente erschöpft werden.[11]

In einer solchen Beziehung versuchen beide Partner, sich ihrer Komplexe und ihrer männlichen und weiblichen Seiten bewußter zu werden. Beide sind bereit, über ihre Beziehung nachzudenken, und beide haben den Mut, die Einmaligkeit dessen, was sie miteinander verbindet, anzuerkennen und zu ehren. Keiner versucht, den anderen zu besitzen; keiner möchte vom anderen besessen werden. Ihre Beziehung ist nicht durch unreife, unangemessene Bedürfnisse belastet. Die Partner erwarten keine «ganze» Beziehung und streben auch nicht danach, durch die Beziehung zu etwas Ganzem zu werden; sie sehen die Beziehung vielmehr als ein Gefäß, in dem sich die Ganzheit widerspiegelt, die sie in sich selbst suchen. Jeder von ihnen hat die Freiheit, ganz er selbst zu sein. Da sie im *Jetzt* leben und sich nicht von kollektiven Wertvorstellungen vorschreiben lassen, wie sie handeln oder sein sollen, können sie nicht im voraus wissen, wie ihre Beziehung sich entwickeln wird. Wenn sie nicht aufgeben und an ihrer Beziehung festhalten, erfahren sie vielleicht die Gnade des Einhorns, wie Rilke es in seinen *Sonetten an Orpheus* ausgedrückt hat:

O DIESES ist das Tier, das es nicht giebt.
Sie wußtens nicht und habens jeden Falls
– sein Wandeln, seine Haltung, seinen Hals,
bis in des stillen Blickes Licht – geliebt.

Zwar war *es nicht. Doch weil sie's liebten, ward*
ein reines Tier. Sie ließen immer Raum.
Und in dem Raume, klar und ausgespart,
erhob es leicht sein Haupt und brauchte kaum

zu sein. Sie nährten es mit keinem Korn,
nur immer mit der Möglichkeit, es sei.
Und die gab solche Stärke an das Tier,

daß es aus sich ein Stirnhorn trieb. Ein Horn.
Zu einer Jungfrau kam es weiß herbei –
und war im Silber-Spiegel und in ihr.[12]

Das mag sehr idealistisch klingen; doch jeder, der in dem Prozeß der Seelenbildung begriffen ist, weiß, daß es handfeste Realität ist. Es erfordert Ehrlichkeit, Standhaftigkeit, Demut, Humor, Distanziertheit und die Fähigkeit, den Schmerz zu ertragen, der sich von selbst einstellt, wenn man seine Projektionen zurückzieht. Ich könnte die Liste der erforderlichen Eigenschaften noch sehr lange fortsetzen. Auch Glaube, Liebe und Hoffnung gehören dazu – und das, obwohl eigentlich recht wenig Grund zur Hoffnung besteht.

Eine solche Partnerschaft kann nur Bestand haben, wenn beide Partner ständig auf die immer feinere Einstimmung der reifenden Männlichkeit und Weiblichkeit (sowohl in sich selbst als auch im Partner) reagieren. Beide sind Pioniere, die ein völlig neues Territorium erschließen; denn sie versuchen ihre Beziehung nicht auf den manipulierenden Komplexen aufzubauen, sondern von einer bewußten Mitte aus Zugang zueinander zu finden. «Ich liebe dich so, wie du bist» – das ist eine *menschliche* Beziehung, die sich nicht verwirklichen läßt, solange die Partner – instinktiv oder geistig – noch in archetypischen Mustern gefangen sind. Eine solche Beziehung ist Freiheit; ihr Gegenteil ist Sklaverei. Eine solche Beziehung bedeutet, daß man einen anderen Menschen anschaut und ihn liebt, statt Liebe zu verlangen – man liebt die Schönheit, den Mut und die Aufrichtigkeit einer reifenden Seele. Diese Beziehung besteht nicht im «Zusammensein», sondern im psychischen Voneinander-Getrenntsein. Sie läßt einen «Raum . . ., klar und ausgespart» für die Möglichkeit des Seins.

Unsere Projektionen zurückzuziehen, ist stets die schmerzlichste Aufgabe. Wir haben Angst vor der Erkenntnis, daß wir im Grunde allein sind; doch gerade da, wo wir uns vor etwas fürchten, liegt unsere Aufgabe. Die Projektion ist ein natürlicher Vorgang, durch den wir, wenn wir aufmerksam sind, unsere eigene innere Welt erkennen können. Durch den Rückzug unserer Projektionen erlangen wir das, was Jung unsere «Schätze» nennt. Eine solche Angst führt häufig dazu, daß Menschen sich mit einem Leben ohne sinnvolle Beziehungen abfinden; der Schmerz enttäuschter Erwartungen ist zu groß. Sie wollen nicht das Risiko auf sich nehmen, sich wieder zu verlieben. Doch ohne eine Beziehung kann es nicht zur Individuation kommen. Das betont auch Jung.

Projektionen sind mit einer sehr realen Energie geladen; entweder unterstützen sie oder sie unterminieren. Wenn uns jemand mit einer vergifteten Projektion trifft, dann spüren wir das bewußt oder unbewußt; wenn wir dagegen von einer liebenden Projektion getroffen werden, wird Energie freigesetzt; und wenn uns eine Machtprojektion trifft, wird unsere Energie erstickt. Je bewußter wir werden, desto deutlicher erkennen wir, was wir auf andere Menschen projiziert haben: sowohl das Gute als auch das Schlechte in uns selbst. Unbewußt verlangen wir von ihnen, Verantwortung für jenen Teil unserer selbst zu übernehmen, den wir nicht erkannt haben – oder für jenen Teil unserer selbst, den wir nicht verwirklichten.

Projektionen sind so lange mit archetypischer Energie geladen, bis sie von dem bewußten Ich assimiliert werden. Unsere ererbten Charaktereigenschaften und die speziellen Umstände unserer Kindheit bringen uns mit speziellen archetypischen Mustern in Berührung; das sind die Teppiche, innerhalb derer unser Leben gewoben wird. Welche Verbindung wir zu ihnen herstellen, ist unsere eigene Entscheidung. Wir können uns einem solchen Muster unterwerfen und es blind ausleben, mit anderen Worten: niemals die Frage stellen, wer wir eigentlich sind; wir können uns mit einem Muster identifizieren, das unserem Wesen fremd ist, und uns auf diese Weise selbst begraben; wir können mit unserem scheinbaren Schicksal hadern und dadurch eine negative Reaktion aus dem Unbewußten heraufbeschwören (z. B. chronische Konflikte, Unfälle, Krankheiten); oder wir können unsere persönlichen Voraussetzungen akzeptieren und das Geheimnis unseres eigenen Wesens feiern. Letzteres erfordert eine Neudefinition des Begriffs «Leiden»; man darf das Leid nicht so sehr als einen Schmerz betrachten, den es um jeden Preis zu vermeiden gilt, sondern sollte es eher als mühevolle Arbeit sehen, die mit allen Wachstumsprozessen verbunden ist.

Betrachten wir zum Beispiel eine Frau, die aufgrund ihrer Erfahrungen mit sich selbst weiß, daß sie eine «vaterorientierte Tochter» ist. Solange sie unbewußt ist, verzweifelt sie vielleicht und glaubt nicht mehr daran, daß sie jemals befreit werden wird. Doch sobald sie bewußt wird, erkennt sie, daß noch längst nicht alles verloren ist. Sie sieht, daß sie einen Heiland in sich trägt, der Fluch und Segen zugleich ist. Diesen Heiland kann sie entweder auf einen sterblichen Mann projizieren und mit «der grenzenlosen Leidenschaft und dem Schmerz / Begrenzter Herzen, die Sehnsucht haben»[13] leben, oder sie kann eine innere Verbindung zu diesem archetypischen Bild herstellen und ihrem menschlichen Partner erlauben, er selbst zu sein. Wenn sie imstande ist, ihre psychische Realität zu feiern, indem sie ihre lebendige Beziehung zur schöpferischen Phantasie gewissenhaft erforscht, dann kann sie ihr geheimes Recht in Anspruch nehmen, die Gaben des Unbewußten zu verwalten, die naturgemäß ihr gehören. Dann ist sie frei genug, um den Mann, den sie liebt, in der ganzen Würde seiner Männlichkeit zu sehen – unabhängig von seinen persönlichen Grenzen und Unzulänglichkeiten. Das vergängliche Geheimnis der menschlichen Liebe in seinem Lächeln, die sich ständig wandelnde Landschaft seines Gesichts, die verschiedenen Nuancen seiner Stimme – diese Dinge werden zur Interpunktion, die dem sterblichen Leben im Kontext des Unsterblichen Sinn und Bedeutung verleihen. Wenn wir wissen, wer wir sind, und unser eigenes unverwechselbares Wesen feiern, individualisieren wir den Archetyp.

Der positive Animus manifestiert sich in der schöpferischen Energie einer Frau. Sein strahlender Glanz ist unverwechselbar. Er ist der innere Geliebte und zeigt den Weg zum Selbst. Normalerweise taucht er erst dann in den Träumen einer Frau auf, wenn sie genügend Ich-Stärke hat, um die Verantwortung für ihre eigenen inneren Gaben zu übernehmen. Sarah, die in Kapitel 5 beschriebene Frau, deren Schatten immer noch in der Gewalt des Vaters war (Seite 183), kämpfte energisch gegen ihre Neigung an, die Autorität dem Patriarchat zu überlassen und ihre eigene schöpferische Begabung auf kreative Männer zu projizieren. Und was noch wichtiger war: Sie gab ihren anstrengenden Kampf um ihre «Identität» auf und konzentrierte sich statt dessen darauf, sich entspannt in ihr eigenes Sein, ihre eigene empfängliche Jungfrau hineinfallen zu lassen. Auf diese Weise erweckte sie die Jungfrau zum Leben.

Sarah war fest entschlossen, ihre psychische Energie unter Kontrolle zu halten, statt sie zu projizieren. Auf diese Weise gelang es ihr, sich ihr künstlerisches Talent zum Bewußtsein zu bringen. Sie engagierte sich für das, was sie für ihre Gabe hielt, und stellte eine liebende Beziehung zu ihrer Kreativität her, indem sie in ihrem Leben Raum dafür schuf. Als sie glaubte, es sei nun an der Zeit, ihr Werk der Öffentlichkeit vorzustellen, kam es zu einer neuen Krise. Ihr perfektionistischer Animus und damit auch die Männer, auf die sie diesen Animus projizierte, entmutigten sie. Der folgende Traum, den sie ein Jahr nach dem Traum mit den Zwillingen hatte (oben, Seite 186), befreite sie von ihrer ständigen Angst vor kritischer Beurteilung und der Ablehnung der Öffentlichkeit.

> Ich wandere auf einem alten Friedhof umher. Die Gräber befinden sich über der Erde; es sind größtenteils Zementgewölbe. Plötzlich merke ich, daß das Dach eines dieser Gewölbe sich bewegt. Ich bleibe etwa sieben Meter davor verblüfft stehen. Das Dach wird von unten hochgedrückt. Ein kräftiger männlicher Arm hebt das Dach ab. Dann schwingt sich ein ebenso kräftiges, behaartes Bein aus dem Grab. Ein großartiger blonder, blauäugiger Mann erhebt sich aus dem Gewölbe, lacht und schüttelt sich. Seine Haut reflektiert das Licht. Er breitet die Arme aus und schreitet auf mich zu, als sei ich seine lange vermißte Geliebte. Das ist mein dionysischer Christus.

Der männliche Geist, der sich von den Gräbern einer Welt befreit hat, die für Sarah nun tot ist, erhebt sich mit der freudigen Energie der instinktiven Männlichkeit und der strahlenden Energie des Geistes. Der Stein der Vergangenheit wird beiseitegewälzt, und die kraftvolle neue Energie kommt auf die Weiblichkeit zu, als habe sie sie schon ihr Leben lang geliebt und nur nicht gewußt, wie sie mit ihr verschmelzen soll. Nun ist der schöpferische Animus dort, wo er sein sollte: eine psychische Realität, die als Psychopompos* fungiert und die Frau in eine größere Freiheit hineinführen kann. «Er gab mir das Gefühl, in Liebe empfangen worden zu sein. Alle Zellen meines Körpers hüpften vor Freude und Liebe und Sehnsucht, ihn in mich aufzunehmen. Ich weiß nicht, ob er ein verkörperter Geist oder ein vergeistigter Körper war. Ich weiß nur, daß ich ihn liebte.» Dadurch, daß die Frau ihren positiven Animus empfängt, wird sie offen für ein neues Erlebnis der Sexualität. Ihr ganzer Körper, die

* Psychopompos = Führer der Seelen in die Unterwelt, Anm. d. Lekt.

ganze Welt wird erotisiert, wenn sie die Ich-Grenzen ihres Bewußtseins überschreitet. Ein solcher Traum gibt der Frau ungeheuer viel Zuversicht und Selbstvertrauen; beides braucht sie unbedingt, wenn sie ihre eigenen Gefühle in ihrem bisherigen Leben fast immer verraten hat.

Bei Frauen ist die Gefühlsfunktion so verstümmelt, daß sie sich unter Umständen selbst verraten können, ohne zu begreifen, was sie tun. Ohne einen gut differenzierten Animus kann eine Frau den Unterschied zwischen ihrem eigenen Standpunkt und dem eines Mannes nicht erkennen. Sie führt ständig einen inneren Krieg, hat Angst davor, ihren eigenen «törichten» Bedürfnissen nachzugeben, fürchtet sich vor der Verachtung ihres logischen Partners, wenn sie die entscheidenden Geheimnisse ihres Herzens preisgibt. Lieber verleugnet sie die Wahrheit ihrer Gefühle und beugt sich der Logik. Das eigentliche Problem wird ihr nicht bewußt: *Dadurch, daß sie den männlichen Standpunkt akzeptiert, verrät sie ihre eigene Seele.* Der Kopf versteht die Motive des Herzens nicht, und ebensowenig respektiert das Herz die Argumente des Kopfes, obwohl die beiden durchaus manchmal kooperieren können.

Herz! Wir werden ihn vergessen!
Du und ich – heute abend!
Vergiß du die Wärme, die er dir gegeben hat –
Und ich vergesse das Licht! . . .

Beeil dich! denn wenn du zögerst,
Erinnere ich mich vielleicht an ihn.[14]

Was für eine Frau von entscheidender Bedeutung ist, erscheint ihrem Partner vielleicht überhaupt nicht wichtig; doch wenn sie ihre weiblichen Empfindungen verleugnet, werden beide diese Selbstverleugnung vielleicht eines Tages bereuen.

Das gleiche gilt auch für den Mann. Wenn er gewohnheitsmäßig seine Gefühle ignoriert und sich einseitig an einem rationalen Standpunkt orientiert, verrät auch er seine Seele. Vielleicht träumt er, daß er von einer «unberührten» Frau verführt wird – seine undifferenzierte weibliche Seite trachtet nach Verschmelzung mit seiner bewußten Männlichkeit –, oder er ist im Traum mit einer unbekannten Frau zusammen, für die er Verantwortung trägt (häufig ist diese Frau schwanger oder hat ein Kind, für das er sorgt). Sobald er sich intensiver damit beschäftigt, welchen Teil seiner selbst diese Bilder symbolisieren, kommt es unter Umständen zu einem Konflikt zwischen seiner Gefühlsfunktion und seinem Denken.

Der «mutterorientierte Sohn» zum Beispiel, der sich so leicht schuldig fühlt, weil er nicht «besser», «männlicher» oder «fähiger» ist, denkt ständig daran, wie er es den Frauen in seinem Leben recht machen kann. Vielleicht glaubt er, daß das seine wahren Gefühle sind; doch das stimmt nicht. Es sind keine Gefühle; es ist das vom Mutterkomplex vergiftete Denken. Es ist reine Sentimentalität, eine flehentliche Bitte um Liebe; und ganz gleichgültig, ob diese Bitte erfüllt wird oder nicht – es verursacht zwangsläufig Ressentiments, weil die ganze Macht der Frau in die Hand gegeben wird. Erst wenn der Mann in der Lage ist, zu seinen wahren Gefühlen in Verbindung zu treten und sie auszudrücken, hört er auf, Frauen als negative Mütter mit hohen Anforderungen zu sehen, die er ständig zu erfüllen versucht. Statt dessen kann er seine wirklichen Kräfte feiern – zum Beispiel intensive religiöse Empfindungen oder eine ausgeprägte Fähigkeit zur Freundschaft, die laut Jung häufig «erstaunlich zarte Bande zwischen Männerseelen flicht und sogar die Freundschaft zwischen den Geschlechtern aus der Verdammnis der Unmöglichkeit erlöst»[15].

Die Aufgabe des Mannes besteht also darin, die wirklichen Frauen von seinen archetypischen Projektionen auf die Frauen zu trennen. Das ist der Prozeß, durch den seine innere Jungfrau vom Mutterkomplex getrennt wird; sobald er erkennt, daß die alles kontrollierende Mutter, die ihm vorschreibt, was er zu tun und wer er zu sein hat, sein eigenes inneres Problem ist, rückt er näher an sein eigenes *Ich bin,* seine Seele heran.

Ein intensiver Konflikt zwischen einer veralteten bewußten Einstellung und neu entstehenden Gefühlswerten ist häufig der Same, aus dem ein neuer Standpunkt erwächst. Hierbei fällt mir David ein, ein Mann Ende Dreißig, dessen symbiotische Ehe ein Vorbild liebevoller Harmonie zu sein schien, in Wirklichkeit jedoch schon seit Jahren sexuell unbefriedigend gewesen war. Er war meist niedergeschlagen, führte ein Leben stiller Verzweiflung und dachte häufig daran, seine Frau zu verlassen; doch das erschien ihm sinnlos und unlogisch. Sein Verstand redete ihm ein, daß Sex «im Vergleich zu all den anderen Dingen, die wir miteinander teilen, verhältnismäßig unwichtig ist – und außerdem braucht sie mich». Also versuchte er weiterhin mit aller Energie, es seiner Mutter-Frau recht zu machen; doch gleichzeitig versank er immer tiefer in Depressionen und Selbstmitleid.

Als er sich schließlich einer Analyse unterzog, begann er sich auf seine wahren Gefühle zu konzentrieren, dachte intensiv darüber nach, wie er seine Situation empfand. Während er die Geschichte seiner Ehe niederschrieb und innerlich wiedererlebte, fertigte er einige Zeichnungen von seiner Frau an. Er akzeptierte den Konflikt bewußt und verkraftete die Spannung. Einen Monat später – am 28. Juni – träumte er, wie er seine Frau zurückließ und einer jungen Frau über eine Brücke folgte. Das löste den Konflikt zwar nicht, und er konnte es nach wie vor nicht über sich bringen, seine Ehe aufzugeben; doch er empfand diesen Traum als eine Belohnung für die Zeit und die Energie, die er investiert hatte, um seinen Gefühlswerten schöpferisch Ausdruck zu verleihen.

Neun Monate später – am Nachmittag des 1. März – wurde David klar, daß er nicht länger mit seiner Frau leben wollte. Plötzlich sah er die Situation im Lichte seiner eigenen Bedürfnisse und nicht mehr unter dem Blickwinkel der Bedürfnisse seiner Frau. «Das ist es! Das ist es!» sagte er laut. «Ich *möchte* kein solches Leben führen!» Das war für ihn die entscheidende Erkenntnis seiner eigenen Wahrheit; es war eine numinose Erfahrung, und er wußte, daß er sich nach ihr richten mußte. Ein solcher «Gedanke in Form einer Erfahrung» hat eine verwandelnde Wirkung.

In jener Nacht hatte David einen Traum:

> Oh! Das war wirklich etwas! Eva [seine Frau] brachte einen Jungen zur Welt. Es war eine phantastische Geburtsszene am Ufer, und viele Leute standen außenherum. Ich bin die Hebamme – und gleichzeitig der Vater.
>
> Vom Ufer eines großen Gewässers führt eine Treppe nach oben. Dort oben findet die Geburt statt. Eva liegt auf einem Tisch wie auf einem rituellen Altar. Die Öffnung ihrer Scheide ist deutlich erkennbar, und Blut sickert heraus. Sie bekommt keine Wehen; es scheint eine verhältnismäßig schmerzlose Geburt zu werden. Sie gibt mir Anweisungen, fordert mich auf, niederzuknien. Ich bin ein wenig verärgert darüber, denn ich habe schon bei vielen Entbindungen mitgeholfen und finde, daß man sich erst auf den Boden knien muß, wenn das Baby kommt.
>
> Dann verlasse ich den Schauplatz der Geburt und gehe die Treppe hinunter ans Wasser. Ich plansche darin herum. Inzwischen werden die Leute, die um Eva herumstehen, immer aufgeregter. Ich sehe, wie ein Arzt mit Handschuhen die Treppe hinaufrennt, und eile ihm nach. Als ich oben angelangt bin, stelle ich zu meiner Überraschung fest, daß das Baby schon da ist. Der Arzt hält es in die Höhe, damit es alle sehen können. Ich dränge mich durch die Menschenmenge; schließlich bin ich der stolze Vater. Hoffentlich ist es ein Mädchen, denke ich. Dann sehe ich den Kopf des Babys mit kurzen, krausen Haaren, und der Arzt ruft: «Es ist ein Junge!» – «Oh, ein Junge – wie schön», denke ich. Ich bedanke mich bei dem Arzt. Er drückt mit den Händen auf die Brust des Babys, und es erbricht etwas Flüssigkeit. Es ist alles sehr schön. Überall ist Blut.

Diesen Traum kann man als Reaktion des Unbewußten auf Davids entscheidende Erkenntnis am vorausgehenden Tag interpretieren; in ihm spiegelt sich die Geburt seiner neuen Einstellung sich selbst gegenüber wider, die es ihm ermöglicht, seinen Gefühlen entsprechend zu handeln. Neun Monate nach der Konstellation seines intensiven Konflikts, der so eng mit seiner Männlichkeit zusammenhing, brach seine neue Gefühlshaltung förmlich in sein Bewußtsein ein. Indem David seinen Gefühlswerten kreativ Ausdruck verlieh (die Zeichnung und das Niederschreiben des Traums), hatte er seine innere Frau geschwängert. Doch die potentielle Lebensenergie, die die Anima-Figur symbolisierte, mit der er in seinem früheren Traum über die Brücke gegangen war, manifestierte sich erst als neue, bewußte Haltung, als die Inkubationszeit vorüber war.

Die Details dieses Traums deuten auf eine rituelle Geburt hin. Die Geburt findet «am Ufer» statt, und zwar auf einem Tisch, der den Träumenden an einen rituellen Altar erinnert. Wessen Altar es ist, geht aus dem Traum nicht eindeutig hervor; doch die Anweisung der Frau, «niederzuknien», ist ein Motiv, das in vielen Träumen wiederkehrt, in denen die Stimme der Großen Mutter darauf besteht, daß das Traum-Ich in engeren Kontakt mit der Erde tritt, eine engere Verbindung zur Natur knüpft, Demut empfindet vor dem Geheimnis des Menschseins.

In der Tatsache, daß David die Treppe zum Ufer hinuntergeht und anschließend wieder zum Altar hinaufrennt, spiegelt sich die radikale Veränderung seiner Bewußtseinsebene wider. Symbolisch führt das Traum-Ich einen Akt der Taufe aus – das Alte wird im Wasser versenkt, das Neue wird geboren. Als er am «Altar» ankommt, ist das Baby schon da. Ein Arzt hat das Kind entbunden: Während das Traum-Ich den Abstieg und den darauffolgenden Aufstieg durchlebt, läuft die Geburt selbst außerhalb seiner Kontrolle ab. Sie ist ein Akt der Gnade, ein Geschenk der heilenden Kräfte des Selbst. Der Arzt (das Selbst) bringt das Kind dazu, die Flüssigkeit des Embryo zu erbrechen, und öffnet seine Lungen für den ersten Atemzug des Lebens. Davids Entscheidung an jenem Tag (nicht nur der Entschluß, sich von seiner Frau zu trennen, sondern schon allein die Tatsache, daß er *überhaupt* eine Entscheidung getroffen hatte) hatte seine Männlichkeit aus dem schützenden – und erstickenden – Mutterleib befreit.

Auf der Zeichnung, die David nach diesem Traum anfertigte, ist das Kind zu sehen, das in einem Korb zwischen seinen Beinen liegt und schläft. Das Baby nimmt genau die Position von Davids Phallus (seiner neuentdeckten männlichen Energie) ein. Das Wiegen des Neugeborenen deutet ebenfalls darauf hin, daß das Traum-Ich gleichzeitig Vater und

Mutter des Kindes ist. Ein robuster brauner Esel steht unter einem Baum mit knospenden grünen Blättern; er erinnert an die Geburt Christi. Auch hier zeigt das Unbewußte das Bedürfnis nach einem Gleichgewicht zwischen dem Geistigen und dem Körperlichen. Der Esel steht für die Weisheit der Instinkte und bekräftigt das Bedürfnis des Träumenden, seine eigene Männlichkeit zu ehren und zu würdigen. Wie Balaams Eselin im Alten Testament, die den Engel sah, während Balaam ihn nicht zu erkennen vermochte[16], ist der chthonische animalische Trieb des Esels von einer Intelligenz, die ihren eigenen Wert hat – sie ist die Ergänzung des bewußten Intellekts. Als Balaam die Eselin dreimal schlug, weil sie ihm nicht gehorchte,

> öffnete Gott der Eselin das Maul, und sie sprach zu Balaam. . . . Bin ich nicht deine Eselin, auf der du seit dem Tag geritten bist, an dem du mich erstandest? Und habe ich schon jemals so etwas getan? Und er sagte: Nein.[17]

Das Karomuster hinter der Mutter auf Davids Zeichnung ist rot und soll das Blut darstellen, das in dem Traum vorkam. Dieses Blut symbolisiert das Opfer; es ist das lebendige Blut, das vergossen werden muß, damit der Träumende sich von der Mutter-Anima befreien und ein neues Leben beginnen kann. Die Nebeneinanderstellung von Geburt und Kreuzigung in der Zeichnung symbolisiert den Schmerz, der mit dem Übergang verbunden ist.

In dem Maße, in dem ein Mann an der Differenzierung seiner Gefühlswerte arbeitet, reift seine innere Frau. Es wird ihm immer leichter fallen, sich in seinem eigenen, individuellen Lebensstrom dahintreiben zu lassen. Seine schwangere Jungfrau will ihm nicht seine Männlichkeit nehmen und ihn weibisch machen; im Gegenteil, sie verlangt, daß sein infantiler *puer* erwachsen wird und sich in ein starkes, männliches Gefäß verwandelt. Je stärker dieses Gefäß ist, desto flexibler kann es werden, und einen desto besseren Zugang bekommt das Bewußtsein zu den Reichtümern des Unbewußten. Betrachten wir zum Beispiel einen Tänzer wie Baryschnikow. Sein Körper ist hervorragend trainiert und zur bewußten Disziplin bereit. Doch die Technik allein macht noch nicht den großen Tänzer aus. Seine Fähigkeit, diese Technik seiner Seelenenergie hinzugeben, die seine Sprünge so schwindelerregend erscheinen läßt, stellt ihn in das *Jetzt* hinein. Wer gesehen hat, wie er den verlorenen Sohn tanzt, kann niemals den Schluß vergessen, an dem er zu seinem Vater zurückkehrt, nachdem er sein Leben vergeudet hat. Wie ein kleines Kind kuschelt er sich in die Arme seines Vaters, und allmählich findet sein gequälter Körper an der Brust des verzeihenden Vaters Ruhe und Geborgenheit. Jede seiner Gesten befindet sich in Harmonie mit der überpersönlichen Energie, die in ihm selbst und im Publikum aufsteigt. Er stellt in seinem Tanz den *Prozeß* und die *Präsenz* dar, die im Publikum fühlbar ist.

Bewußt und mit größter Aufmerksamkeit differenziert das männliche Ich die Gefühlswerte, die einen Mann mit seiner Seele verbinden und ihn zu einer wirklichen Person machen. Nach fünfjähriger Analyse hatte Saxton, ein Mann Mitte dreißig, folgenden Traum:

> Ich fahre einen schnittigen roten Ford mit V-8-Motor und acht Gängen. Er ist sehr schnell. Ich fahre durch die Straßen einer Stadt und komme an einem anderen Ford vorbei, der nur einen V-4- oder V-5-Motor hat. Ich fahre in die Außenbezirke der Stadt, und dann renne ich neben einem wilden kleinen Hund her. Ich lerne, daß ich keine knurrenden Geräusche machen darf, denn Knurren ist für ihn eine Herausforderung zum Kampf, und dann zwickt und beißt er mich. Schließlich kommen wir an einen Zaun, und ich klettere hinüber.
>
> Dann bin ich in einem Zimmer. Draußen sind Felder und Natur. In dem Zimmer sitzt eine phantastische Frau, mit der ich einige Zeit verbracht habe. Sie heißt Sophia und ist wie Sophia Loren: warm, weise, sinnlich, erdverbun-

den und gefühlvoll. Wir liegen zusammen auf einem Bett, und ich bitte sie, bei mir zu bleiben und eine Liebesbeziehung mit mir anzufangen. Doch sie ist zurückhaltend; ein Erlebnis in ihrer Vergangenheit hat sie zu dem Entschluß bewogen, sich nicht mehr auf ein Verhältnis mit einem Mann einzulassen. Ich möchte wirklich, daß sie bei mir bleibt, und frage sie, was passiert ist. Daraufhin erzählt sie mir eine traurige Geschichte: Ihre Tochter hat sich im Teenageralter das Leben genommen, nachdem sie im Meer einen Unfall erlitten hatte, der ihren Kopf und ihr Gesicht entstellte. Sophia macht sich Vorwürfe, weil sie ihre Tochter so weit hinausschwimmen ließ, und hat sich vorgenommen, nie wieder eine Beziehung einzugehen, aus der Kinder entstehen könnten. Ich versichere ihr, daß sie nicht an dem Unfall ihrer Tochter schuld ist; schließlich konnte sie nicht im voraus wissen, was passieren würde. Ich habe das Gefühl, daß sie vielleicht doch bei mir bleibt, wenn ich ihre Empfindungen akzeptiere und ihr Zeit lasse. Von draußen strahlt ein sehr helles Licht herein, und ich schirme uns mit einem gefalteten, rechteckigen, aus zwei Teilen bestehenden Stück Pappe vor dem Licht ab.

Das Traum-Ich fährt einen schnellen, schnittigen roten Wagen. Er hat einen V-8-Motor und acht Gänge – eine Verdoppelung der weiblichen Zahl Vier. Hier findet sich wieder das Verdoppelungsmotiv – es kündigt einen Inhalt an, der versucht, ins Bewußtsein einzudringen, es aber noch nicht geschafft hat (oben, Seite 188). Der V-8-Motor und die acht Gänge sind ein Hinweis auf die weibliche Energie, die die Verbindung zur Ganzheit des Selbst herstellen kann. Das Traum-Ich benutzt diese Energie jedoch dazu, langsamere Autos zu überholen. Seine überschwengliche Freude darüber, an der Spitze zu sein, deutet darauf hin, daß er auf seine männliche Dominanz – seine Leistungen in einer Gesellschaft, die Geschwindigkeit, Prestige und Macht schätzt – stolz ist. Das ist eine Persona-Handlung. Dann rennt er neben einem «wilden kleinen Hund» her – seiner Instinktwelt, die sein Freund ist, solange er sie ernstnimmt und nicht «anknurrt». Dann kommen sie an einen Zaun – eine Barriere, über die das Traum-Ich hinübersteigt und in eine andere Welt gelangt. In dieser Welt tritt an die Stelle des Hundes eine Frau.[18]

Nun verbringt er an einem Ort in der freien Natur, an dem es lebendiges Wasser gibt, seine Zeit mit einer phantastischen Frau, Sophia – «warm, weise, sinnlich, erdverbunden und gefühlvoll». Sie möchte sich nicht auf eine Liebesbeziehung mit ihm einlassen, weil sie aufgrund eines «Erlebnisses in ihrer Vergangenheit» beschlossen hat, kein Verhältnis mehr mit einem Mann anzufangen. Solange er nicht aus seiner weiblichen Empfänglichkeit heraus eine Beziehung zu ihr herstellt, kann sie ihm nicht trauen. Doch das Traum-Ich ist entschlossen, bei ihr zu bleiben, und hört sich ihre traurige Geschichte an. Wie Demeter trauert sie um ihre junge Tochter, die sie verloren hat. Im Gegensatz zu Persephone hat das Mädchen Selbstmord begangen, nachdem es im Meer (dem Unbewußten) war und verletzt wurde. Ihr Gesicht – der Spiegel ihrer Seele – und ihr Kopf sind entstellt worden. Verletzungen der Kopföffnungen durch Gewehre, Schlauchdüsen und Rohre stehen in den Träumen von Männern und Frauen häufig für die psychische Vergewaltigung. Sophia hat das Gefühl, ihre Verantwortung für das Mädchen vernachlässigt zu haben, und hat daher beschlossen, nie wieder «eine Beziehung einzugehen, aus der Kinder entstehen könnten». Auch das erinnert an Demeters Entschluß, der Erde die Fruchtbarkeit vorzuenthalten. In dieser Situation würde das bedeuten, daß sie den Mann von der Realität seiner inneren Welt abschneidet. Das Traum-Ich muß liebevoll auf Sophia eingehen, um sie davon zu überzeugen, daß es nicht ihre Schuld war. Es glaubt daran, daß sie vielleicht bei ihm bleiben wird, wenn es ihre *Empfindungen* akzeptiert und Geduld mit ihr hat. Das heißt, der Mann muß im täglichen Leben seinen persönlichen Empfindungen treu sein, um die überpersönliche Verbindung zu seiner inneren Frau zu festigen.

Der Träumende assoziierte Sophia Loren mit einem Film mit dem Titel *Two Women*. In diesem Film spielte die Schauspielerin eine Frau, die ihre Tochter liebevoll und behutsam auf das Frausein vorbereitet. Auf einer Fahrt werden die beiden getrennt und von Soldaten vergewaltigt. Sophia schiebt ihren eigenen Schmerz beiseite und begibt sich auf die Suche nach ihrer Tochter; sie fürchtet, daß sie tot sein könnte. In einer unvergeßlich ergreifenden Szene findet sie ihre Tochter wieder. Das Mädchen steht in einem Bach und schüttet mit seinen kleinen Händen Wasser über seinen Körper, um sich von dem unaussprechlichen Schrekken zu reinigen, den es erlebt hat.

Bei der Besprechung dieses Traums sagte Saxton: «Die Beziehung zwischen meinem Bewußtsein und meiner Seele ist zerbrochen, vergewaltigt. Das zeigt sich in Sophias Problem: Sie verkörpert in ihrer Reaktion diese Vergewaltigung. Ich habe Angst davor, mit meiner Seele in Verbindung zu treten; denn das würde bedeuten, daß ich eine Beziehung zu meinem Selbstverständnis herstellen muß. Ich wurde schon zu Beginn meines Lebens vergewaltigt, weil ich meiner Seele treu war. Jemand – meine Mutter, mein Vater –, der nicht mit *mir* in Verbindung stand, war wütend und hat mich deshalb vergewaltigt. Wenn ich Verbindung mit meiner Seele aufnehme, muß ich immer wieder der Gefahr der Vergewaltigung ins Auge sehen. Wenn ich mich meiner Seele nähere, empfinde ich einen Schrecken, der so intensiv ist, daß er mich beinahe vernichtet.»

Es ist wichtig, daß das Traum-Ich sich eine Liebesbeziehung – und nicht nur ein sexuelles Verhältnis – mit Sophia wünscht. Als der Träumende erkennt, daß er das, was von höchstem Wert für ihn ist, unter Umständen verlieren wird, ist er in der Lage, es zu verfolgen. Die gefühlsbetonte Sensibilität und Sanftheit, für die die Zahl Acht bei dem Motor und den Gängen des Autos steht, wird von einer ungeheuren männlichen Stärke unterstützt. Früher hatte er keine Verantwortung für seine Seele übernommen. Jetzt im Traum ist er imstande zu handeln. Er wird nicht dulden, daß sie ihm verlorengeht.

«Die Mutter in mir», erklärte Saxton, «hat nicht die Verantwortung für das neue Leben übernommen. Demeter verfiel zwar in Raserei; doch sie sah ihre Schuld, die darin bestand, daß sie sich nicht genügend um ihre Tochter gekümmert hatte, niemals ein. Furcht und Zorn können unter Umständen das Ergebnis unbewußter Schuld sein. Wenn man die Verantwortung für seine eigenen Handlungen übernimmt, erkennt man häufig, daß der Zorn, den man empfindet, das ungelöste Problem der Selbstverantwortung ist. Man hat anderen die Schuld an dem gegeben, was man selbst versäumte.»

Der Grund für Sophias Entscheidung in Saxtons Traum ist die Angst vor neuem Leiden, die Furcht davor, wieder verwundbar zu werden. Deshalb versucht sie, die Kontrolle zu übernehmen (die Beziehung abzubrechen); und das ist Macht – eine Macht, die die Verbindung zwischen Bewußtem und Unbewußtem zerstört.

«Schon von Anfang an wurde meine Seele von unbewußter Macht verletzt», sagte Saxton. «Und am Ende konnte ich einfach nicht noch mehr Schmerz ertragen. Ich kam zu dem Schluß: Es lohnt sich nicht, daß ich versuche, ich selbst zu sein.»

Sophias Tochter konnte ihre Entstelltheit nicht akzeptieren; ihre Häßlichkeit machte sie unliebenswert, und daher beschloß sie zu sterben. Für den Mann bedeutete das die Unterdrückung und Verdrängung seiner Seele. Sophias Schuld bestand darin, daß sie nicht in der Lage war, das neue Leben zu beschützen. Das wird nun zur Aufgabe des Ichs. Wenn das Ich das unbewußt ausgeführte Handlungsmuster nicht erkennt, werden sich die «Entstellung» der Jungfrau-Seele und die Wut und Schuld der Mutter im Leben des Mannes täglich wiederholen. Die neuen Werte, die neu entstehenden Empfindungen stoßen auf mangelnde Liebe, mangelnde Pflege und Aufmerksamkeit. Die daraus resultierende Furcht und Wut blockiert die Möglichkeit des Schmerzes und schützt die Seele vor unerträglichem Kummer. Im täglichen Leben sind ständige Wachsamkeit und ein scharfsichtiges männliches «Schwert der Unterscheidung» vonnöten, um die weibliche Seele zu beschützen und ihr Spielraum zum Reifen zu geben.

Die Auflösung des Traums – das heißt, das letzte Bild, das in der Regel zeigt, welche Richtung die Energie einschlagen möchte, um das psychische Ungleichgewicht zu korrigieren – zeigt eine weitere Möglichkeit, wie die Seele geschützt werden kann. Das strahlende Licht, das von draußen hereinfällt, symbolisiert vielleicht die leuchtende Sonne des Bewußtseins, die auf Saxtons tägliches Leben schien. Es kann aber auch für das glühende Feuer des Selbst stehen. Das «gefaltete, rechteckige, aus zwei Teilen bestehende Stück Pappe», mit der das Traum-Ich sich selbst und Sophia vor der grellen Sonne abschirmt, ist wiederum eine Verdoppelung eines Sachverhalts, der noch nicht bis ins Bewußtsein vorgedrungen ist. «Es war ein Reflektor und hatte einen silbernen Schimmer», erinnerte Saxton sich. Damit erinnert dieses Stück Pappe an den «Silber-Spiegel» in Rilkes Gedicht.* Allmählich bekommen wir die grausamen Widerhaken, die aus den Komplexen in unser Leben dringen und unsere Beziehungen zerstören, unter Kontrolle. Jetzt sind wir auch in der Lage, die «Augenblicke der Herrschaft»[19] zu erkennen. Diese Augenblicke sind die Gnade, die uns eine Beziehung zum Dritten erschließen – zum Gott und zur Göttin, die sich in der Liebe spiegeln. Beziehungen, die nicht der Kontemplation unterzogen werden, fehlt jene feuchte, schattenhafte Empfänglichkeit, die wahres Sein ermöglicht. Im analytischen Licht der Sonne verdorrt das Geheimnis der Liebe; im Glanz des verstehenden Herzens dagegen leuchtet es.

Saxtons Traum und Kates Traum von der Sklavin sind stellvertretende Beispiele für die zahllosen Träume, in denen eine machtvolle Schattenfigur die innere Jungfrau vergewaltigt. Das Ich muß die Verantwortung übernehmen, sie durch behutsame, liebevolle Pflege wieder ins Bewußtsein zurückzuholen. Wenn man bedenkt, daß solche Träume das kollektive Unbewußte unserer Kultur widerspiegeln, erkennt man, daß das archetypische Band zwischen Mutter und Tochter ernsthaft bedroht ist. Solange unserem Ich das kritische Urteilsvermögen und die Kraft fehlt, den Schmerz und die Schuld der Mutter und den Verlust ihrer jungfräulichen Tochter – Körper und Seele – einzugestehen, besteht wenig Hoffnung auf eine wahre, aufrichtige Beziehung. Lust und Liebe bleiben voneinander getrennt. Das Bewußte und das Unbewußte vereinigen sich nicht. Es hängt von uns ab, ob wir der gequälten Materie Heilung und der toten oder sterbenden Jungfrau Liebe schenken.

---

* Vgl. M. Woodman, *Heilung und Erfüllung durch die Große Mutter,* S. 120ff.

Die Heilung hängt von der Fähigkeit ab, mit dem inneren Ohr zu lauschen, unser ständiges sinnloses Geschwätz einzustellen und *zuzuhören.* Zu diesem pausenlosen Geschwätz veranlaßt uns unsere Angst – die Angst, die aus unserer Vergangenheit emporsteigt, die Angst, zu verraten, wovor wir uns eigentlich fürchten, die Angst vor späteren Nachwirkungen. Gerade unsere Angst vor der Zukunft verzerrt und entstellt das *Jetzt,* das uns eine andere Zukunft ermöglichen würde, wenn wir es nur wagten, jetzt, in der Gegenwart etwas Ganzes zu sein. Eine Frau, die durch die Analyse einige psychologische Erkenntnisse über sich selbst gewonnen hat, kann plötzlich von einem fanatischen Eifer ergriffen werden, ihren Mann zum Bewußtsein zu bringen. Blind gegenüber seiner Realität, kann sie mit ihrer brillanten Erklärung der Projektion unter Umständen seine Seele verführen. Aber wer wird dann *ihre* Seele empfangen? Warum verwandelt sich der Dialog plötzlich in einen Monolog? Warum wird seine Stimme schroffer, sein Körper starrer, und warum weiten sich seine Augen vor Entsetzen? Die Interaktion, die aus den Tiefen emporsprudeln könnte, ist blockiert; die Beziehung ist nicht mehr organisch. Wenn nicht beide Partner aus dem Zentrum ihrer eigenen Verwundbarkeit heraus agieren, konstelliert das Gespräch über den Animus die Anima-Stimmung, und es kann sich nichts abspielen. Der Kanal, der zur Jungfrau führt, ist mit Wachs verstopft. Solange wir uns nicht entspannen und den langsamen Rhythmen hingeben, die den Kanal zu unserer inneren Wahrheit öffnen, können wir nicht erkennen, wer wir sind. Die Realität ist nicht da; die Hand der Göttin reicht nicht hinunter bis in den «shit»*.

Wenn die psychische Integration von einer physischen Integration begleitet wird und der Körper immer bewußter wird, muß man körperliche Symptome in der Beziehung erkennen und eingestehen. Das Weibliche ist nicht an abstrakten Theorien und logischen Begründungen interessiert. Weibliche Weisheit kommt aus dem Knochenmark, aus dem Leid der Erfahrung – sie ist der Fisch, der aus den Eingeweiden kommt, nicht der Vogel, der aus dem Kopf fliegt. Ebenso wie die primitive Frau bewältigt das Weibliche den Übergang zur Reife, wenn es sich selbst als Teil der kosmischen Rhythmen der Natur erfährt und gleichzeitig der Realität des *Jetzt* und *Hier* ins Auge sieht, der sich ständig verändernden Gegenwart. Diese Wahrheit ist nicht veräußerlich.

Hier entwickeln sich in Beziehungen, die schon lange bestehen, echte

---

* Das englische Wort «shit» entspricht in seiner Vulgarität dem deutschen Wort «Scheiße».

Probleme. Das reife Weibliche weigert sich, die Anforderungen und Projektionen des Patriarchats zu tolerieren. Es reißt die symbiotischen Zwillinge auseinander; es läßt sich nicht wie eine Ware benutzen. Wenn der Partner sich nicht in der Analyse befindet, führt die Energieverschiebung zu großen Problemen und Auseinandersetzungen. Wenn eine Frau ihr fest in ihrem Körper verankertes weibliches Ich zum erstenmal erfährt, ist ihr Mann vielleicht überrascht, entzückt und gleichzeitig schockiert über ihre sexuelle Hingabe. Doch die Öffnung des Körpers kann auch zu einem Riß im Herzen führen, und dieser Riß wird zum Abgrund, der den Schmerz eines ganzen Lebens enthält. Unter Umständen wird dieser Spalt plötzlich vom Bewußtsein erhellt, oder das Selbst verlangt nach einer neuen Ebene physischer und geistiger Integration. In diesem Fall muß die Frau ihr Bedürfnis nach einer Zeit der Enthaltsamkeit akzeptieren. Diese Zurückhaltung empfindet ihr Mann unter Umständen als Abweisung. Doch wenn die Frau gegen ihren Instinkt handelt, wird ihr Körper starke physische Symptome entwickeln, die sie so lange zur Enthaltsamkeit zwingen, bis das Problem auf einer geistigeren Bewußtseinsebene gelöst ist.

Auch der Mann kann einen Rückzug seiner Sexualität erleben. Wenn die beiden Seelen sich nicht im Einklang miteinander befinden – oder wenn das Selbst die Herstellung einer neuen Harmonie auf einer neuen Ebene sexueller oder geistiger Integration verlangt – versuchen die Partner vielleicht, sich selbst einzureden, daß alles in Ordnung ist. Der eine oder der andere Partner fordert vielleicht sexuelle Intimität. Aber die verkörperte Seele lügt nicht, und ihre Weisheit ist nicht seicht und oberflächlich. Der bewußte Körper wird sich bemühen, eine neue Ebene geistiger Intimität zu erreichen, die, wenn sie verkörpert ist, als eine ganz andere Art von Sexualität erfahren werden kann.[20] Dieser Übergang erfordert eine feine Differenzierung des Weiblichen und des Männlichen in jedem der beiden Partner, wenn ihre Beziehung weiterbestehen soll. Das ist ein verhältnismäßig unbekanntes Terrain. Es ist das Land Sophias, und dort bewegt man sich mit Vertrauen und Zuversicht vorwärts.

Manchmal erreicht eine Beziehung einen Punkt der geistigen Blüte, doch plötzlich tritt ohne erkennbaren Grund eine Krankheit auf, und zum Schrecken und zur schmerzlichen Enttäuschung der beiden Beteiligten verdorrt die Blüte. Die Herzen der beiden Partner «möchten immer noch weitersuchen, / Aber ihre Füße fragen: ‹Wohin?› »[21]

Einer der beiden oder beide müssen sich von der Beziehung lösen, um ihre Identität zu entdecken. Geist sehnt sich nach Geist; Fleisch lechzt nach Fleisch. Manchmal zeigt sich erst durch die Distanzierung, wie tief die Wurzel der Beziehung reicht. In diesem Fall kann man die Pflanze fast bis zum Boden abschneiden und sie trotzdem mit liebevoller Pflege am Leben erhalten, ja sogar verjüngen.

Häufig lernt man während einer solchen Zeit der Trennung Demut und Bescheidenheit. Das Selbst verbrennt die Ich-Begierden. In seinen *Vier Quartetten* beschreibt T. S. Eliot in ein paar Worten, was – auf emotionaler Ebene – das Feuer der Hölle bedeutet.

Drei Zustände gibt es, von Ansehn oft ähnlich,
doch grundverschieden, die in gleicher Erde gedeihn.
Hörig zu sein dem Ich, den Dingen, den Menschen; befreit sein
vom Ich, von den Dingen, den Menschen; dazwischen die Gleichgültigkeit,
die diesen so gleicht wie der Tod dem Leben,
zwischen zweierlei Seinsart – unfähig zu blühen,
Brennessel nicht, noch Taubnessel. Zweck des Erinnerns
ist die Befreiung – nicht ein Verringern der Liebe, sondern
ihre Erweiterung über die Begierde hinaus, und so die Befreiung
vom Künftigen wie vom Vergangenen.[22]

Die Trennung befreit das Herz von der Vergangenheit und von der Zukunft. Sie gibt uns die Freiheit, wir selbst zu sein und andere um ihrer selbst willen zu lieben. Das ist der Sprung in das *Jetzt* – in den Strom des Seins, in dem alles möglich ist. Es ist das Reich der schwangeren Jungfrau.

Durch das Aufgeben der Vergangenheit kann ein Chaos entfesselt werden. Zorn, Kummer, Furcht sind die natürlichen Reaktionen in einer solchen Situation. Der Tod eines geliebten Menschen, eine Scheidung, das Ende einer Beziehung – solche Ereignisse können ein schreckliches Jahr der Trauer nach sich ziehen: das erste Weihnachtsfest, das man einsam verbringt, das erste Rotkehlchen im Garten, das man allein entdeckt. Eine Minute lang gibt man vielleicht die Ich-Begierde auf; doch im nächsten Augenblick reißt man sie hastig wieder an sich. Die Aufgabe der Ich-Anforderungen ist jedoch eine entscheidende Voraussetzung für jedes Opfer, vor allem für eines, das mit einer Beziehung zu tun hat. Wenn das Ich die überpersönliche Energie für seine eigenen, selbstsüchtigen Ziele benutzt, so ist das schwarze Magie. Nur wenn der Schmerz jahrelang nicht nachläßt und den Menschen in der Vergangenheit gefangenhält oder wenn die Energie destruktiv wird, verlangt das Ich, daß der Mensch «sich fallenläßt». Manchmal wird ein solcher Wiedereintritt ins Leben durch ein Opferritual ausgelöst, wie es Lisa erlebt hat (oben, S. 117). Einem solchen Ritual darf man sich jedoch niemals unterziehen, ohne ein starkes Ich-Gefäß oder einen guten Freund zu haben, den man telefonisch rasch erreichen kann. Wenn man noch einen Groll gegen jemanden hegt, so sollte man an den Bibelspruch denken:

> Wenn du deine Opfergabe zum Altar bringst und dir dabei einfällt, daß dein Bruder etwas gegen dich hat, so laß deine Gabe dort vor dem Altar liegen; geh und versöhne dich zuerst mit deinem Bruder, dann komm und opfere deine Gabe.[23]

Bei der Aufgabe einer engen Beziehung scheint es mir am wichtigsten zu sein, daß man in der Lage ist, die Beziehung zu opfern, ohne gleichzeitig die Liebe zu opfern. Wenn das Leben wie die Öffnung einer Rose ist, «welche nicht immer geschlossen sein darf»[24], so entspricht jeder Mensch und jede Sache, die wir lieben, der Entfaltung eines Blütenblatts. Wenn man die Dornen akzeptiert, bleibt die Liebe bestehen. Die tiefen Beziehungen in unserem Leben haben uns den Reichtum der Liebe geschenkt, wie immer sie auch endeten, und dieser Reichtum ist der einzige, der am Ende wirklich zählt.

Wenn wir den Konflikt der Gegensätze – das heißt, das, was unser kleines Ich sich wünscht, im Gegensatz zu dem, was das Selbst oder das Schicksal uns bestimmt hat – verkraften können, wenn wir in der Lage sind, trotz allem an unserem Zentrum festzuhalten, lernen wir, mit dem Herzen zu denken. Wir wissen, was wir fühlen und was wir uns wünschen; gleichzeitig ordnen wir uns einem größeren Zusammenhang unter. Ohne verbittert zu werden oder uns von unserer eigenen Realität abzuschneiden, können wir alles, was geschieht, bewußt akzeptieren. Da wir uns beider Seiten des Gegensatzes bewußt sind, kann der Geist es annehmen, und das Herz kann weiterhin fühlen. Wenn Geist und Herz auseinandergerissen werden, besteht die einzige Möglichkeit, die Gegensätze zu überwinden, darin, mit dem Herzen zu denken. Was sonst das Salz der Bitterkeit wäre, kann auf diese Weise zum Salz der Weisheit werden. Das ist die Weisheit Sophias, die das Salzkorn, das dem Leben seine Würze gibt, so gut kennt.

Die Entstehung des weiblichen Bewußtseins in unserer Kultur bringt eine gesellschaftliche Umwälzung mit sich, die einem Deichbruch gleichkommt. Sobald individuelle Gefühlswerte an die Stelle kollektiver moralischer Sanktionen treten, nimmt das, was man tun möchte, unter Umständen einen höheren Stellenwert ein als das, was man tun «sollte». Dann können fest etablierte, langjährige Beziehungen plötzlich zerbrechen oder als die leeren Gefäße erkannt werden, die sie stets waren. Doch ein zerbrechliches Ich, das allein der Welt ins Auge sehen muß, läuft Gefahr, von archetypischen Energien überschwemmt zu werden, und selbst ein starkes Ich kann durch die plötzliche Freisetzung lange verdrängter Sexualität unter Umständen erschüttert werden. Das ist der Preis, den man vielleicht dafür zahlen muß, daß man die revolutionäre Energie der ausgestoßenen Göttin erlebt, die versucht, ein Gegengewicht zu unserer zielorientierten, rational und technologisch ausgerichteten Umwelt zu schaffen.

Wie wir bereits gesehen haben, treten uns in den Rockstars blasse Schatten dieser Göttin in konkretisierter Form entgegen. Jedesmal, wenn wir von einer weiteren gescheiterten Ehe in unserem Bekanntenkreis hören, weht uns ihr Atem an. Sie kann durchaus auch in pervertierter Form in Vergewaltigungen, Abtreibungen, der Technologie der Massenherstellung oder der Welt der Empfängnisverhütung gegenwärtig sein, die die Frauen von ihrem biologischen «Schicksal» befreit und sie gleichzeitig in die psychische Bewußtheit stößt. Diese Göttin ist das zum Bewußtsein, zur Freiheit erhobene biologische Schicksal.

In den Träumen von Männern und Frauen kann diese Göttin die verschiedensten Formen annehmen. Im allgemeinen ist sie schwarz oder eine Orientalin oder auf jeden Fall dunkelhäutig. Sie kann eine stolze Zigeunerin, eine Tänzerin in einer Taverne, eine heilige Prostituierte, eine Maria Magdalena sein. Stets jedoch befindet sie sich außerhalb des kollektiven Wertsystems der bewußten Welt des Träumenden. Obwohl sie manchmal verwundet oder entstellt ist, trägt sie ein großes Potential für die Entstehung eines neuen Lebens in sich. Ihre Energie kann Gegensätze – die Hure und die idealisierte Jungfrau – vereinen, denn sie ist beides. In ihr kann die von ihren Instinkten abgeschnittene idealisierte Jungfrau, die ihre geistigen Fäden spinnt, den Grund ihres eigenen Körpers finden. Die lilienweiße Jungfrau ist eine verschlossene Jungfrau – selbstsüchtig, besitzergreifend und ohne jede Beziehung zu ihrer weiblichen Realität. Sie ist die Schattenschwester der Hure, die glaubt, ihre sexuelle Anziehungskraft sei dazu da, um das Männliche zu umgarnen und einzufangen. Gemeinsam treiben sie wie Meerjungfrauen durch die Gewässer des Unbewußten – Wesen der Natur, deren Zauberkraft nur gebrochen werden kann, wenn ihr Fisch- oder Schlangenschwanz sich in menschliche Beine verwandelt, die auf der Erde stehen. Das erfordert eine bewußte Integration ihrer jeweiligen Energien. Wenn wir uns der schwarzen Göttin hingeben, in der Geist und Instinkt sich treffen, wird der menschliche Körper zu

Der Kuß der Zauberin (1890) von Isobel Gloag.

einem Gefäß der menschlichen Liebe. In dieser Göttin hat Sophia die Brücke zwischen Geist und Instinkt geschlagen. Durch ihre aus tiefem Leid geborene Distanz ist Sophia in der Lage, sich in den menschlichen Schmerz einzufühlen und gleichzeitig zu erkennen und zu akzeptieren, daß das Leben nun einmal so ist. Wenn unser Bewußtsein mit dieser Weisheit in Verbindung steht, erkennen wir Sophia nicht als abstraktes Konzept, sondern als «Gedanke in Form einer Erfahrung», als eine Tatsache, die zu einem entscheidenden Einfluß in unserem Leben wird.

In der Antike gaben sich die meisten Frauen einmal in ihrem Leben der Göttin der Liebe hin. Sie gingen den hieros gamos im Tempel der Mondgöttin in dem vollen Bewußtsein ein, daß die instinktive Energie, die sie dabei durchströmte, ihnen nicht persönlich gehörte. Sie ehrten sie als überpersönliche Energie der Göttin. Sobald sie sich dieser Energie hingegeben hatten, waren sie «jungfräulich», das heißt unfähig, sich die Energie der Göttin widerrechtlich als ihre persönliche Eigenschaft anzueignen.[25] Mit anderen Worten: Die psychische Jungfräulichkeit, die den

Menschen von seiner selbstsüchtigen, besitzergreifenden Haltung befreit, erreicht man durch die Hingabe an einen Gott oder eine Göttin.

In einem seiner «Holy Sonnets» bittet Donne Gott darum, ihn «zu zerbrechen, zu verbrennen und neu zu erschaffen», und kommt dann zu dem Schluß:

Nimm mich zu dir, nimm mich gefangen, denn ich
Werde niemals frei sein – es sei denn, du fesselst mich,
Und niemals keusch – es sei denn, du vergewaltigst mich.[26]

Keuschheit bedeutet Offenheit für das von der Ich-Begierde gereinigte Leben des Geistes. Hingerissenheit bedeutet, *Ja* zum Leben zu sagen – nicht das Ja der naiven Unschuld, sondern das *Ja* einer höheren Unschuld, die bewußt an dem Opfer teilhat. Die Hingabe an den Geist öffnet die jungfräuliche Seele für das ganze Spektrum des Seins – die fleischliche und geistige Leidenschaft, die im Zentrum eines jeden Menschen brennt, aber nicht persönlich ist. Wenn man das Feuer als nichtpersönlich erkennt, können die persönlichen Ich-Begierden verbrannt werden. Man identifiziert sich nicht mehr mit den Instinkten oder dem Geist, sondern ist menschlich, offen für die Liebe Sophias und die Fruchtbarkeit, die aus dieser Liebe entsteht. Dann kann man im täglichen Leben die zarte Gegenwart der Göttin wahrnehmen.

Der sich ständig verwandelnde Mond ist ein Symbol der Verwandlung jener Teile in uns selbst, die normalerweise im Dunkeln leben. Sanft wird das Wesen, die Essenz des Lebens aus unseren konkreten Erfahrungen herausdestilliert und vor dem aufgeklärten Geist geschützt. Zu dieser Destillation kommt es durch Reflexion – durch den silbernen Spiegel. Durch Kontemplation kann man die Ichbegierden in Liebe verwandeln – Liebe, die ihr eigenes, individuelles Wesen und das Wesen des anderen ehrt. Liebe steht außerhalb der Gesetze des Kollektivs; sie gehorcht ihren eigenen inneren Gesetzen und läßt einmalige Beziehungen entstehen.

Jeder, der mit dem Prozeß der Seelenbildung beschäftigt ist, steht mit der Jungfrau in Verbindung, denn nur sie ist imstande, die Unvermeidlichkeit des Augenblicks in Aktion einzufangen. In ihr werden Sexualität und Liebe als Manifestationen des Göttlichen wahrgenommen, und diese Energie wird im täglichen Leben zum Geheimnis der Verwandlung. Was das Kollektiv anbelangt, könnte ihre Liebe zu einer größeren Explosion führen als jede Atombombe und jedes Kernkraftwerk.

Aus der Vereinigung von Seele und Geist wird ein Kind gezeugt: der Edelstein in der Lotosblüte, das neue, der Möglichkeit des Seins geweihte

Die Geburt von William Blake. (Philadelphia Museum of Art)

Bewußtsein. Das Kind ist die neue Energie, die die Vergangenheit hinter sich läßt und sein Gesicht hoffnungsvoll der Zukunft zuwendet, aber dennoch im *Jetzt* lebt.

Früher einmal hat die organisierte Religion das Geheimnis der Vereinigung der Seele mit Gott – und die Furcht, die man dabei empfindet – erkannt. Es entstanden kirchliche Rituale – nicht, um das Geheimnis zu beseitigen, sondern um den Menschen die Möglichkeit zu geben, es zu erleben. Die westliche Wissenschaft jedoch empfindet Geheimnisse als etwas Unerträgliches und versucht sie wegzurationalisieren oder gar zu beweisen, daß sie etwas Böses sind. Das logische Denken will das Geheimnis lösen, statt in das Geheimnis einzutreten. Rituale und Kontemplation dagegen versuchen das Geheimnis nicht zu erklären, sondern die Menschen darauf hinzuführen, so daß sie sich ihm ohne Furcht nähern können. Wenn der Heilige Geist spricht, kann das sehr furchterregend sein, weil es eine intensive Angst vor dem Unbekannten auslöst – Angst vor dem Leben, Angst davor, sich in sein eigenes Schicksal hinauszuwagen. Wenn Männer und Frauen jedoch imstande sind, ihre innere Jungfrau zu entdecken, können sie lernen zu *sein* – sowohl allein als auch miteinander. Das Geheimnis lebt in der Möglichkeit des Seins. Die Liebe wählt uns aus.

Das weibliche Bewußtsein befaßt sich mit einem lebendigen Prozeß, mit der Veränderung. Es sieht in der Reise selbst das Ziel und erkennt, daß das Ziel darin besteht, sich der Reise bewußt zu sein. Sein bedeutet: sich des Werdens bewußt sein. Wenn man das Ziel im Prozeß selbst sieht, setzt man dem männlichen Lichtstrahl eine «Kuppel aus vielfarbigem Glas»[27] entgegen, der diesen Strahl bricht und ihn wie ein Prisma in viele verschiedene Facetten zerlegt. Jede dieser Facetten ist ein Spiegel des Zentrums; gleichzeitig ist in jeder Facette das Zentrum enthalten. Der Sinn des weiblichen Bewußtseins besteht nicht darin, Materie in Geist oder Geist in Materie aufzulösen, sondern darin, den Geist in der Materie und die Materie im Geist zu sehen. Eine solche Wahrnehmung ist einem rein männlichen Bewußtsein fremd; dieses Bewußtsein würde ein solches Konzept als unlogisch und daher unmöglich betrachten.

Bei Männern und Frauen, die sich bemühen, bewußt zu werden, kann der Unterschied zwischen der Gefühlswelt eines Mannes und der Gefühlswelt einer Frau zu unberechenbaren Schwierigkeiten führen. Im Mann entsteht das Gefühl häufig durch die Wahrnehmung eines psychischen Werts; es ist weniger mit dem Körper verbunden als das Gefühl einer Frau. Für die Frau dagegen ist der Körper der heilige Ort, an dem die Seele wohnt, und damit ein Teil ihres Selbstverständnisses als Frau. Wenn sie die Schwarze Madonna in sich selbst oder Sophia als Brücke zwischen Geist und Körper erfahren hat, kann schon ihr *Wissen* bewirken, daß auch ein Mann mit dieser Brücke in sich selbst in Berührung kommt. Das natürliche Band kann in der Sexualität bestehen; doch darüber hinaus kann sich eine geistige Beziehung entwikkeln, in der jeder eine Brücke zur Seele des Partners bildet und ihm einen flüchtigen Blick in eine ewige Wirklichkeit gewährt, die jenseits der Natur und der Sinneswahrnehmung liegt. Wenn das Männliche entfesselt und das Weibliche entschleiert wird, befruchten sie sich gegenseitig, innerlich und äußerlich. Die eindringende Kraft der bewußten Männlichkeit setzt das ewig Weibliche frei. Die Frau erweckt die empfängliche Kraft des Mannes. Er dringt in sie ein; sie empfängt ihn. Er erweckt in ihr ihre eigene eindringende Kraft; sie dagegen bringt ihm seine weibliche Seele zum Bewußtsein. Gemeinsam kommen sie mit ihrer inneren Weisheit in Berührung. Der Prozeß – nicht das Ziel – ist alles.

Ob das Zusammenspiel von Männlichem und Weiblichem nur innerlich oder innerhalb einer Beziehung abläuft, der Mensch muß sich seiner inneren Gesetze bewußt sein, die ihre eigene Absolutheit haben und brutal sein können. Diesen Gesetzen muß er gehorchen – nicht resigniert, sondern akzpetierend und liebend. Verwundbarkeit ist ein Aspekt des Weiblichen; das Männliche lernt vom Weiblichen, wie man die Vergänglichkeit, das Vorübergehende akzeptiert, wie man die Vergangenheit und die Zukunft sterben läßt und im *Jetzt* lebt. Zwischen der Getrenntheit von Männlichem und Weiblichem wird Sophias Brücke erbaut.

Sophia akzeptiert keinen Kompromiß. Solange man nicht von ihr hingerissen ist, basiert jede Beziehung nur auf einer Art emotionalem Handel: «Wenn du mir etwas gibst, gebe ich dir auch etwas.» Sophia verlangt von uns, daß wir uns aus den alten Verhaltensmustern, der alten Mythologie lösen. Die Männer haben schon immer vor der Macht des irdischen Weiblichen Angst gehabt, und bis vor kurzem sind die Frauen in unserer Kultur mit Scheuklappen herumgelaufen, haben den männlichen Standpunkt unterstützt und sich selbst dabei verraten. Doch sobald sie sich ihrer inneren Sklavin bewußter werden, erkennen sie die Tiefe ihrer eigenen Sinnlichkeit und Sexualität im Dienste der Göttin an – und nicht im Dienste der Männer. Diese Anerkennung bedroht zwar die männliche Macho-Persona, ermutigt die Männer aber dazu, sich ihrer weiblichen Seite bewußter zu werden.

Wenn die *puer*-Männer ihre früher verdrängten Gefühlswerte bewußt integrieren, können sie sich aus dem Schatten des Patriarchen lösen und einen persönlich authentischen Standpunkt erkennen, der auf einer engen Beziehung zu ihrer inneren Jungfrau basiert. Dann können sie nicht länger eine gespaltene Anima unterstützen – sie können die idealisierte Jungfrau nicht mehr lieben und gleichzeitig ihren Hurenkörper vergewaltigen. Und auch eine bewußte Frau kann sich nicht selbst erniedrigen, indem sie sich mit der Spaltung verschwört. Die Hingabe an die Göttin befreit den Mann von der unbewußten Mutter und Tochter, ebenso wie sie die Frau von dem unbewußten Vater und Sohn befreit.

In Beziehungen, die in der Entwicklung begriffen sind, ist die innere Dynamik in ständigem Fluß. Keine Beziehung gleicht der anderen, doch ein paar schwierige Fragen kehren immer wieder, wenn Männer und Frauen sich um neue Ebenen des Verständnisses bemühen. Wie kann die

Schwangere Frau am Kreuz

Oh Frau am Kreuz,
Habe ich dich gekreuzigt?
Und hänge ich auch dort oben neben dir?
Wie ein Räuber, der dich verhöhnt,
Glanz mit Tand vermischt?

Oh schwangere Frau am Kreuz,
Wird der Knabe in deinem Leib,
Der seine sich versteifenden Sehnen anspannt,
Sein Leben leben, ohne dich vom Kreuz herabzunehmen?
Ein Gewinn – aber zu welchem Preis!

In diesem Akt spiele ich den Pilatus,
Der den Vorhang hochzieht.
Autor und Regisseur –
Es gibt nicht Schöneres,
Als Publikum und Bühnenbildner zugleich zu sein.

Wenn ich deprimiert und ratlos bin,
Versuche ich dich zu befreien;
Aber gib mir die Kraft, du zu sein
Und dort oben an jenem leidenden Baum zu hängen
Du schwangere Frau am Kreuz,
Schwangere Frau am Kreuz.

– Lied von Peter Tatham.

Frau tagtäglich das Gleichgewicht zwischen ihrer Liebe zu ihrem Animus (ihren kreativen Energien) und ihren sexuellen Empfindungen gegenüber dem Geliebten aufrechterhalten? Erweitert das Streben nach Bewußtsein den Abgrund zwischen dem Eros eines Mannes und dem Eros einer Frau? Oder intensiviert das Bewußtsein die magnetischen Pole, die einander letzten Endes anziehen? Muß man einen grundsätzlichen Unterschied zwischen der Gefühlswelt des Mannes und der Gefühlswelt der Frau akzeptieren, ja vielleicht sogar als positiv empfinden? Liegt das Geheimnis der Liebe in der Erkenntnis, wie ungeheuer anders wir sind – und wie anders der geliebte Partner ist?

Die Antworten warten im Kokon auf uns. Wir können sie nicht hervorzwingen – ebensowenig, wie man Liebe erzwingen kann. Aber wir können lauschen. Wir können unser inneres Ohr auf die innere Gegen-

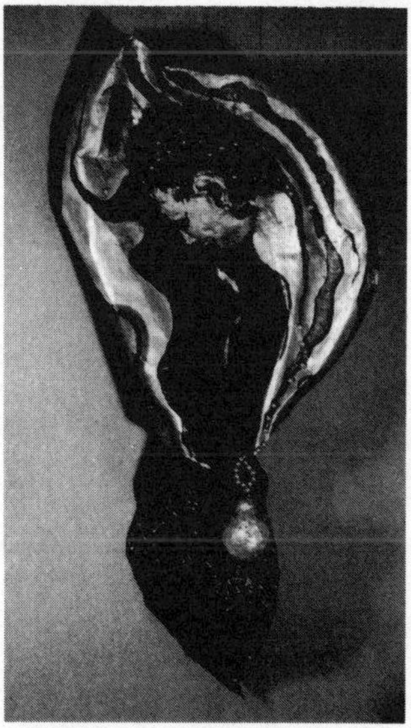

Der Lauschende, Papiermaché von Dorothy Cameron.

wart einstimmen und unsere eigene Seele und die Seelen der Menschen, die wir lieben, ehren – und auf diese Weisen einen «Raum . . ., klar und ausgespart» schaffen, der die Möglichkeit des Seins liebevoll umhegt.

Ich sprach zu meiner Seele: sei still und warte, ohne zu hoffen,
denn Hoffnung wäre auf Falsches gerichtet; warte ohne zu lieben,
denn Liebe wäre auf Falsches gerichtet; noch gibt es den Glauben,
doch Glaube und Liebe und Hoffnung sind alle im Warten.
Warte ohne zu denken, denn zum Denken bist du nicht reif,
dann wird die Nacht dir zum Tag und die Stille zum Tanz.[28]

Stimmen aus dem Kokon

Ein Mann nach dem anderen hat mein Leben ausgehöhlt, bis ich erkannte, daß sie ein und dieselbe Person sind.

Es hat keinen Zweck, eine Pflanze anzuschreien: BLÜH' DOCH ENDLICH!

Ich wache mitten in der Nacht auf. Mein Herz ist ein glühend heißer Ofen. Ich glaube, ich bekomme einen Herzanfall. Ich fühle, wie mein Arm auf dem leeren Kopfkissen liegt. Ich kann mich nicht bewegen, kann meinen Körper nicht vom Bett erheben.

Freitags bin ich bei der Arbeit immer niedergeschlagen, weil alle sich auf ihre Wochenendverabredung freuen. Ich nicht – denn ich habe nichts, niemanden, keine «großen Pläne» fürs Wochenende. Wenn ich nach Hause komme, versuche ich, ruhig zu bleiben. Ich ziehe verschiedene Kleider an – eine Art privater Modenschau ... Ich zwinge mich, schwimmen zu gehen. Dadurch läßt sich die Depression bannen, die in mir aufsteigt. Ich muß mich damit abfinden, daß kein charmanter Märchenprinz auftaucht und mich aus meiner Realität retten wird. Doch ich vertraue darauf, daß irgendwann bessere Zeiten für mich kommen werden. Ich bin unglücklich darüber, was für ein Kind ich gewesen bin.

Meine Beziehungen zu Männern sind immer eine Art Tauziehen. Sie bieten mir etwas an; ich strecke die Arme aus, um es in Empfang zu nehmen; doch sie hacken sie mir ab. Sie machen Versprechungen, aber sie dringen nicht zu mir durch – am Schluß stehe ich immer mit leeren Händen da. Und wenn sie mich verlassen haben, bin ich hilflos. Ich gebe ihnen die Macht, ebenso, wie ich meinem Vater die Macht gegeben habe.

Wenn diese Beziehung auf Kosten meiner Realität geht, möchte ich sie nicht. Ich schätze und ehre meine eigene Realität. Für meinen Vater habe ich stets eine perfekte Rolle gespielt. Dann hat mein Geliebter diese Rolle abgelehnt. Der weibliche Teil meiner selbst, der all die Jahre in einer Falle gefangen war, weigert sich, immer wieder von Männern abzuprallen.

Unschuld ist keine Tugend mehr. Ich bin verantwortlich. Ich weiß, daß ich mich leicht an etwas Falsches hänge.

Meine Frau ist bissig und streitsüchtig. Sie versteht nicht, daß es wichtige und nebensächliche Probleme gibt. Sie glaubt, wenn sie sich über etwas aufregt, muß es zwangsläufig wichtig sein – und in der letzten Zeit regt sie sich praktisch über alles auf.

Schmerz, Schrecken und Isolation haben mich gezwungen, meinen eigenen Weg einzuschlagen. Mein Mann war mir eine hervorragende Mutter; doch ich verfluche ihn, weil er kein guter Liebhaber war. Ich verfluche ihn, weil er mich verlassen hat. Ich bin in die Hölle gestoßen worden und habe meinen eigenen Weg gefunden.

Ich versuche, sie gehen zu lassen. Ich habe das Gefühl, daß ich am Ertrinken bin und sie auf meinen Schultern steht.

Er möchte, daß ihm die Hühner gebraten in den Mund fliegen.

Ich kann mich nicht mehr länger hinter meiner Dummheit verstecken – und auch nicht hinter meiner kleinen Tochter oder meinem Vater. Wenn meine Pflanze kein Wasser bekommt, wird meine Blüte sich nicht öffnen.

Sie sagen, Wirklichkeit existiere nur im Geist,
die körperliche Existenz sei eine Art Tod,
das reine Sein sei körperlos,
und vor der Form selbst sei die Idee der Form gewesen.

Was für ein Unsinn!
Welcher Geist hätte schon einen Hummer ersinnen können,
der schlummernd am Meeresgrund liegt und dann plötzlich eine
gefährliche, scharfe Schere hervorschnellen läßt!

Selbst Gottes Geist kann sich nur die Dinge vorstellen,
die von selbst geworden sind;
Körper und Gegenwart, hier und da, Lebewesen, die ihren
sicheren Platz in der Schöpfung haben,
selbst wenn es nur ein Hummer ist, der sich leise fortbewegt.

Die Religion ist klüger als die Philosophie.
Sie weiß, daß Jesus niemals Jesus war,
ehe er aus einem Mutterleib geboren wurde, Brot und Suppe aß,
aufwuchs und – als Wunder der Schöpfung – Jesus wurde,
mit einem Körper, mit Bedürfnissen und einem wundervollen Geist.

– D. H. Lawrence, *«Demiurg»*

Der Traum ist die kleine verborgene Tür im Innersten und Intimsten der Seele, welche sich in jene kosmische Urnacht öffnet, die Seele war, als es noch längst kein Ichbewußtsein gab, und welche Seele sein wird, weit über das hinaus, was ein Ichbewußtsein je wird erreichen können.

– C. G. Jung, *Wirklichkeit der Seele*

7
Geliebter Feind: Eine moderne Initiation

Im Innern reich, kannst außen du entbehren.
So nährt der Tod dich, (aller Welt Verderben)
Und ist der Tod tot, gibt es auch kein Sterben.

– William Shakespeare, *Sonett 146*.

Die Anziehungskraft, die mich nach Indien lockte, hat wenig mit dem eigentlichen Grund meiner Reise zu tun. Sicherlich lockte mich der romantische Traum vom Osten – das Taj Mahal im Mondschein, die Elfenbeinpaläste, die Heiligen. Gewiß beschäftigte auch E. M. Forsters *Passage to India* (Auf der Suche nach Indien) meine Phantasie. Was war Adela Quested in den Höhlen passiert? War sie vergewaltigt worden, oder war sie verrückt? Welches Geheimnis steckte hinter ihrer Geschichte? – Also fuhr ich nach Indien, sah mir die Paläste und die Bilder der Heiligen an und fand Antworten auf einige meiner Fragen. Doch ich brauchte sechzehn Jahre, um hinter den eigentlichen Grund meiner Reise zu kommen.

Ich erzähle das hier, weil es mehr als nur meine persönliche Geschichte ist. Es ist die Geschichte eines modernen Initiationsritus, der mir den Eintritt ins Frausein ermöglichte. Es ist die Geschichte eines unbewußten Mädchens, das niemals die Pubertätsriten durchlaufen hatte, weil ihre Welt nichts von der Existenz solcher Riten wußte. Wie viele Mädchen in ihrem Alter hatte sie sich nie aus der Sicherheit der Mutter Gesellschaft hinausgewagt; sie hatte nie Einzug in ihren eigenen Körper gehalten; und sie hatte sich selbst niemals als Teil des Kosmos begriffen. Es war ihr nie in den Sinn gekommen, daß Gott vielleicht ein weibliches Gegenstück hatte, das in der Lage war, ihrem Leben als Frau unter Frauen Sinn zu geben und sie gleichzeitig mit ihrem eigenen einmaligen Schicksal zu verbinden. Dies ist die Geschichte vom Durchgang durch den Geburtskanal, von Tod und Wiedergeburt.

Ich war damals eine Frau in mittleren Jahren und hatte so gut wie alles, was die Kultur der Mittelklasse einem Menschen bieten konnte – ein schönes Zuhause, einen netten Mann, eine hervorragende berufliche Position als Dozentin. Ich konnte mir nichts anderes vorstellen, als daß das Leben immer so weitergehen, daß ich immer größeren Wohlstand erlangen und zuletzt, von allen respektiert und geehrt, in den wohlverdienten Ruhestand treten würde. Ich hatte keinen Grund, daran zu zweifeln, daß der Staat weiterhin für mich sorgen würde: Ich erhielt stets meinen monatlichen Scheck; Einkommensteuer und Sozialabgaben wurden automatisch abgezogen; und wenn es mir einmal nicht gutging, konnte ich mich jederzeit krankschreiben lassen. Ich hatte alles, was man sich wünschen konnte.

Ich hatte mein Leben lang alles gehabt, was ich brauchte. Ich war die Tochter eines Geistlichen, und es hatte mir stets Freude gemacht, am Sonntag in meinem Organdykleid, mit Ringen und Bändern geschmückt, in die Kirche zu gehen. In einem Pfarrhaus gab es immer etwas Aufregendes zu erleben: Taufen, Hochzeiten, Beerdigungen. Jeden Nachmittag stahl ich mich in die Kirche, versteckte mich unter einem Sitz und wartete auf den lieben Gott. Oft hörte ich ihn; aber ich konnte niemals schnell genug aus meinem Versteck hervorkriechen und ihm von Angesicht zu Angesicht gegenüberstehen. Eines Tages erklärte mir der Kirchendiener, das merkwürdige, quietschende Geräusch komme von den alten, durch die Sonne erwärmten Kirchenbänken, nicht von Gott. Von da an war es mit meinem Kinderglauben vorbei.

Ich studierte, heiratete und tauschte die Sicherheit und Geborgenheit meines Vaterhauses gegen die Sicherheit und Geborgenheit der Ehe ein. Ich glaubte weiterhin an Gott. Natürlich hatte ich auch einige unangenehme Erlebnisse, die mich aufwühlten; doch im großen und ganzen schien mein Leben in fest vorgezeichneten Bahnen abzulaufen.

Einmal war ich in einer kalten Winternacht allein in Toronto. Ich winkte mehreren vorbeifahrenden Taxis; doch keines hielt an. Ich war nicht energisch genug. Ich war im Laufe der Jahre so abhängig von meinem Mann geworden, daß ich nicht einmal mehr in der Lage war, allein ein Taxi anzuhalten! «Das ist ja grotesk», dachte ich. «Eine erwachsene Frau wie ich ist hilflos, sobald sie einmal allein ist.» Ich ging durch den Schnee in mein Hotel zurück, und unterwegs wurde mir klar, daß die «unangenehmen, aufwühlenden Erlebnisse» einen vulkanischen Donner in mir ausgelöst hatten. Ich wußte, daß ich herausfinden mußte, wer ich war, wenn ich keine der Stützen mehr hatte, die mir im Laufe der Jahre so selbstverständlich geworden waren. In diesem Augenblick beschloß ich, mir ein Flugticket nach Indien zu besorgen, und hoffte, daß ich Gott in einem Ashram in Pondicherry begegnen würde.

Sechs Monate später war ich in Neu-Delhi. Gott war zwar tatsächlich bei mir; doch er hatte etwas andere Vorstellungen als ich. In Indien, so stellte ich fest, war Gott eine Sie – von deren Existenz ich mir in den engen Grenzen meiner christlich-protestantischen Erziehung niemals hätte träumen lassen; eine Sie, die die Hand nach mir ausstreckte – aber nicht innerhalb der schützenden Wände des Ashram, sondern auf den Straßen, auf denen Armut, Krankheit und Liebe wucherten.

Zunächst blieb ich in Delhi und versuchte, mich in dieser mir völlig fremden Welt zurechtzufinden. Schon für einen kurzen Spaziergang mußte ich meinen ganzen Mut zusammennehmen. Der Schrecken trieb mich voran. Aus allen Richtungen streckten sich Hände nach mir aus – verkrüppelte Bettler, Strichjungen, die mir versicherten, nur Neger seien ihnen an Potenz überlegen, und zwei heimatlose kleine Kinder, die mich «adoptierten»: Jeden Morgen warteten sie am Hoteleingang auf mich; den ganzen Tag hängten sie sich an meine Rockschöße; jeden Abend mußte ich meinen Saum wieder festnähen. An ihren Erfahrungen gemessen, waren sie älter als ich. Sie waren daran gewöhnt, daß sich das ganze Leben auf der Straße abspielte – dort rasierten sich die Männer, dort versorgten die Frauen ihre Kinder, und Dreijährige schleppten sterbende Babys mit sich herum. Immer, wenn ich so etwas sah, wandte ich mich sofort ab; ich schämte mich, in die Privatwelt eines anderen Menschen einzudringen. In meiner Verwirrung stieß ich häufig mit Kühen zusammen oder trat in ihren Kot hinein. Menschen riefen mir am frühen Morgen «Guten Abend» zu, und ich antwortete «Guten Abend» – ich wußte, daß irgend etwas nicht stimmte. Allmählich nahm meine Erschöpfung zu; mein Ich konnte keine Entscheidungen mehr treffen, und ich geriet in merkwürdige Situationen. Ich erkannte, daß mein Schrecken den Tod um mich herum konstellierte.

Am sechsten Tag kamen die zwei kleinen Mädchen nicht an mein Hotel. Ich ging auf die Straße und sah eine Amerikanerin. Sie blieb direkt vor mir stehen.

«Sind Sie allein?» fragte sie mich ohne jede Begrüßung.

Ich öffnete den Mund, um «Ja» zu sagen; da gab irgend etwas in meinen Eingeweiden nach, und ich wurde bewußtlos. Als ich wieder zu mir kam, lag ich in ihrem Hotelzimmer.

«Sie leiden an einem Kulturschock», sagte sie. «Ich lebe schon seit zehn Jahren hier; ich erkenne die Symptome. Wir fahren jetzt in Ihr Hotel, pakken Ihren Koffer, und ich fahre Sie zum Flughafen. Sie müssen nach Hause. Jetzt gleich.»

«Das kann ich nicht», widersprach ich. «Ich kann nicht mit dieser Nie-

Jeden Morgen warteten die beiden kleinen Mädchen am Hoteleingang auf mich . . .

derlage leben. Sonst müßte ich wiederkommen und es noch einmal versuchen – und auch das geht über meine Kraft.»

«Sie können nicht hierbleiben», sagte die Frau. «Ein solcher Kulturschock ist sehr gefährlich. Selbst Angehörige des Friedenskorps bedrohen sich manchmal gegenseitig mit Messern, wenn sie ihn bekommen.»

Aber ich blieb. Die Worte meines liebsten Zen-Koan gaben mir die Kraft dazu:

Reite dein Pferd auf des Messers
Schneide
Verbirg dich inmitten
der Flammen
Die Blüten des Baumes erstehen
im Feuer
Die Sonne erhebt sich am Abend.

Indien war mein Feuer. Sicherlich hat es nicht für jedermann die gleiche Bedeutung. Jeder wird in sein eigenes Feuer geworfen; mein Feuer war dieses Zimmer im Ashoka-Hotel. Ich konnte niemanden anrufen, niemanden besuchen, nichts tun. Alle Fluchtmöglichkeiten waren mir verwehrt. Wenn ich in mich hineinschaute, wimmelte es in meiner Phantasie von furchterregenden Bildern; wenn ich hinausschaute, saßen Scharen von monsundurchnäßten Krähen auf meinem Balkon und krächzten: «Nie mehr.» Die Welt, in der ich bisher gelebt hatte, war für immer verschwunden. Ohne mir dessen bewußt zu sein, hatte ich mein früheres Wertsystem, meine sentimentalen Vorstellungen vom Leben und von der Liebe geopfert. Innerhalb eines Zeitraums von einer knappen Woche wurde ich gezwungen, mein Bedürfnis nach Kontrolle aufzugeben. Hier konnte ich nichts kontrollieren. Ich bewegte mich in einem scheinbaren Chaos, in dem bereits alles geschehen war, ehe ich Zeit hatte, mir Gedanken darüber zu machen, was möglicherweise geschehen könnte. Es gab nur zwei Möglichkeiten: Entweder mußte ich im Strom des Augenblicks mitfließen, mich einfach von ihm tragen lassen, oder ich konnte nicht überleben. Jeder Augenblick war neu und verlangte eine neue Reaktion. Es gab nichts, was meine bisherige Erfahrung von der Welt bestätigt hätte. Selbst in der Badewanne wimmelte es von Kakerlaken.

Ich erinnere mich noch daran, daß ich schließlich, von der Ruhr geschwächt, auf den Fliesenboden fiel. Wie lange ich dort lag, weiß ich nicht. Als ich wieder zum Bewußtsein kam, befand ich mich an der Decke; mein Geist blickte auf meinen mit getrocknetem Erbrochenem und Exkrementen verkrusteten Körper herab. Ich sah ihn hilflos daliegen und schließlich einen Atemzug tun. «Du arme Attrappe», dachte ich. «Weißt du denn nicht, daß du tot bist?» Und ich gab ihm im Geist einen Tritt. Doch plötzlich fiel mir mein kleiner Terrier ein. «Nicht einmal Duff würde ich so behandeln», dachte ich. «Ich würde einen Hund besser behandeln als meinen eigenen Körper. Was wird wohl aus ihm werden, wenn ich ihn hier liegenlasse? Wird man ihn verbrennen oder nach Hause schicken?» Ich war von der Tragweite der Entscheidung, die ich fällen mußte – ob ich meinen Körper dort liegen lassen oder wieder in ihn einkehren sollte – wie gelähmt; da sah ich ihn wieder einen Atemzug tun, und mich überkam Mitleid mit dieser lieben, armen Kreatur, die auf dem Boden lag und treu und geduldig auf meine Rückkehr wartete, treu einen Atemzug nach dem anderen tat. Er war voller Zuversicht, daß ich ihn nicht im Stich lassen würde. Er war mir treuer als ich ihm.

Ich hatte meinen Körper mein Leben lang gehaßt. Er war mir nicht schön genug, nicht schlank genug. Ich hatte ihm keine Ruhe gegönnt, hatte ihn ausgehungert und anschließend wieder gemästet. Ich hatte ihn verflucht und gerade eben sogar getreten; trotzdem war er immer noch da, versuchte zu atmen und war überzeugt davon, daß ich zurückkommen und ihn mitnehmen würde. Er war zu dumm, um zu sterben. Und ich wußte, daß die Entscheidung bei mir lag. Den größten Teil meines Lebens hatte ich außerhalb meines Körpers verbracht, meine Energie war von meinen Gefühlen getrennt gewesen – außer wenn ich tanzte. Nun mußte ich mich entscheiden: entweder in meinen Körper zurückkehren und mein Leben als menschliches Wesen fortsetzen, oder mich in das hinauszuwagen, was ich mir als die Freiheit vorstellte. Ich sah meinen Körper wieder einatmen, und es lag etwas so unendlich Unschuldiges und Vertrauensvolles, etwas so köstlich Vertrautes in dieser Bewegung, daß ich mich entschloß, von der Decke herabzusteigen und in den Körper einzukehren. Gemeinsam schleppten wir uns zu dem kleinen Bett hin. Ich tat mein Bestes, um dem Körper ein wenig zu helfen. Mir war, als hörte ich ihn flüstern: «Ruh' dich aus, verwirrter, gequälter Geist, komm' zur Ruhe.» Ich blieb etwa drei Tage lang in dem Mutterleib meines Zimmers im Ashoka-Hotel.

Ich hatte nach langer Überlegung zwei Bücher ausgewählt, die ich mit mir auf die Reise nehmen wollte – das Neue Testament und Shakespeares Sonette. Diese Bücher und mein Paß waren mein einziger Lesestoff. Die Feuerknoten in meiner Brust lösten sich, als ich im Bett lag und meinen Paß las. Bei diesem Abstieg in die Hölle war die Gewißheit, daß ich einen Namen hatte, für mich ungeheuer wichtig. Noch wichtiger war es, die Bilder und Rhythmen der Prosa und der Gedichte, die ich so sehr liebte, zu sehen und zu hören. Sie schwangen mit mir und überwanden die Angst. Eines Tages, als ich laut las, hörte ich einen Satz, den ich kannte und der mir diesmal doch anders in den Ohren klang: «Und ist der Tod tot, gibt es auch kein Sterben.» Ich wußte, daß meine Angst vor dem Tod gestorben war. Ich war in meinen Körper eingekehrt und lebte mein Leben; und wenn diese Tage und Nächte im Ashoka-Hotel auch merkwürdig gewesen waren, so waren sie doch Wirklichkeit. Paradoxerweise hatte ich nun, da ich mein Leben gefunden hatte, die Freiheit, es wieder zu verlieren. Was das Schicksal mir in Zukunft auch bringen würde, ich konnte es akzeptieren. Zum erstenmal in meinem Leben spürte ich, wie mein eigenes Skelett stolz mein Fleisch aufrecht hielt, und in der Einmaligkeit meines Seins ging ich die Treppe hinunter in die Hotelhalle.

Ich setzte mich ans eine Ende einer Couch und begann einen Brief zu schreiben. Eine große Inderin in einem goldgeschmückten Sari setzte sich dicht neben mich. Ihr dicker Arm war weich und warm. Ich rückte ein wenig ab, um Platz zum Schreiben zu haben. Sie kuschelte sich an mich heran. Ich rückte wieder ab; sie rückte mir nach und lächelte. Ich lächelte zurück. Sie lächelte wieder. Sie sprach nicht Englisch. Als ich meinen Brief beendet hatte, saßen wir beide am anderen Ende der Couch, und ihr Körper schmiegte sich eng an mich. Am nächsten Tag – ich hatte immer noch Angst davor, nach draußen zu gehen – kam ich wieder in die Hotelhalle. Wieder erschien die würdevolle indische Dame; und wieder begann das gleiche Spiel. Das ging mehrere Tage so. Als ich eines Tages fortgehen wollte, kam ein Inder auf mich zu.

«Jetzt sind Sie wieder in Ordnung», sagte er.

«Wie meinen Sie das?» fragte ich, erschrocken über seine Vertraulichkeit.

«Sie lagen im Sterben», sagte er. «Um sie war die Einsamkeit des Sterbens. Deshalb habe ich meine Frau herübergeschickt und sie gebeten, sich neben Sie zu setzten. Ich wußte, daß die Wärme ihres Körpers Sie ins Leben zurückholen würde. Jetzt braucht sie nicht mehr zu kommen.»

Ich bedankte mich bei ihm und bei der Frau, und sie verschwanden durch die Tür – zwei völlig fremde Menschen, die intuitiv den Hilferuf meiner Seele gehört hatten, als ich nicht in der Lage war, hilfesuchend meine Arme auszustrecken. Ihre Liebe hatte mich in die Welt zurückgeholt.

Nun, da ich in meinen Körper eingekehrt war und mich gleichzeitig meinem Schicksal hingegeben hatte, erlebte ich die Freude und den Schmerz des Lebens im Fleisch. Ich war wie ein neugeborenes Baby, das versuchte, alle seine fünf Sinne auf einmal kennenzulernen. Der Duft des Jasmin vermischte sich mit dem Gestank von Urin, ich sah leuchtend rote Seide und gleichzeitig die Fliegen in den Augen eines Babys. Die süßen Klänge einer Sitar in einer Sommernacht gingen in das Geheul eines geschlagenen Hundes über – exotische Farben, Klänge und Gerüche, fremd und unergründlich. Doch jetzt war ich nicht mehr das Opfer dieser Erfahrungen. Ich fühlte mich nicht mehr psychisch vergewaltigt oder in Lebensgefahr. Ich nahm mit offenem Herzen am Leben teil, war hingerissen von den Eindrücken, Klängen und Gerüchen dieser außergewöhnlich paradoxen Welt.

Eines Tages saß ich in einem heruntergekommenen, alten Taxi und versuchte dem halb italienischen, halb indischen Fahrer begreiflich zu machen, daß ich *nicht* nach Indien gekommen war, um die Freuden des Kamasutra zu genießen. Wir waren auf dem Weg zu den Höhlen – zumindest hoffte ich das. Das rätselhafte Lächeln des Fahrers, die schmale Straße und die unermeßlich weiten Felder rechts und links ließen mich daran zweifeln. Plötzlich sah ich einen Hund mit einem kanariengelben Auge. Ein paar Minuten später erblickte ich eine Kuh mit türkisfarbenen Hörnern. «Wahrscheinlich bin ich etwas übermüdet», dachte ich. Dann sah ich einen Elefanten, größer als das Taxi und durchscheinend rosa. Der Fahrer war gar nicht überrascht; er schien das alles selbstverständlich zu finden. Wahrscheinlich überlegte er sich gerade, wie er mich dazu bewegen konnte, mich neben ihn auf den Beifahrersitz zu setzen.

«War der Elefant rosa?» fragte ich schließlich.

«Ja», sagte er mit der allergrößten Selbstverständlichkeit – als seien alle Elefanten rosa.

«Und hatte diese Kuh wirklich türkisfarbene Hörner?»

«Ja.»

«Und der Hund hatte ein gelbes Auge?»

«Ja! Heute ist Krischnas Geburtstag», erklärte er. «Wir feiern ihn. Möchten Sie mitkommen?»

Zufällig war an diesem Tag auch mein Geburtstag; daher sagte ich, ohne weiter darüber nachzudenken: «Ja.»

Sofort lenkte er das Taxi in den Straßengraben und quer über die Felder. Während der Fahrt sang er die ganze Zeit. Schließlich hielt er an. Sofort war unser Auto von Männern umringt. Einer öffnete die Tür und forderte mich mit einer Geste auf, auszusteigen. Kaum hatte ich meinen Fuß auf den Boden gesetzt, streckten sich acht Hände nach mir aus und nahmen mir meine Sandalen, meinen Geldbeutel, meine Kamera und meinen Gürtel ab. Der Fahrer war nirgends zu sehen. Ich blickte in die undurchdringlichen Gesichter von mindestens zwanzig Männern, die mich ebenso gespannt und unverwandt anschauten wie ich sie.

Man hatte mir erzählt, daß es in Indien immer noch Menschenopfer gab. Ich hätte nie gedacht, daß ich auf diese Weise sterben würde, ging es mir durch den Kopf. Plötzlich verbeugten sich die Männer alle tief vor mir; grüne Augen und feurige schwarze Augen blickten in schweigender Konzentration ineinander. Trotz meiner Besorgnis wegen des Menschenopfers spürte ich ihre Ehrfurcht. Sie verehrten nicht mich, sondern jemanden, den ich repräsentierte. «Ich muß sterben, ich muß sterben», dachte ich. «Aber es ist eine interessante Situation. Ich werde durchhalten und nicht in Ohnmacht fallen, sondern alles bis zum Schluß bei vollem Bewußtsein miterleben.»

Sie hoben mich über ihre Köpfe, trugen mich singend zu einem Altar und legten mich auf den Boden. Ich war inzwischen überzeugt davon, daß sie mich opfern wollten, war tot und gleichzeitig hellwach. Furcht empfand ich nicht; darüber war ich hinaus. Eine mächtige Energie sprang von den Männern auf mich über – eine Mischung aus Liebe und Ehrfurcht. Ein singender Mann, der ein Priester zu sein schien, steckte mir Gras in den Mund, blickte auf mich herab und betete. Dann hoben die

Die Weisheit (Sophia) spricht: «Dann war ich bei ihm *wie* eine, die *zusammen mit ihm* aufgezogen wurde.» (Ausschnitt aus der *Erschaffung Adams* von Michelangelo; Vatikan, Sixtinische Kapelle)

Männer mich wieder auf, legten mich auf den Altar und tanzten singend langsam um mich herum.

Verletzlich und allein, dem Geschehen völlig ausgeliefert lag ich da. Ich wußte, daß es nicht mein Wille und nicht meine Liebe, sondern Ihr Wille, Ihre Liebe war – daß mein Leben eine Bedeutung hatte, die unendlich weit über das hinausging, was ich mir vorzustellen vermochte, und daß mein zarter Körper in all seiner Häßlichkeit und Schönheit der Tempel war, durch den ich Sie auf dieser Erde kennengelernt hatte. Durch die dunklen Arme der fremden Männer auf jenem staubigen Feld in Indien streckte Sophia ihre Arme nach mir aus. In jenem ewigen Augenblick vernahm ich ihr großes ICH BIN.

Wieder verneigten sich die Männer vor mir. Sie trugen mich von dem heiligen Ort fort und gaben mir meine Ledersandalen, meine Kamera, meinen Geldbeutel und meinen Gürtel wieder. Der Taxifahrer kam wieder, lächelte nonchalant, und wir fuhren über die holprigen Felder zur Straße zurück.

Diese Initiationsriten mögen manchem extrem erscheinen; doch ich hatte während der ganzen Zeit das Gefühl, am richtigen Ort zu sein. Ich wußte, daß etwas verbrannt wurde, was verbrannt werden mußte, wenn ich mein Leben leben wollte. Ich wußte, daß der Schmerz *mein* Schmerz war. Ich hatte keine Ahnung, was das alles bedeutete; aber ich wußte, daß es sein mußte. Ich wußte, daß ich mein Schicksal auslebte.

Dieses Schicksal hatte irgend etwas mit meiner immer wiederkehrenden Kindheitsvision von drei Hereford-Kühen zu tun, die stets auftauchten, wenn ich Angst hatte – drei Kühe mit krauser Kopfbehaarung, langen Hörnern und Augen, die wie friedliche braune Teiche wirkten, immer kauend, immer aufmerksam beobachtend. Solange diese Tiere da waren, war ich in Sicherheit. Nun, da ich vor kurzem in meinen animalischen Körper eingekehrt war, empfand ich das Gras, das mir während des Krischna-Rituals in den Mund gesteckt wurde, als heiliges Gras; und mein Körper war der Körper einer Kuhmagd – das Gefäß, durch das die Liebe der Braut Krischnas fließen konnte. Der Gegensatz zwischen Tierischem und Göttlichem war aufgehoben.

Irgendwie spielten diese Kühe eine entscheidende Rolle bei dem, was ich in Indien erlebte. Als die Grenzen der mir bekannten Realität vom Unwirklichen bedroht wurden, stieß ich häufig mitten auf einer Straße mit einer Kuh zusammen. Ich war es gewohnt, in Kuhaugen zu blicken; doch das Kuhfell an meinem Körper zu spüren, war für mich eine neue Erfahrung – und diese merkwürdige Mischung aus Vertrautem und Unbekanntem brachte mich stets zum Lachen. Zwei Welten waren aufeinandergeprallt und eins geworden. Victor Turners Erläuterung des Phänomens Spiel half mir dabei zu verstehen, was mich damals in Indien rettete und was mich eine neue Ebene der Wahrnehmung erreichen ließ.

> Der Spieltrieb ist eine flüchtige, manchmal gefährlich explosive Essenz, die die kulturellen Institutionen in bestimmte, genau festgelegte Bahnen zu lenken versuchen: Wettspiele, Glücksspiele, Kraftproben ... Beim Spielen kann eine bestimmte Situation simuliert werden, wie beispielsweise im Theater, oder man kann einen Zustand genau gesteuerter und kontrollierter Desorientierung schaffen, zum Beispiel durch Achterbahnfahrten und Derwischtänze ... Man könnte das Spiel als gefährlich bezeichnen, weil es das regelmäßige Hin- und Herschalten zwischen der linken und der rechten Hemisphäre, das erforderlich ist, um die soziale Ordnung aufrechtzuerhalten, unterminieren kann ... Doch obwohl das Rad des Spiels sich scheinbar «wie verrückt» dreht und alles zweifelhaft erscheinen läßt, enthüllt es uns ... die Möglichkeit, unsere Ziele zu ändern und das, was unsere Kultur als Realität bezeichnet, umzustrukturieren.

Vielleicht haben Sie aus meinen bisherigen Ausführungen schon entnommen, daß das Spiel für mich eine Grenzerfahrung ist.... Es hat eine gefährliche Harmlosigkeit, denn es kennt keine Furcht. Sein leichter, flüchtiger Charakter schützt es. Es hat die Kraft des Schwachen, eine kindliche Verwegenheit, die dem Starken trotzt.

Das Spiel ist ein Skeptiker, der mit leichten Flügeln dahinschwebt, die Dinge mit leichtem Finger berührt – ein Kobold zwischen der Tageswelt des Theseus und der Nachtwelt Oberons, der die geheiligten Glaubensvorstellungen beider Hemisphären, beider Welten in Frage stellt. Dem Spiel ist nichts heilig; es kennt keine Ehrfurcht, und seine scheinbare Belanglosigkeit, sein Clownskostüm schützt es vor der Welt der Machtkämpfe.[1]

Ich trug ein solches Clownskostüm, weil ich außerhalb der indischen Kultur stand. Ich blickte aus einer gewissen Distanz auf Indien und auf mich selbst in diesem fremden Land. Als ich mich von meiner Angst befreite, war ich losgelöst, distanziert und hatte die Freiheit, zu spielen – jenes Spiel, das sich aus der totalen, widerstandslosen Konzentration ergibt, intensiv, aber in keiner Weise angespannt. Und ebenso wie der archetypische Clown lebte ich das Schwarz und Weiß, die Tragödie und die Komödie, vermittelte urteilsfrei zwischen diesen beiden Bereichen und ging gleichzeitig über sie hinaus.

Ich wollte, ich könnte von mir behaupten, daß ich in Indien die drei Phasen Einschließung, Verwandlung und Austritt – also eine vollständige Initiation – durchlaufen habe und triumphierend nach Kanada zurückgekehrt bin, eine völlig verwandelte Frau, die sich von den bürgerlichen Fesseln befreit und nun endlich die Möglichkeit hatte, zu SEIN. Doch so war es leider nicht. Im Märchen besteht die gefährlichste Aufgabe darin, den Schatz aus der Unterwelt ins Leben zurückzubringen. Als ich auf dem Flughafen von Amsterdam ankam, erschreckte der Lärm mich so sehr, daß ich mich niedersetzen mußte. In meinem benommenen Zustand erblickte ich eine Frau in Stiefeln mit gelblichblondem Haar, rotem Lippenstift und türkisfarbenem Lidschatten, und ich dachte: «Sie geht sicherlich auch zu Krischnas Geburtstagsfeier.» Das war der Beginn jenes Zusammenstoßes, der mich zwei Jahre später dazu zwang, mich einer Analyse zu unterziehen.

* * *

Mein kluger, alter irischer Analytiker Dr. E. A. Bennet fragte mich in jeder Sitzung: «Warum sind Sie nach Indien gereist?»

Und immer, wenn ich es ihm zu erklären versuchte, nickte er schwei-

Silberne Figur aus Südwestpersien. (Protoelamische Periode, ca. 2900 v. Chr.)

gend mit dem Kopf. Ich wußte, daß meine Antwort nicht befriedigend war. Schließlich sagte ich verzweifelt zu ihm: «Ich glaube, Sie werden allmählich senil, Dr. Bennet. Immer, wenn ich komme, stellen Sie mir die gleiche Frage.» «Und jedesmal haben Sie mir eine andere Antwort gegeben», erwiderte er. Dann lehnte er sich in seinem Sessel zurück und erzählte mir eine Geschichte. «Als ich Brigadegeneral in der Armee in Indien war», sagte er, «hatten wir mit einigen Soldaten große Schwierigkeiten. Sie wollten nicht kämpfen. Sie streuten sich Samenkörner in die Augen, von denen sie blind wurden; und dann wurden sie nach Hause geschickt. Es war ihnen lieber, blind nach Hause zurückzukehren als zu kämpfen. Denken Sie einmal darüber nach.»

Ich tue seit sechzehn Jahren nichts anderes, als Samenkörner aus meinen Augen zu holen, und ich bin noch lange nicht damit fertig. Die Integration einer Initiation kann zu einer Lebensaufgabe werden. Der größte Teil dieses Prozesses bleibt das Geheimnis des Individuums; einige Aspekte jedoch gehören zu der Weltseele, die danach strebt, in jedem einzelnen von uns bewußt zu werden.

Die Vorstellungen, die mich nach Indien lockten, waren eine Illusion; der eigentliche Grund für meine Reise dagegen war etwas sehr Reales. Es war nichts anderes als eine Reise in mein eigenes Indien, in meine eigene dunkle Unterwelt. Die Menschen leben ausschließlich in der Welt, die ihnen von klein auf vertraut ist – Geburt, Paarung und Tod –, ebenso wie Wale nur das Meer kennen und vom Leben an Land nichts ahnen. Wenn sie nicht brutal aus dem Meer herausgerissen werden, wissen sie gar nicht, daß sie sich im Meer befinden und was das Meer überhaupt ist. Indien hat mein Leben in zwei Teile geteilt. Ehe ich dorthin reiste, sah ich *mit* meinen Augen; nach meiner Rückkehr sah ich *durch* meine Augen. Meine naive Persephone, die in der Geborgenheit von Mutter Kirche, Mutter Gesellschaft und Mutter Schule gelebt hatte, hörte endlich die Frage, die sich von ihren Lippen ablöste: «Wer bin ich?» Ich hatte mich von einem romantischen Traum vom Orient gefangennehmen lassen und mich auf eine sentimentale Suche nach etwas begeben, was in Wirklichkeit nur eine Parodie der Mondgöttin war. Es folgte die unvermeidliche psychische Vergewaltigung in den Straßen Indiens, in denen es vor Leben wimmelte und wo an jeder Ecke der Tod lauerte. Der Boden unter meinen Füßen öffnete sich. Was anfangs nur eine rein intellektuelle Frage gewesen war, wurde rasch zu einer wirklichen Frage, als ich eingestehen mußte: «Ja, ich bin allein.»

Das Schwert, das diese Amerikanerin mir mit dem Wort *allein* ins Herz stieß, tötete das abhängige Kind und öffnete die Tür für die Geburt der Frau. Ich konnte mich nicht mehr in den tröstlichen Bildern ausruhen, die andere Menschen von mir hatten: die Tochter eines Pfarrers, die Frau eines Professors, eine Dozentin an der Universität. Ich war nicht mehr in meinem kleinlichen Wunsch befangen, schlank zu sein; ich stieg nicht mehr jeden Morgen auf die Waage und maß den Erfolg meines Lebens nicht mehr daran, ob ich ein paar Gramm ab- oder zugenommen hatte. Ich konnte mir nicht mehr einreden, daß das Leben meinen Wünschen entsprechen würde, wenn ich nur diesen Körper gegen einen anderen eintauschen oder so tun könnte, als existiere er gar nicht. Früher hatte ich immer gedacht: Wenn ich doch nur diesen gefräßigen, robusten, feurigen Feind loswerden könnte, den ich mit mir herumschleppen muß! Diese Illusion hatte mich davor bewahrt, meiner Identität ins Auge zu sehen und darüber nachzudenken, was ich mit meinem Leben anfangen sollte. Meine Phantasievorstellung von der Flucht in einen Tod, der alle Probleme lösen würde, war dahin – ebenso wie die Illusion, ich hielte mein Schicksal selbst in der Hand. Auch an die falschen Bilder, die ich mir von meinen Eltern gemacht hatte, glaubte ich nun nicht mehr – Bilder, die ich als Kind geschaffen und stets für alles verantwortlich gemacht hatte, was mit mir geschah oder nicht geschah. Nun, da ich meiner steinernen Götzen beraubt war, konnte ich verzeihen.

Auch die romantische Träumerin, die sich mit Hilfe der Sprache ihre Phantasiewelt geschaffen hatte, war gestorben. Solange ich ausschließlich in meinem Geist gelebt hatte, war ich in der Lage gewesen, das Geheimnis meiner Realität in meinem Körper begraben ruhen zu lassen. Da ich Körper und Seele nie differenziert hatte, war ich meiner eigenen Leere entflohen, indem ich aß oder nicht aß – ich hatte die tatsächliche Welt und die bildliche Welt miteinander verwechselt. Als ich dann mit dem wirklichen Tod konfrontiert wurde, mußte ich mich entscheiden. Wollte ich sterben oder am Leben bleiben? Entweder mußte ich meine Menschlichkeit akzeptieren, meine Seele in meinem Körper lieben und ins Leben einkehren, oder ich mußte mein menschliches Schicksal ablehnen, dem Geist folgen und sterben. Ich hatte gelernt, die Worte der Inder mit meinem Herzen zu hören, ohne ihre Sprache zu verstehen – und ich wußte, daß sie mich auf die gleiche Weise hörten und verstanden. Dieses große Geschenk Indiens – das Schweigen – lehrte mich, meine Seele zu hören.

Zunächst mußte ich meinem eigenen Haß ins Auge sehen; und bei dieser Konfrontation floß das Opferblut. Das Blut, das *allein* in die Welt hinausspritzte, öffnete mein Herz für das treue Wesen, das ich allein auf dem Boden zurückgelassen hatte, dessen Treue meinen Haß in Scham verwandelte. Durch die in meinem kleinen Terrier Duff personifizierte Liebe, die auf mein instinktives Sein überströmte, wurde mein weibliches Selbst wiedergeboren; und sie erkannte, daß sie ihren Körper nicht mehr länger treten und mißhandeln konnte. Solange sie als menschliches Wesen auf der Erde lebte, war dieser Körper ihre Heimat. Die Seele, die in diesem verlassenen und elenden Zustand auf dem Boden lag und hilfesuchend zu ihr emporschrie, war *ihre* Seele, der Kern ihres Seins im Zentrum der Materie. Sie bettelte darum, wieder in Besitz genommen zu werden, wachsen und Ausdruck finden zu dürfen.

Als es keine Mutter mehr gab, die sich um mich kümmern konnte, übernahm eine andere MUTTER diese Aufgabe; und diese Mutter hatte Mitleid mit der treuen Kreatur, die mich schweigend mit vertrauensvoller Hingabe liebte und die ich verraten hatte. Ich weinte und taufte mein Übel um; jetzt empfand ich es als das Beste in mir. Ich wusch das getrocknete Erbrochene aus dem Haar und die Exkremente von den Gliedern meines Körpers ab. Indien hatte mich gezwungen, in das schreckliche Gesicht der Göttin zu schauen; und dieser Blick hatte mich mit einer tiefreichenden Ebene des Liebens in Berührung gebracht. Statt blind dafür zu werden, was es bedeutet, ein Mensch zu sein, statt vor dem Schmutz, der Armut und dem Schmerz auf der Straße zurückzuschaudern, konnte ich nun den Schrecken miterleben und gleichzeitig die Würde der Seele lieben, die sich ans Leben klammerte. Die Rose in meinem Herzen begann sich zu öffnen. Das Wort, das vorher nur ein Wort in meinem Kopf gewesen war, wurde Fleisch.

Dieses Fleisch war ebenso metaphysisch wie der Geist. Als es in seinem Kokon ruhte, fiel es in seine Symbolwelt zurück und schwang mit deren Bildern und vibrierenden Tönen. Körper, Seele und Geist wurden gemeinsam ins Feuer geworfen und verbanden sich dort wieder mit der inneren Reise. Die verwandelnden Bilder formten mein Leben, machten mich zu dem Menschen, der ich bin. Ohne sie sprach zwar meine Zunge; doch meine Worte waren nicht echt, nicht wirklich.

Was ich in Indien entdeckte, war eine Seele, die niemals den Kontakt zu Sophia verloren hatte, niemals vergessen hatte, was Stille ist, der der Rhythmus des langsamen, unwiderruflichen Herzschlags der Erde stets in Erinnerung geblieben war. Indien lebt in der Göttin, so wie ich als Kind in Ihr gelebt hatte und wie jedes Kind in Ihr lebt: mit Tautropfen benetzte Frösche, Körper, die auf den Ghats von Benares brennen, Schmetterlinge an einer Küchengardine, Kerzen, die die Zeit stillstehen lassen. Ihre Verspieltheit, Ihre Distanz, Ihr Zorn, Ihre Liebe zu allen Dingen, Ihre von Leben überströmende jungfräuliche Welt, die die Samen aller Möglichkeiten in sich trägt – all das hatte ich als Kind akzeptiert. Ich sah den Schmetterling, der ich einst gewesen war und der zur Mittagsstunde meiner Phantasie und Ihrer Liebe von Blüte zu Blüte getanzt war – dieser Schmetterling besaß niemanden und wurde auch von niemandem besessen. Ich sah, wie sich dieses geflügelte Wesen in eine Raupe verwandelte, auf der Pflicht und Verantwortung lasteten und die sich kaum mehr daran erinnern konnte, daß sie eigentlich dafür geschaffen war, Flügel zu tragen. Langsam und fast unmerklich kam der Winter, und irgendein innerer Kompaß zog sie nach Osten. Dort entfloh der Schmetterling vorzeitig aus der Raupenexistenz, schaute von der Decke des Ashoka-Hotels herab auf die sterbende Raupe und hatte Mitleid mit ihr.

Sechzehn Jahre lang hatte sie der Raupe erklärt, warum sie eine Raupe war; und nun, da die Raupe das Geheimnis zu verstehen beginnt, hat sie die Freiheit, sich in einen Schmetterling zu verwandeln. Sie weiß, was es bedeutet,

an unseren Ausgangspunkt [zu] gelangen
und zum ersten Mal den Ort wahrhaft [zu] erkennen.
Durch das unbekannte, erinnerte Tor,
wenn das letzte Stück Erde, das zu entdecken bleibt,
jenes ist, das am Anfang da war;
an der Quelle des längsten Stromes
die Stimme des verborgenen Wasserfalls,
und im Geäst des Apfelbaums die Kinder,
unerkannt, weil wir sie nicht suchen,
aber hörbar, erraten, in der Stille
zwischen zwei Wellen der See.
Rasch nun, hier, jetzt, immer –
ein Zustand vollkommener Einfachheit
(der nicht weniger fordert als alles) . . .[2]

Wer wurde aus dieser Vereinigung von Gegensätzen, aus dieser Vereinigung von Bewußtsein und Unbewußtem, Geist und Materie geboren? Sechzehn Jahre lang ging ich mit mir selbst schwanger. Folgender Traum war der Beginn meiner Reise durch den Geburtskanal.

Ich stehe barfuß im Sand einer Wüste in Indien und trage ein pfirsichfarbenes Chiffonkleid und einen Schleier. Es ist Mittag. Auf einem hölzernen Gerüst steht etwas, was wie eine alte astrologische Uhr aussieht. Ihre Achse hat ein Loch, das tief in den Boden hinabreicht. Ihr Umfang wird von zwei großen Rädern markiert; das eine ist rot und golden, das andere blau und silbern. Das rote Rad dreht sich innen im Uhrzeigersinn; das größere blaue Rad dreht sich außen gegen den Uhrzeigersinn. Die Häuser des Tierkreises sind deutlich in den Sand eingezeichnet. Neben dem roten Rad steht ein Mann, der mich liebt und den ich liebe; das rote Rad ist seines, mir gehört das blaue. In den ersten beiden astrologischen Häusern wachsen grüne Blätter.

Ich habe die Aufgabe, zwischen den Speichen der Räder zu tanzen, was gefährlich ist, denn von der Achse in der Mitte gehen scharfe Messer aus. Ich muß so lange tanzen, bis die Räder sich synchron bewegen. Außenherum stehen viele singende Eingeborene und warten darauf, die Tonart ihres Gesanges mit der Sphärenmusik in Einklang zu bringen, während die Räder sich bewegen. Dann setzt die Musik ein. Ich tanze zuerst sehr vorsichtig. Dann wird mein Körper zur Musik. Ich habe keine Angst mehr vor den Messern. Ich tanze nicht mehr selbst – ich werde getanzt. Plötzlich wechseln die Eingeborenen alle gleichzeitig in eine andere Tonart über, und Musik erfüllt den Himmel. Die Räder drehen sich. Im dritten Haus des Tierkreises entsteht eine Quelle, und grüne Triebe beginnen aus dem Boden zu schießen. Ich bleibe direkt vor dem Mann stehen. Er nimmt mir den Schleier ab und sagt: «Jetzt kenne ich deinen Namen.»

Die erste Versuchung von William Blake. (Fitzwilliam Museum, Cambridge)

Da klingelte das Telefon, und ich wachte auf. Zunächst fühlte ich mich um etwas betrogen, weil ich meinen Namen nicht mehr erfahren hatte; doch dann hatte ich das Gefühl, wenn ich ihn erfahren hätte, wäre ich gestorben. Ich wußte, daß die Zeit dafür noch nicht reif war. Erst mußten noch ein paar Schleier gelüftet werden.

Dieser Traum war ein großes Geschenk für mich, den ich unbedingt mit jemandem teilen mußte. Indien, das den größten Teil meines Lebens eine Insel in meiner Psyche gewesen war, schloß sich nun ans Festland an, ja, es wurde sogar zu einem Mandala im Zentrum. Dieses Bild aus dem kollektiven Unbewußten rückt die Erfahrung auf persönlicher und überpersönlicher Ebene in die richtige Perspektive. Nur wenn das Persönliche vom Überpersönlichen durchdrungen wird, hat es kulturelle Relevanz. Sicherlich war es ein intuitiver Traum, der nicht in die Richtung wies, in der die Energie sich gerade befand, sondern in die Richtung, in die sie strebte.

Der Traum spielte in einer Wüste. Im biblischen Sinn ist die Wüste ein Kokon – eine riesige Fläche, auf der ein Übergang, eine Umwälzung stattfindet. Vierzig Jahre brauchten Moses und die Israeliten, um die Wüste zu durchqueren; vierzig Tage lang war Jesus in der Wildnis allein. Das alte Leben gehörte der Vergangenheit an; das neue hatte noch nicht begonnen; dazwischen lag die Verwirrung, die Erschütterung, die die geistigen Tiefen aufschloß. Aus der Wüste wird die neue Ordnung geboren, in der man die wirklichen Gefühle und die wirklichen Werte erkennt.

Wenn man allein in einer Landschaft ohne jegliche Wegmarkierung umherwandert, sieht man häufig eine Fata Morgana vor sich – eine Vision dessen, was vielleicht weit hinter dem Horizont liegt. Anfangs kann man sich an die Träume in der Wüste beim Erwachen nicht mehr erinnern, dann werden sie «unverständlich», weil ihre Inhalte so neu sind. Sie kündigen an, was geschehen könnte, was für ein Mensch der Träumende im Grunde seines Wesens ist – und was für ein Mensch er vielleicht eines Tages werden wird. Dieses Wissen ist dem Wanderer zu diesem Zeitpunkt noch so fremd und unbegreiflich, daß er nur sagen kann: «Obwohl in meinem bewußten Leben nur Chaos zu herrschen scheint, weiß ich, daß das, was unterschwellig geschieht, eine sinnvolle Ordnung hat. Ich muß nur darauf warten.» Die Angst, die man in der Wüste empfindet, rührt von der Furcht vor dem Selbstbetrug her. Was soll ich tun, wenn in Wirklichkeit gar nichts da ist – wenn das alles nur eine Fata Morgana ist? Wenn alles, was ich vor meinem geistigen Auge sehe, nur eine Verlockung des Teufels ist? Was fange ich an, wenn meine Füße so verbrannt sind, daß ich nicht mehr weitergehen kann? Doch allmählich verändert sich die Wahrnehmung; allmählich werden die Andeutungen konkret. Die vierzig Jahre oder vierzig Tage sind vorüber. Dann besteht die Aufgabe des Ich darin, das, was in der Wüste enthüllt wurde, in die tagtägliche Realität einzubringen – den Schatz sicher nach Hause zu befördern. Wenn man die innere und die äußere Welt miteinander in Einklang bringt, lebt man sein Schicksal aus.

Das Traumbild hallt ständig in sich selbst wider – die Vereinigung von Männlichem und Weiblichem, Gold und Silber, Geist und Materie, Westen und Osten, Yang und Yin. Ebenso wie der Initiand der primitiven Stämme muß die Tänzerin in die kosmische Arena treten, und durch ihre Verbindung mit ihren inneren Wurzeln wird sie mit dem «Wasser des Lebens» in Berührung kommen, das «den kosmischen Baum» ernährt (siehe oben, Seite 24). Ob Vegetation in der Einöde gedeihen kann, hängt von der weiblichen Fähigkeit ab, die persönliche Furcht zu überwinden und sich für die inneren Quellen zu öffnen. Sie muß warten, bis die bewußte Energie – frei von der Angst vor Speichen und Messern – mit ihrer unbewußten Quelle schwingt und beide vom Selbst ernährt und geleitet werden. Auf unpersönlicher Ebene bewegt sich die Energie vertikal von oben und horizontal vom Loch in der Achse aus; auf persönlicher Ebene bewegt sie sich in der Eros-Beziehung zwischen ihr und dem Mann. Er zieht letzten Endes den Schleier beiseite und verbindet sie dadurch mit sich selbst, mit der Welt und der umfassenderen Bedeutung des Tanzes. Der Rythmus synchronisiert sich zwischen den beiden Dimensionen, der persönlichen und der unpersönlichen. Ihr tanzender Körper wird zur zentralen Achse zwischen Himmel und Erde. Aus dieser Vereinigung entsteht die Schöpfung. Wie in jedem wahren Ritual bewegt sich der Körper von seinem archetypischen Zentrum aus. Er tanzt nicht mehr – er wird getanzt.

Die beiden Räder bilden ein doppeltes Mandala. In diesem Traum symbolisieren die Farben Blau und Silber die weibliche Seele, und die Farben Rot und Gold symbolisieren den männlichen Geist. Beide haben ihr Zentrum in der Achse, deren Loch tief in die Erde hinabreicht. In der Alchemie ist das *spiraculum aeternitatis* «ein Luftloch, durch das der Atem der Ewigkeit in unsere flüchtige, zeitgebundene Welt einströmt.»[3]

Der Punkt, an dem diese beiden Welten aufeinandertreffen, ist ein Vakuum, wo der persönliche Bereich der Psyche das Ewige, das kollektive Unbewußte berührt. Das ist der Ort der Verkündigung, wo der Atem des Geistes in die Seele strömt. Bei einem solchen Aufeinandertreffen (der Schwängerung der Jungfrau, dem «Punkt, wo Zeitloses mit Zeit sich schneidet»; siehe oben, Seite 99) wird das Ich aus den engen Grenzen seines irdischen, vorübergehenden Käfigs befreit und darf einen flüchtigen Blick in die ewige Wirklichkeit werfen.

Im Mittelalter war die Anima ein Bild für dieses «Fenster zur Ewigkeit» oder «Fenster der Flucht» – oder die Materie als Anima, die damals mit der Jungfrau Maria identifiziert wurde.[4] So waren zum Beispiel die runden Kirchenfenster aus buntem Glas die großen Rosen der Jungfrau, durch die das Licht des Geistes in die Kathedrale schien. Im Traum einer modernen Frau des zwanzigsten Jahrhunderts tauchte ein anderes Bild auf: Hier manifestiert sich der Geist in neuem Leben durch das psychisch bewußte Weibliche im Mann und in der Frau. Ebenso wie das ewige Korn in Eleusis waren die Samen der Wüste tot und sind jetzt wieder lebendig, und die Menschen, die an diesem Mysterium teilnehmen, erkennen das neue Leben und reagieren darauf, indem sie in einer anderen Tonart weitersingen. In das dritte Haus – das im astrologischen Sinn das Haus der Kommunikation ist – kehrt neues Leben ein; vielleicht eine neue Verständigung zwischen Männlichem und Weiblichem, Geist und Seele, Westen und Osten. Alle Bilder des Traums tragen zu dem Eindruck dessen bei, was die Alchemisten *unus mundus* nannten – eine einzige Realität, die den physischen und den psychischen Bereich umfaßt, eine Vision der höchsten Harmonie zwischen innerer und äußerer Realität. (Diese Harmonie bezeichnete Jung als Synchronizität.)

Der Tanz findet um die Mittagszeit statt, um zwölf Uhr – der Zeit der Initiation in eine neue geistige Bewußtseinsebene, der Stunde der geistigen Wiedergeburt, der Tageszeit, die keinen Schatten wirft, da sie ihn in sich aufnimmt. Nachdem die Tänzerin ohne ihren Schleier durch das «Fenster zur Ewigkeit» geschaut hat, erwartet sie, ihren geistigen Namen zu empfangen; doch in diesem Augenblick schreitet die irdische Welt, die Welt der Zeit ein. Sie war doch noch nicht bereit, diesem Namen ins Auge zu sehen. Diese Wahrnehmung hätte den Tod bedeutet – die Konfrontation mit dem Gesicht, das sie hatte, ehe sie geboren wurde. Doch einen Augenblick lang waren Inneres und Äußeres eins.

Diese Einheit – die eigentliche Aussage des Traums – ist in dem Bild einer sich entwickelnden Androgynie verkörpert. Der Tanz des Lebens findet zwischen Messern und Speichen statt; doch diese werden zu unwichtigen Nebensächlichkeiten, wenn das differenzierte Weibliche stark genug ist, sich dem differenzierten Männlichen hinzugeben. Ihr Körper wird zum Kelch, der mit dem Nabel der Welt in Verbindung steht, um den die beiden Räder sich drehen. Sie ist ein Gefäß des Geistes und erhält gleichzeitig ihre Verbindung zur Erde aufrecht – den Boden ihres Seins, durch den das Leben fließt. Hierin liegt ihre Echtheit und ihre Kreativität. Erst wenn die Räder aufeinander abgestimmt sind und sich synchron bewegen, können alle Energien der Psyche (die Eingeborenen) ihr Lied im Einklang mit dem Gesetz des Universums singen. Diese Einstimmung wird durch den Verzicht auf die Ich-Begierde erreicht, durch die Geburt eines Ichs, das bereit ist, zu gewinnen und zu verlieren, das frei ist, niemandem gehört und niemanden besitzen will. Körper, Seele und Geist tanzen und schwingen im Einklang mit der umfassenderen Bedeutung des Tanzes mit ihrer inneren Wahrheit.

Dieser Tanz findet überall statt, ob wir uns nun in Indien oder in unserem Wohnzimmer befinden – und wir sind die Tänzer. Wie dieser Tanz aussieht, dafür sind wir selbst verantwortlich. Wenn wir die Samenkörner in den Augen behalten, machen wir uns zu Gefangenen der dunklen

Natalia Makarowa, aus: *Waldman on Dance: A Collection of Photographs* von Max Waldman (New York: William Morrow and Company, 1977).

Erdenergien, die uns dazu zwingen, ewig mit dem Bauch auf der Erde herumzukriechen. Wenn wir uns vermessen den Gesetzen der Natur widersetzen, werden wir zwischen den Speichen und Messern zermalmt. Wenn wir dagegen wagen zu fragen: «Wer bin ich?», stellen wir uns der Verantwortung, uns den Weg zu unserer eigenen inneren Wahrheit zu erkämpfen. In der Stille des Kokons wird unser silberner Kelch geformt – der silberne Kelch, der das goldene Kind enthält. Wenn wir uns in unser Herz, in unser Innerstes zurückziehen und nachdenken, so ist das keine sentimentale Reise zur Göttin. Dieser Rückzug bringt uns die Freude und die Qual, die man empfindet, wenn man sein eigenes *Ich bin* bewußt ins große ICH BIN einfließen läßt, bis

... die feurigen Zungen sich falten
in die Krone des Flammenkranzes
und Eins werden Feuer und Rose.[5]

Anmerkungen

Einführung: Grammatik eines Froschs

1 Siehe Joseph Campbell, *The Mythic Image,* Bollingen Series C (Princeton: Princeton University Press, 1974), S. 217, Abb. 199a
2 Friedrich Nietzsche, «Über Wahrheit und Lüge im außermoralischen Sinne», in: Nietzsche, *Werke in drei Bänden* (München: Carl Hanser Verlag, o. J.), Bd. 3, S. 309–322
3 Carolyn Heilbrun, «What She Was Silent About», *New York Times Book Review,* 10. Februar, 1985
4 Ebd.
5 Mary Hamilton und Barbara Fidler waren als Regisseurinnen für Tanzdarbietungen und Musik zuständig.

1 Im Zustand der Verpuppung = Gibt es mich noch?

1 T. S. Eliot, «Die Reise aus dem Morgenland», in: T. S. Eliot, *Gedichte* (Frankfurt: Suhrkamp Verlag, 1968), S. 113
2 William Shakespeare, *Hamlet,* Akt 1, Szene 2, in: A. W. Schlegel und L. Tieck, *Shakespeares Werke in 12 Teilen* (Berlin–Leipzig–Wien–Stuttgart: Deutsches Verlagshaus Bong & Co, 6. Teil), S. 15
3 William Blake, *The Marriage of Heaven and Hell,* Tafel 7, Zeile 18
4 Edmond Rostand, *Cyrano de Bergerac,* übersetzt von Brian Hooker (New York: Bantom Classic, 1981), S. 32
5 Arnold van Gennep, *Übergangsriten* (Frankfurt a. M: Campus Verlag, 1986), S. 15 f.
6 Bruce Lincoln, *Emerging from the Chrysalis: Studies in Rituals of Women's Initiation* (New York: Harvard University Press, 1981), S. 103 f.

7 Ebda., S. 104
8 Jung, «Über die Energetik der Seele», in: *Gesammelte Werke, 8. Band: Die Dynamik des Unbewußten* (Zürich und Stuttgart: Rascher Verlag, 1967), Absatz 751, S. 444
9 Psalmen 118:22
10 Siehe z. B. Jung, *Gesammelte Werke, Bd. 18/1: Das symbolische Leben* (Olten und Freiburg, 1981), Absatz 389, S. 185: «Die Neurose ist wirklich ein Versuch zur Selbstheilung ... Sie ist ein Versuch des selbstregulierenden psychischen Systems, das Gleichgewicht wieder herzustellen ...»
11 Marie-Louise von Franz, *Alchemy: An Introduction to the Symbolism and the Psychology* (Toronto: Inner City Books, 1980), S. 137
12 William Shakespeare, *König Lear,* Akt 5, Szene 3, in: A. W. Schlegel und L. Tieck, *Shakespeares Werke in 12 Teilen* (Berlin–Leipzig–Wien–Stuttgart: Deutsches Verlagshaus Bong & Co), 11. Teil, S. 86
13 Hiob 10:2, 42:5
14 Matthäus 26:39–42
15 Rainer Maria Rilke, *Briefe an einen jungen Dichter* (Insel Verlag, 1949), S. 23 (Brief an Franz Xaver Kappus aus Worpswede vom 16. Juli 1903)
16 Monica Furlong, *Merton, A Biography* (San Francisco: Harper and Row, 1980), S. 330
17 Ebda., S. 328
18 Ebda., S. 322

2 «Trage es wie ein Mann»: Die innere Verlassenheit bei der schöpferischen Frau

1 John Keats, Brief an George and Georgiana Keats (21. April, 1819), zitiert in: David Perkins, hrsg. *English Romantic Writers* (New York: Harcourt Brace Jovanovich, 1967), S. 1225
2 *The Complete Poems of Emily Dickinson,* ed. Thomas H. Johnson (Boston: Little, Brown & Company, 1960), Nummer 508, Seite 247
3 Mit *puer aeternus* (lateinisch für «ewiger Jüngling») ist jener Typ Mann gemeint, der zu lange im psychischen Entwicklungsstadium des Heranwachsenden verharrt. Dieses Stadium wird in der Regel mit einer (tatsächlich vorhandenen oder symbolischen) starken unbewußten Mutterbindung in Zusammenhang gesehen. Das weibliche Gegenstück dieses Mannes ist die *puella aeterna,* das «ewige Mädchen» mit einer entsprechenden Bindung an die Vaterwelt.

4 Jung, «Über die Energetik der Seele», in: *Gesammelte Werke, Bd. 8: Die Dynamik des Unbewußten* (Zürich und Stuttgart: Rascher Verlag, 1967), Absatz 367, S. 205. Siehe auch Marion Woodman, *The Owl Was a Baker's Daughter: Obesity, Anorexia Nervosa and the Repressed Feminine* (Toronto: Inner City Books, 1980), S. 66 f.

5 Percy Bysshe Shelley, «Adonais», Zeile 463

6 Als ich das schrieb (März 1985), veröffentlichte die bekannte Kolumnistin Ann Landers gerade das Ergebnis einer Umfrage an ihre Leserinnen: «Was ist Ihnen lieber: zärtlich im Arm gehalten zu werden, oder der ‹Liebesakt›?» Sie erhielt über 90 000 Antworten: 72 % zogen es vor, zärtlich im Arm gehalten zu werden – und 70 % dieser Frauen waren unter 40.

7 Emily Dickinson, Gedicht Nr. 315

8 Ebda., Gedicht Nr. 443

9 Sylvia Plath, «Worte», in *Ariel. Gedichte (englisch und deutsch)* (Frankfurt a. M.: Suhrkamp Verlag, 1974), S. 175

10 William Shakespeare, *Antonius und Cleopatra,* Akt 5, Szene 2, in: *Sämtliche Dramen. Band III: Tragödien* (München: Winkler Verlag), S. 996 f.

11 Emily Dickinson, Gedicht Nr. 777

12 Diesen Begriff, der die Psyche dieses Frauentyps so knapp und treffend charakterisiert, habe ich von Frau Dr. Anne Maguire, einer Jungschen Analytikerin aus London, übernommen.

13 William Wordsworth, «Michael», Zeile 202

14 Jung, «Die transzendente Funktion», in *Gesammelte Werke,* Bd. 8: *Die Dynamik des Unbewußten* (Zürich und Stuttgart: Rascher Verlag, 1967)

15 Siehe M. Esther Harding, *The Way of All Woman* (New York: Harper Colophon, 1975), v. a. Kap. 1: «All Things to All Men»

16 Siehe Gary Zukav, *The Dancing Wu Li Masters: An Overview of the New Physics* (New York: Bantam Books, 1980), S. 92 ff.

17 Adrienne Rich, *Diving into the Wreck: Poems 1971–1972* (New York: W. W. Norton and Company, 1973), S. 6

3 Zum Kern der Materie vordringen: Körper-Bewußtsein

1 James Hillmann, «On the Necessity of Abnormal Psychology», *Facing the Gods,* hrsg. James Hillman (Dallas: Spring Publications, 1980), S. 17

2 William Blake, «The Marriage of Heaven and Hell», Tafel 4

3 William Shakespeare, *Hamlet,* Akt 3, Szene 1, in: A. W. Schlegel und L. Tieck, *Shakespeares Werke in 12 Teilen* (Berlin–Leipzig–Wien–Stuttgart: Deutsches Verlagshaus Bong & Co), 6. Teil, S. 49

4 Auf diese Analogie bin ich in Marion Woodman, *Heilung und Erfüllung durch die Große Mutter,* Interlaken: Ansata-Verlag, 1986, ausführlicher eingegangen.
5 «The Lady of Shalott», *The Works of Alfred Lord Tennyson,* Teil III (London: Macmillan & Co., Ltd., 1896), S. 29
6 Über den Einfluß der Mutter- und Vaterkomplexe bei Eßstörungen siehe auch Marion Woodman, *The Owl Was a Baker's Daughter* und *Heilung und Erfüllung durch die Große Mutter*
7 M. Esther Harding, *Psychic Energy: Its Source and Goal,* Bollingen Series X (Washington: Pantheon Books, 1947), S. 210f.
8 Siehe auch den Beitrag zu diesem Thema von Marie-Louise von Franz in *On Divination and Synchronicity: The Psychology of Meaningful Chance* (Toronto: Inner City Books, 1980), S. 87
9 Jung, «Über die Energetik der Seele», in: *Gesammelte Werke, Bd. 8: Die Dynamik des Unbewußten* (Zürich und Stuttgart: Rascher Verlag, 1967), Absatz 440, Seite 263
10 Ebda. Absatz 418, S. 246
11 In den letzten Jahren werden männlichen und weiblichen Teilnehmern, die die Voraussetzungen (mindestens 50 Stunden Jungscher Analyse in Einzelsitzungen) erfüllen, in Toronto drei verschiedene, jeweils einmal wöchentlich stattfindende Seminare angeboten: Im Herbst unterweisen Mary Hamilton und ich die Gruppe in Bildern und aktiver Imagination mit dem Körper. Im Winter konzentriere ich mich gemeinsam mit Beverly Stokes auf frühe Bewegungsmuster (z. B. Krabbeln). Im Frühjahr führe ich gemeinsam mit Ann Skinner ein Stimmarbeitsseminar durch. Diese Reihenfolge ist wichtig: die einzelnen Seminare bauen aufeinander auf.

Da die verdrängten Emotionen mit sehr eruptiver Gewalt ausbrechen können, sollten die Teilnehmer bzw. Teilnehmerinnen sich während dieser Seminare ständig in Analyse befinden. Es ist auch eine große Hilfe für sie, wenn sie bereits vorher irgendeine Form der Körperarbeit durchlaufen haben (z. B. Joga, Tai Chi, Feldenkrais-Seminare). Die Seminare sollen keine Gruppenarbeit mit Gruppeninteraktion sein – wir betrachten die Teilnehmer als eine Gruppe von Individuen, die sich jeweils auf ihre eigenen Aufgaben und Probleme konzentrieren. Zwar besteht kein Zweifel daran, daß die einzelnen Teilnehmer von der Gruppenenergie beeinflußt werden; doch diese Energie wird als etwas Überpersönliches anerkannt und – soweit möglich – unangetastet gelassen. Der individuelle Temenos wird stets respektiert.

Dieses Kapitel basiert zu einem großen Teil auf Daten, die sich aus diesen Seminaren ergeben haben, und auf den darauffolgenden analytischen Sitzungen.

12 Siehe Jung, «Der Geist Mercurius», in: *Gesammelte Werke, Bd. 13: Studien über alchemistische Vorstellungen* (Olten und Freiburg: Walter-Verlag, 1978), Absatz 262, S. 232: «‹Seele› (anima) stellt einen höheren Begriff dar als ‹Geist› im Sinne von Luft oder Gas. Auch als ‹subtle body› oder ‹Hauchseele› bedeutet sie etwas Immaterielles oder ‹Feineres› als bloße Luft. Zudem ist ihre essentielle Eigenschaft das Belebende oder Belebtsein. Sie stellt daher gerne das *Lebensprinzip* dar.» Siehe auch «Zur Phänomenologie des Geistes im Märchen», in: *Gesammelte Werke, Bd. 9/1: Die Archetypen und das kollektive Unbewußte* (Olten und Freiburg: Walter-Verlag, 1976), wo Jung eine Analogie zwischen der «Idee des subtle body» und der «chinesischen Anschauung von der gui-Seele» sieht und feststellt: «Geist und Materie sind wohl Formen eines an sich transzendentalen Seins.» (Absatz 392a[5], S. 228)

In seinen englischen Seminaren «Psychological Analysis of Nietzsche's Zarathustra» (Zürich, 1934–1939) geht Jung ausführlicher auf das Konzept des subtle body ein. In den Büchereien einiger Jung-Institute sind vervielfältigte maschinengeschriebene Manuskripte dieser Seminare vorhanden; es darf jedoch nicht daraus zitiert werden.

13 Jung, *Gesammelte Werke, Bd. 9: Die Archetypen und das kollektive Unbewußte* (Olten und Freiburg: Walter-Verlag, 1976), Absatz 282, S. 180

14 Fritjof Capra, *The Tao of Physics* (New York: Bantam Books, 1984), S. 310

15 Jung, «Die praktische Verwendbarkeit der Traumanalyse», in: *Gesammelte Werke, Bd. 16: Praxis der Psychotherapie* (Zürich und Stuttgart: Rascher Verlag, 1958), Absatz 340, S. 167

16 Der «Pillsbury Dough Boy» ist eine lustige Zeichentrickfigur, die in der Reklame für Pillsburys vorgefertigte Backwaren vorkam. Er ähnelt dem dicken Michelin-Mann (der in den Träumen von Frauen, die an Eßstörungen leiden, ebenfalls häufig vorkommt)

17 Edward Albee, *Der amerikanische Traum,* in: *Stücke, Bd. 1* (Frankfurt a. M.: S. Fischer Verlag, 1968), S. 131

4 Wenn die Zeit reif ist: Die rituelle Reise

1 T. S. Eliot, «Little Gidding», in: *Vier Quartette* (Amandus-Edition, 1948), S. 33

2 Die sakrale Reise des primitiven Mannes in die heilige Höhle (als das kollektive Unbewußte, aus dem ein numinoses Bild aufsteigen kann) wird in Erich Neumann, «The Psychological Meaning of Ritual», *Quadrant,* Bd. 9, Nr. 2 (Winter 1976), S. 5–34 eingehender erörtert.

3 Ebda., S. 16

4 *Time Magazine,* 4. März, 1985

5 M. Esther Harding, *Woman's Mysteries, Ancient and Modern* (New York: Rider & Company, 1955), S. 125

6 *We Are the World,* CBS Records, 1985, Text von Lionel Ritchie und Michael Jackson

7 Jung, *Gesammelte Werke,* Bd. 5: *Symbole der Wandlung,* S. 550, Absatz 674 (Olten und Freiburg i. Br.: Walter-Verlag, 1973)

8 John Layard, *The Virgin Archetype* (New York: Spring Publications, 1972), S. 290 f. (die kursiven Textteile sind Hervorhebungen von mir)

9 *The Apocryphal New Testament,* übersetzt von Montague Rhodes James (Oxford: Clarendon Press, 1972), S. 40

10 M. Zimmer Bradley, *The Mists of Avalon* (New York: Ballantine Books, 1982), S. 810

11 Jung, «Über die Energetik der Seele», in: *Gesammelte Werke , Bd. 8: Die Dynamik des Unbewußten* (Zürich und Stuttgart: Rascher Verlag, 1967)

12 Victor W. Turner, *The Ritual Process* (Chicago: Aldine Publishing Co., 1969), S. 95

13 Siehe van Gennep, *Übergangsriten*

14 Bruce Lincoln, *Emerging from the Chrysalis,* S. 101

15 Solon T. Kimbali, Einführung zu van Gennep, *Rights of Passage,* S. ix (englische Ausgabe von *Übergangsriten*)

16 Man darf den Vorgang, den ich hier beschreibe, nicht mit dem «Die Schöne und die Bestie»-Motiv verwechseln, wo die Aufgabe der Frau darin besteht, einen natürlichen, aber «häßlichen» Aspekt ihrer Männlichkeit zu akzeptieren, um ihn zu verwandeln.

17 Siehe M. Esther Harding, *Woman's Mysteries,* S. 134–136

18 Jung, *Zwei Schriften über Analytische Psychologie, Gesammelte Werke, Bd.* 7 (Zürich und Stuttgart: Rascher Verlag, 1964), Absatz 258, S. 158

5 Die Traumschwester: Weitere Überlegungen zum Problem der Sucht

1 Jung, *Zwei Schriften über Analytische Psychologie, Gesammelte Werke, Bd.* 7 (Zürich und Stuttgart: Rascher Verlag, 1964), Absatz 78, S. 58

2 Diese Art des «Formens», bei der die weiblichen Bedürfnisse des heranreifenden Kindes nicht erkannt und berücksichtigt werden, steht in krassem Gegensatz zu der physischen Formung der Navajo-Initiandin während des «Kinaalda of Changing Woman» (Kinaalda der sich verwandelnden Frau). In dieser Zeremonie wird das Mädchen von mehreren älteren, angesehenen Frauen massiert, denn die Navajos glauben, «zum Zeitpunkt der Initiation werde der Körper eines Mädchen wieder weich wie bei der Geburt»; auf diese Weise wird die Frau neu erschaffen. (Bruce Lincoln, *Emerging from the Chrysalis*, S. 20)

3 Siehe Arthur Avalon, *Die Schlangenkraft* (O. W. Barth-Scherz Verlag, 1978)

4 C. S. Lewis, *Till We Have Faces* (Grand Rapids: William B. Eerdman's Publishing Co., 1978), S. 282

5 Ebda.

6 Ebda., S. 292, 294

7 Ebda., S. 250

8 Ebda., S. 295

9 Jung, «Theoretische Überlegungen zum Wesen des Psychischen», in: *Gesammelte Werke, Bd. 8* (Zürich und Stuttgart: Rascher Verlag, 1967), S. 250, Absatz 425

10 Der Mann hat die Aufgabe, seinen Platz in der Vaterwelt zu finden, die zwar von der Welt der Frauen getrennt, ihr aber nicht feindlich entgegengesetzt ist.

11 Hinter dieser «Waisen»-Psyche (dem Gefühl, auf der Welt ganz allein zu sein) steckt das archetypische Motiv des verlassenen Kindes. Siehe Jung, «Spezielle Phänomenologie des Kinderarchetypus», in: *Gesammelte Werke, Bd. 9/1: Die Archetypen und das kollektive Unbewußte* (Olten und Freiburg: Walter-Verlag, 1976), Absätze 285–288; und Daryl Sharp, «Alienation and the Abandoned Child», *The Secret Raven: Conflict and Transformation* (Toronto: Inner City Books, 1980), S. 95–99

12 William Shakespeare, *Macbeth,* Akt 1, Szene 5 (Stuttgart: Reclam, 1970), S. 14

13 Die Einnahme von Antibiotika, Antibabypillen und Tabletten, die das Immunsystem schwächen – ja sogar die Aufnahme von einer großen Menge Kohlehydraten über einen längeren Zeitraum hinweg –

kann dazu führen, daß der Körper anfällig gegen Hefepilze wird. Siehe C. Orian Truss, «The Role of Candida Albicans in Human Illness», *Orthomolecular Psychiatry,* Bd. 10, Nr. 4 (1981), S. 228–238. Siehe auch William G. Crook, *The Yeast Connection* (Jackson, Tennessee: Professional Books, 1984)

14 «The Thunder, Perfect Mind», *The Nag Hammadi Library,* hrsg. James M. Robinson (San Francisco: Harper & Row, 1981), S. 271 f.

15 Marina Warner, *Alone of All Her Sex* (London: Quartet Books, 1978), S. 274

16 Ebda., S. 145

17 *The Apocryphal New Testament,* S. 44

18 Ebda.

19 Ebda., S. 45. Eine etwas andere Beschreibung von Marias Kummer findet sich im Koran, 19:24: «Oh, wäre ich doch gestorben und in Vergessenheit geraten.»

20 Jesus hatte vier solche Verlorenen in seinem Stammbaum: Tamar (Gen. 38:24), Rahab (Josua 2:1), Ruth (Ruth 3:1–18) und die Frau Urias (2 Sam. 11)

21 *The Apocryphal New Testament,* S. 43

22 Jung, «Die Psychologie der Übertragung», in: *Gesammelte Werke Bd. 16: Praxis der Psychotherapie* (Zürich und Stuttgart: Rascher Verlag, 1958), Absatz 469, S. 297: «... es ist wider die Natur, einer ernstlichen Neigung nicht nachzugeben.»

23 Samuel Taylor Coleridge, «Kubla Khan»

24 Siehe Jung, *Gesammelte Werke, Bd. 12: Psychologie und Alchemie* (Olten und Freiburg: Walter-Verlag, 1972), Absätze 519–524

25 William Wordsworth, «Ode: Intimations of Immortality»

26 In letzter Zeit erkennt man immer deutlicher, daß der Zustand des «einfachen Seins» (im Gegensatz zum zielorientierten «Tun») bei der Behandlung von Streß und Angst- und Spannungszuständen hilft, die aus der Schnellebigkeit unserer Zeit resultieren: «Neuere Behandlungsmethoden ... zielen dahin, daß der Patient dazu gebracht wird, sich aus dem chronischen, gewohnheitsmäßigen Erlebnis der Zeit als etwas unaufhaltsam Fließendes zu befreien und die Zeit anders zu empfinden. Er soll die Zeit ‹anhalten›, in das Reich des Zeit-Raums Eingang finden.» (Larry Dossey, M. D., *Space, Time & Medicine;* Boulder: Shambhala, 1982; S. 166 f.)

27 Robert Graves, *Die weiße Göttin* (Reinbek b. Hamburg: Rowohlt Verlag 1985), S. 209

28 Siehe Marie-Louise von Franz, *Shadow and Evil in Fairytales* (Zürich:

Spring Publications, 1974), S. 31 f.; und *On Divination and Synchronicity,* S. 105–108
29 Walter F. Otto, *Dionysos* (Dallas: Spring Publications, 1981), S. 151
30 Ebda., S. 136 f.
31 Ebda.
32 *An Interrupted Life: The Diaries of Etty Hillesum, 1941–1943,* übersetzt von Arno Pomerans (Toronto: Lester & Orpen Dennys, 1983), S. 186 f.

6 Wenn das Herz durchbohrt wird: Yin, Yang und Jung

1 Emily Dickinson, Gedicht Nr. 1333, S. 578
2 T. S. Eliot, «Burnt Norton», Zeilen 63–76, in: Eliot, *Vier Quartette* (deutsche Nachdichtung von Nora Wydenbruck; Wien: Amandus-Edition, 1948), S. 13
3 Jung, *Gesammelte Werke, Bd. 9/2: Aion. Beiträge zur Symbolik des Selbst* (Olten und Freiburg: Walter-Verlag, 1976), Absatz 126, S. 80
4 Von Franz, «Der Individuationsprozeß», in: *Der Mensch und seine Symbole,* hrsg. C. G. Jung, Olten: Walter-Verlag 1968, S. 185 ff.
5 William Shakespeare, *Othello* (übersetzt von Wolf Heinrich Graf Baudissin, hrsg. von Dietrich Klose; Stuttgart: Reclam, 1971), Akt 5, Szene 2, S. 96
6 Ebda., Akt 4, Szene 2, S. 83
7 Ebda., Akt 4, Szene 3, S. 89
8 Ebda., Akt 5, Szene 2, S. 96
9 Ebda.
10 Ebda.
11 Jung, *Letters,* Bd. 2 (1951–1961, hrsg. G. Adler, Bollingen Series XCV (Princeton, Princeton University Press, 1975), S. 581
12 Rainer Maria Rilke, «Sonette an Orpheus» Nr. IV, in: *Sämtliche Werke, Bd. 1: Erste Gedichte* (Frankfurt a. M.: Insel Verlag, 1970), S. 753
13 Robert Browning, «Two in the Campagna», Zeile 59–60
14 Emily Dickinson, Gedicht Nr. 47
15 Jung, *Gesammelte Werke, Bd. 9/1: Die Archetypen und das kollektive Unbewußte* (Olten und Freiburg: Walter-Verlag, 1976), Absatz 164, S. 101
16 Nr. 22:23–27
17 Ebda., 18, 30
18 Der undifferenzierte weibliche Instinkt des Mannes taucht in Träumen und Märchen häufig in Gestalt eines Hundes auf; siehe Marie-

Louise von Franz, *An Introduction to the Psychology of Fairytales* (Zürich: Spring Publications, 1973), S. 54
19 Emily Dickinson, Gedicht Nr. 627
20 Dieser Erfahrungsbereich wird durch das tantrische Joga erforscht; siehe z. B. Ajit Mookerjee und Madhu Khanna, *The Tantric Way: Art, Science, Ritual* (London: Thames and Hudson, 1977)
21 Robert Frost, «Reluctance», Zeile 17–18
22 T. S. Eliot, «Little Gidding», Zeilen 150–159, in: Eliot, *Vier Quartette* (Wien: Amandus-Edition, 1948), S. 36
23 Matt. 5:23–24
24 Dante Alighieri, *Das Gastmahl* (München: Winkler-Verlag, 1965), S. 260
25 Siehe Esther Harding, *Woman's Mysteries*, S. 170 ff.
26 John Donnes, *Selected Poems*, hrsg. von Matthias A. Shaaber (New York: Appleton-Century-Crofts, 1958), Sonett 14, S. 105
27 Percy Bysshe Shelley, «Adonais», Zeile 462
28 T. S. Eliot, «East Coker», Zeilen 123–128, in: Eliot, *Vier Quartette* (Wien: Amandus-Edition, 1948), S. 20 f.

7 Geliebter Feind: Eine moderne Initiation

1 Victor Turner, «Body, Brain, and Culture», *Zygon* (Journal of Science and Religion), September 1983
2 T. S. Eliot, «Little Gidding», Zeilen 241–254, in : Eliot, *Vier Quartette* (Wien: Amandus-Edition, 1948), S. 39
3 Marie-Louise von Franz, *On Divination and Synchronicity*, S. 109
4 Ebda.
5 T. S. Eliot, «Little Gidding», Zeilen 257–259, in: Eliot, *Vier Quartette* (Wien Amandus-Edition, 1948), S. 39

Glossar Jungscher Begriffe

Anima (lat. «Seele»): Die unbewußt weibliche Seite der männlichen Persönlichkeit. In Träumen wird sie personifiziert durch Frauengestalten, die alle Frauentypen vertreten, von der Dirne und Verführerin bis zur geistigen Führerin (Sophia, Weisheit). Sie ist das Eros-Prinzip, wie ja auch die Anima-Entwicklung eines Mannes sich in seinen Frauenbeziehungen spiegelt. Identifikation mit der Anima kann als Launenhaftigkeit, Verweichlichung und Überempfindlichkeit in Erscheinung treten. Jung nennt die Anima den Archetyp des Lebens selbst.

Animus (lat. «Geist»): Die unbewußt männliche Seite der weiblichen Persönlichkeit. Er verkörpert das Logos-Prinzip. Identifikation mit dem Animus kann die Frau veranlassen, sich hart, meinungsbesessen und rechthaberisch zu verhalten. Positiv gesehen ist er der innere Mann, der zwischen dem weiblichen Ego und den schöpferischen Quellen im Unbewußten der Frau eine Verbindung herstellen kann.

Archetypen: Sie haben keine eigene Erscheinungsform, nur ihre Auswirkungen erscheinen im Bewußtsein als archetypische Bilder und Ideen. Diese sind universale Muster und Motive aus dem kollektiven Unbewußten und bilden den Nährboden der Religionen, Mythologien, Legenden und Märchen. Beim einzelnen treten sie in Träumen und Visionen hervor.

Assoziation: Ein spontaner Fluß untereinander verbundener Gedanken und Bilder im Umfeld einer bestimmten Idee, der durch unbewußte Verbindungen gesteuert wird.

Ego: Der zentrale Komplex auf der Ebene des Bewußtseins. Ein starkes Ego ist fähig, eine objektive Haltung gegenüber aktivierten Inhalten des Unbewußten (d. h. anderen Komplexen) einzunehmen, anstatt sich mit ihnen zu identifizieren. Eine solche Identifikation zeigt sich als ein Zustand der Besessenheit.

Fühlen: Eine der vier psychischen Funktionen. Es ist eine rationale Funktion, die den Wert von Beziehungen und Situationen feststellt. Fühlen ist nicht dasselbe wie Emotion (Gefühl); diese zeigt die Aktivierung eines Komplexes an.

Individuation: Der bewußte Ausdruck der einzigartigen psychischen Wirklichkeit eines Menschen, einschließlich ihrer Fähigkeiten und Begrenzungen. Sie führt zur Erfahrung des Selbst, des regulierenden Zentrums der Psyche.

Inflation: Ein Zustand, in dem ein Mensch einen unrealistisch starken oder schwachen (negative Inflation) Sinn für die eigene Identität besitzt. Sie zeigt an, daß das Bewußtsein zum Unbewußten hin regrediert. Dies geschieht typischerweise, wenn das Ego zu viele unbewußte Inhalte aufgenommen hat und dadurch die Fähigkeit zur Unterscheidung verliert.

Intuition: Eine der vier psychischen Funktionen. Es ist eine irrationale Funktion, die uns auf die gegenwärtig gegebenen Möglichkeiten hinweist. Im Gegensatz zum Empfinden (oder der Sensation, derjenigen Funktion, die die Realität unmittelbar durch die Sinne wahrnimmt), nimmt die Intuition auf unbewußtem Wege wahr, mit anderen Worten: Sie empfängt blitzartige Einsichten unbekannter Herkunft.

Komplex: Eine emotional gefärbte Ansammlung von Ideen oder Bildern. Den Kern eines solchen Komplexes bildet ein Archetypus oder archetypisches Bild.

Konstellieren: Bei jeder starken emotionalen Reaktion auf eine Person oder Situation wird ein Komplex konstelliert, d. h. aktiviert.

Participation mystique: Dieser Begriff stammt von dem Anthropologen Levi-Brühl und kennzeichnet eine primitive (urtümliche) Beziehung zu Objekten oder zwischen Personen, die auf eine starke unbewußte Bindung schließen läßt.

Persona (lat. «Schauspielermaske»): Die soziale Rolle eines Menschen, die sich aus Erwartungen der jeweiligen Gesellschaft und frühkindlicher Prägung des Verhaltens herleitet. Ein starkes Ego verkehrt mit der Außenwelt durch eine flexible Persona; die Identifikation mit einer ganz bestimmten Persona (wie Arzt, Student, Künstler usw.) verhindert die psychische Entwicklung.

Projektion: Der Prozeß, in dem eine unbewußte Eigenschaft oder etwas für einen selbst Charakteristisches an einem äußeren Objekt oder einer fremden Person wahrgenommen und darauf reagiert wird. Die Projektion der Anima oder des Animus auf eine reale Frau oder einen realen Mann wird als Verliebtheit erfahren. Enttäuschte Erwartungen zeigen die Notwendigkeit an, Projektionen zurückzuziehen, damit eine Beziehung zu dem realen Gegenüber möglich wird.

Puer aeternus (lat. «ewiger Jüngling»): Benennt einen bestimmten Männertyp, der allzu lange einer Psychologie der Heranwachsenden verhaftet bleibt. Damit ist meistens eine starke unbewußte Bindung an die Mutter – die tatsächliche oder eine symbolische Mutter – gegeben. Positive Züge sind Spontaneität und die Bereitschaft zur Veränderung. Sein weibliches Gegenstück ist die *Puella aeterna* das «ewige Mädchen», mit der entsprechenden Bindung an die Welt des Vaters.

Schatten: Ein unbewußter Bereich der Persönlichkeit, für den Züge und Eigenheiten negativer oder positiver Art charakteristisch sind, die das bewußte Ich gern ablehnt oder verleugnet. In Träumen taucht der Schatten in Personen des eigenen Geschlechts auf. Wenn man seinen Schatten bewußt integriert, erlebt man danach meistens einen großen Zuwachs an Energie.

Das Selbst: Der Archetypus der Ganzheit und das anordnende Zentrum der Persönlichkeit. Es wird als überpersönliche Macht erfahren, die das Ego transzendiert, wie z. B. Gott.

Senex (lat. «Greis»): Symbol für Verhaltensweisen, die sich mit fortschreitendem Alter einstellen. Negative Züge können sich in Zynismus, Härte und extrem konservativer Haltung zeigen, positive in Verantwortungsbewußtsein, Korrektheit und Selbstdisziplin. Eine ausgeglichene Persönlichkeit bewegt sich in der Polarität von Puer und Senex.

Symbol: Die bestmögliche Ausdrucksform für etwas seinem Wesen nach Unerkennbares. Symbolisches Denken ist nicht-linear und nach der rechten Gehirnhälfte orientiert. Es bildet die komplementäre Ergänzung zum logischen, linearen Denken der linken Gehirnhälfte.

Transzendente Funktion: Das versöhnende «Dritte», das vom Unbewußten in Form von Symbolen oder neuen Verhaltensweisen freigegeben wird, nachdem die einander bekämpfenden Gegensätze bewußt differenziert wurden und die notwendige Spannung zwischen ihnen aufrechterhalten werden konnte.

Übertragung und Gegenübertragung: Bestimmte Projektionen, die in einer analytischen oder therapeutischen Beziehung zwischen zwei Personen auftreten können. Dieser Begriff wird allgemein für unbewußte emotionale Bindungen zwischen solchen Personen gebraucht.

Uroboros: Die mythische Schlange oder der Drache, die oder der sich selbst in den Schwanz beißt. Es ist dies ein Symbol sowohl für den aus sich selbst hervorgehenden kreisförmigen Prozeß der Individuation als auch für das narzißtische Kreisen um sich selbst.

Index

Ü

V

W

Y

Z

Befreiung aus Ängsten und Sucht-problemen: Der Weg zu einer neuen Hingabe an das Leben

Marion Woodman
HEILUNG UND ERFÜLLUNG DURCH DIE GROSSE MUTTER
256 Seiten, mit 18 Abb., broschiert
ISBN 3-7157-0099-8

Dieses energiegeladene Buch der Analytikerin Marion Woodman, die am Jung-Institut in Zürich ausgebildet wurde und in Toronto tätig ist, nimmt die Leserin und den Leser auf eine heilende und zugleich spirituelle Reise mit, während der es gilt, die zwei Aspekte des Weiblichen zu versöhnen: den dunklen Aspekt der Furchtbaren Mutter, die die Lebensenergien der Frau auffrißt, und den heilenden Aspekt der Großen Muttergöttin, die sich in der Weisheit des Körpers, in der Verzückung durch Liebe, in weiblicher Spiritualität und in der Hingabe an das Leben offenbart.

Wenn Frauen die Verbindung zu diesem zweiten Aspekt ihrer Weiblichkeit fehlt und sie sich einseitig an männlichen Werten wie Spezialisierung und Perfektion orientieren, leiden sie – trotz Erfolgen in der von männlichen Idealen geprägten Berufswelt – oftmals an innerer Leere und Sinnlosigkeit. Sie werden anfällig für Suchtkrankheiten verschiedenster Art: Fett- und Magersucht, Bulemie, Alkoholismus, die zwanghafte Sucht, als unter Kontrolle zu halten, sowie Arbeits- und Perfektionssucht.

Marion Woodman lehrt die moderne Frau, die Verbindung zu ihrem archetypisch Weiblichen und zur Großen Mutter wieder herzustellen. Sie vermittelt das ursprüngliche Wissen um die natürlichen Gesetze des Lebens und die Liebe zu allem Lebendigen. Sie zeigt, wie alte seelische Verwundungen geheilt werden, wie das ursprüngliche Vertrauen in die eigenen Instinkte neu erworben werden kann, und wie der ganze Reichtum an bisher unterdrückter Kreativität sich neu entfaltet und eine lust- und liebevolle Geschlechtlichkeit hervorbringt. Alle Formen des künstlerischen Selbstausdrucks – Ritual und Tanz, Schreiben und Malen – begleiten diesen Weg.

Die Autorin gewährt einen tiefen Einblick in viele Lebensläufe suchtkranker Frauen und zitiert ihre Tagebuch- und Traumaufzeichnungen. Weitere typische weibliche Lebensmodelle werden in literarischen und mythischen Frauengestalten, in Texten, Gedichten und Bildern nachgezeichnet. Die Leserin findet sich oft in diesen ergreifenden Dokumenten gespiegelt und im innersten Kern «getroffen».

Für Frauen ist die Große Mutter ermutigend, Männern offenbart sie sich als große Erlösungskraft aus dem lebensvernichtenden technologischen Zeitalter.

Auf der Suche nach der verdrängten Weisheit der Göttin – die Segnungen der Tiefe erfahren

Sylvia Brinton Perera
DER WEG ZUR GÖTTIN DER TIEFE
Die Erlösung der dunklen Schwester: eine Initiation für Frauen

176 Seiten, broschiert

ISBN 3-7157-0074-2

In diesem aufsehenerregenden Buch der Jungschen Analytikerin und Therapeutin Sylvia Brinton Perera (New York) meldet sich die durch das Patriarchat verdrängte Weisheit der Göttin unüberhörbar und führt die Frau *und* das Weibliche im Mann auf einen Einweihungsweg in die Schrecken und Segnungen der Tiefe, der «psychischen Unterwelt».

Die Autorin zeigt an sich und in vielen beeindruckenden Beispielen aus ihrer psychotherapeutischen Praxis, welche elementaren Gefühle in jedem schlummern und – die wir meistens niemals kennenlernen. Der antike sumerische Mythos von Inanna-Isthar dient ihr dabei als Spiegel dieser energiegeladenen Welt. Die Leserin und der Leser erlebt dort den eigenen, tiefsten Bereich, wo es um das nackte Überleben, aber auch um elementare Heilung geht. Die dunkle Göttin der Tiefe fordert von jedem nicht Unterwerfung, sondern Respekt und Ehrfurcht. Ein Ignorieren rächt sich oft in physischen und psychischen Störungen, während eine willentliche Hingabe an die dunkle Seite der Göttin neues Leben aus den eigenen Wurzeln erwachsen läßt. Wir begegnen dabei allen verdrängten Schattenseiten unserer Emotionen, die die Autorin in archetypischen Gestalten zum Leben erweckt.

Das Ziel dieses nicht alltäglichen Initiationsweges ist die Heilung aus der eigenen Tiefe eines jeden, aus seinen schlummernden Energien. Einmal erweckt, ist die Kraft der dunklen Göttin ein großer Segen. Ein neues Bewußtsein entsteht, das sensibel, vertrauensvoll, kreativ und weise wird, weil es über den patriarchalischen Intellekt hinaus die weibliche Weisheit der Tiefe umarmt. Depressionen können durch die fließende, mitreißende Energie der Libido überwunden werden. Die Autorin zeigt an Beispielen, wie auch die Partnerschaft zwischen Mann und Frau eine seelenverwandte, leidenschaftliche Dimension erhält, wenn jeder Partner in Verbindung zu seiner eigenen ‹weiblichen› Tiefe steht.

Sylvia Brinton Perera braucht neben der Bildsprache der Mythen auch den Reichtum archetypischer Gestalten und Symbole aus der Alchemie, der Astrologie, dem Tantrismus, um der ‹modernen› verarmten Seele auf dem Initiationsweg neue Schätze nutzbar zu machen.

Hilfe für jene, die – stellvertretend – an allen Sünden dieser Welt leiden

Sylvia Brinton Perera
DER SÜNDENBOCK-KOMPLEX
Die Erlösung von Schuld und Schatten.
Zur Psychologie eines dunklen Archetypus
176 Seiten, mit Glossar der Jung'schen
Begriffe und Register, broschiert
ISBN 3-7157-0102-1

Als „Sündenböcke" werden Einzelpersonen oder Gruppen bezeichnet, die man der Verursachung von Unglück und Unheil bezichtigt. Die Gemeinschaft oder Familie findet in ihnen jene willkommenen Opfer, die sie mit dem Bösen identifizieren, dafür allein verantwortlich machen und schließlich aus der Gesellschaft ausstoßen können, um sich selbst im Gefühl der Macht, der Rechtschaffenheit und Unschuld zu bestärken. Aus psychologischer Sicht ist dieses Zum-Sündenbock-Machen eine Form, den eigenen Schatten zu verleugnen, zu verdrängen und abzuspalten, um ihn als „teuflisch" jemand anderem aufzubürden.

In der westlichen Welt fällt die Rolle des Sündenbocks häufig Minderheiten zu, lastet aber besonders auch auf Frauen und Mädchen. Beschuldigt, abgewiesen oder im günstigsten Fall geringschätzig behandelt, identifizieren sich Sündenbock-Opfer mit dem ihnen aufgebürdeten Schattenmaterial der anderen. Dies äußert sich in der Ablehnung der eigenen Person. Mit Angst, Scham und Schuld beladen, leiden sie stellvertretend an allen Leiden und Sünden der Welt.

Die Analytikerin Sylvia Brinton Perera bietet einen erschütternden und unvergeßlichen Einblick in die Ich-Struktur dieser Opfer und beschreibt anhand einer Fülle von Therapieprozessen die psychologische Dynamik und Heilung des Komplexes. Sie zeigt auch auf, daß diese Dynamik in engem Zusammenhang mit dem ursprünglichen Sündenbock-Ritual steht, dessen Zweck es war, die Gemeinschaft zu heilen und mit dem göttlichen Prinzip zu versöhnen. Da in unserer Kultur das Bewußtsein um das Eingebettetsein in das Göttliche weitgehend verlorengegangen ist, haben wir keine Möglichkeit mehr, unsere Schuld zu bekennen und zu sühnen. Allein gelassen mit unseren dunklen Seiten, verdrängen wir sie ins Unbewußte und bürden sie durch Projektion den „Sündenböcken" auf.

Dieser Mechanismus bedroht unsere heutige Welt. Eine Gesundung ist nur möglich, wenn jeder die Verantwortung für seine dunklen Seiten soweit wie möglich selbst übernimmt und erkennt, daß jener Teil, der zu schwer zu tragen ist, Teil des Göttlichen ist. Damit wird möglich, unsere Umgebung von unserem Schatten zu befreien.

Dieses Buch beschreibt den Weg dieser Befreiung. Ein Buch, das jeden betrifft!